中国质量协会
CHINA ASSOCIATION FOR QUALITY

U0873737

★注册质量经理考试指定辅导教材★

质量经理手册

第二版

Handbook of Certified Quality Manager

中国质量协会◎编著

中国人民大学出版社

·北京·

质量经理手册（第二版）编辑委员会

第二版前言

作为中国质量协会质量专业人员注册考试和中国职业经理人职业资格认证的重要项目之一，注册质量经理考试自 2008 年迄今已经走过八年历程。而《质量经理手册》作为注册质量经理及其教师班的培训和考试教材，以及企业质量经理人的参考图书，也有六个年头。

《质量经理手册》是在借鉴美国、德国等发达国家质量经理注册机制、知识大纲和手册基础上，汇总当今质量专业领域的成熟理论体系、实践模式和技术方法，进行创造性的知识整理而编写的。

《质量经理手册》（第二版）在原版基础上修订，整体框架未做大的改动。本次修订根据最新版本的 ISO 9000：2015，ISO 9001：2015，ISO 14001：2015 和 GB/T 19580—2012，GB/Z 19579—2012 以及“工业企业供应商管理评价准则”等标准，对手册进行系统更新；同时，反映近年来质量领域的最新发展和热点，如质量文化、质量战略、品牌建设、顾客净推荐值（NPS）、改进方法的集成应用、精益生产与六西格玛管理的融合以及不良质量成本等，并结合读者在阅读、使用过程中的体验和实践，力图增进内容的完整性、准确性和先进性，使本书成熟度进一步提升，成为新时期质量经理人及质量专业人员的良师益友。

全书由龚晓明负责统筹审校，段一泓、罗国英负责审核定稿，周啸负责相关协调工作，李晓飞、李文成、赵建坤、梁平、王林波、周啸参与了本书的校对清稿工作。

我们处于“中国制造向中国创造、中国速度向中国质量、中国产品向中国品牌”转型的质量新时代。产业转型升级的根基是质量的转型升级，而质量的转型升级离不开成千上万具有严谨的质量精神、掌握科学的质量方法、深化务实的质量实践的质量经理。我们要以“培育更多更好的质量经理”为使命，以“成为中国优秀质量经理的摇篮”为愿景，以“乐业、勤业、精业”为价值观，与广大质量人共同致力于质量经理的培训和注册这项功德无量的事业。

具体修订内容和修订人员见下表：

章节	名称	原作者	修订内容	修订人
第1章	质量	李晓光	按ISO 9000:2015对相关术语和定义进行校订，改写3.1.2为“全面质量管理的原则和理念”	龚晓明
第2章	质量管理	李晓光		
第3章	全面质量管理	李晓光		
第4章	领导作用	李晓光	对“4.3组织文化”进行改写，融入质量文化的内容	罗国英
第5章	战略制定与部署	李晓光	增加“5.3质量战略的制定和部署”	龚晓明
第6章	以顾客为中心	李晓光	融入品牌管理相关内容，增加品牌营销；顾客满意、顾客忠诚与品牌价值的关系；品牌价值评估	王琳 李晓飞 龚晓明
第7章	卓越绩效模式概述	龚晓明	按GB/T 19580—2012和GB/Z 19579—2012更新；更新世界三大奖的相关内容	龚晓明
第8章	卓越绩效评价准则的理念、框架和内容	龚晓明		龚晓明
第9章	卓越绩效评价方法	龚晓明		龚晓明
第10章	过程管理	龚晓明	采用ISO 9001:2015新的过程模型；增加改进方法的集成应用、精益生产与六西格玛管理的融合等	龚晓明
第11章	ISO 9000族标准	王晓生	按ISO 9001:2015修订，ISO 9004按GB/T 19004—2011校核	王晓生
第12章	环境、职业健康安全等其他管理体系标准	龚晓明	按ISO 14001:2015修订，在OHSAS 18001基础上增加ISO/CD2 45001	龚晓明
第13章	质量管理体系的建立、实施和改进	龚晓明	按ISO 9001:2015修订，并融入ISO 9004的有效应用	龚晓明 王晓生
第14章	质量审核、认证和认可	龚晓明		
第15章	管理的技能	李晓光		
第16章	沟通	李晓光		
第17章	激励	李晓光		
第18章	团队	李晓光		
第19章	项目管理	陈运涛		
第20章	培训	段一泓		
第21章	供应链管理	龚晓明	按照供应商管理评价准则国家标准进行适当修订	龚晓明
第22章	统计技术基础	孙静		
第23章	非量化质量工具	孙静		
第24章	集成化质量工具	孙静	更新“24.1质量成本”，并增加“不良质量成本”；修订“24.8精益生产”	龚晓明

中国质量协会注册质量经理委员会

目 录

第一部分 质量与质量管理

第1章 质 量

“质量”是质量管理中最基本的概念，作为本教材的开篇，本章简要介绍质量概念的内涵及其演变过程，界定质量特性的含义，并分别讨论产品、服务质量特性的内容，特别介绍日本著名质量专家狩野纪昭先生提出的卡诺质量模型，最后介绍与质量密切相关的几个术语和定义。

1.1 质量的含义

1.1.1 质量的概念

质量，在有些场合也称为“品质”。站在不同的角度，对质量有不同的解释。站在顾客的角度会认为，质量好坏在于产品是否适用和令人满意；站在生产经销商的角度会认为，质量好坏在于产品是否符合标准。国际标准化组织（ISO）在国际标准 ISO 9000:2015《质量管理体系　基础和术语》中，将质量定义为：客体的一组固有特性满足要求的程度。

该定义中的“客体”是“特性”的载体，亦即质量概念所描述的对象，不只限于产品和服务，而是泛指一切可感知或可想象到的事物，如产品、服务、过程、人员、组织、体系、资源，可能是物质的（如一台发动机、一张纸、一颗钻石），非物质的（如转换率、项目计划）或想象的（如组织未来的状态），从而更清晰地表明了大质量的概念。

该定义是从特性和要求两者之间关系的角度来描述质量的，即某种事物的特性满足某个群体要求的程度，满足的程度越高，说明质量越好；反之则认为该事物的质量不好或差。

特性指的是可区分的特征，ISO 的质量定义特别强调了用于描述事物质量的特性是固有特性，就是某事或某物中本来就有的，尤其是那种永久的特性。固有的反义是赋予或外在，事物的赋予特性如价格等，不属于质量的范畴。质量特性分类将在 1.2 节中说明。

该定义中的“要求”是由组织利益相关方，如顾客、股东、雇员、供应商、银行、工会、合作伙伴或社会等提出的。它反映了利益相关方对质量概念所描述对象的需求或期望。这些要求有时是明确规定的，如产品购销合同中对产品性能的规定；也可以是隐含的或不言而喻的，如银行对客户存款的保密性，即使人们没有特别提出，也必须保证；还可以是由法律法规等强制规定的，如食品卫生、电器安全等。

1.1.2 质量概念的演变

人们对质量概念的认识经历了一个不断发展和深化的过程。例如质量概念中“质量”所描述的对象，早期仅局限于产品和服务，后来逐渐延伸到组织的过程、活动、人、组织本身以及上述组合，甚至扩展到整个社会，如经济运行质量、环境质量以及社会生活质量等方面。

一种颇有影响的观点认为，质量就是符合标准，质量管理专家克劳斯比是这种观点的主要代表人物之一。克劳斯比认为没有理由在任何产品和服务中存在错误和缺陷，第一次把工作做正确是最经济的，因为这会降低返工所带来的人力、物力、财力等成本。因此合乎规范意味着具有质量，不合乎规范自然就是缺乏质量保障。这对具体的质量管理工作很实用，但有可能导致本末倒置，比如强调规范、强调合格，却可能忽视了顾客需要，忘记了企业存在的目的和使命，最终影响到企业的生存和发展。

质量管理专家朱兰从顾客的角度出发，提出了“适用性”的观点。适用性就是产品使用过程中成功地满足顾客要求的程度。顾客很少知道“规范”是什么，对他们而言，质量意味着产品在交付时和使用中的适用性。适用性的观点对于重视顾客、明确企业存在的根本目的和使命具有深远的意义。

20 世纪 80 年代以后，人们对质量的认识变得更加深入和广泛。朱兰提出了“大质量”的概念，而以往人们对质量的狭义认识被称为“小质量”。表 1—1 是大小质量观的比较。

表 1—1　　“小质量”观与“大质量”观的对比

条目	小质量	大质量
产品	制造的有形产品	所有类型的产品，无论是否销售
过程	直接与产品制造相关的过程	包括制造、支持服务和业务在内的所有过程
产业	制造业	包括制造、服务和政府机构在内的所有行业，无论是不是营利组织
质量被视为	技术问题	经营问题
顾客	购买产品的主顾	所有受影响的人
如何认识质量	以职能部门这种文化为基础	基于具有普遍意义的“三部曲”
质量目标体现在	工厂目标中	公司的经营计划中
不良质量的成本	与不良产品加工有关的成本	若每件事情都完美的话，将会消失的所有成本
质量的评价主要基于	与工厂规格、程序和标准的符合性	与顾客需要的符合程度
改进针对	部门绩效	公司绩效
质量管理培训	集中在质量部门	全公司范围
协调者	质量经理	高层管理者组成的质量委员会

1.1.3 质量概念和质量等级

“提高质量会导致成本增加还是降低?”这一命题常常会引起人们的争论。美国质量管理专家朱兰认为，人们争论的并非同一个问题。关于质量实际上有两种理解。一种理解是：质量意味着能够满足顾客的需要从而使顾客满意的那些产品特征。这一含义是收益导向的，旨在实现更高的市场份额和卖出较高价格，以此实现收益的增加，但提供更多、更好的质量特征常常要求增加投资，从而导致成本的增加。另一种理解是：质量意味着免于不良，即没有那些需要返工或会导致现场失效、顾客不满、顾客投诉等的差错。这一含义是成本导向的，提高质量通常会导致成本降低。第一种质量是顾客满意的源泉，做好会增加企业收益；第二种质量则是顾客不满的原因，做好会降低成本。对应这两种理解，便有了两种性质不同的“质量改进”，其一是提供更多或更好的质量特征，其二是减少或消除不良。

与质量概念密切相关而又常常引起混淆的一个概念是“等级”。人们习惯用质量这一术语来表述某种事物的程度和水平。例如，将五星级酒店同街道小旅馆相比较，有时会引起歧义。在这种场合下，使用等级或档次这一概念有助于避免分歧。等级或档次反映了同一用途或功能的事物为了满足不同层次的需要而对质量要求所作的有意识的区分，不同的档次意味着不同的购买能力或消费层次，质量的比较只有针对同一档次才是有意义的。从这个意义上而言，星级酒店并不等同于服务质量卓越；相反，小旅馆也可能提供非常优质的服务。

质量高低和好坏都是质量定义中对“程度”的度量，如高档汽车不仅提供运输服务，还提供更高水平的安全性、舒适性和社会地位等。随着经济和社会的发展，顾客等相关方对质量等级或档次的要求是与时俱进的，组织的转型升级首先应当是质量的转型升级。组织需要提高产品或服务等客体的质量档次，提升创造质量附加价值的能力。

1.2 质量特性

1.2.1 质量特性的含义

ISO 9000 标准把质量特性定义为：“与要求有关的客体的固有特性。”为了满足顾客需要，要求把感性的、含混的顾客需要变换为清晰的、理性的、技术的或工程的语言，这就是质量特性。所得到或确定的质量特性是人为变换的结果，实质上是相对于顾客需要的代用特性。这种变换的准确程度将直接影响到顾客需要能否得到满足，从而影响到顾客满意。质量特性可以分为以下几种类型：

(1) 技术性或理化性的质量特性。例如，机械零件的刚性、弹性、耐磨性；汽车的速度、牵引力、耗油量、废气排放量；手表的防水、防震、防磁等功能。技术性的质量特性可以用理化检测仪器精确测定。科技进步使得检测许多原来无法测定的特性成为可能，人们可以对质量作出更加客观的判断。

(2) 心理方面的质量特性。例如，服装的式样、食品的味道、汽车象征的地位等。心理方面的质量特性反映了顾客的心理感受和审美价值，而人们的心理感受和审美价值千差万别，很难用准确的技术指标加以衡量。心理方面的质量特性对于构成产品的独家特色，构成产品对每一具体用户的适用性非常重要，尤其是在消费品领域。

(3) 时间方面的质量特性。例如，耐用品的可靠性、可维修性、精度保持性、电力供应的及时性等。时间方面的质量特性同产品生命周期的费用相联系。产品使用过程中的及时性、可靠性、可维修性以及使用费用等都极大地影响着顾客的质量评价。

(4) 安全方面的质量特性。产品的使用不仅要可靠、及时，而且不能给顾客造成伤害和事故，因此，产品必须有保证条款和安全措施。重视安全方面的质量特性对于企业避免和防止产品责任问题的发生具有极为重要的意义。

(5) 社会方面的质量特性。在考虑质量特性的内容时，仅仅考虑对应的顾客需要是不充分的，还必须考虑法律法规、环保以及社会伦理等有关社会整体利益方面的要求。

1.2.2 产品的质量特性

产品的质量特性通常包括以下几个方面：

(1) 性能。性能是产品满足使用目的所具备的技术特性。如钟表走时的准确度、电冰箱的冷冻速度、洗衣机的洗净率和自动化程度等。

(2) 寿命。寿命是产品在规定的使用条件下完成规定功能的工作总时间。如灯泡使用的小时数、电冰箱的使用年限等。

(3) 可靠性。可靠性是产品在规定的时间内，在规定的条件下，完成规定功能的能力。如电视机的平均无故障工作时间、电冰箱的无故障率等。

(4) 安全性。安全性是产品保证顾客的生命不受危害，身体和精神不受伤害，以及财产不受损失的能力。如燃气热水器在故障状态下的自动熄火功能。

(5) 经济性。经济性是产品从设计、制造到使用整个生命周期的成本费用方面的特征。

1.2.3 服务的质量特性

相对于产品来说，服务的质量特性具有一定的特殊性。有的服务质量特性可以观察或感觉到，如等待时间的长短、服务设施的好坏等；有的服务质量特性不能观察到，但又直接影响服务业绩，如酒店财务的差错率、报警器的正常工作率等；有的服务质量特性可以定量考察，如等待时间；有的服务质量特性只能定性描述，如卫生、保密性、礼貌等。服务质量特性一般包括以下几个方面：

(1) 功能性。指某项服务所发挥的效能和作用，它是服务质量中最基本的特性，如饭店的功能是让顾客吃到可口的饭菜。

(2) 时间性。指服务在时间上满足顾客需要的能力，如及时、准时和省时等。

(3) 安全性。指在服务过程中顾客的生命和财产免受伤害和损失的特征，如商店的防火和防盗措施等。

(4) 经济性。指顾客为了得到不同服务所需费用的合理程度。

(5) 舒适性。指服务过程的舒适程度，包括服务设施完备、适用、方便和舒服，环境整洁、美观和有序等。

(6) 文明性。指在顾客接受服务过程中满足其精神需要的程度。顾客期望感受到自由、亲切、尊重、友好、自然的气氛。

1.2.4 卡诺质量模型

日本质量管理专家狩野纪昭根据不同类型的质量特性与顾客满意之间的关系创建了卡诺质量模型（见图1—1），将质量特性分为当然的、一元的和有魅力的三种。

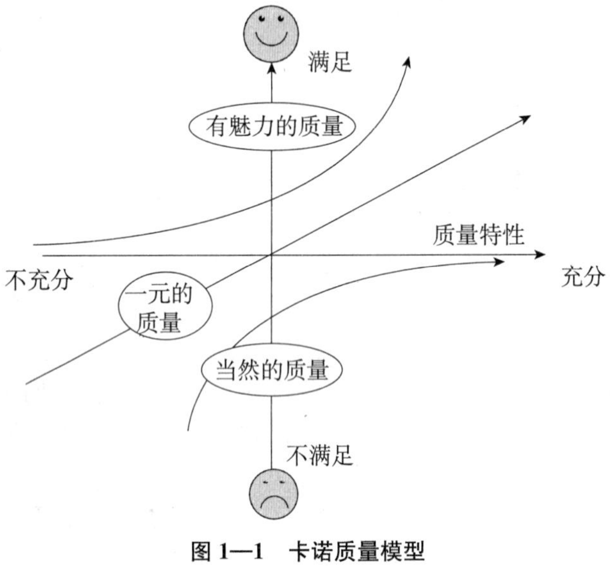

图1—1　卡诺质量模型

(1) 当然的质量特性。是指那些即使充分提供也不会使顾客感到特别兴奋和满意，一旦不足却会引起强烈不满的质量特性。这类特性是顾客认为理所当然应当具有的特性。例如，火车软卧车厢应当保证供应开水和提供清洁的卧具，乘客并不会因为享有这种服务而感到兴奋，但如果没有会使乘客不满甚至愤怒。显然，缺乏这类特性的产品和服务很难有竞争力。

(2) 一元的质量特性。当这种特性不充足时，顾客不满意，充足时，顾客就满意；充足程度与满意度呈线性关系。一元质量是质量的常见形式。以手机为例，待机时间、接收信号是质量特性，如果待机时间长，则可以方便顾客，减少充电时间，电池的寿命也长；接收信号强，手机的接通率就高，顾客就会很满意。相反，待机时间短、接收信号弱，顾客就会不满意。

(3) 有魅力的质量特性。如果该质量特性充分，会使人满意，不充分也不会使人不满。例如，民航客机向旅客提供酒就属于有魅力的质量特性，有这项服务会使顾客感到喜悦，没有也不会有人提出投诉。同样，电视机的画中画功能也属于这种类型。显然，在其他条件相同的情况下，具有充分魅力特性的产品或服务更容易吸引顾客的注意，从而形成竞争优势。

狩野纪昭指出：当然的特性比有魅力的特性更容易确定。随着时间的流逝和竞争的开展，有魅力的特性会逐渐演变为当然的特性。企业在确定产品和服务的质量特性时，还需要注意无谓特性和逆特性这两种次要特性。无谓特性是指存在或充分与否对顾客满意不起作用的特性。而逆特性则是指那些提供过多反而会引起顾客不满的特性，如传统食品中的食糖添加量就是一种逆特性。

1.3 质量相关术语

为了避免混乱，保证在质量管理方面的有效沟通，人们通常借助术语表等基本工具把关键术语和定义标准化，这里仅对与质量相关的一些最重要的术语加以定义。

1.3.1 过程

过程是指利用输入实现预期结果的相互关联或相互作用的一组活动。将上述定义中的修饰语去掉，剩下来的核心词汇是“活动”，也就是说，过程是一系列活动。一定意义上，可以将组织视为由诸多过程构成的一个集合体，在这个集合体中，一个过程的输入通常是其他过程的输出。过程是理解现代质量管理的最重要的概念之一，在以后的章节中我们还要更加详细地讨论。

1.3.2 产品和服务

输出是过程的结果。组织的输出是产品还是服务，取决于其主导特性，如画廊销售的一幅画是产品，而接受委托绘画则是服务。在零售店购买的汉堡包是产品，而在饭店里接受订餐并提供汉堡包则是服务的一部分。

产品和服务的区别在于是否包含顾客接触活动。产品是在组织和顾客之间没有接触的情况下就能产生的输出，可分为硬件、流程性材料和软件三类，其主要特征通常是有形；服务则是至少有一项活动必须在组织和顾客之间进行的输出，其主要特征通常是无形。产品可能涉及相关的服务，当产品交付给顾客时通常就包含服务因素；而服务的提供也可能涉及产品。

(1) 硬件。具有特定形状的可分离的有形产品，通常由制造、建造或装配的零件、部件和（或）组件组成。机械制造、建筑施工、轻工等行业主要以生产硬件类产品为主，如汽车、机床、标准件、房屋和各种设施等。

(2) 流程性材料。通过将原材料转化为某一预定状态所形成的有形产品。流程性材料的状态可以是液态、气态、粒状、块状、线状或板状，通常以袋、桶、罐、瓶、盆、管道或卷筒的形式交付。制造电缆、织布、造纸、酿酒、轧钢和生产石油制品等均属于流程性材料的生产。

（3）软件。由承载于媒体的信息所组成的知识产品。软件可以表现为概念、程序等形式。计算机程序是软件产品的一种特定类型。设计部门、律师事务所、咨询机构和培训机构等生产的产品一般都可以看作软件。

（4）服务。为满足顾客的需要，在组织和顾客之间界面上的活动以及组织内部活动所产生的结果。举例如下：餐馆、旅店的接待服务；机场、公路、电信和邮政部门提供的交通与通信服务；银行、保险企业提供的金融服务；供水、供电等部门提供的公用事业服务。服务产品并不局限于服务部门，产品的提供同样会伴随着服务的提供。

1.3.3 顾客

顾客是能够或实际接受为其提供的，或应其要求提供的产品或服务的组织或个人。“顾客”一词常常有许多含义，它可以指一个组织，一个组织中的一部分人或某个人，可以是消费者、委托人、最终使用者、零售商、内部过程的产品或服务的接收人、受益者和采购方等。有许多类型的顾客，有些是显在的，有些则是潜在的。顾客可以是外部的，也可以是内部的。组织内部互相协作的下一个环节便是内部的顾客。

1.3.4 供方

供方即提供产品或服务的组织。典型的供方如制造商、批发商、零售商等。供方可以是外部的，也可以是内部的。组织内部互相协作的上一个环节便是内部的供方。

1.3.5 顾客满意

顾客满意是指顾客对其期望被满足程度的感受。

1.3.6 合格

合格指满足要求。具体说来是指产品、服务、过程、人以及体系等满足了相关方的要求，如产品或者文件符合规定要求。

1.3.7 质量经济性

质量经济性指质量与组织经济效益的关系及其对组织经济效益的影响。质量对组织经济效益的影响表现为增加收益和降低成本。

第2章 质量管理

质量经理的主要职责就是组织和推进质量管理，因此，需要对质量管理有全面、系统的了解。本章回顾管理理论和质量管理的发展历程，特别是我国改革开放以来质量管理的发展过程，讨论质量管理的概念，并介绍几位有重要影响的著名质量专家及其质量管理思想。

2.1 管理理论发展历史

自从有了人类社会，社会实践活动就表现为集体协作劳动，有集体协作劳动的地方就有管理活动，随之形成各种管理思想。可以说管理实践和管理思想与人类社会一样久远。作为管理理论的管理学在19世纪末20世纪初形成。

2.1.1 管理理论发展阶段划分

表2—1对管理学发展阶段及其特点进行了简要的归纳和总结。

表2—1 管理学形成与发展过程总结

时间	理论	特点
19世纪末以前	各种管理思想	
20世纪初至1930年	古典管理理论	标准化、制度化
1930—1950年	人际关系学说和行为科学理论	重视人的因素
1950—1960年	管理理论丛林	全面、系统、精确
20世纪60年代以后	战略管理	长远的视野
20世纪70年代末以后	全面质量管理	持续改进、全员参与
20世纪90年代以后	学习型组织、卓越绩效模式	突破式改进、创新

管理学的形成与发展大致可以分为六个阶段：古典管理理论阶段是指从20世纪初泰勒科学管理理论出现到30年代行为科学理论出现；人际关系学说和行为科学理论阶段是指20世纪30年代到50年代，主要指行为科学理论的形成发展；管理理论丛林阶段是指20世纪50年代到60年代，这一阶段形成了各种管

理理论学派，全面性、系统性和精确性等是该阶段管理理论的特点；战略管理阶段是指20世纪60年代以后，外部环境和市场的剧烈变化，要求企业进行长远思考以求得长期稳定的发展，考虑外部变化并制定战略是战略管理的特点；全面质量管理阶段是指20世纪70年代末以后，日本企业的竞争力受到世界瞩目，由此日本企业所推行的管理模式——全面质量管理在世界范围内被推广和学习，通过美国80年代的质量革命变得更加成熟和系统化，而1987年由国际标准化组织首次颁布的ISO 9000系列标准则推进了全面质量管理活动的实施；学习型组织理论阶段是指20世纪90年代以后，适应知识经济和信息时代要求的管理理论——以学习型组织理论为代表的管理理论出现了，并形成了许多有效的理论和方法，如卓越绩效模式、六西格玛（6σ）、业务流程再造（BPR）、标杆超越法（benchmarking）等。

2.1.2 总结与启示

从管理理论百年发展历史来看，质量管理在20世纪80年代以后进入全面质量管理阶段，而全面质量管理成为一种新的管理模式。90年代以后的理论和方法，如卓越绩效模式、六西格玛管理、业务流程再造、标杆超越法等都可以看成全面质量管理的进一步发展和延伸。

随着社会的政治、经济、文化等诸多方面的发展和进步，有关人的认识和假设有了相应的变化，如最初古典管理理论的经济人假设，到人际关系学说的社会人假设，以及后来的复杂人和自我实现人假设等。当社会进入知识经济时代，知识员工成为新经济下最稀缺的资源，因此活性化的人成为员工人性的基本假设。活性化的人是指员工具有做出决定和采取行动的知识、技能、职权和意欲；与此同时，员工对其行动后果以及对组织作贡献承担责任。

2.2 质量管理的发展

2.2.1 质量管理的概念

ISO 9000:2015《质量管理体系　基础和术语》中，将质量管理定义为：关于质量的管理，即在质量方面指挥和控制组织的协调一致的活动。这些活动通常包括制定质量方针和质量目标、质量策划、质量控制、质量保证和质量改进。质量策划致力于制定质量目标并规定必要的运行过程和相关资源以实现质量目标；质量控制致力于满足质量要求；质量保证致力于提供使质量要求得到满足的信任；质量改进致力于增强满足质量要求的能力。

朱兰认为，在质量管理活动中有三个管理过程，即质量策划、质量控制和质量改进，称为“质量管理三部曲”。质量策划指明确组织的质量方针和质量目标，并对实现这些目标所必需的各种行动进行规划和部署的过程。质量控制也就是实现质量目标、落实质量措施的过程，广泛应用统计方法来解决质量问题是质量控制的主要特征之一。质量改进是指实现前所未有的质量水平的过程。

在质量管理三部曲中，质量策划明确了质量管理所要达到的目标以及实现这些目标的途径，是质量管理的前提和基础；质量控制确保组织的活动按照计划的方式进行，是实现质量目标的保障；质量改进则意味着质量水准的飞跃，标志着质量活动以一种螺旋式上升的方式不断提高。朱兰质量管理三部曲的具体内容见表2—2。

表2—2 **质量管理三部曲**

质量策划	质量控制	质量改进
● 设定质量目标 ● 辨识顾客是谁 ● 确定顾客的需要 ● 开发满足顾客需要的产品 ● 开发能够生产这种产品的过程 ● 采取过程控制措施，将计划转入实施阶段	● 评价实际绩效 ● 将实际绩效与质量目标对比 ● 对差异采取措施	● 提出改进的必要性 ● 做好改进的基础工作 ● 确定改进项目 ● 建立项目小组 ● 为小组提供资源、培训和激励，以便： 诊断原因 设想纠正措施 ● 采取控制措施以巩固成果

2.2.2 质量管理的发展历程

人类社会的质量活动源远流长，但现代意义上的质量管理活动始于20世纪初。根据解决质量问题的手段和方式的不同，一般可以将质量管理的发展划分为三个阶段。第二次世界大战以前可以看作第一阶段，通常称为质量检验阶段；第二阶段是从第二次世界大战开始到20世纪50年代，称为统计质量控制阶段；第三阶段是从20世纪60年代开始的全面质量管理阶段。

1. 质量检验阶段

这一阶段主要是通过检验的方式来控制和保证产出或转入下道工序的产品质量。手工业时代，产品大多由作坊生产出来。产品的质量主要取决于工匠个人的经验和技能。18世纪末工业革命后到20世纪初期，伴随着机器和机器体系的广泛采用，工厂制度开始逐步确立，企业仍然主要依靠经验来进行生产和管理。在质量控制方面，主要依靠手工操作者的手艺和经验来把关。进入20世纪以后，随着企业规模的进一步扩大和分工与专业化程度的日益提高，企业大量设立了检验人员的职位，专职负责产品检验。这种做法是从成品中挑出废品、次品，实质上是一种“事后把关”。

2. 统计质量控制阶段

质量检验不是一种积极的质量管理方式。由于它是“事后把关”型的质量管理，无法防止废品的产生。如何才能预防废品的产生，实现从被动的事后把关向积极的事前预防转变呢？数理统计方法为实现这一转变提供了可能。其中，美国贝尔实验室的统计学家W.A.休哈特提出的工序质量控制图，以及他的同事H.F.道奇和H.G.罗米格进行的抽样检验方面的探索最有影响。

在统计质量控制阶段，质量管理的重点在于确保产品质量符合规范和标准。人们通过对工序进行分析，及时发现生产过程中的异常情况，确定产生缺陷的原因，迅速采取对策加以消除，使工序保持稳定状态。这一阶段的主要特点是：从质量管理的指导思想上看，由以前的事后把关转变为事前的积极预防；从质量管理的方法上看，广泛深入地应用了统计的思考方法和检验方法。

3. 全面质量管理阶段

第二次世界大战以后，人类在科技上取得许多划时代的重大突破，生产力获得前所未有的大发展。战后物质生产的大发展使得人们对产品质量的要求越来越高，世界市场的竞争空前激烈，消费者权益运动日益高涨，员工的能动性和参与性日益成为企业成功不可或缺的因素。人们普遍认识到，依靠制造领域的统计质量控制远远不能满足顾客对质量的要求，也远远不足以应对日益严峻的挑战。

美国通用电气公司的 A. V. 菲根堡姆在 1956 年发表了题为“Total Quality Control”的论文，首先提出了“全面质量管理”（TQC）的概念。菲根堡姆主张解决质量问题不能仅局限于制造过程，因为制造过程中出现的质量问题只是所有质量问题的 20%左右，80%的质量问题是在制造过程以外产生的。解决问题的手段仅仅局限于统计方法也是不够的，必须是多种多样的。1961 年菲根堡姆在其《全面质量管理》一书中提出：“全面质量管理是在最经济的水平上，考虑到充分满足用户要求而进行市场研究、设计、生产和服务，把企业内各部门研制质量、维持质量和提高质量的活动构成一体的一种有效体系。”菲根堡姆的全面质量管理观点在世界范围内被广泛接受。

全面质量管理最优秀的实践者非日本企业莫属。日本质量管理专家石川馨博士将其特点概括为：“整个公司从上层管理人员到全体员工都参加质量管理。不仅研究、设计和制造部门参加质量管理，销售、材料供应部门和诸如计划、会计、劳动、人事等管理部门以及行政办事机构也参加质量管理。”

20 世纪 70 年代末 80 年代初改革开放以后，全面质量管理在我国企业得到广泛深入的推行，人们在实践中把全面质量管理概括为“三全一多样”，即全过程、全员和全组织的质量管理，以及方法使用的多种多样。表 2—3 比较了质量管理发展三阶段的特点和重点。

表 2—3　　质量管理发展的三阶段比较

项目	质量检验	统计质量控制	全面质量管理
管理范围	生产现场	生产过程＋设计过程	产品质量形成全过程
管理对象	产品质量	产品质量＋工序质量	产品质量、工序质量、工作质量
管理特点	事后把关，管结果	从把关向预防发展	防检结合，预防为主
管理依据	符合规格	按既定质量标准控制	以用户为中心，侧重产品适用性
管理方法	运用技术检验方法	技术检验方法＋数理统计方法	运用多种管理方法提高工作质量，以保证产品质量
管理标准化	重视技术标准	技术标准发展为质量控制标准	技术标准、控制标准和管理标准并重

续前表

项目	质量检验	统计质量控制	全面质量管理
管理经济性	忽视质量经济性	重视质量经济性	讲求质量经济性
参与人员	依靠检验部门和检验人员	依靠技术和质量检验部门	全体员工

2.2.3 质量管理在我国的发展

中国是世界文明古国之一。在我国的古代典籍中记载有大量关于产品质量的规定、要求等。商朝和周朝制造的青铜器、编钟和剑，均以其高质量而举世闻名。全面质量管理作为系统的知识体系和实践活动于20世纪70年代末80年代初在我国推行。

1978年，党的十一届三中全会把以经济建设为中心，对内改革、对外开放作为党的基本路线。当时，我国国民经济已经接近崩溃的边缘，迫切需要能够使经济恢复并且持久有效的经济政策和管理制度。为此，一方面需要继承和恢复我们已有的有效经济政策和管理制度，另一方面应学习、吸收国外先进的技术和管理。1978年11月，中国经济代表团应日本通产省的邀请，考察日本企业管理情况。代表团通过考察深刻认识到，“日本制造”之所以在国际市场上具有很强的竞争力，一扫“东洋货”的质量低劣形象，其根本原因是日本企业普及了全面质量管理。代表团通过考察得出以下结论：(1) 全面质量管理是系统的经营管理理念和方法；(2) 全面质量管理要求与质量水平相适应的基础工作，包括标准化工作、计量工作、质量信息工作、质量教育工作和质量责任制等；(3) 全面质量管理关注以人为本，尊重员工的主人翁地位；(4) 全面质量管理讲求实事求是，强调用事实和数据说话，以事实作为决策的依据。

日本企业推广的全面质量管理的许多内容和观点，与我国企业曾经总结推广的“两参一改三结合”和“三老四严”有共同之处，反映了企业管理实践的客观要求。之后，我国邀请日本质量管理专家来华做讲座，在少数企业试点并取得成功的基础上，全面质量管理以相当快的速度、相当大的规模在全国推广。

我国企业实施全面质量管理基本上可以分为以下三个阶段：(1) 1979—1989年，全面质量管理的引进和推广阶段。主要特点是政府主导，自上而下有计划、有重点地在企业引进和推广。(2) 1989—1999年，全面质量管理的普及和深化阶段。1992年党的十四大提出建立社会主义市场经济体制；1993年全国人大通过《中华人民共和国产品质量法》，标志着我国质量工作进一步走上法制化的道路；1996年12月国务院发布《质量振兴纲要》，明确了我国质量工作的方针，强调了振兴质量的根本出路在于建立质量振兴的市场保证机制。(3) 1999年至今，全面质量管理的发展和创新阶段。这一时期，企业逐步形成“大质量”概念，确立了质量管理在企业中的战略地位。我国许多先进企业通过质量管理使得产品质量赶上或超过发达国家产品的水准，树立了我国的民族品牌。2004年9月，国家质检总局发布的国家标准GB/T 19580—2004《卓越绩效评价准则》和GB/T 19579—2004《卓越绩效评价准则实施指南》，为我国企业追求卓越绩效指明了方向。

2.3 质量管理的代表人物及其主要思想

2.3.1 戴明及其质量管理思想

戴明（W. Edwards Deming，1900—1993）是20世纪管理领域中最有影响力的人物之一，是全球公认的质量管理专家、统计学家、管理顾问。戴明早年曾到美国西方电气公司的霍桑工厂做过研究，在这里受到包括后来被称为“统计质量控制之父”的休哈特等人的影响。从1946年起，他在纽约大学管理学院担任教授达46年之久。

1950年，在日本科学技术联盟（JUSE）举办的讲习班上，戴明应邀向日本工商界人士讲授统计质量管理。此后他又连续多次赴日从事讲学和咨询活动，对质量管理在日本的普及和深化发挥了巨大的作用。1951年日本科学技术联盟设立了以戴明的名字命名的奖项，以感谢戴明的贡献和友谊。戴明奖主要奖励在推广质量统计控制方法方面表现出色并取得良好业绩的企业（戴明实施奖），以及在推广质量管理知识等方面做出突出贡献的个人（戴明本奖）。1980年，美国全国广播公司为了促进美国人对质量的重视，推出了一部名为“日本人能够做得到，为什么我们做不到?”的纪录片。该纪录片介绍了戴明在日本经济中发挥的作用。此后，戴明的理论在美国受到广泛的关注和认可。福特、通用汽车、宝洁等一大批美国公司纷纷请戴明来指导本公司的质量改进。戴明主张的是一种系统的观念，倡导采用科学方法来优化系统，实现质量的改进。

戴明于1986年在其《走出危机》一书中指出，为了向以顾客满意为宗旨的质量型组织转变，管理者必须关注14个要点。戴明认为，接受这14点并采取具体的行动，是管理者对组织的生存及投资者和雇员的利益负责任的标志。这14点可以看作戴明管理理念最精辟的表述，具体内容如下：

（1）树立改进产品和服务的长久使命，以使企业保持竞争力，确保企业的生存和发展并向人们提供工作机会。

（2）接受新的理念。在一个新的经济时代，管理者必须意识到自己的责任，直面挑战，领导变革。

（3）不要将质量依赖于检验。要从一开始就将质量渗透或融入产品之中，从而消除检验的必要。

（4）不要只是根据价格来做生意，要着眼于总成本最低。要立足于长期的忠诚和信任，最终做到一种物品只同一个供应商打交道。

（5）通过持续不断地改进生产和服务系统来实现质量、生产率的改进和成本的降低。

（6）做好培训。由于缺乏充分的培训，人们常常因不懂得如何工作而无法把工作做好。

（7）进行领导。领导意味着帮助人们把工作做好，而非指手画脚或惩罚威吓。

(8) 驱除恐惧以使每个人都能为组织有效工作。由于担心完不成指标，奖金受到影响，或者因为系统的问题而使自己受到责备，员工们往往害怕报告质量问题。他们或是继续用错误的方式做事，或是干脆什么都不做。由于恐惧而导致的经济损失是惊人的。要确保质量和生产率，就必须使每个人都有安全感。“最愚蠢的提问也胜于不提问。”

(9) 拆除部门间的壁垒。不同部门的成员应当以一种团队方式工作，以发现和解决产品和服务在生产和使用中可能会遇到的问题。

(10) 取消面向一般员工的口号、标语和数字目标。质量和生产率低下的大部分原因在于系统，一般员工不可能解决所有这些问题。

(11) 取消定额或指标。定额关心的只是数量而非质量。人们为了追求定额目标，可能会不惜任何代价，包括牺牲组织的利益在内。

(12) 消除影响工作完善的障碍。人们渴望把工作做好，但不得法的管理者、不适当的设备、有缺陷的材料等会对人们造成阻碍，这些因素必须消除。

(13) 开展强有力的教育和自我提高活动。组织的每一个成员都应不断发展自己，以适应未来的要求。

(14) 使组织中的每个人都行动起来去实现转变。

上述 14 点可以归纳为四个方面。首先，为了组织的生存和发展，管理当局必须树立明确的使命或方向以领导整个组织进行变革。其次，组织的管理应当以一个良好的系统为基础，要通过持续不断地改进系统来实现质量、生产率的改进和成本的降低。这个系统是超越组织边界的，要通过与供应商和顾客的合作来实现系统的综合效应，这便是著名的“系统驱动行为”的观点。再次，重视组织文化和领导的作用，要营造一个“场”或一种氛围来积极地影响人们，充分调动人们的积极性和创造性。最后，重视每个人的作用，要通过教育和培训来提升每个人的能力，使人们愿意并且能够为组织的成败做出自己最大的贡献。

戴明强调实施组织变革需要理解和掌握广博的知识体系，主要包括四个部分，即对体系的认识，关于变异的知识，关于知识的理论以及心理学方面的知识。

2.3.2 朱兰及其质量管理思想

朱兰（J. M. Juran，1904—2008）出生于罗马尼亚，1912 年随家人移民美国，1917 年加入美国国籍。朱兰曾获得电气工程和法学学位。在其职业生涯中，他有很长一段时期在霍桑工厂工作，担任工程师、经理，还做过政府官员、大学教授。1979 年，朱兰创办了“朱兰学院”，从事质量管理的培训、咨询和出版活动。

1954 年，应日本科学技术联盟的邀请，朱兰为日本企业界做了为期 8 天的讲座，从企业管理整体的角度强调了质量管理的重要意义。后来朱兰又多次前往日本讲学和指导。朱兰给日本经济复兴和质量革命带来的影响受到很高的评价。

朱兰主编的《朱兰质量手册》是质量管理领域最具权威性的参考书之一，被人们誉为“质量管理领域的圣经”。该书自1951年第一版出版以来，被译成许多国家的文字，1999年出版了第五版。朱兰提出了质量即适用性的概念，强调顾客导向的重要性。朱兰质量管理思想还包括质量管理三部曲、20/80原则以及质量成本等。

2.3.3 石川馨及其质量管理思想

石川馨（1915—1989）是日本著名的质量管理专家，日本东京大学教授。从1947年开始，40余年中，石川馨一直从事质量管理的研究、教育和推广工作，为日本的质量管理事业做出巨大的贡献。

石川馨对日本全公司的质量管理实践活动进行了总结，把全面质量管理（TQC）归结为以下几点：质量管理是所有员工和部门的责任；TQC不能由个人完成，需要团队合作；如果有从总裁到生产人员和销售人员的合作，TQC就不会失败；中层管理者会经常被谈起和批评——要做好准备；不要混淆目标和实现目标的方法；TQC不是灵丹妙药，它更像是中药。这些认识与现代对全面质量管理的认识基本上是一致的。

石川馨指出，为实现全面质量管理，必须进行以下思想革命：坚持质量第一而不是短期利益第一；消费者导向；下一道工序是你的顾客；用事实和数据说话；尊重员工，员工参与管理；跨职能管理等。

2.3.4 其他代表人物

休哈特（W. A. Shewhart，1891—1967）是美国统计学家，现代质量管理的奠基者，被人们尊称为“现代质量控制之父”。20世纪20年代，休哈特在西方电气公司工作期间，成功地将统计学、工程学和经济学结合起来，开创了统计质量控制这一新的领域。休哈特于1936年出版的《产品制造质量的经济控制》一书全面阐述了质量控制的基本原理，这是一部具有里程碑意义的著作，为现代意义上的质量管理奠定了坚实的理论基础，对以后质量管理的研究和实践产生了巨大的影响。

菲根堡姆（Armand V. Feigenbaum，1920—2014）是美国通用系统公司总裁，在通用电气公司工作近十年，担任全球生产运营和质量控制经理。20世纪50年代，菲根堡姆在其《全面质量管理》一书中最早提出全面质量管理的概念。他指出，全面质量管理应使整个组织参与到以顾客为导向的质量管理活动中。他提出全面质量管理的四个基本原则：（1）竞争意味着不存在永久的质量水平；（2）良好的管理应努力通过调动组织的质量知识、技能，使每个人相信改进会使事情变得更好；（3）成功的创新要有高质量来支持，特别需要更快、更好的新产品的支持；（4）成本和质量是相互补充而不是相互矛盾的。

克劳斯比（Philip B. Crosby，1926—2001）曾担任美国ITT公司副总裁，从事管理工作40多年。他所著的《质量不花钱》《达成目标的艺术》等在质量管理领域有很大影响力。克劳斯比提出质量管理的四个定理：质量就是符合标准；防患于未然的质量管理制度；唯一的业绩标准是零缺陷；唯一的业绩测量指标是质量成本，也即第一次把工作做正确是最经济的。克劳斯比坚持认为没有理由在任何产品和服务中存在错误和缺陷，为此公司应该接种“质量疫苗”以预防不合格，质量疫苗的三个组成部分是决定、教育和实施。此外，克劳斯比还提出质量改进实施的 14 个步骤。

第 3 章 全面质量管理

全面质量管理是适应市场经济发展的现代质量管理，反映了质量管理的本质和客观规律。本章阐述全面质量管理的概念、原则和理念，分析各类产品和服务的质量环以及质量职能，重点介绍质量改进的定义和程序。

3.1 全面质量管理的含义

3.1.1 全面质量管理的概念

20 世纪 80 年代以后，经过长期广泛的实践积累、总结和升华，全面质量管理逐渐由早期的 TQC 演变为 TQM，并成为全球企业界的共同实践。从一定意义上来讲，全面质量管理已经演变成一套以质量为中心的综合的、全面的管理模式。国际标准化组织颁布的国际标准 ISO 8402:1994 将 TQM 定义为：一个组织以质量为中心，以全员参与为基础，目的在于通过让顾客满意和本组织所有成员及社会受益而达到长期成功的管理途径。在质量管理的经典著作《朱兰质量手册》(第五版) 中，TQM 是“当今在全世界为了管理质量而应用的所有理念、概念、方法和工具的集合”，这是一个发展中、开放式和集成化的定义，意味着全面质量管理处于动态的继承性发展、创新和融合过程中。

3.1.2 全面质量管理的原则和理念

在对近一个世纪世界先进企业的质量管理实践经验进行总结的基础上，国际标准化组织在 ISO 9000:2015 国际标准中提出了质量管理的七项原则，而世界各国和各地区卓越绩效评价准则提出了各自的核心价值观和理念，如美国卓越绩效评价准则的十一项核心价值观和理念、欧洲质量组织的八项基本理念、中国 GB/T 19580《卓越绩效评价准则》的九项基本理念。这些原则和理念构成现代质量管理各种模式的精神实质，各级各类组织在实施全面质量管理中应当理解和应用。关于 ISO 9000 的质量管理原则和 GB/T 19580 的卓越绩效基本理念，参见本书的相关章节。

3.2 质量环与质量职能

3.2.1 质量环

任何产品和服务都要经历设计、制造和使用的过程，相应地，产品和服务质量有一个产生、形成和实现的过程，该过程由按照一定逻辑顺序进行的一系列活动构成。质量环是对产品和服务质量的产生、形成和实现过程进行的抽象描述和理论概括，该过程中的一系列活动一环扣一环，互相制约、互相依存、互相促进，每经过一次循环，就意味着产品和服务质量的一次提高。ISO 9000 标准将产品划分为三大类：硬件、软件和流程型材料。由于产品和服务的种类、复杂程度和组织状况不同，其产生、形成和实现的过程也有所不同。

1. 硬件的质量环

硬件是指具有特定形状的可分离的有形产品，通常由制造、建造或装配的零件、部件和（或）组件组成，如汽车、机床、房屋和各种设施等。硬件产品典型的产生、形成和实现的过程可以用图 3—1 所示的质量环来表示。

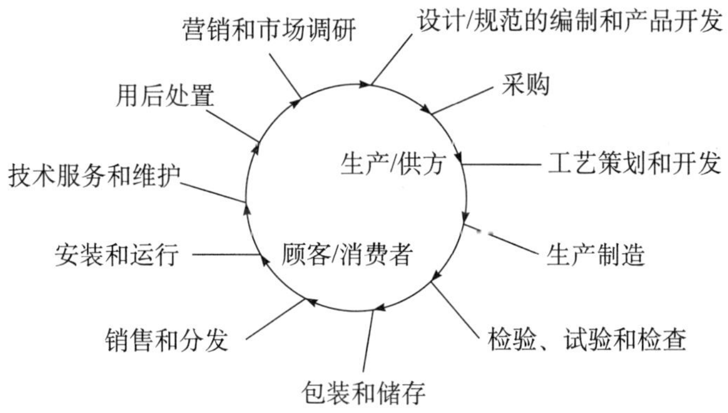

图 3—1　硬件的质量环

2. 流程型材料的质量环

流程型材料是指通过将原材料转化成某个预定状态所形成的有形产品。流程型材料可呈液态、气态、粒状、块状、线状或板状，通常以袋、桶、罐、瓶、盆、管道或卷筒的形式交付。典型的流程型材料的产生、形成和实现的过程可以用图 3—2 所示的质量环表示。

3. 软件的质量环

软件是指由承载于特定媒体的信息所组成的知识产品。软件可以表现为概念、程序等形式。计算机程序是软件的一种特定类型；设计部门、律师事务所、咨询机构和培训机构等单位生产的产品一般都可以看作软件。典型的软件产品的

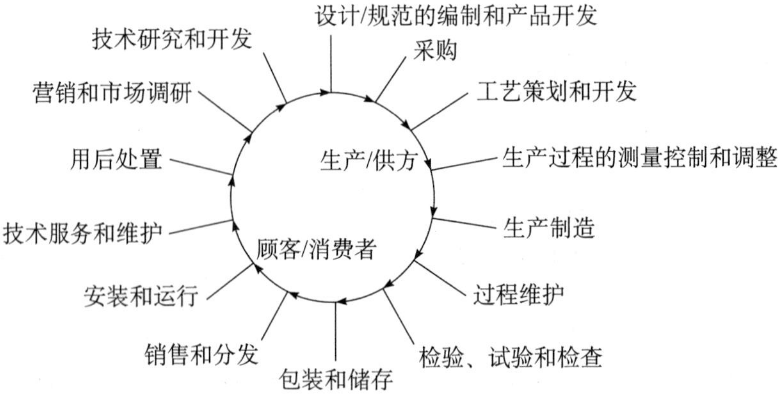

图 3—2　流程型材料的质量环

产生、形成和实现过程可以用图 3—3 所示的质量环表示。

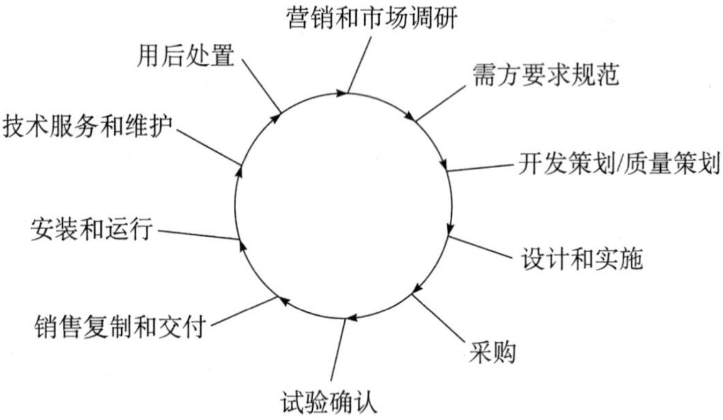

图 3—3　软件的质量环

4. 服务的质量环

服务是指伴随着组织与顾客的接触而产生的无形产品。服务可以是对属于顾客的有形或无形的产品所施加的活动，如修理；也可以是有形产品或无形产品的提供，前者如运输，后者如教育机构的培训、教学；还可以是某种气氛或感觉的创造，如宾馆等。与其他几类产品相比，服务具有如下一些特色：

(1) 服务的对象是具有感情色彩的人，人们的需要和期望是多样的。

(2) 服务通常是无形的，顾客在接受服务之前不可能对服务的质量和价值做出精确的判断和评价。

(3) 服务通常是不可储存的，服务的提供和消费通常是同时进行的。

(4) 服务通常是一次性的，如果服务出现问题或事故，不能通过重复来消除已发生的问题或事故，只能做到某种程度的弥补。

(5) 服务通常是不可预测的，顾客的出现一般是随机的，服务组织难以预先知道将会发生什么情况。

(6) 服务的质量更依赖于服务提供者的素质。

（7）由于顾客的经历、背景、年龄、性别、文化程度等不同，其对服务的评价常带有个人色彩。

服务产生、形成、实现的全过程可以用图3—4所示的质量环表示。

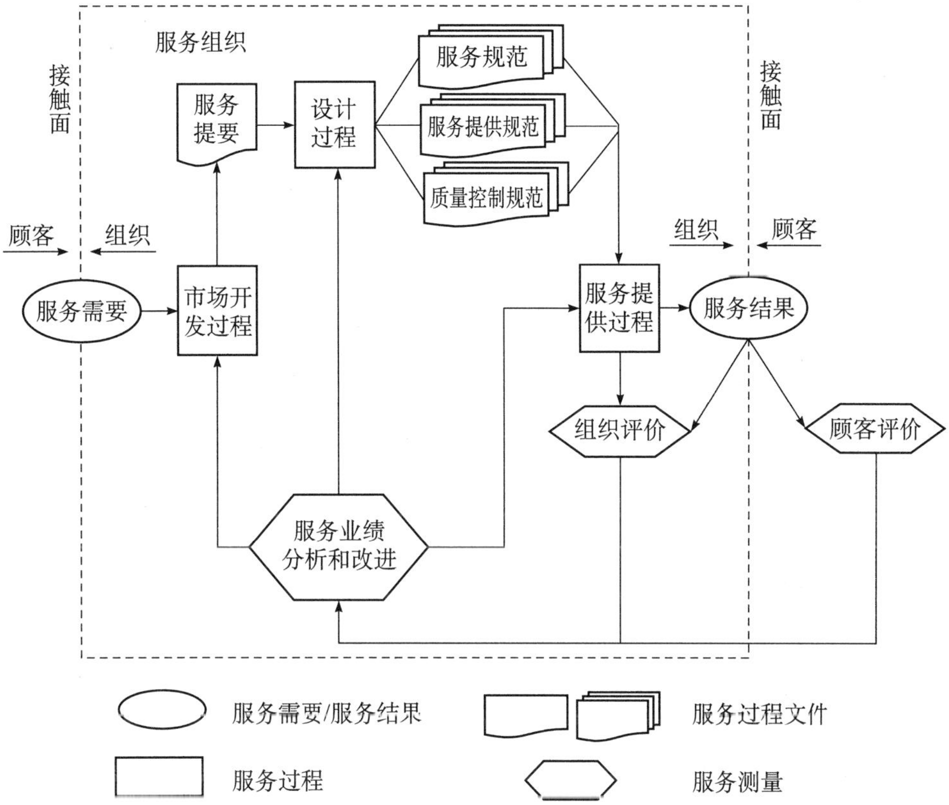

图3—4 服务的质量环

3.2.2 质量职能

为了对产品和服务质量形成过程进行有效的控制和管理，需要落实过程中各个阶段的质量职能。所谓质量职能是指为了使产品和服务具有满足顾客需要的质量所进行的全部活动。质量有一个产生、形成和实现的过程，这一过程由一系列彼此联系、相互制约的活动构成。这些活动的大部分由组织内各个部门承担，但还有许多活动涉及组织外部的供应商、零售商、批发商、顾客等，所有这些活动都是保证和提高产品和服务质量所必不可少的。因此，质量并非只是质量部门的事情，它取决于组织内外许多机构和部门的共同努力。

质量职能是对在产品和服务质量产生、形成和实现过程中各个环节的活动所发挥的作用或承担的任务的一种概括。从某种意义上来说，质量管理就是要将这些广泛分散的活动有机结合起来，从而确保质量目标的实现。为了使这些活动互相配合、协调一致，必须做到：

（1）明确实现质量目标必须进行的各项活动，将这些活动委派给组织的相应部门。

（2）向这些部门提供完成任务所必需的技术上和管理上的工具和设施。

（3）确保这些活动在各部门、各环节的实施。

（4）协调各部门之间的活动使之指向共同的目标，以综合、系统的方式来解决质量问题，使组织的活动以及活动的成果达到最佳水平。

3.3 质量改进的定义和程序

3.3.1 质量改进及其特点

ISO 9000：2015《质量管理体系　基础和术语》将质量改进定义为“质量管理的一部分，致力于增强满足质量要求的能力”。该标准还对定义中的“要求”进行了解释，即“要求可以是有关任何方面的，如有效性、效率或可追溯性”。我们可以根据质量改进的以下特点进一步理解质量改进的含义。

1. 质量改进不同于质量控制

质量控制是致力于满足质量要求的活动，强调的是维持；而质量改进强调的是突破（见图3—5）。从图上可以看出，当出现由于意外原因导致的偶发性峰值时（40%），一般都会引起组织格外的关注，从而通过排除故障或采取纠正行动使其恢复到原有的水平（23%）。这样的行动就是质量控制。

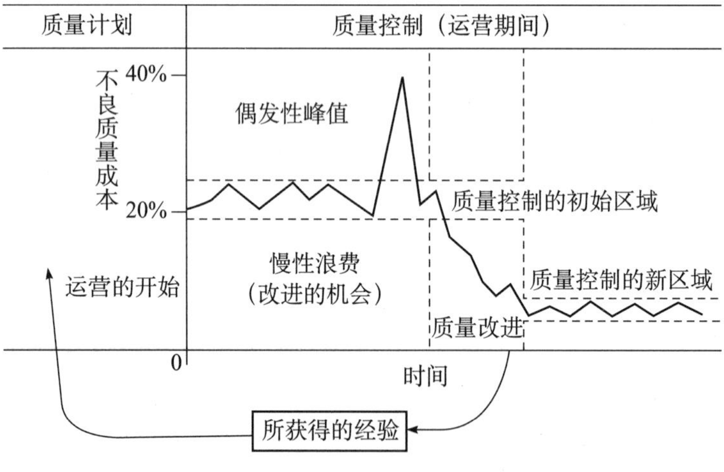

图3—5　质量改进与质量控制

由于系统性的原因，固化在过程中的慢性浪费往往被人们忽视，因为“设计便是如此”。但是如果能够解决这样的慢性问题，组织就能实现较大的突破。从图3—5可以看到，该组织通过一个质量改进项目将慢性浪费减少到5%，从而使组织达到前所未有的绩效水平，实现突破。

2. 质量改进以项目的方式实施

质量改进以项目的方式进行。在确定质量改进项目时，通常先通过对组织中存在的问题进行分析，找出应该解决的慢性、系统性问题，确定改进的优先顺序，纳入到质量改进计划中。一旦启动某一改进项目，就需要明确职责，给予资源的支持，依据合理的工作流程，运用适宜的改进工具和技术实施改进。当改进项目结束时，慢性问题应该得到解决，组织满足质量要求的能力有一定的突破。为了在竞争的压力下生存和成功，组织需要不断地改进，持续推动质量改进项目的开展。

3. 质量改进是普遍适用的

尽管质量改进最初是在制造领域开展的，但 20 世纪八九十年代实施的大量项目表明，质量改进是普遍适用的。它不仅适用于制造业，而且适用于服务业；不仅适用于生产过程，而且适用于其他业务活动；不仅适用于硬件，而且适用于软件。到目前为止，质量改进不仅成功地应用于营利性组织，而且应用于包括教育和医疗等非营利组织和政府组织。

4. 质量改进是无止境的

质量改进无止境的原因在于：首先，顾客的需求和期望是无止境的。为了不断满足顾客的需求和期望，组织需要不断开展新活动、开发新产品，与此同时产生新的问题和浪费，需要通过不断地改进予以解决。其次，人类的创造性没有极限，人们总是能够找到方法将事情做得更好。

5. 质量改进是有成本的

质量改进成果的取得需要付出多方面的努力，因此是有成本的。这些努力包括：

（1）为实现持续改进，要在组织内建立基本制度，包括目标设立、项目选择、责任分配、项目进展情况的追踪等。

（2）通过培训使人们了解如何在改进团队中工作，以及如何使用改进工具等。

（3）通过诊断找出慢性浪费的原因并进行“治疗”，消除障碍。

尽管质量改进需要投入，但是相对于其取得的成果，投资回报率还是很高的。

6. 质量改进的成果主要来自关键的少数项目

实践证明，大部分可衡量的成果都来自少数质量改进项目，即那些“关键的少数”项目，它们通常需要跨部门的团队来实施；与之相对的则是“次要的多数”项目，通常由部门内的团队或个人实施，尽管它们在数量上占绝大多数，但从改进效果来看，往往比“关键的少数”项目差若干个数量级。

3.3.2 质量改进程序

全面质量管理倡导持续改进，因此有关全面质量管理实施的模式和做法，如

ISO 9001，ISO 9004 和 GB/T 19580 都包含并强调持续改进，而合理化建议和技术革新、QC 小组、精益生产和六西格玛管理等是持续改进的典型方法，具体内容将在相关部分展开说明。下面对质量专家的质量改进程序和质量改进的一般程序做简要介绍。

1. 质量专家的质量改进程序

质量革命的领导者——戴明、朱兰和克劳斯比等为质量改进提供了专门的程序。每一种程序都有其独特性，但也有共性。

(1) 戴明环。戴明环是影响最为广泛的质量改进工具之一，它最初是由统计质量管理的先驱休哈特博士提出的，戴明博士在 20 世纪 50 年代将之介绍到日本，被日本人称为戴明环，也称为 PDCA 循环。这一循环包括四个阶段，即策划 (Plan)、实施 (Do)、检查 (Check) 和处置 (Act)，如图 3—6 所示。

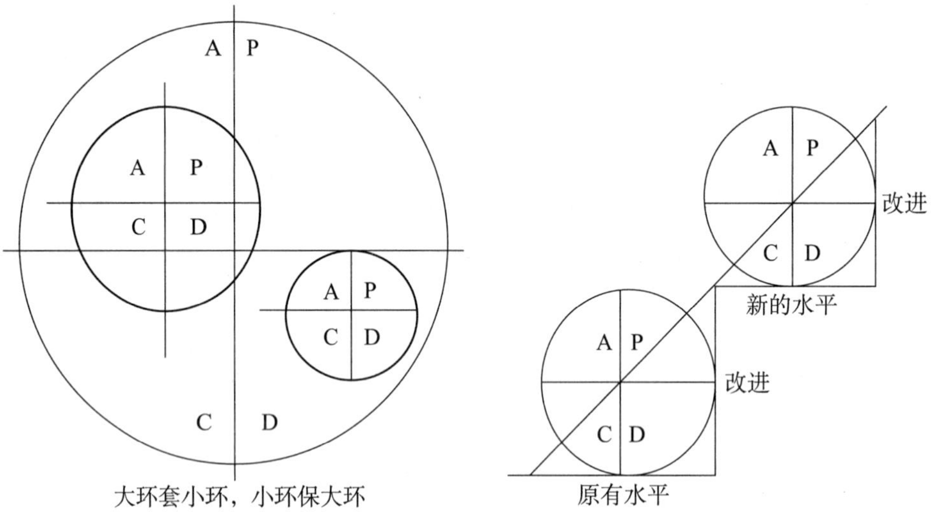

图 3—6 戴明环

(2) 朱兰的质量管理三部曲。朱兰提出了质量管理三部曲，即质量策划、质量控制和质量改进。朱兰把质量改进称为“突破”，是指组织通过改进实现前所未有的绩效水平。突破减少了慢性浪费。朱兰认为质量改进是通过具有普遍意义的一系列活动来实现的，包括发现问题、进行组织、加以诊断、采取纠正措施以及实施控制。

(3) 克劳斯比的质量改进 14 个步骤。克劳斯比提出了质量改进的 14 个步骤，分别是：

1) 管理承诺。管理层的承诺能够提升质量改进项目的可见度，鼓励人们合作。

2) 质量改进团队。质量改进团队由来自各个部门的代表组成，是为了完成项目内容并实现项目目标设立的。

3) 质量测量。每一项活动能测量，也能检查。

4) 质量评价的成本。质量成本的准确数据能够显示在哪里采取纠正措施更有效。

5）质量意识。将有关质量欠缺导致高成本的测量数据和员工分享。这一步能够让基层管理者和员工养成对质量问题采取积极行动的习惯，也有利于其当前态度的改变。

6）纠正措施。鼓励人们讨论问题，这样改进的机会才能显露出来。问题要引起管理层的注意并得到解决。当员工看到问题得以解决时，就会养成习惯去发现新的问题。

7）建立零缺陷项目特别委员会。选择3～4人的团队去调查“零缺陷”的概念和项目实施的途径。

8）管理者培训。所有的管理者都必须理解每一个步骤并向员工进行解释。因此，管理者需要接受培训，增进对项目的理解，并认识到项目的价值。

9）零缺陷日。管理者将零缺陷确立为公司的绩效标准并做出承诺。

10）设定目标。管理者应该设立特定的目标并确保能够测量。

11）消除错误的原因。每个人都被要求用简单表格说明怎样做才能达到零缺陷。员工反映出来的问题应该尽快得到重视。当员工发现管理层确实倾听了问题时，就会提高对管理层的信任度。

12）认可。建立奖励项目，对达到目标的人或者优异的表现进行奖励。

13）质量委员会。质量专家和团队的主席应该定期开会讨论，并在必要时采取措施对质量项目进行改进。

14）重新开始。

2. 质量改进的一般程序

质量改进基于PDCA循环，可细分为若干步骤。根据ISO 9000标准，质量改进分为综合渐进性改进和突破性改进两类，均遵循以下七个通用的改进步骤：

（1）识别和确定改进机会；

（2）调查把握现状；

（3）寻求要因或最佳方案；

（4）制定对策计划；

（5）实施对策计划；

（6）确认改进效果；

（7）巩固和分享改进成果。

第二部分 质量驱动力

第 4 章 领导作用

领导引领着组织的发展方向，决定着组织的文化氛围，对成功实施质量管理至关重要。本章主要介绍领导的含义，以及与领导职能相关的公司治理、企业文化和质量文化、变革管理和社会责任等内容。

4.1 领导的含义

4.1.1 领导的定义和实质

首先，我们对 leading，leader 和 leadership 三个英文单词之间的关系作简要说明。单独来看，三个单词都可以翻译为领导。但从三者之间的关系来看，leader 是指从事领导工作和活动（leading）的主体，leadership 是为了保证所从事的领导工作和活动的有效性，领导者应该具备的相关知识和技能的总称。

在此基础上，我们来看领导（leadership）的含义。国外的学者各有不同的提法，如美国学者斯托格狄尔（Ralph M. Stogdill）1950 年提出，领导是对组织内群体或个人施加影响的活动过程。美国管理学者泰瑞（George R. Terry）1960 年提出，领导是影响人们为达到群体目标而努力的一种行为。美国学者罗伯茨（Johnnie L. Roberts）等认为，领导是在某种条件下，经由意见交流的过程所产生的一种有助于达到某种目标的影响力。美国管理学者戴维斯（Keith Davis）则认为，领导是一种说服他人热心于一定目标的能力。综合上述说法，我们给出领导的定义：

> 领导是对组织内每个成员（个体）和全体成员（群体）的行为进行引导和施加影响的活动过程，其目的在于使个体和群体能够自觉自愿并有信心地为实现组织的既定目标而努力。

领导是在一定环境下，个体与群体之间相互作用的一种特殊的过程，也是影响人们为达到组织目标而自觉遵从的一种行为。作为领导者不是站在后面推动与鞭策他人，而是站在前面去引导、鼓舞他人努力实现组织的目标。可见，领导的实质就是施加影响力（power），领导是科学和艺术的结合，既需要科学理论的指导，也需要实践的技巧和诀窍。

4.1.2 领导的影响力来源

既然领导工作的实质是对他人施加影响力，那么影响力来自哪里呢？领导的影响力来源于两个方面：一方面是正式的、外在的权力或职位的权力（position power）；另一方面是非正式的、内在的、个人的权力（personal power）或非职位的权力。

职位的权力分为三类：合法的权力（legitimate power），一般人都认为管理者有权命令或指示下属工作，管理者利用下属的这种信任来影响他们的能力就是合法的权力。奖赏的权力（reward power），是通过给予别人期望得到的东西来影响他们行为的能力，例如主管人员向下属做出承诺：如果下属工作表现好或者完成规定的工作目标，便可以获得额外奖金等。强制的权力（coercive power），是通过惩罚来影响他人行为的能力，许多职位都授予管理者处罚下属的权力。

个人的权力分为两类：专家的权力（expert power），是指个人利用他人需要的知识、经验或消息来影响他人行为的能力，例如，人们会对拥有专业知识和丰富经验的人言听计从。榜样的权力（referent power），是指利用他人对自己的认同而影响他人行为的能力。

从领导的影响力来源角度看，即便是不在管理岗位上的员工，因为具有专家或者榜样等非职位的权力，同样可以对别人施加影响力，从而在其相应的领域发挥领导作用。可见，领导不仅仅是管理者的责任，广义上来看，领导也是活性化的、有志于组织成功的所有人士参与的活动。这构成了质量管理原则之一——全员参与的基础。

4.2 公司治理

4.2.1 公司治理的含义

在现代企业中，资本的所有权与经营决策权发生分离。股东选举董事会，董事会行使经营决策权，并聘任专业经理人员来管理公司的日常经营活动。公司治理结构是指由所有者、董事会和高级管理人员三者组成的制衡体系。

4.2.2 公司治理的机构

公司治理的机构主要包括股东大会、董事会、专门委员会、监事会和经理人员等。股东大会是公司的最高权力机构，公司其他机构行使的职权都直接或间接来自股东大会。股东大会通常作为一个议事表决机构存在，不能直接参与经营活动，因此需要设立一个代替股东大会、执行股东大会决议的机构——董事会。

依照《公司法》的规定，董事会必须由公司设置，由股东推选的董事组成，对内管理公司事务，对外以公司名义进行活动。董事可以是自然人，也可以是法人，法人担当董事必须指定一名自然人为其代理人。董事长由董事会选举产生，负责并主持董事会工作。董事长与其他董事一样，只享有在决议事项上的一票表决权，但从董事会负责人和公司法定代表人的角度看，董事长实际上享有比一般董事更为广泛和重要的权力。为了保证决策和管理的科学性，大型公司的董事会往往下设若干专门委员会作为董事会决策管理的咨询机构。专门委员会通常由董事主持，这些董事往往是公司事务方面的专家。

监事会是对公司事务进行监督的机构。董事会必须定期向监事会报告公司的政策、利润、经营、营业额等情况。监事会有权亲自或者聘请专家审查公司的文件、档案、资产、证券等；还可以限定公司的某些活动范围。但监事会不能干扰董事会的正常活动，一般不能代行董事会职权，不能对外以公司名义进行活动。

经理是支薪的管理人员，是公司的雇员。经理应根据与董事会签订的雇佣合同等进行业务活动。随着公司管理的高度专业化，经理在公司中的作用日益强化，不仅成为公司日常经营活动和行政管理的总负责人，而且在一定程度上参与决策。

4.2.3 公司治理结构中的制衡关系

在公司治理结构中，股东大会与董事会之间存在信任委托关系，董事会与经理人员之间存在委托代理关系，股东、董事会和经理人员三者之间存在相互制衡的关系。

公司治理结构的关键在于明确划分股东、董事会和经理人员各自的权力、责任和利益，形成三者之间的制衡关系。企业要取得长期持续的成功，必须有一个完善的治理结构。

4.3 企业文化和质量文化

企业文化或称组织文化。在我国企业中，习惯于将组织文化称为企业文化。企业文化是企业在经营管理过程中创造的具有企业特色的精神财富及其物质形态，表征企业的软实力。它是企业全体成员在生产经营活动中逐步形成并共同持有的经营哲学、价值理念、基本信念、作风、习惯与行为规范、基本原则与制度及其物质表现的总和。

在当今竞争激烈的环境中，全面质量管理作为企业战略竞争的武器，是期望保持长期成功的企业必须选择的管理模式。也就是说，只有把全面质量管理的思想和观点融入组织文化，形成以质量为主导的企业文化，组织才能取得长期成功。从这个意义上讲，当组织真正开展全面质量管理活动并取得长期成功时，质量文化已经成为组织文化的核心部分。

进入 21 世纪，随着质量竞争力对企业的生存越发重要，质量文化被公认为企业取得持续成功的基石，质量文化建设成为企业质量管理不可或缺的重要组成部分。加强质量文化建设对于企业持续地注重质量、追求卓越，营造以质量为核心的经营环境，提升员工的职业素养，促进员工的成长与发展，增强企业核心竞争力，起到至关重要的作用。鉴于加强质量文化建设已成为新时期质量经理的一个主要职责，本节侧重介绍质量文化。

4.3.1 企业文化的关键要素

企业的使命、愿景、核心价值观是企业文化的关键要素，也是企业文化的内核，它们决定了企业文化和质量文化的定位。

1. 使命

使命（mission）是一个组织的总的功能，也可称为宗旨或目的，它是组织的基本定位、存在的理由，回答“我是谁”这一问题。在 GB/T 19580《卓越绩效评价准则》中对使命的解释是：“组织存在的价值，是组织所应承担并努力实现的责任。”

因此，使命所陈述的是组织存在的意义，是其生存目的和定位，以及对社会发展应承担的责任。使命陈述有助于企业树立一个鲜明的不同于其他竞争对手的个性化形象。确定企业使命时需考虑：企业提供的产品和服务欲实现或达到的目的；对客户及社会的价值；对产业、行业的定位；对社会、地区、公众的贡献等。一个好的使命陈述应当足够具体，能使本企业与其他企业区分开来，且不狭隘，可避免组织失去新的发展机会（见表 4—1）。

表 4—1　使命举例

迪士尼	让人们快乐。
沃尔玛	给普通老百姓提供机会，使他们能买到与富人一样的东西。
中国商用飞机	让中国的大飞机翱翔蓝天。
丽思卡尔顿酒店	丽思卡尔顿酒店是一个以向客人提供真诚关怀和舒适为最高使命的地方。
宝洁	生产和提供世界一流产品，美化消费者的生活。

2. 愿景

愿景（vision）是组织期望未来达到的一种状态，它为组织提供了一个清晰的图景，描述了组织正在向何处去，希望成为什么或被看成是什么。在 GB/T 19580《卓越绩效评价准则》中对愿景的解释是：“组织对未来的展望，是组织实现整体发展方向和目的的理想状态。”

愿景应当是组织全体人员内心真正向往的关于未来发展的蓝图，是激励每个成员努力追求和奋斗的目标。愿景也是企业制定战略的重要前提和依据。一个好的愿景陈述应当能让所有员工都理解并且可以测量，同时，它是组织可以实现的梦想，而不是空中楼阁、海市蜃楼（见表 4—2）。

3. 核心价值观

核心价值观（core values）是指导组织及其成员如何行事的原则和行为准则，是组织拥护和信奉的最重要的信条。它回答的是“我的处事原则是什么?”在 GB/T 19580《卓越绩效评价准则》中对核心价值观的解释是：“组织所崇尚文化的核心，是组织行为的基本原则。”

表 4—2　　愿景举例

中国质量协会	成为中国质量领域最有影响力的传播者、最有号召力的组织者、最有价值服务的提供者。
波音	我们为成为领军航空业的全球性企业而工作。
索尼	成为最知名的企业，改变日本产品在世界上的劣质形象（20 世纪 50 年代初提出）。
上海三菱电梯	力争跨入世界知名电梯企业的行列。
福特	使汽车大众化（20 世纪初提出）。
阿里巴巴	分享数据的第一平台；幸福指数最高的企业；“活 102 年”。

核心价值观是指导组织发展的根本原则，它能够帮助组织实现使命和愿景，正如柯林斯在 1994 年出版的《基业长青》一书中指出的：“能长久享受成功的公司一定拥有能够不断适应世界变化的核心价值观和经营实务。”

好的核心价值观陈述应当能够体现组织特色，传承历史积淀，面向未来发展，并能引导组织的每一位成员，帮助组织完成使命、达成愿景（见表 4—3）。

表 4—3　　核心价值观举例

波音	追求卓越、正直诚实、客户满意、质量为本、员工共同工作、多元包容团队、良好的企业文化、股东价值最大化。
IBM	致力于每一位客户的成功；创新为先；在所有关系中秉承诚实和自身责任。
中国商用飞机	安全至上、客户为本、自主创新、合作共赢。
上海三菱电梯	以顾客为中心，追求“上上下下的享受”。
宝洁	产品完美，不断自我提高，诚实与公平，尊重并关心个人。

4.3.2　质量文化的构成

企业的质量文化由精神文化、行为文化、制度文化和物质文化四个相互关联的表现形态构成。从质量文化的结构特征来看，这四种文化形态组成质量文化的四个层面或维度，共同构成质量文化金字塔，如图 4—1 所示。

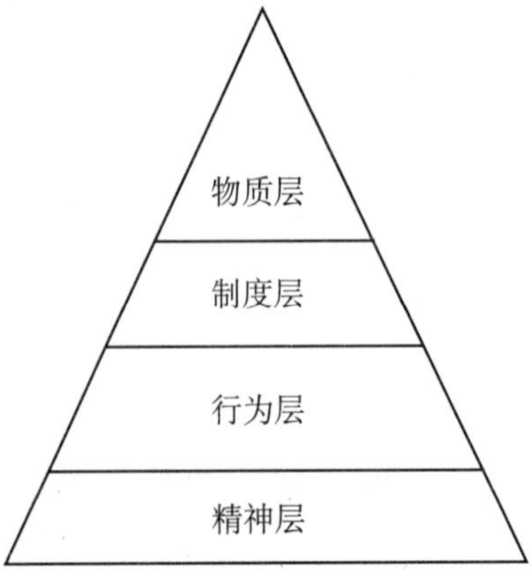

图 4—1　质量文化表现形态

1. 质量文化的精神层

精神层是质量文化的基础和核心，它是质量文化的精髓，也是质量文化中最为稳定、最具影响力的层面，构成质量文化金字塔的基座。质量文化的精神层决定了行为层、制度层和物质层的内涵，表现为组织群体的质量价值取向和精神追求。精神层最核心的内涵是企业推崇和信奉的并为全体成员共有的质量价值观。

2. 质量文化的行为层

行为层是由各个层级人员、团队和企业整体的行事方式折射出来的质量文化。行为层既受精神层的引导又受制度层的制约，是各项法律法规、规章制度执行力的重要体现。

3. 质量文化的制度层

制度层是塑造企业成员质量行为的重要机制，是质量文化的固化部分，具有可操作性和系统性特点。主要体现为与质量有关的法律法规、规章制度、行为规范等。制度层是精神层的支撑层，是行为层的引导和约束层，是提高执行力的重要保障。

4. 质量文化的物质层

物质层是质量文化的物化层面，是质量文化的显现部分和外在体现，包括提高产品质量的物化贡献，以及为质量文化建设提供或创造的物质基础，如物质环境、文化载体、相关资源等。具体体现为产品质量形象、品牌标志、基础设施、工作环境等。

4.3.3 质量文化的功能

如果说质量是企业的生命，那么，质量文化便是滋养企业生命的生态环境，它是企业保证和提升质量的根基和活力的源泉。质量文化的功能是质量软实力的具体表现，可归纳为五个方面。

1. 导向功能

优秀的质量文化能够把员工个人的价值观和奋斗目标引导到企业的价值观和总体目标上来，在企业中营造一种“上下同欲”的力场，形成浓厚的质量氛围，引导全体人员在质量文化的熏陶和感召下，自觉主动地为实现质量目标、增加顾客满意、提升企业竞争力作出努力。

2. 凝聚功能

凝聚力是企业的宝贵资源，是协调员工质量行为的内在力量，可以有效引导企业员工在追求卓越质量的征程上齐心协力、步调一致，为实现企业战略目标提供强有力的支持。优秀的质量文化能促使员工充分认同企业的质量价值观、质量方针、质量目标和质量行为规范，在思想认识保持一致的基础上，增强全体人员的凝聚力。

3. 约束功能

质量文化体现了企业全体人员共同的质量信念和价值取向，体现了员工对质量价值观和规章制度的认同感，使得一切违背企业质量价值观的行为遭到反对和抵触，一切违反质量制度的行为受到纠正或惩戒。因此，质量文化对组织整体和每个成员都有约束和规范作用，使那些不符合质量文化的个体行为和组织行为都难以存在。

4. 激励功能

质量文化的核心是质量价值观，质量价值观一旦转化为员工的质量精神，就会激发其强烈的质量意识和工作责任感，激励员工在日常工作中表现出改进质量的积极性、主动性和创造性（见表4—4）。质量文化所形成的文化氛围可使员工产生内在的文化心理效应，为满足自我实现的需要而产生自我激励的动因，努力地在工作中超越自我，追求卓越。

表 4—4 质量价值观举例

中国航天科工集团质量价值体系	● 质量价值观——质量是生命，质量是责任，质量是财富。 ● 质量道德观——诚信为本，优质为荣。 ● 质量工作指导原则——严肃认真，周到细致，稳妥可靠，万无一失。 ● 质量行为准则——照章办事，一次做对。
北京同仁堂诚信准则	品味虽贵必不敢减物力，炮制虽繁必不敢省人工。

5. 辐射功能

企业与社会的关系不单是产品或服务，还有丰富的文化联系。企业的质量文化不仅受社会环境影响，也反作用于社会。企业创建的优秀质量文化一旦形成，必然会突破企业的界限对社会产生影响，并提升品牌价值。尤其是大型企业的质量理念和质量行为准则能在一定程度上对整个价值链产生辐射作用，影响其顾客、供应商，甚至对整个社会的质量文化产生影响。

近年来，加强质量文化建设被提到重要议事日程上来。在国务院发布的《质量发展纲要（2011—2020年）》和《中国制造2025》等重要文件中，都明确提出了加强质量文化建设的要求。《质量发展纲要（2011—2020年）》强调："加强质量文化建设。……努力形成政府重视质量、企业追求质量、社会崇尚质量、人人关心质量的良好氛围，提升质量软实力。"《中国制造2025》作为我国实施制造强国战略第一个十年的行动纲领，在其确定的"质量为先"基本方针中强调把质量作为建设制造强国的生命线，强化企业质量主体责任，并明确指出要建设先进质量文化。

国家标准化管理委员会于2015年12月10日正式发布了GB/T 32230—2015

《企业质量文化建设指南》国家标准。该标准为各类企业创建适合自身发展需要的质量文化提供了工作框架，包括七个基本原则、四个工作过程及其包含的十五个工作事项，从质量文化定位，组织与管理，质量文化推进，测量、评价与改进四个方面明确需实施的各个工作事项。

4.3.4 质量文化与企业文化的关系

质量文化是企业和全体成员所认同的关于质量的理念与价值观、习惯与行为模式、基本原则与制度及其物质表现的总和。

质量文化与企业文化之间存在紧密的内在联系，包括：

（1）质量文化是企业文化的重要组成部分，是为实施质量经营提供有效支持的那一部分企业文化；企业文化应以质量为导向。

（2）质量文化与企业文化互相融合、互相促进，当企业运用“大质量”（即广义质量）概念时，质量文化趋近于企业文化。

（3）企业的使命、愿景、核心价值观是企业文化的核心要素，它们决定了质量文化的发展方向。

（4）加强质量文化建设的实质是优化和提升企业文化，促进企业持续提高质量。

4.4 变革管理

4.4.1 组织变革的动因、领域及两种不同的认识

1. 组织变革的动因

组织的外部环境和内部条件的变化构成了促使组织变革的两大力量。

外部环境的变化包括经济体制的改革、国家产业结构的调整、政府宏观经济政策的改变、科学技术的发展引起的产品和工艺的变化、国民环保意识的提高，等等。

组织内部条件的变化包括组织自身的成长、技术条件的变化、人员条件的变化和管理条件的变化等。

2. 对变革的两种不同认识

对变革有两种典型的认识：一种认识将变革视为偶然发生的例外，这称为变革的“风平浪静”观；另一种认识则将变革视为一种自然状态，这称为变革的“激流险滩”观。

第一种认识假定组织所在的环境是相对稳定的，变革只是对组织平衡状态的一种打破。现状被打破后，经过变革建立起一种新的平衡状态。按照这一观点，组织变革的过程可以分为三个阶段，即解冻阶段、变革阶段和重新冻结阶段。解冻阶段就是促使人们转变原有的观念和态度，消除形成这些观念和态度的原因或

基础，让人们认识到变革的必要性，将阻碍变革的因素减至最少，鼓励人们接受新的观念，乐意接受变革。解冻一旦完成，就可以开始实施变革。变革将引入新的信息、新的结构，人们开始从新的角度来认识问题。新的状态需要加以冻结，这样才能使变革的成果得以保持。没有这一步骤，变革就有可能是短命的，旧的状态就有可能恢复。

第二种认识更适合当今以变化为主要特征的时代。它认为组织处于一种不确定的动态环境下，变革绝非偶然的干扰事件，而是一种不可逃避的生存方式。要在这种环境中生存下来并取得成功，组织必须具有足够的适应性和敏捷性，能够对变化做出迅速的反应。

3. 组织变革的领域

管理者所能变革的领域或对象不外乎三种选择：结构、技术和人员。结构变革包括组织的职权关系、协作机制、集权程度、职位设计、管理跨度等因素的改变；技术变革包括工作流程、方法、设备、设施的改变；人员变革则是员工的工作态度、期望、任职和行为的改变。

4.4.2 应对变革中的抵制和阻力

组织变革不可避免会受到人们的抵制和反对。这种抵制或反对的原因一般来自三个方面：对不确定性的恐惧；对可能失去个人利益的恐惧；不认为变革符合组织的最佳利益。

变革总是伴随着不确定性，人们可能会担心自己的技能、知识不再满足要求，或是担心未来的生活不能把握，对不确定性的担忧和厌恶是阻碍变革的一个重要原因。变革也有可能造成人们既得利益的减少或改变。他们担心失去现在拥有的地位、权势、友谊、便利或其他好处。变革的阻力有时来自人们对变革正当性的怀疑。人们可能会觉得变革的目的或效果对于组织的利益没有好处，或认为变革的后果对组织是有副作用的，这时人们也会反对变革。这种意见如果得到正确的疏导，对于组织可能是有益的。

管理者可以通过使有关人员充分参与变革、加大培训和教育的力度等措施来减少变革的阻力，促进变革的成功。

力场分析是识别某一特定变革活动的动力和阻力的一种常用工具，如图 4—2 所示。图 4—2 是某公司的一个新班子面临顾客和竞争者的双重变革压力的情景。这种情况看起来对变革比较有利，但实际上各种阻碍变革的力量不容忽视。

一项变革不可能在阻力大于动力时发生。许多组织在碰到阻力时，第一反应通常都是试图增加更多的动力，而实际上，若能将时间和精力用于减少阻力，可能会取得更好的效果。

力场分析有助于人们识别哪些力量能够改变，哪些力量不可改变，从而集中精力去对付那些能够消除的阻力，或是确保朝理想方向移动的力量得到延续和支持。这一方法可以用于任何管理层次。在列举变革的动力和阻力时，可以使用头脑风暴法。借助力场分析，人们在决定如何陈述他们的建议前，不仅可以考虑每

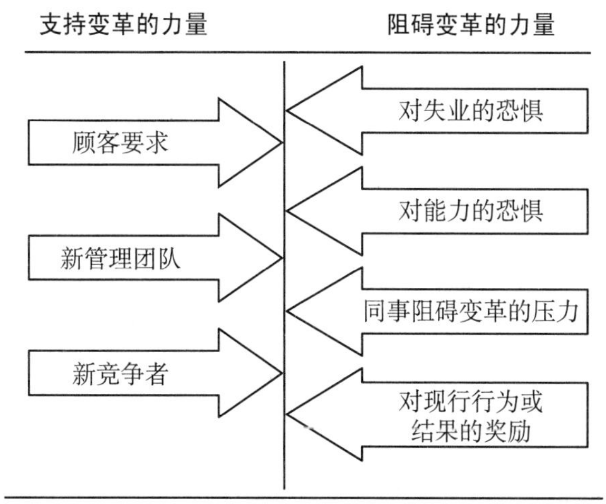

图 4—2　力场分析

种力量的相对强度，而且可以考虑他们能够控制哪些力量。可以让尽可能多的利益相关者参与制作力场分析图，以使之更具代表性、更全面。

实践中，通常可采取如下减少阻力的方法：

（1）确保达成共同的变革愿景；

（2）沟通变革的目的和重要性；

（3）认识到变革的情绪影响；

（4）理解变革的各方面影响；

（5）沟通即将变革和不会变革的部分；

（6）树立理想的行为模式；

（7）提供有效的反馈、合理的报酬以及适当的结果；

（8）对阻力做出一致的反应；

（9）灵活、耐心和支持。

4.4.3　领导者在变革中的作用

领导者在变革中的作用无疑是至关重要的。很难想象涉及整个组织的重大变革项目会没有人领导和推动。但是，发挥领导作用的方式却有许多种。

一种引人注目的情况是具有超凡个人魅力的领导者。这种领导者一般具有比较外向的个性，他们的超凡魅力更容易激发人们的热情。具有超凡魅力的领导者通常会表现出高度的自信和热情，强烈主张某种引人入胜又不同寻常的愿景，并会冒极大的个人风险去支持他们的愿景，表达对追随者的高度期望和信任，从而激发群体感和团队精神。

要使变革顺利进行并取得成功，变革的推动者就必须充满自信，并表现出强烈的个人动力，同时还必须足够谦逊，听取人们的忧虑和反对意见。他们必须有愿景、战略和指导原则，但也必须注重实效，关注问题的征兆，谋划能够导向成功的举措。他们必须最大限度地建立统一战线，不能让很多人置身于变革之外。他们必须坦率公正，同时也要足智多谋。他们必须有耐性且持之以恒，但某些时候必须快速果断地行动。

高层管理者必须清楚自己的使命，必须与中低层管理者有所区别，必须认识到事必躬亲并非美德。一个组织必须有人从整体上思考，这是最高管理者责无旁贷的使命。

4.4.4 营造促进变革的文化

要使人们投身于变革，就必须激发起人们对现状的不满，意识到变革的必要性和正当性；必须构造一个促使人们为之奋斗的共同愿景，同时向人们提供实现愿景的战略和战术指导；还要使人们确信变革的征程会很有收获——到达终点的收益会大大超过所付成本。此外，要使变革取得成功，还必须注意以下方面。

首先，变革不会一蹴而就，要取得效果、获得成功，需要花费时间。变革的设计者和推动者需要花时间对变革的必要性进行识别和沟通，需要花时间制定愿景和适当的变革战略。员工也需要时间来适应变革的要求。人们不会因为领导人振臂一呼就立刻转换角色。形成变革的愿望需要时间。

其次，变革必须齐头并进，综合进行。要使变革的效果能够持久，变革活动就必须是多层面的，并且从问题的原因着手。针对症状而不是原因的变革常常劳而无功。

最后，要使人们认识并体会到变革的收获。变革活动不可避免地会给人们带来压力、造成牺牲。如果能使人们明白今天的痛苦与未来的收获的联系，他们就比较容易接受这种变革的痛苦。人们必须能够预期所做出的牺牲在可预见的将来会带来收益。

4.5 组织的社会责任

组织的社会责任是一个组织的最高管理层承担的另一项领导责任。组织承担社会责任意味着一个以顾客满意为宗旨的质量型组织并不满足于只是成为传统意义上的利润的化身，它还必须具有高度的社会责任感，使自己的行为符合道德规范的要求，努力做它确信是正确的事情，力争成为一名优秀的企业公民。

4.5.1 社会责任

社会责任是指组织在遵守、维护和改善社会秩序，增加社会福利等方面所承担的责任，是企业追求有利于社会的长远目标的义务。

一个具有社会责任感的组织会主动从事有助于改善社会的事情，而不是只做法律要求或经济上有利的事情。社会责任要求企业决策合乎道德标准，经营活动合乎道德规范。一个具有社会责任感的组织只做正确的事情，因为它自觉有责任这样做。

近几十年来，人们对社会责任的实质和内容的认识经历了较大的变化。20

世纪初，人们认为企业的责任就是通过经营活动获取最大利润。这一观点认为管理者的主要责任就是从股东的最佳利益出发从事经营活动，股东只关心一件事，那就是财务方面的回报。当管理者自作主张将组织资源用于社会利益时，就是在增加经营成本。这些成本要么通过高价转嫁给消费者，要么以降低股息回报的形式由股东来承担。这种观点并非反对组织承担社会责任，而是主张这种责任仅限于为股东实现利润最大化。

20 世纪 30 年代资本主义经济大萧条时期，许多企业为避免陷入困境而与大股东等相关公众发展密切的合作关系。当时的观点认为企业的社会责任是与公众建立合作伙伴关系，为彼此的生存而共同努力。60 年代以来，随着企业迅速发展和向社会的各个领域广泛渗透，人们提出企业与社会相互依存的观点，认为企业的利益必须服从社会的利益，为社会整体利益做贡献是企业的社会责任。社会通过各种法律法规认可公司的建立，并通过购买产品和服务对其提供支持。企业组织不仅仅是经济机构。社会接受甚至鼓励企业参与社会、政治和法律事务。管理当局的社会责任不止是创造利润，还包括保护和增进社会福利。环境保护、绿色经营日益成为当代社会对企业的要求。

世界上越来越多的组织开始重视它们的社会责任。《财富》杂志在对 1 000 家公司的调查中发现，95%的被调查者坚信在今后几年中，必须采取更具有社会责任感的行为以维持它们的竞争优势。

总之，对社会责任认识的变化反映了市场经济条件下，社会组织结构利益关系高度相关化和一体化的趋势。具有现代意识的企业应当充分认识到这一趋势的客观性和必然性，自觉承担起应负的社会责任。实践证明，自觉履行社会责任可以让企业赢得社会各界的好评与信任，树立起良好的社会形象；可以建立有效的社会监督机制，促进企业不断改善内部管理，规范企业行为；还可以督促企业主动协调与公众的关系，争取他们的理解、支持与合作，为企业的生产经营活动创造轻松和谐的环境，在推动社会利益发展的同时，更好地实现企业的经营目标。

企业的社会责任涉及诸多方面内容，如提供就业机会、资助社区公益事业、保护生态环境、支持社会保障体系等。此外，企业还对股东、媒介、社区、政府、交易伙伴、消费者等利益相关者负有特定的责任。具体来说：企业要保护股东及其他出资人的投资，并使之得到合理的收益；对于新闻媒介，企业要保证提供信息的准确性、及时性，维护新闻传播的真实性、客观性等，自觉接受社会舆论监督；对于社区，企业应当经常参与公益活动，提供更多的就业机会，积极投身环保事业，为社区居民提供更好的生活场所；企业对于政府的责任是，认真遵守有关法令和政策规定，接受有关部门的监督、指导和管理，自觉履行作为法人组织应承担的各项义务；对消费者而言，企业应当确保产品安全，满足顾客需要，尊重并维护其合法权益，担负起教育、引导消费者的职责。

4.5.2 组织社会责任发展的四个阶段

人们通常将组织社会责任的发展分成四个阶段。

处于第一阶段的管理者努力通过利润最大化和成本最小化来提高股东的利

益。虽然必须遵守相关法律法规，但是第一阶段的管理者并未感到有义务满足其他的社会需要。

在第二阶段，管理者承认他们对员工的责任，并高度重视人力资源管理，因为他们希望招聘、留住和激励优秀的员工。第二阶段的管理者致力于改善工作条件、扩大员工权利、增加工作保障等。

在第三阶段，管理者将社会责任扩展到环境中的其他相关方，即顾客和供应商。第三阶段管理者的社会责任目标包括公平的价格、高质量的产品和服务、良好的供应商关系等。他们的哲学是，只有满足具体环境中各种构成要素的需要，才能实现他们对股东的责任。

在第四阶段，管理者感到他们对社会整体负有责任。承担这样的责任意味着管理者会积极促进社会公正、保护环境、支持社会公益活动，即使这些活动会对利润产生消极影响，他们也在所不惜。

总之，每进一个阶段就意味着管理者必须做出更多的判断。这里没有简单的非此即彼的对错之分，来帮助管理者进行社会责任决策。显然，管理者有遵守法律和创造利润的基本责任，不能实现这两个目标将威胁组织的生存。除此之外，管理者还要识别他们认为对其负有责任的对象。通过关注相关方及其对组织的期望，管理者能够减少忽视关键问题的可能性，从而做出更有责任的选择。

4.5.3 组织恪守道德规范的做法

使组织的行为符合道德规范，是组织承担社会责任的基本要求。在确保组织行为符合道德规范方面有以下做法：

（1）在录用人员时注重候选者的道德水准。不同的人处于不同的道德发展阶段，拥有不同的价值体系和性格。组织在其员工甄选过程中，如面试、笔试、背景测试等，应当努力剔除在道德上不符合要求的求职者。

（2）建立组织的道德准则和决策规则。道德准则是组织的一种正式文件，用于表明期望员工遵守的基本价值观和道德原则。要求组织成员对道德上的是非问题总是一清二楚是不现实的。道德准则是减少组织成员在道德方面的困惑的一种通行做法，也就是前面所介绍的核心价值观。

（3）高层管理者在道德方面以身垂范。身教胜于言传。组织的道德准则要发挥效果，高层管理者就必须以身作则。高层管理者所做出的任何不符合道德准则的行为都是一种无声的语言，它向员工暗示这些行为是可以接受的。

（4）目标和绩效评价的作用。员工的目标应当明确而现实。在不现实的目标压力下，即使道德水准很高的员工也会被迫持“不择手段”的态度。清楚而现实的目标会减少员工的迷惑，使之受到激励而不是惩罚。

绩效评价通常着重于考察目标实现与否，而忽略手段的合理化。如果期望员工保持高道德水准，组织就应将之体现在绩效评价过程中。例如，对于管理者的年度评价不仅要包括其目标的实现程度，还应评价其各项决策符合组织道德准则的程度。

（5）提供道德规范方面的培训。越来越多的组织通过各种培训项目来鼓励人们的行为符合道德规范。这类培训有助于灌输组织的行为标准；有助于向人们阐明什么行为是可以接受的，什么是不可以接受的；还有助于在必须采取令人不快但合乎道德的立场时，增强人们的自信。

（6）独立的社会审计。防止不道德行为的一个重要因素是害怕被抓住的心理。依照组织的道德准则来评价决策和管理行为的独立社会审计，提高了发现非道德行为的可能性。这种审计可以是一种常规评价，就像财务审计一样定期实施，也可以是在没有预先通知的情况下随机抽查。一个有效的道德评价计划或许应同时包括这两种方式。为了保证诚实正直，审计人员应对公司的董事会负责，直接将审计结果递交董事会。

（7）正式的保护机制。组织可以通过某种正式的机制来保护处于道德困境的员工能够按照自己的判断行事。可以采取设立咨询员的方式，当员工面对道德困境时，能够开口向咨询员诉说自己的道德问题并寻求指导。咨询员可以扮演促成正确选择的倡议者角色。此外，组织还可以设立专门的职位或程序来维护组织的道德准则。

第 5 章　战略制定与部署

战略管理模型如图 5—1 所示。战略管理过程包括环境分析、战略设计、战略实施和战略控制等。本章简要介绍战略制定和部署，它们属于战略管理中的环境分析和战略设计的内容，有关战略管理的详细内容请参阅战略管理的教材和书籍。

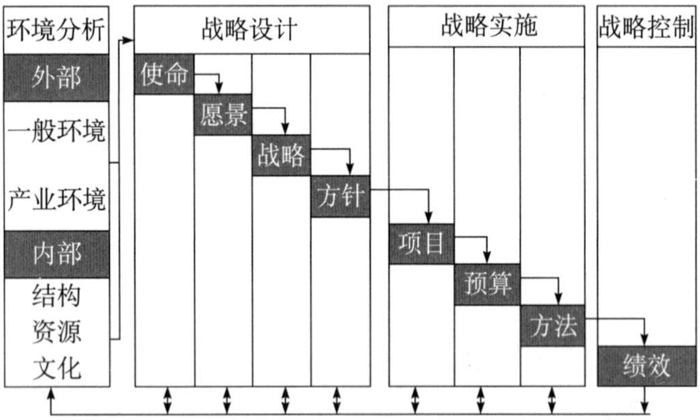

图 5—1　战略管理模型

5.1　环境分析和战略选择

组织的使命和愿景是在分析组织的内外部环境基础上确立的，而战略是为了实现企业的使命和愿景对所要采取的行动方针和资源使用方向的一种总体安排。显然，在确定组织的使命、愿景和战略之前，需要对企业的内外部环境进行全面系统的分析。

5.1.1　外部环境分析

外部环境分析包括一般环境分析和产业环境分析。一般外部环境也称宏观环境，是指给企业带来市场机会或威胁的主要社会因素，它对所有企业都会产生影响。一般环境分析又称为 PEST 分析，即政治与法律因素（political and legal）、经济因素（economic）、社会文化因素（social and cultural），以及技术因素

（technological）分析，如图 5—2 所示。

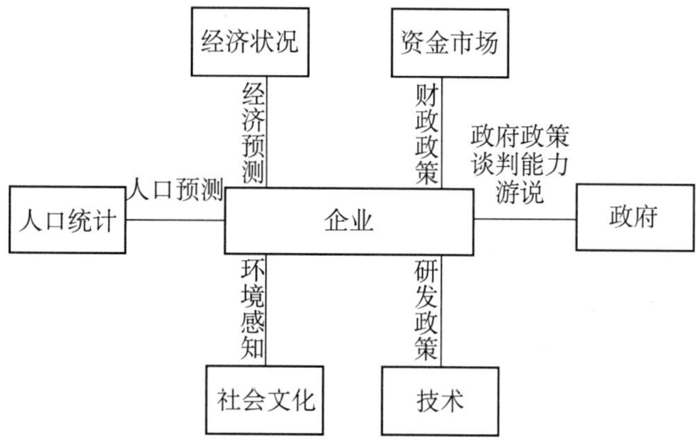

图 5—2　PEST 分析

产业环境是对所在行业的企业经营活动有直接影响的外部环境。有关产业分析的方法很多，美国战略学者波特（M. E. Porter）提出了五种基本竞争力量决定产业竞争强度和获利能力的模型（见图 5—3）。图 5—4 是有关竞争对手分析的模型。

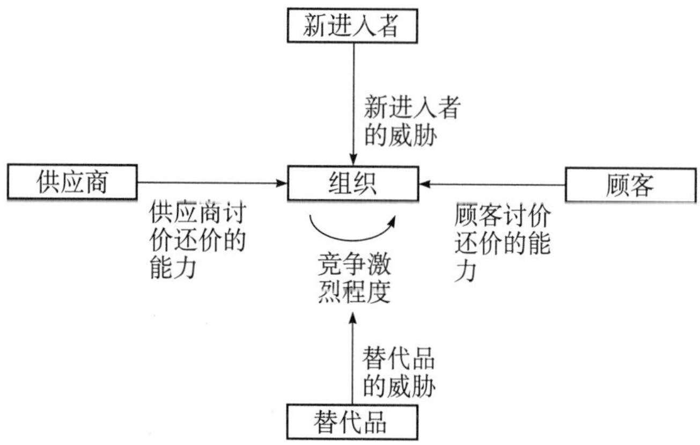

图 5—3　五力模型

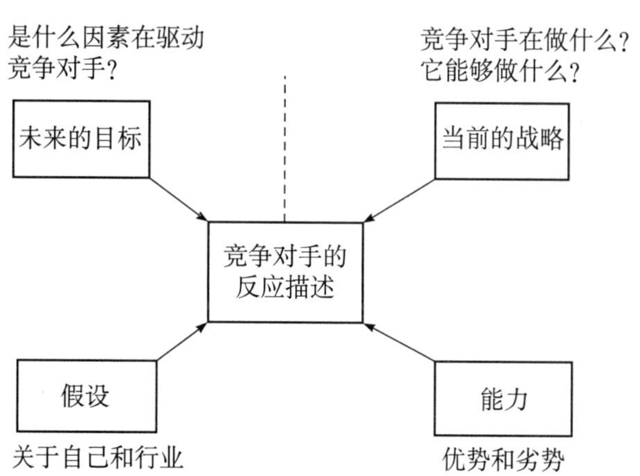

图 5—4　竞争对手分析

5.1.2 内部环境分析

内部环境分析需要收集企业的管理、营销、财务、生产作业、研究与开发以及计算机信息系统运行等方面的信息，分析企业各种资源所形成的能力以及优势和劣势，识别并培育企业的核心能力。图 5—5 展示了企业内部环境分析的框架。

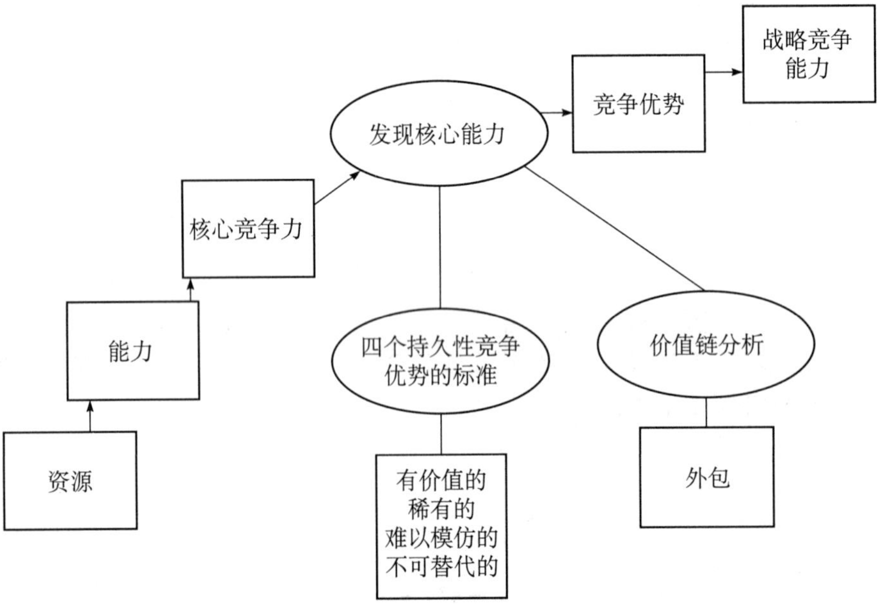

图 5—5 企业内部环境分析框架

核心能力是企业获得竞争优势的关键，衡量核心能力有四项标准，即有价值的、稀有的、难以模仿的和不可替代的。核心能力可以表现在诸多方面，表 5—1 列举了核心能力的表现领域。

表 5—1 核心能力的表现领域

- 建立电子商务网络和系统的技能；
- 迅速把新产品投入市场的能力；
- 更好的售后服务能力；
- 生产制造高质量产品的技能；
- 开发产品特性方面的创新能力；
- 对市场变化做出快速反应；
- 准确迅速满足顾客订单的系统；
- 整合各种技术创造新产品的技能等。

有关企业内部环境分析的方法有许多，图 5—6 是波特提出的价值链模型。该模型指出，企业的经营活动可以分为基本活动和辅助活动，基本活动包括进料、生产经营、发货、市场与销售、服务等；辅助活动包括采购、研究与开发、人力资源管理和基础设施等。波特认为企业的经营活动实际上是价值增值的活动，企业所创造的价值增值如果超过成本，便有盈利，如果超过竞争对手的话，便拥有了竞争优势。

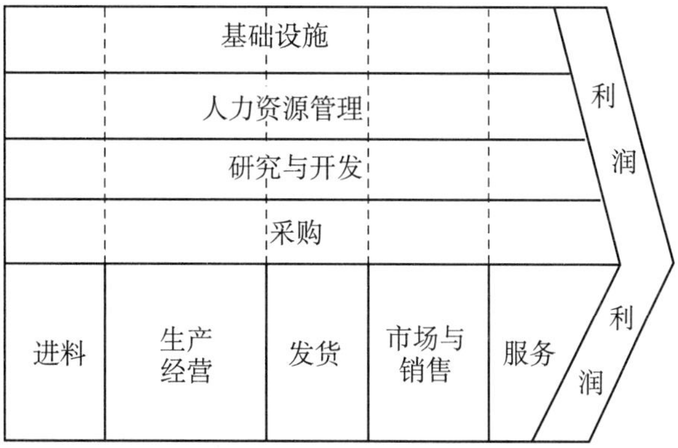

图 5—6　价值链模型

5.1.3　SWOT 分析

SWOT 分析是对组织内外部环境进行综合分析的方法，如表 5—2 所示。通过理清企业外部的机会和威胁（opportunities & threats），内部的优势和劣势（strengths & weaknesses），进而回避威胁克服劣势，利用机会发挥优势，为战略选择打下良好基础。表 5—3 是 SWOT 分析的应用举例。

表 5—2　SWOT 分析

	S（优势）	W（劣势）
O（机会）	SO 战略 发挥优势，利用机会	WO 战略 利用机会，克服劣势
T（风险）	ST 战略 发挥优势，避免风险	WT 战略 使劣势最小化，避免风险

表 5—3　克莱斯勒的 SWOT 矩阵

	S（优势） 1. 1985—1987 年产品质量提高 35% 2. 劳动力成本比福特、通用汽车低 3. Gulfstream 发动机处于领先地位 4. 盈亏平衡点从 240 万辆降至 150 万辆 5. 市场占有率达 50%	W（劣势） 1. 兼并 AMC 使负债率达 60% 2. 固定资产占 42% 3. 合资企业比通用汽车、福特少 4. 生产厂限于美国、加拿大、墨西哥
O（机会） 1. 美元贬值 2. 航空/航天业年增长 20% 3. 公司收入年增长 5% 4. 银行利率下降 5. 通用汽车新车计划遇到问题	SO 战略 1. 兼并一个航空企业（S3，O2） 2. 增加出口 50%（S1，S5，O1）	WO 战略 1. 建立航空/航天合资企业（W3，O2） 2. 在西欧建生产厂（W4，O2）
T（威胁） 1. 进口汽车增加 2. 石油涨价 3. 福特新建先进的生产线	ST 战略 1. 增加广告投入 50%（S1，S5，T1，T3）	WT 战略

5.1.4 战略选择

企业战略通常分为三个层次，即公司层战略、经营层战略和职能层战略。图 5—7 展示了企业战略的三个层次。

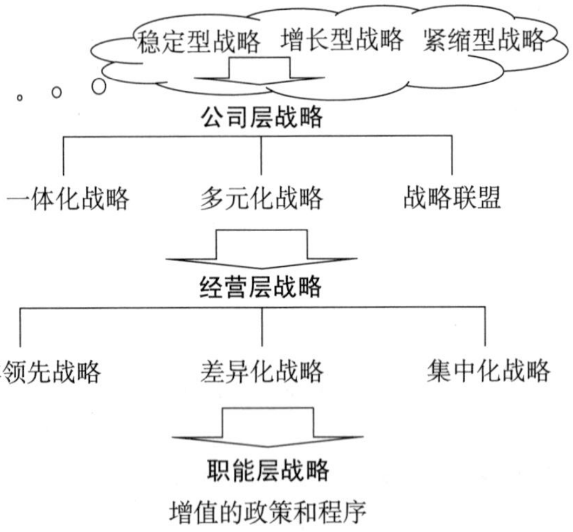

图 5—7 战略的三个层次

公司层战略有许多类型，如一体化战略、加强型战略、多元化战略、防御型战略等。表 5—4 列举说明了各种战略类型。

表 5—4 战略类型与举例

战略	定义	举例
前向一体化	获得分销商或零售商的所有权或对其加强控制	制药企业收购药品销售公司
后向一体化	获得供方公司的所有权或对其加强控制	红塔集团收购和投资辅料生产企业
横向一体化	获得竞争者的所有权或对其加强控制	青岛啤酒兼并了几十家啤酒厂
市场渗透	通过更大的营销努力提高现有产品或服务的市场份额	哈药六厂加大广告投入
市场开发	将现有产品或服务打入新的地区市场	海尔冰箱进军海外市场
产品开发	通过改造现有产品或服务，或开发新产品或服务来增加销售	苹果公司开发出运行速度为 500M 的 G4 芯片
集中化多元经营	增加新的但与原业务相关的产品或服务	电信企业新增宽带业务
混合式多元经营	增加新的与原业务不相关的产品或服务	联想宣布进入办公房地产业
横向多元经营	为现有用户提供新的不相关的产品或服务	纽约扬基棒球队与新泽西网队合并
合资经营	两家或更多的公司为合作目的组成独立的企业	肯德基最初进入北京时与北京畜牧局和旅游局合资
收缩	通过减少成本与资产对企业进行重组，以扭转销售额和盈利的下降	
剥离	将分公司或组织的一部分售出	国内许多企业将非主营的三产卖掉，专注于主营业务
清算	为实现有形资产的价值而将公司资产全部分块售出	

在经营层战略（又称竞争战略）方面，波特提出了三种竞争战略，分别是总成本领先战略、差异化战略和集中化战略。波特指出，企业应根据自身情况主要采取某一类型的战略并全力以赴，而不应当徘徊其间，丧失特色。

5.2 战略计划活动

5.2.1 战略计划活动的含义

战略计划活动贯穿战略制定和战略部署，是确立组织的长期目标并明确实现目标的途径的一种系统化方法。具体来说，就是组织借助这种系统化方法确立一个综合的经营计划，并将这一计划在整个组织中展开，即对战略目标、分目标、年度目标、资源安排和实现目标的行动所进行的详细部署。战略计划活动的作用在于：

（1）将组织资源集中在能够真正提高顾客满意度、降低成本以及增加股东价值的活动上；

（2）建立一个高效、灵活的计划和实施系统；

（3）使改进成为长期实施的常规活动；

（4）促进跨部门的合作；

（5）通过赋予实施所计划活动的职权激发管理人员和普通员工的首创精神；

（6）消除不在计划内的、不必要的和浪费性的活动；

（7）消除各种计划中的可能冲突；

（8）集中资源确保财务计划实现。

5.2.2 战略计划活动的过程

组织的战略计划活动通常由如下步骤构成：

（1）确立和沟通组织的使命、愿景和价值观。使命、愿景和价值观为组织发展提供了基本方向，成为组织决策的前提和基础。

（2）将使命和愿景分解为少数关键战略。将使命和愿景转化为可执行计划的第一步，是将使命和愿景分解成为少数几个（通常 4 或 5 个）关键战略。关键战略体现了组织针对如何实现使命和愿景所做出的最基本选择。每项战略必须对实现使命和愿景做出显著的贡献。

在确定关键战略时，必须对顾客满意和顾客忠诚、质量成本、组织文化、业务过程以及相对于竞争者或标杆组织的状况等方面加以评价并获得相应的数据。通过分析这些数据，明确从顾客、质量和成本角度而言的特定优势、劣势、机会和威胁。在此基础上便可以制定出组织的关键战略。

（3）制定战略目标。要设立明确的、可测量的战略目标。好的目标要具有 SMART 的特点，即目标应该是具体的（specific）、可以测量的（measurable）、可以实现的（achievable）、相关联的（relevant）以及有时间限定的（time-bound）。这些定量的目标将引导组织实现各个战略。

尽管不同的行业和组织各有其独特性，但设定目标的某些主题却是广泛适用的。以下七个领域是最基本的：产品绩效、竞争绩效、质量改进、质量成本、业务过程绩效、顾客满意和顾客忠诚。可以依据组织的内部要求、与外部的比较以及历史绩效这三方面的因素来设定目标值。

（4）目标的展开。也就是将目标转换为操作方案和项目。这里的“展开”意味着将目标分解为子目标后，再将之分配到较低层次上去，最后形成行动计划。表5—5和表5—6展示了行动计划及其时间表。

表5—5　　行动计划

代号/标题	计划编号	
描述：	开始日期	
	完成日期	
	团队领导	
	团队成员	
	团队成员	
	团队成员	
	团队成员	
所渴望/要求的主要结果/目标：		
范围（在什么地方应用解决方案/实施？有什么限制?）：		
按什么标准/指标测量一个项目是否完成和取得成功?		
什么因素会影响项目（资源、项目的外部环境）?		
描述要采取的整体方案：		
项目何时开始才能满足所要求的日期?		
估计所要求的资源（时间和金钱）：		
列出采取的主要步骤，每个项目启动和完成的日期，以及每个步骤的负责人：		

表5—6　　行动计划实施时间表

步骤编号	活动/事项描述	决定性步骤	开始日期	完成日期	责任人

（5）用关键绩效指标测量进展状况。一旦确立了目标并进行了分解，就需要建立监测计划进展情况的关键测量指标（绩效指标）。一个测量指标体系应当与组织的使命、愿景和战略目标紧密联系起来，要关注内外部顾客的需要和要求。关键过程的关键指标的测量结果应能方便及时得到，以便于管理者进行决策。为了使高层管理者能够把握计划实施的“成绩”，应将所确定的这些关键测量指标体现在一个计分卡上。计分卡包括关键绩效指标、措施计划、定量的绩效报告数据、判断性的定性报告等要素。

（6）战略评审。战略评审就是确定已经达到的水准与所追求目标之间的差距，以战略规划期的前瞻性视野，对战略、战略目标及其实施计划、关键绩效指标的完成情况进行全面综合的评估、控制和改进，必要时进行战略调整，或进行新一轮的战略策划。

5.3 质量战略的制定和部署

进入21世纪，质量日益成为组织的核心竞争力和战略优势，质量职能在组织中的角色、作用和地位越发重要。

作为综合管理机构，质量职能部门（无论称为质量部、企管部还是系统管理部）一直活跃在众多组织中，在组织的经营管理中承担着综合协调、监督检查以及管理创新等重要职能。它们应当参与战略管理的全过程，并负责质量职能战略方案和实施计划的制定和展开。这里的质量战略即质量职能战略，是支持公司战略、业务战略的职能战略之一。

5.3.1 确立质量方针和目标

质量方针是组织最重要的经营方针之一，是由组织最高管理者正式发布的该组织总的质量宗旨和方向。质量方针应与组织的使命、愿景和价值观相一致，并为制定质量目标提供框架。

质量目标是指在质量方面所追求的目的，应是可测量的战略规划期内逐年的目标值，并与质量方针保持一致。质量目标是组织战略目标中有关质量的目标或延伸，包括主要产品和服务质量目标（如产品故障率、顾客满意度和忠诚度、通过产品和服务认证或创名牌产品和服务等）、关键过程质量目标（如进货批合格率、产品一次合格率、准时交付率、服务抽查合格率、网络接通率等）和系统质量目标（如卓越绩效成熟度、通过体系认证或获得质量奖、六西格玛管理先进企业等）。

5.3.2 形成和确定质量战略方案

组织可以基于质量方针和目标，就产品质量和质量管理进行内外部环境分析和SWOT分析，形成和确定质量战略方案。

组织质量战略的发展过程，常常是质量管理的重点由事后把关向事前预防、事中控制和系统管理的演化过程，也是质量管理的范畴由产品和服务质量向经营质量的发展过程。常见的质量战略方案可包括但不限于：

（1）实施统计抽样检验、服务质量监控和统计过程控制等；

（2）开展供应质量链管理，实现产品质量的源头控制和改进；

（3）开展市场质量管理，实施顾客投诉处理和顾客满意工程；

（4）通过产品质量认证、星级酒店认证等；

（5）产品和服务质量对标赶超，创名牌产品和服务等；

（6）实施质量成本管理，降低不良质量损失等；

（7）开展质量文化建设，创建提升质量、追求卓越的软环境；

（8）建立质量风险管理机制，确保产品质量安全；

（9）开展合理化建议、QC小组、精益生产和六西格玛管理，创建集成化的持续改进和创新体系；

（10）建立 ISO 9001 质量、环境、职业健康安全等管理体系并实现一体化；

（11）导入 TQM，实施 ISO 9004、卓越绩效模式，以卓越绩效模式为框架进行管理体系的全面整合等。

5.3.3 制定质量战略实施计划、关键绩效指标并进行资源配置

将各质量战略方案具体化，制定质量战略实施计划和关键绩效指标，提出资源需求，并通过全面预算管理资源配置。图 5—8 展示了某公司的质量战略实施计划。

质量目标	质量战略方案	实施计划概要	关键绩效指标
卓越绩效成熟度 2016：420 2017：480 2018：510	●实施卓越绩效模式 ●开展六西格玛管理	●2016年导入卓越绩效模式，开展首轮自评和改进；2017年开展第二轮自评并申报省质量奖，促进改进；2018年开展第三轮自评并申报全国质量奖，促进改进。具体的步骤、人员、时间筹划。 ●2016年导入六西格玛，开展绿带培训和生产类项目；2017年实施黑带培训和非生产类项目；2018年扩展至关键供应商。具体的步骤、人员、时间筹划。	●2016年培训自评师30人；2017年获得省质量奖；2018年获全国质量奖鼓励奖。 ●2016年绿带30人，项目6个；2017年黑带18人，项目9个；2018年绿带60人、黑带30人，项目15个。

图 5—8　质量战略实施计划示意图

质量战略实施计划应当支持组织的总体战略和业务战略，并与其他职能战略协调一致。质量战略实施计划由质量职能部门提出，报质量管理委员会审核后由最高管理者批准。在批准后编制预算，制定卓越绩效自评、六西格玛管理等新的程序文件。

5.3.4 质量战略的部署和实施

与其他职能战略的实施计划一样，质量战略也需要进行战略沟通，运用目标管理或平衡计分卡方法，沿着时间、过程和管理层次三个维度展开，进行人力资源、财务资源和基础设施及信息化资源等的层层配置，实施战略绩效测评、控制和改进。

第6章 以顾客为中心

让顾客满意是质量管理最主要、最基本的目标，以顾客为中心是质量管理的首要原则。本章从营销观念的变化谈起，主要介绍顾客细分和顾客关系管理，顾客满意和忠诚，以及顾客满意、忠诚和品牌价值测评的基本原理和方法。

6.1 营销观念的变化和关注顾客

6.1.1 五种营销观念

市场营销是以满足人类各种需要和欲望为目的，通过市场把潜在交换转变为现实交换的活动。组织通常以某种营销观念指导其市场营销活动，一般有五种观念：生产观念、产品观念、推销观念、营销观念和社会营销观念。

第一，生产观念。生产观念是最古老的观念之一，认为消费者喜爱那些可以得到的价格低廉的产品。生产导向组织的管理者致力于获得高生产效率和广泛的分销覆盖面。生产观念假设消费者喜爱那些可以得到的价格低廉的产品，在以下两种情况下是合理的：(1) 产品的需求大于供给，因而顾客最关心的是能否得到该产品，而非产品的细小特征。供应者将集中精力扩大生产。(2) 产品成本很高，必须通过提高生产率、降低成本来扩大市场。这种观念的缺点是忽视人的个性、服务质量低下。

第二，产品观念。产品观念认为，消费者喜欢高质量、多功能和具有某些特色的产品。产品导向组织的管理层致力于生产优质产品，并不断改进产品，使之日臻完善。产品观念假设顾客欣赏精心制作的产品，他们能够鉴别产品的质量和功能，并且愿意出较多的钱买质量上乘的产品。组织认为“酒香不怕巷子深”，因此在设计产品时不让或者很少让顾客介入，甚至不考察竞争者的产品。这种观念会引发营销近视症。

第三，推销观念。推销观念认为，如果任其自然的话，消费者就不会足量购买某一产品，因此组织必须积极推销。推销观念假设消费者通常表现出购买惰性或抗拒心理，因此需要劝说他们购买。组织有一套有效的促销手段刺激消费者更多地购买。推销观念假定，听了好话的顾客就会购买，即使不喜欢也不会在朋友面前说产品的坏话。但事实上，建立在推销观念基础上的营销有很大风险，研究表明：上当的顾客会对十个或更多的人说该产品的坏话。

第四，营销观念。营销观念认为，组织实现目标的关键是，在确定目标市场的需要并予以满足的营销整合活动方面比竞争对手更有效。曾经反映环境现实的市场观念如生产观念、产品观念和推销观念，在市场环境发生根本性变化后已经不再适用，需要被新的观念——营销观念所替代。有关营销观念的主要原则在 20 世纪 50 年代以后逐步确立并定型。表 6—1 对营销观念和推销观念进行了比较，从中可以看出营销观念的特点。

表 6—1　营销观念和推销观念的比较

项目	推销观念	营销观念
出发点	工厂	市场
重点	产品	顾客需求
方法	推销和促销	整合营销
目的	通过销售获取利润	通过顾客满意获取利润

第五，社会营销观念。社会营销观念认为，组织的任务是以保护和增加消费者及社会福利的方式，比竞争对手更有效地确定和满足目标市场的需要。社会营销观念提出的背景是：环境恶化、资源短缺、人口爆炸、世界性饥荒和贫困、社会服务等问题屡遭忽视，这些问题如果不加以解决，将会影响社会的可持续发展，影响子孙后代。这要求组织在满足目标顾客需要的同时，考虑并实现广大消费者和社会的长期利益。因此在对营销观念修正的基础上，人们提出了社会营销观念。社会营销观念要求营销者在营销活动中考虑社会和道德问题，平衡公司利润、消费者需要和公共利益三者的关系。

总之，上述生产观念、产品观念和推销观念在当今外部环境下不再有效。以营销观念和社会营销观念为指导开展品牌营销活动成为企业成功的前提。营销观念和社会营销观念的出发点都是市场和顾客需要，与质量管理的首要原则——以顾客为中心相一致。

此外，品牌营销是面向顾客和市场需要，以提升品牌价值为核心从事的营销活动，是为了组织自身及利益相关者的利益而发现、创造、传播价值的一系列过程，包含产品、价格、渠道和传播等内容，目的是从系统层面实现品牌价值的提升。品牌营销作为市场竞争的一种高级形态和手段，受到企业界的广泛重视和运用，并促进了区域经济和社会的发展。

6.1.2　了解顾客需要

确立以顾客为中心的原则以后，接下来要做的就是了解顾客需要。朱兰认为了解顾客需要应包括以下关键活动：(1) 策划收集顾客需要的过程；(2) 收集用顾客的语言表述的顾客需要；(3) 分析顾客需要并排出优先次序；(4) 将顾客需要翻译成“我们的”语言；(5) 建立测量指标与测量手段等。

了解顾客需要的方法多种多样，以下列举了了解顾客需要的方法：

- 书面/邮件调查

- 电话调查
- 专人访问/面对面访问
- 焦点小组
- 顾客参与会
- 联合策划会
- 座谈小组
- 评议卡/建议箱
- 观察
- 收集岗位数据
- 顾客价值分析

以上这些方法在以顾客为中心的质量组织中广泛采用，新的方法在不断开发。

面对面访问的实例

一家房地产开发商拟开发一条商业街。公司老总对有可能购买摊位的每位来访者都亲自会面，详细谈话，征求其看法和意见，并做完整的记录。然后对近百名来访者的看法和意见进行深入分析，大胆设定超出多数人预期的商业街摊位价格。虽然公司内部绝大多数人都认为定价过高，但公司老总是在可能购买摊位的来访者基础上做出决策的，对此充满信心。开盘后，购买者踊跃，公司从该项目中获得了良好收益。

6 1 3　顾客和市场细分

顾客是指能够或实际接受为其提供的，或按其要求提供的产品或服务的个人或组织，分为内部顾客和外部顾客。外部顾客是指在组织外部接受服务或使用产品的个人或团体，也就是通常我们认为的顾客。内部顾客是在组织内部接受服务或使用产品的个人或团体。

1. 外部顾客和市场细分

市场是指拥有购买欲望、具有购买能力并且能买到产品的现有和潜在的顾客组合。市场细分是指将顾客按照其相似性划分为若干不同的群体，使得每个群体中的顾客具有相似的需求和行为，从而使用相似的营销策略。表6—2列举了外部顾客的类型及其对产品和服务的影响。

表6—2　外部顾客类型及其对产品和服务的影响

顾客类型	对产品和服务的影响
中间顾客	
批发商	批发商购买预期能够销售出去的东西，其典型的购买特征是数量大。虽然它们几乎对产品设计和制造没有直接的影响，但是影响供方的生产时间、价格政策、库存和发货安排，以及对未出售商品的回收等。

续前表

顾客类型	对产品和服务的影响
分销商	分销商在某些方面类似批发商，不同之处在于它们可以从更大范围的生产商处购进更多种类的产品，购进的产品直接受消费者的要求和需要的影响。其顾客的订货通常产品种类多数量少。分销商的长处在于购进很多种商品，然后以具有吸引力的价格提供现货并送货上门。分销商购进的商品的种类（如金属件、建筑材料、矿产品、日用品等）主要受顾客以好的价格寻找具备行业级质量的、立即可用的商品的影响（如对某些材料，通常是通过一揽子订单确定一年的数量，再按照指定的时间间隔交货）。
零售连锁买方	大型零售连锁买方因其订货规模较大而向供方提出大量要求（如价格让步、灵活的交货、供方给已经采购的产品支付库存费用、无成本退货政策、供方可以接受电子订单等）。
其他大宗买方	包括政府实体、教育机构、医疗卫生组织、运输公司、航运公司、连锁餐厅、连锁酒店等所有表示向顾客提供服务的大宗买方。其中每个组织都有规章管理其服务。它们在服务过程中要求多种产品、材料和外部服务，许多服务对消费者而言是透明的。每个组织都要求高质量，对它们所支付的每一分钱有严格的限制；买方需要大量的资金，但可就固定数量的产品签订长期合同。它们对产品的要求主要产生于组织的内部顾客。由于价格和交货期是主要的考虑事项，所以买方提供给供方的有关最终用户对已交付产品的反馈会经历漫长而曲折的路径。
服务提供商	服务提供商从其他供方购买的产品和服务多种多样。这些买方包括：公共会计师、医生、建筑承包商、计算机程序员、网络设计者、咨询师、制造商的维修人员、演员、出租车司机等。这类买方通常是自己经营，购买量小，根据价格采购；只有在需要时才采购；借助采购商品的高质量来保持其顾客满意度。这类买方对供方的产品和服务的要求包括从服务提供到废旧品更换，以及提供产品使用说明。
消费者/最终用户	
零售买方	零售买方的采购量会影响产品特性及附属件的设计和可用性。根据不同的产品类型，对购买者而言最重要的是合理的价格、易用性、性能、安全性、美感和耐用性。对产品有影响的有安装和使用说明书、包装、保质期、售后服务和品牌。
折扣买方	折扣买方主要根据采购价格购买，更愿意接受不著名的品牌，而且愿意购买超过当前需要的数量。这些购买者对产品的影响相对较小，却为没有注册商标的、积压的以及不再继续进行生产的产品开创了市场。
雇员购买者	雇员购买雇主的产品，且往往折扣较大。这些购买者通常对产品熟悉或是产品生产的贡献者之一。他们可以向雇主提供有价值的反馈（比如通过问卷调查，或者间接地通过购买的数量和品种、类型来提供反馈）。一个有用的提问是："产品的销售者会购买和使用这种产品吗?"
服务买方	服务买方通常根据口碑购买（如电视维修、牙科工作、纳税准备等）。服务好坏的口碑快速转播，影响服务提供者的生意维系。
受限制服务用户	受限制服务（如电、煤气、水和市政服务、学校）用户通常对所接受的服务影响很小。虽然在20世纪90年代后期和21世纪初会有更多选择，但仍然局限在少数供方。如果不引入竞争，这些供方根本没有动力改变它们的服务。
组织买方	为组织购买产品者通常在业务和过程活动中使用产品和服务，对提供给它们的产品类型以及在哪里购买有很大的影响。原材料或仪器成为其制造产品的一部分，在维持质量和购买方组织的竞争力方面特别重要（如性能、服务能力、价格、易用性、耐用性、设计简化、安全和易于处置等）。其影响因素有发货的灵活性、折扣、允许返回材料、特别担保等。

市场细分的过程往往也是市场定位的过程。组织要通过内外部环境的分析，确定自己的核心竞争力和战略优势，进行市场战略定位，确定目标顾客群，进而确定关键顾客群。

2. 内部顾客和顾客链

组织中的每个人都扮演着三重角色：供应者、生产者和顾客。作为顾客，他们把他人或其他部门的输出作为自己的输入，进行加工处理，然后作为供应者把加工处理的输出作为他人或其他部门的输入。组织对内部顾客不关心可能导致对外部顾客忽视和不关心，因此有效满足内部顾客的要求对于服务外部顾客具有重要影响。内部顾客的概念给组织带来许多变化，如在组织结构上形成横向的"顾客链"和纵向的"支持链"。

横向的顾客链将个人、职能部门与外部顾客联系起来，使得每个人不但清楚如何满足内部顾客需要，而且认识到自己在满足外部顾客需要方面所起的作用。纵向的支持链意味着由传统的金字塔结构向以顾客为中心的倒金字塔的支持链转变，如图 6—1 所示。在倒金字塔中，顾客在最高层，其次是一线人员、中层管理者，最高管理者在最低层，这表示上层对下层的支持，最终是对顾客的支持。

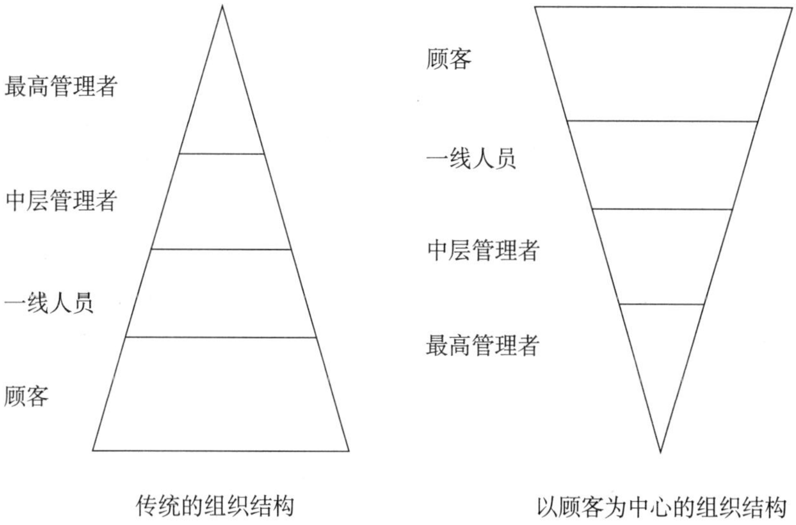

图 6—1　传统组织与以顾客为中心的组织的比较

研究表明，顾客流失主要是由于顾客对服务不满意或一线人员态度冷淡，由此可见一线员工对顾客的影响。因此，充分授权给最接近顾客的一线人员并自上而下地给予支持是组织赢得顾客的关键。

顾客流失的原因调查

- 1%——由于买方人员亡故。
- 3%——由于营业地点变更。
- 5%——由于顾及其他朋友关系。
- 9%——由于竞争者争取客户。
- 14%——由于客户对服务不满意。
- 68%——由于一线服务人员态度冷漠。

6.2 顾客关系管理

20 世纪 90 年代以来，以 IT 技术为基础的顾客关系管理成为企业的普遍实践活动。顾客关系管理通过系统了解顾客需要，分析顾客价值，与顾客沟通并建立起信任关系，最终使组织盈利。

6.2.1 顾客关系管理的含义

顾客关系管理（CRM）是企业为了让顾客满意、留住顾客、挖掘潜在顾客、实现顾客忠诚并最终获得顾客长期价值而致力于与顾客建立长期良好关系的活动和管理举措。顾客关系管理的目的在于：通过富有意义的交流沟通，理解并影响顾客行为；通过提供快速、周到、优质的服务来吸引和保有更多的顾客；通过优化面对顾客的工作流程以减少获取和留住顾客的成本，创造更高的价值，最终实现顾客忠诚。

在市场交易中，组织（卖方）与顾客（买方）最基本的关系是交易关系。从这种交易关系建立和保持的过程看，关系深度和表现形式是不断发展变化的。企业与顾客形成了如图 6—2 所示的演化关系。首先，设想可能会购买产品和服务的人，即“猜想顾客”，经过确认有的成为合格的“预期顾客”，有的成为“不合格者”，后者遭到公司拒绝。对合格的“预期顾客”争取使其成为“首次购买顾客”，依次转变为“重复购买顾客”“忠诚的顾客”和作为公司产品倡导者的“主动性顾客”，最终成为“合作伙伴”。各个阶段都有人停止购买活动，成为“过去的顾客”。与各个阶段相对应，顾客与组织之间从首次购买的简单交易关系发展为稳定可靠的较长时期的合同关系，进而形成积极的长期合作关系。

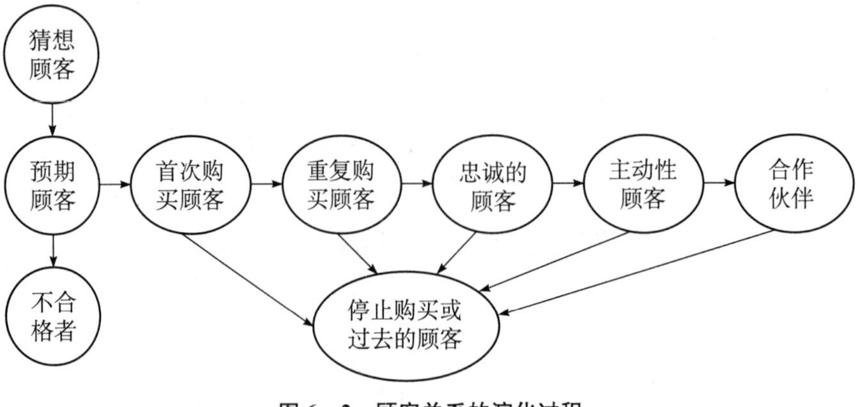

图 6—2 顾客关系的演化过程

6.2.2 顾客关系管理的过程

一个完整的顾客关系管理过程包括以下步骤：

(1) 获取顾客信息，识别顾客；
(2) 管理顾客沟通，了解其需要和期望；
(3) 研究顾客价值，确定顾客关系战略；
(4) 掌握顾客满意度；
(5) 分析差距，实施产品和服务改进；
(6) 留住和发展忠诚的顾客。

6.2.3 顾客关系管理的基本功能

顾客关系管理通常以计算机和通信自动化技术为基础，致力于获得并管理客户知识，改善客户沟通，优化销售和营销过程，方便顾客服务和产品技术支持，从而实现顾客长期价值的最大化并增强竞争优势。CRM 系统软件是顾客关系管理最佳实践的具体化。依据顾客关系管理的过程，CRM 系统有三个基本功能：

(1) 接入管理。通过电子商务、呼叫中心、网络、电子邮件、电话、传真等实现与顾客的交互、快速响应并提供技术支持。

(2) 流程管理。实现营销、销售、服务等职能和过程的精细管理和工作自动化。

(3) 决策支持。借助数据仓库、数据挖掘、决策支持、知识管理等技术，为顾客关系管理和企业经营提供决策支持。

6.2.4 顾客关系管理需要做好的关键工作

为确保顾客关系管理的有效性，组织要抓好以下关键工作：组织的可达性、组织的承诺、选拔与顾客直接接触的一线员工、明确顾客接触要求、有效的投诉管理、全面分析顾客关系价值以及寻求战略伙伴与联盟。

(1) 组织的可达性。指当顾客需要时能够方便快捷地联系组织相关部门或人员的能力。除了与顾客直接接触的渠道，400 电话、传真、电子邮箱、公司网站等都是常用的实现可达性的手段。

(2) 组织的承诺。组织会对顾客做出承诺——这些承诺针对顾客关心或担忧的事项，旨在排除一切可能降低顾客信心的情况——并会清晰简明地与顾客沟通。许多承诺表现为担保或保证的形式。例如，美国的联邦快递公司向顾客做出“晚送达一分钟即全额退款”的承诺。我国的一些家装公司则向顾客做出“先行赔付”的保证。

(3) 选拔与顾客直接接触的一线员工。如前所述，顾客流失的主要原因是一线员工态度冷淡和服务不到位，因此组织应该关注一线员工的选拔，如一线员工候选人是否满足以下标准：具有良好的人际沟通技能；具有较强的分析解决问题的技能；自信、抗压、耐心，替他人着想；对细节敏感和关注，等等。

(4) 明确顾客接触要求。应当基于顾客的需求，使与顾客接触的要求规范化和标准化，包括响应时间、行为、态度方面的要求，比如对顾客的称呼方式、语气和表情等。

（5）有效的投诉管理。组织应将投诉视为改进的机会，鼓励顾客投诉，使他们投诉更方便，并有效解决他们所投诉的问题。企业只是单纯地解决问题是远远不够的，还必须通过一个系统的过程来收集和分析投诉数据，而后利用这些信息进行改进。投诉处理过程本身的绩效应当加以监测。图 6—3 是投诉处理过程的举例。

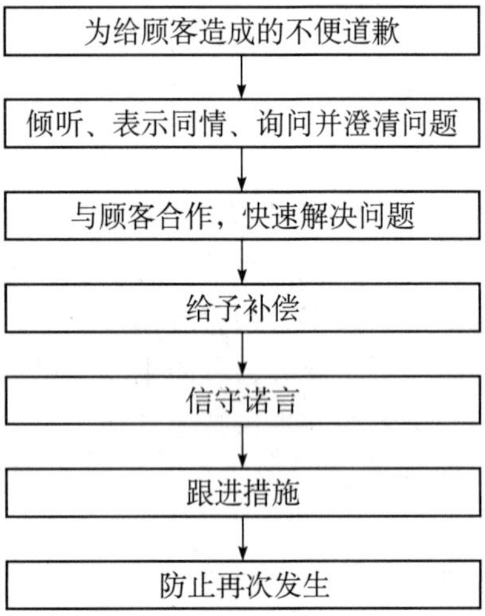

图 6—3　投诉处理过程举例

（6）全面分析顾客关系价值。特定的组织或个人在从成为企业顾客、与企业建立关系到最后流失或消亡的整个过程中，在获得满足和实现顾客价值的同时，也为企业带来收益和好处，即顾客关系价值。全面分析顾客价值是确定顾客关系的前提，如表 6—3 所示。依据顾客给组织带来的利润，组织与顾客建立不同的关系。其中，基本型只是简单推销产品；反应型是指出售产品，鼓励顾客如有问题或不满打电话给公司；可靠型是指产品售出后不久打电话给顾客，了解产品是否与顾客期望相吻合，征集意见和建议作为改进的依据；主动型是指经常与顾客电话联系，谈论有关改进产品用途或开发新产品的意见和建议；合伙型是指公司与顾客一起，找到影响顾客消费的原因或帮助顾客找到更好的做事方式。

表 6—3　组织根据顾客关系价值与顾客建立的不同关系

	高利润	中利润	低利润
顾客/分销商数量多	可靠型	反应型	基本型或反应型
顾客/分销商数量一般	主动型	可靠型	反应型
顾客/分销商数量少	合伙型	主动型	可靠型

（7）寻求战略伙伴与联盟。企业的经营越来越聚集于其核心能力，一些非关键的支持性过程被外包出去，作为供方的组织必须承担更大的责任来帮助顾客，这种供需双方的合作伙伴关系成为企业实现卓越过程中的一种战略联盟。

6.3 顾客满意和顾客忠诚

在了解顾客需要的基础上，组织通过内部转换提供满足和超越顾客期望的产品，建立良好的顾客关系，从而实现顾客满意，获得顾客忠诚和口碑，打造优秀品牌。

6.3.1 顾客满意

顾客满意是指顾客对其要求被满足程度的感受，也就是和顾客的期望、要求相比较是满意还是不满意。如果实际感受和期望相一致，顾客就会满意；如果实际感受低于期望，顾客就会不满意；如果实际感受高于期望，顾客就会感到惊喜。我们从以下几个方面进一步说明顾客满意的含义：

（1）顾客满意作为一种结果，是顾客对其要求、期望得到满足的主观感受，是体验和感知的结果，是一种心理感受。

（2）顾客满意是一个感知和评价的心理过程。

（3）顾客满意具有动态性，满意与否会随着时代的发展以及满意评价的参照基准或价值观念而变化。

（4）顾客的需求和期望是多样的，加之顾客认知和反应的特点，顾客满意受到多种因素的影响。

表6—4反映了满意程度不同会产生不同的心理和情绪反应，相应地会导致不同的行为。

表6—4　　顾客满意程度及相应的情绪特征

满意程度	主要特征	含义
很不满意	愤慨、恼怒、投诉、反宣传	顾客在购买和消费了某种商品或服务后感到非常失望，对于厂商感到愤慨、恼怒、难以容忍，不仅找机会投诉，还会利用一切机会进行反宣传以发泄心中的不满。
不满意	气愤、烦恼	顾客在购买和消费了某种商品或服务后感到气愤和烦恼。在这种状态下，顾客勉强忍受，希望通过一定的方式进行弥补，在适当的时候也会进行反宣传，提醒自己的亲友不要购买同样的商品或者服务。
一般（无所谓满意不满意）	无明显的抱怨或赞同	顾客在购买和消费了某种商品或服务后感到与期望值相比虽有差距但可以忍受，感觉不到明显的好处，也不觉得特别差劲。
满意	称心、赞扬、愉快	顾客在购买和消费了某种商品或服务后感到称心、愉快。在这种状态下，顾客的期望与现实基本相符，没有大的遗憾。顾客不仅对自己的选择予以肯定，还乐于向亲朋好友推荐。
很满意	激动、满足、感谢	顾客在购买和消费了某种商品或服务后感到激动、满足。在这种状态下，顾客的期望完全实现，没有任何遗憾，实际感受可能还大大超出其期望值。顾客不仅为自己的选择而自豪，还会利用一切机会向亲友宣传、介绍、推荐，希望他人都来消费同种商品或服务。

6.3.2 顾客抱怨和顾客忠诚

顾客满意程度会导致两种结果：顾客抱怨和顾客忠诚。图 6—4 展示了顾客满意过程模型。

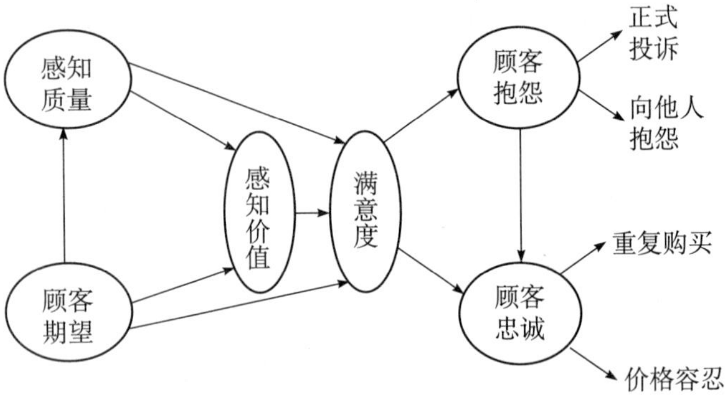

图 6—4 顾客满意过程模型

1. 顾客抱怨

顾客抱怨是顾客满意程度低最常见的一种表达方式，组织必须予以关注并迅速采取行动。如果忽视顾客抱怨，就会导致顾客流失，市场占有率下降，最终影响到组织的生存和发展。但没有抱怨并不一定表明顾客很满意。满足顾客的需要和期望是维持经营的最低要求。组织只有通过超出顾客的期望带给顾客惊喜，才能留住顾客，获得顾客忠诚，使顾客成为终身客户，从而实现组织盈利和市场份额的持续增长。

保留顾客的价值调查

(1) 向新顾客推销产品的成功率是 15%，而向现有顾客推销产品的成功率是 50%。

(2) 每年的顾客关系保持率增加 5%，则利润增长 85%。

(3) 以顾客为导向的公司利润比非以顾客为导向的公司利润高出 60%。

(4) 向新顾客进行推销的花费是向现有顾客推销花费的 6 倍。

2. 顾客忠诚

顾客忠诚是指顾客对某种品牌的产品做出长期购买的承诺。顾客忠诚不同于顾客满意，满意体现在态度上，而忠诚则体现在行动上。忠诚的顾客通常有以下表现：

(1) 再次或大量购买；

(2) 主动向亲友和他人推荐该品牌产品或服务，促成良好的市场口碑；

(3) 几乎没有购买其他品牌产品或服务的念头，能抵制其他品牌的诱惑；

(4) 当发现产品或服务的问题时，能以谅解的心情主动向企业反映，求得解决，而且不影响再次购买。

可见，忠诚顾客会随着时间的推移增加消费额，他们的正面宣传是一种免费的广告资源。忠诚顾客对价格的敏感度较低，利润潜力更大。他们与组织形成一种学习关系，可以提高公司提供产品和服务的效率。

6.3.3 顾客满意、顾客忠诚与品牌价值的关系

研究表明，顾客高满意度未必带来重复购买行为。这意味着满意并不等同于忠诚。不满意的顾客很难会是忠诚的顾客，而满意的顾客未必就是忠诚的顾客。满意的顾客会重复购买，但也会考虑竞争对手的产品。而忠诚的顾客只会重复购买。

顾客忠诚与顾客满意之间的关系可以用如下公式表示：

顾客忠诚度＝吸引力×满意度×参与度

从上面的等式可以看出，满意是忠诚的前提，没有满意，则无所谓忠诚。要实现顾客的忠诚，除了满意之外，组织还必须考虑另外两个重要因子，即参与度和吸引力。参与度意味着要使顾客参与到业务决策过程中，对待顾客像对待内部人或同事一样，听取其意见并采取相应的行动。吸引力是顾客在与组织打交道过程中对组织产生的兴趣，这是联结公司与顾客的精神纽带。产生吸引力的关键是令顾客感到由衷的欣喜。顾客忠诚意味着顾客推荐，顾客推荐意味着顾客口碑，而顾客口碑促进品牌价值的形成。持续的顾客满意和忠诚最终将成就品牌价值。

6.4 顾客满意、顾客忠诚和品牌价值的测量与分析

6.4.1 顾客满意测评

测量顾客满意程度的方法有很多，主要有顾客满意度和满意率调查、投诉的处理和跟踪、交易数据分析、顾客接触点分析、流失顾客分析等。其中，顾客满意度调查是系统测评顾客满意程度的科学方法，包括组织自我测评、第三方测评等，其等级量表一般有5、7或10档。组织自我测评一般采用简易的统计方法(各评价项目权重相等或加权)，第三方测评一般采用结构化、模型化、指数化的方法。

1. 顾客满意度的含义

顾客满意度是顾客满意程度的量化表示，具体来说，就是运用计量模型和抽样统计方法，通过评价顾客对一组项目因子或评价指标的感知和体验，得到一个总计或回归的量化指标来综合反映顾客对某个对象的满意水平。该量化指标称为顾客满意度指数，简称顾客满意度。

顾客满意指数的测量最早始于瑞典国家统计局。之后，德国、美国也开始测量并正式公布测量的结果。1999年，清华大学受中国质量协会的委托，经过三

年半的研究建立了“中国顾客满意指数评价系统”。目前，这套评价系统用于部分行业的顾客满意指数评价，在全国范围内对轿车、摩托车、空调、洗衣机、冰箱、航空公司、机场、固定电话服务、电视机、抽油烟机、微型计算机、燃气热水器、微波炉、电冰柜、瓶装饮用水、味精、洗发护发品、银行服务等行业进行调查。

顾客满意度测量数据被称为“一座采掘不完的金矿”。对于企业而言，顾客满意度测量的用途主要有：

（1）了解顾客对企业在满足顾客需要方面做得如何的感知；

（2）比较公司相对于竞争者的绩效；

（3）找出在产品和服务的设计和提供方面有待改进的地方；

（4）跟踪趋势以确定变革是否带来改进；

（5）将测量发现（比如通过顾客调查获得的）用于企业战略、新产品开发、产品和服务交付以及市场竞争定位。

美国顾客满意指数

美国顾客满意指数（ACSI）是顾客评价产品和服务的一个全国性经济指标。该指数是根据约5万个电话调查回答计算出来的，调查覆盖了7个经济领域中的200多家企业。对于大多数公司来说，针对每家公司调查了大约250名顾客。评分采用一个从0到100的标准，0最低，100最高。ACSI的基本模型由一系列等式构成，这些等式描述了感知质量、顾客期望、感知价值、顾客满意、顾客抱怨和顾客保持六个要素及其之间的关系，向顾客所提问题与这六个要素直接相关。

2. 顾客满意度测评的实施过程

顾客满意度测评的实施过程如图6—5所示，其中包括四项关键活动：

（1）明确测量目的并识别测量的事项；

（2）选择有效的信息收集过程和方法来收集顾客反馈数据；

（3）综合分析和评价满意水平并沟通测评结果；

（4）讨论测评发现并策划改进活动。

3. 满意度指数计算方法举例

“满意度指数”更恰当的表述应当是“复合满意度测量指标”。它是各种效能属性评级的集合。表6—5举例说明了几种不同的计算方法。其中的满意度指数Ⅰ是其中10个属性得分的简单平均值；满意度指数Ⅱ是以总体中样本重要性权重加权平均计算的值；满意度指数Ⅲ是以顾客重要性权重加权平均计算的值，是较理想的计算方法。总体满意度评分是单独测量的结果。一般来说，复合测量比单独测量有更高的统计可靠性，是较好的选择。

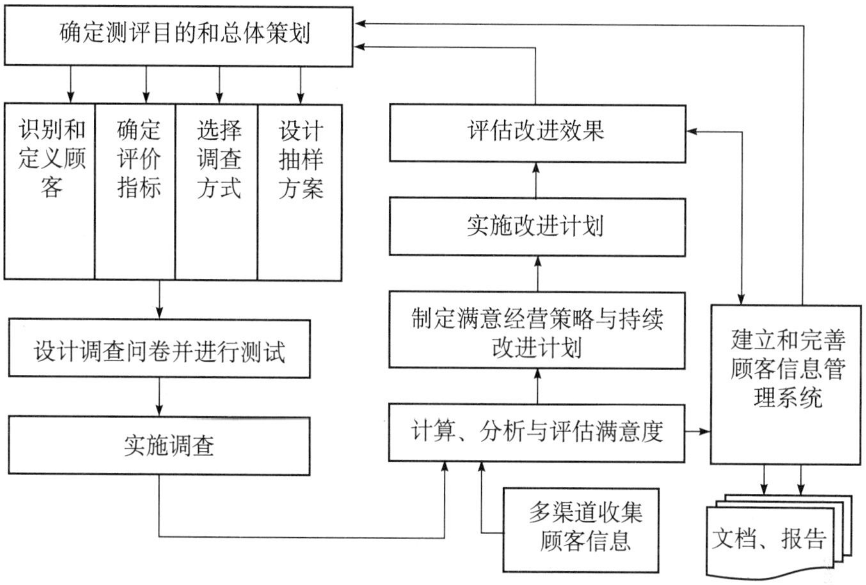

图 6—5　顾客满意度测评的实施过程

表 6—5　　满意度指数的计算（满分为 10 分）

属性	总体中样本重要性权重	顾客 A		顾客 A	
		评分	指数Ⅱ	重要性权重	指数Ⅲ
1	0.05	7	0.35	0.1	0.70
2	0.20	10	2	0.09	0.90
3	0.15	6	0.9	0.13	0.78
4	0.13	6	0.78	0.09	0.54
5	0.08	9	0.72	0.12	1.08
6	0.08	8	0.64	0.1	0.80
7	0.12	9	1.08	0.08	0.72
8	0.05	5	0.25	0.15	0.75
9	0.05	7	0.35	0.05	0.35
10	0.09	7	0.63	0.09	0.63
总和	1.00	74	7.7	1	7.25
满意度指数Ⅰ（非加权平均）		7.4			
满意度指数Ⅱ（以总体中样本重要性权重加权平均）			7.7		
满意度指数Ⅲ（以顾客重要性权重加权平均）					7.25
总体满意度评分（单独测量值）		7			

6.4.2　顾客忠诚测评

顾客满意是顾客忠诚的基础，而顾客忠诚是顾客满意的目的。顾客忠诚是指顾客在满意基础上重复购买产品或服务，以及积极向他人推荐该产品或服务的表现或意愿。顾客忠诚测评可以在顾客满意测评时一并进行，也可单独实施。测评指标和方法包括：

（1）基于过去的：顾客保留率、顾客流失率、顾客重复购买率、顾客推荐率、忠诚顾客贡献率等。

（2）面向未来的：近年来，许多企业应用顾客净推荐值（net promoters score，NPS）方法进行顾客忠诚测评（见表6—6）。

表6—6　顾客净推荐值测评

推荐意愿评分	受访者分类
9～10分	推荐者
7～8分	消极者
0～6分	贬损者

$$顾客净推荐值（NPS）=\frac{推荐者数}{总样本数}\%-\frac{贬损者数}{总样本数}\%$$

6.4.3　品牌价值评估

自从有了商品交换，品牌价值就在发挥作用。最初品牌资产评估的目的主要是评估其财务价值，随着企业经营管理中涉及品牌资产的领域越来越多，品牌资产发挥的作用越来越显著，品牌资产评估的目的和方法日益多样化。品牌资产评估方法主要有以下三种：

（1）收益法。通过参考品牌在剩余的经济寿命期内预期收到的经济利益的现值测量品牌价值。

（2）市场法。测量其他购买者在市场上为被合理地认为与接受评价的资产类似的资产所支付的价值。

（3）成本法。根据在建立品牌过程中投资的成本，或替换、复制品牌的成本测量品牌的价值。

不管采用什么方法，只有注册会计师和注册评估师出具的品牌资产评估报告才被认可。同时，只有在真正发生品牌并购的情况下，购买品牌的费用才能作为无形资产记入财务报表。品牌资产评估是一项复杂的专业工作。为了使人们能理解品牌资产评估结果的系统性、科学性，中外评估专家、品牌传播专家、品牌资产管理专家根据对品牌评价的目的、品牌价值形成要素的理解，创建了不同的品牌资产评估模型。以大卫·艾克（David A. Aaker）的品牌资产十要素模型为例，包括以下5个方面的10项要素：

- 忠诚度测量——溢价、满意度/忠诚度；
- 感知质量/领导力测量；
- 联想/差异性测量——价值、品牌个性、组织联想；
- 品牌知名度测量；
- 市场行为测量——市场占有率、市场价格、渠道覆盖率。

品牌资产作为一种特殊的无形资产，与其他实物资产相比，其独特之处在于，消费者每一次进行品牌消费，不仅给品牌所有者带来现金收益，而且推动品牌资产不断增值。

第三部分 卓越绩效模式

第7章 卓越绩效模式概述

卓越绩效模式是全面质量管理的实施框架，也是组织实施质量管理的有效方法。本章系统地介绍卓越绩效模式产生的背景，以及卓越绩效模式的实质和作用，分析卓越绩效模式与其他管理体系标准的关系，以及卓越绩效模式在世界各国的实践，为读者全面概要地了解卓越绩效模式提供指南。

7.1 卓越绩效模式的产生背景、实质、作用和特征

7.1.1 卓越绩效模式的产生背景

卓越绩效模式（performance excellence model）是以一些国家质量奖评价准则为代表的一类经营管理模式的总称，产生于20世纪下半叶，进入21世纪后，日益受到各个国家、地区和众多企业的重视。在经济全球化的大环境下，实施卓越绩效模式已成为各国提升企业竞争力，以及企业持续改进、保持并不断增强竞争优势的重要途径。

探寻卓越绩效模式产生的背景，可以追溯到20世纪50年代，从日本的质量成功谈起。第二次世界大战后，为了扭转产品的劣质状况，日本科学技术联盟邀请戴明、朱兰等美国质量专家赴日讲学指导，引进统计质量控制及全面质量控制（TQC）等方法，并开发出许多有效的质量管理工具和方法。之后，在实践中逐渐形成日本式的全面质量管理，即CWQC（全公司的质量管理）。为纪念戴明博士对日本的友谊和贡献，日本科学技术联盟于1951年设立了戴明奖，奖励那些为实施全面质量管理做出突出贡献并取得杰出成果的个人和组织。该奖项对日本全面质量管理的发展做出了重要贡献。80年代以后，由于在全面质量管理方面的成功实践和领先地位，日本企业在许多领域打败了美国企业，其产品在全球成为高质量的代名词，日本经济和日本企业的竞争力达到巅峰。

20世纪80年代，由于受到日本企业和产品的极大挑战，许多美国企业管理者开始重新认识全面质量管理活动，“日本能，为什么我们不能?”一度成为美国工商界的热点话题。美国政府和各行业的许多领导人也认识到，在竞争日益激烈

的市场环境中，强调质量不再是企业可选择的事情。很多个人和组织建议政府设立一个类似于日本戴明实施奖那样的国家质量奖，以促进美国企业全面质量管理活动的开展。这促成《马尔科姆·波多里奇国家质量改进法案》的诞生。这一法案规定了马尔科姆·波多里奇国家质量奖计划的设立，于1987年8月20日经里根总统签署生效。马尔科姆·波多里奇时任美国商务部长，极力倡导质量管理，对推动质量改进立法不遗余力，1987年7月因意外事故去世。为了纪念他，美国以他的名字为该法案和奖项命名。

美国国家质量奖的设立在很大程度上促成了美国20世纪90年代及其后的发展，使之重新回到世界经济霸主的位置。诚如美国前总统克林顿所说："马尔科姆·波多里奇国家质量奖在使美国经济恢复活力，以及提高国家竞争力和生活质量等方面起到主要作用。"同时，该奖项也引起世界各国政府和企业界的关注，在全球管理界引发以下两股热潮。

热潮之一：许多国家的政府通过设立国家质量奖来提升本国各类组织的管理水准，强化和提高本国产业的竞争力。除了美、欧、日等发达国家和地区，许多新兴的工业化国家和发展中国家也都开展了国家质量奖计划。目前全球共有80多个国家和地区实施了类似的计划。

热潮之二：国家质量奖评审准则已成为各类组织评价自身管理水准和引导内部改进工作的依据。1997年，鉴于"美国波多里奇国家质量奖准则"逐渐演变成评价组织竞争力和卓越绩效的框架，该准则更名为"卓越绩效评价准则"（Criteria for Performance Excellence）。自此，质量奖准则由用于质量奖评价延伸至用于组织的自我评价和绩效改进，并演变为卓越绩效评价准则。准则所体现的管理方式称为"卓越绩效模式"——一个风靡全球的管理模式。

我国于2004年颁布了GB/T 19580《卓越绩效评价准则》和GB/Z 19579《卓越绩效评价准则实施指南》。

7.1.2 卓越绩效模式的实质和定义

就其实质而言，卓越绩效评价准则是全面质量管理（TQM）的一种实施框架，是对以往的全面质量管理实践的标准化、条理化和具体化，是经营质量的管理标准和经营管理的成功途径。许多国家都制定了自己的卓越绩效模式标准，美国波奖标准由于其巨大的影响力，已成为国际上最具影响力的卓越绩效标准，诚如美国前总统小布什所言："波多里奇国家质量奖日益成为一种全球性的标准。"

质量管理大师朱兰博士在《朱兰质量手册》中论及美国质量管理的一段话精辟地表达了卓越绩效评价准则的实质：

> 目前对TQM还没有统一的标准定义，因而造成公司内部、课程培训以及一般文献中沟通的混乱。在国家标准和技术研究院（NIST）用来评价美国马尔科姆·波多里奇国家质量奖申请的标准发布之后，这种混乱明显减少了。NIST是组织评审美国马尔科姆·波多里奇国家质量奖的机构。
>
> 上述评价标准得到广泛的传播，NIST提供了100多万份申请表。只有

相对少数的申请书用于质量奖的申请，却有许多公司对照评价标准进行自我评审。此外，各州和各地的质量奖大量出台，其中许多奖项把波多里奇质量奖标准作为其评奖标准的主要内容。在作者看来，到 20 世纪 90 年代初，这种广泛的传播使得波多里奇质量奖标准成为关于 TQM 内容的最广为接受的定义。

卓越绩效评价准则为各类组织实施全面质量管理提供了一种更加有效的手段。用农业上的灌溉术语来类比的话，传统的全面质量管理可以认为是一种“漫灌”方式，看起来声势很大，但效果未必令人满意。而通过卓越绩效评价准则来实施全面质量管理则是一种“滴灌”方式，每一分努力都被输送到最需要的地方。

“卓越绩效”这四个字不再只是其字面所表达的简单含义，而成为一个具有特定含义的术语，GB/T 19580:2012《卓越绩效评价准则》将其定义为：“通过综合的组织绩效管理方法，为顾客、员工和其他相关方不断创造价值，提高组织的整体绩效和能力，促进组织获得持续发展和成功。”

7.1.3 卓越绩效模式的作用

卓越绩效评价准则的作用体现在策划、监测、评价、改进、培训、交流与共享等多个方面，但最重要的是，它为了解组织的优势和改进机会以及指导组织的策划工作提供了一种框架和评价工具，即具有以下两大作用。

1. 管理框架

企业是一个复杂的系统，企业的管理必须有一个系统的思路。卓越绩效模式为组织提供了一种实施 TQM、追求卓越的系统管理框架。

它是一幅组织卓越绩效的设计图，提出了一系列框架性的要求。它为管理体系的整合提供了一个有效的框架模式。尽管许多企业建立了质量、环境、安全、财务、人力资源等各个专业性的管理体系，但管理体系间缺乏融合与协调，卓越绩效模式因其全面性和综合性为各种管理体系整合提供了很好的框架。

2. 测量诊断仪

卓越绩效模式为测评组织 TQM 的实施、评价组织经营管理的成熟度提供了一个诊断仪。

一个企业就像一个人，如果能够定期体检，就可以发现：过去之所以健康成长，以及未来能够长寿的优势是什么；过去之所以不够健康、成长得不够快，以及影响未来长寿的改进机会是什么。优势和改进机会不仅基于与自己的纵向比较，还包括与竞争对手及标杆组织的横向比较。

接下来，企业就可以开“处方”，制定巩固和创新优势、抓住机会进行改进的行动计划了。实施这些行动计划，并进行再诊断、再改进和再创新，就构成一个不断提升管理成熟度的循环。这种诊断式的评价可以是质量奖评价，也可以是自我评价或顾客对供应商的评价，目的在于发现企业的优势和所需的改进，与 ISO 9001 等符合性审核有着本质的差别。

卓越绩效模式是组织追求卓越的方法论，使组织追求卓越的理念得以贯彻落实。图 7—1 显示了质量管理成熟度的四重境界。

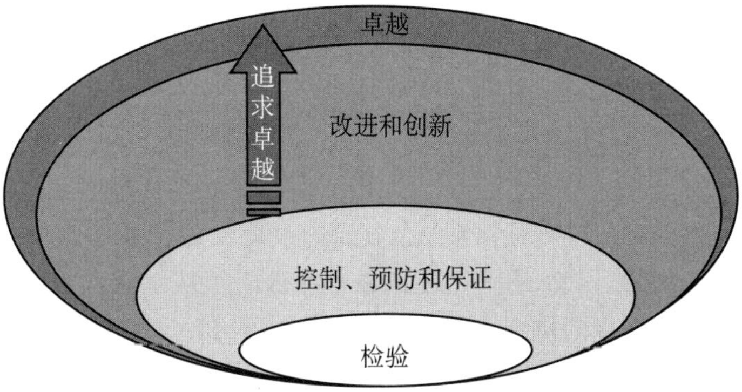

图 7—1 质量管理成熟度的四重境界

第一重境界：检验。这是企业质量管理的起点。

第二重境界：控制、预防和保证。这意味着企业已经实施了 SQC（统计质量控制）和 ISO 9001，质量管理的成熟度可以达到约 30%。

第三重境界：改进和创新。超越 ISO 9001，导入卓越绩效模式，是驱动企业实施改进和创新、应对动态的竞争环境、不断追求卓越的最佳路径。这是因为卓越绩效模式是从全球大量优秀、卓越企业的实践经验中提炼出来的，如果企业能够在其指导下成长，那么追求卓越的道路就可以走得更稳，成功的概率就会更大。

第四重境界：卓越。它是组织永无止境的追求。

卓越绩效模式也是引导组织科学发展，建设和谐企业、和谐社会的方法论。卓越绩效模式要求均衡地考虑所有相关方的需要，它旨在使五大利益相关方满意，为五大利益相关方创造平衡的价值，追求利益相关方的和谐共赢。

7.1.4 卓越绩效模式的特征

1. 体现“大质量”的概念

卓越绩效模式所体现的质量是包括产品和服务质量、过程质量、体系质量、经营质量以及组织发展质量的大质量，致力于通过卓越的过程获取卓越的结果，不断提高经营管理的成熟度，追求卓越的经营管理质量。

2. 关注结果，为相关方创造平衡的价值

在卓越绩效评价准则类目 4.7“结果”中，包括产品和服务、顾客与市场、财务、资源、过程有效性以及领导方面的结果，采用这些指标的组合旨在确保战略目标是均衡的，确保利益相关方的平衡、长短期利益的平衡，避免在关键利益相关方之间、长短期目标之间发生不当的忽略或偏向。

3. 非规定性和灵活适用性

卓越绩效评价准则由结果导向的要求构成，这些要求是非规定性的，以“如何”“说明”开头的句式出现，未规定组织结构、管理方法、程序等具体要求，由于每个企业的内外部环境千差万别，企业应当采用适合自己的管理方法；鼓励组织采用具有创新性、适宜性、有效性和系统化的方法来满足要求，以促进组织的改进和创新。该准则关注框架性的共同要求而非规定方法，有助于不同组织间的理解、交流和共享。

4. 以系统的视野保持全组织的目标一致性

卓越绩效评价准则强调系统的视野，以组织文化和发展战略为导向，以关键绩效指标为纽带，确保组织上下同欲，确保组织从使命、愿景、价值观到战略、资源、过程、结果的协调一致性，并体现学习循环和因果反馈：通过类目4.1～4.6的过程运行获取类目4.7的结果，基于结果的测量、分析和评价推动过程的改进和创新。

5. 诊断式的成熟度评价

GB/T 19579《卓越绩效评价准则实施指南》的附录C给出了卓越绩效评价的操作性指南。它以组织概述为起始点，以“方法—展开—学习—整合”为过程类条款的评价要素，以“水平—趋势—对比—整合”为结果类条款的评价要素，进行诊断式的定性和定量相结合的成熟度评价，并驱动组织的改进和创新。

6. 学习循环和持续改进

卓越绩效评价准则基于循环的诊断式评价，强调持续改进和创新、突破自我、超越竞争对手和标杆，并将改进和创新成果进行分享、固化。

7.1.5 卓越绩效评价准则与管理体系标准的关系

1. 卓越绩效评价准则与GB/T 19000族标准的关系

卓越绩效评价准则与GB/T 19000族标准虽然都是质量管理领域的标准，都能在不同程度上帮助组织提高质量管理水平、增强竞争力，但其性质、目的和范围等有所不同。

(1) 与GB/T 19001标准的关系。简要地说，GB/T 19001标准认证属于管理是否合格的符合性评定，类似于体育达标、影片审查合格；而卓越绩效评价属于管理是否卓越的成熟度评价，类似于运动会拿奖牌、影片得奖。表7—1归纳了GB/T 19001标准与卓越绩效评价准则的主要不同点。

GB/T 19001标准规定了质量管理体系要求，对内用于建立以顾客为关注焦点的质量管理体系基础平台，规范质量管理，对外用于合同和第三方认证的质量保证场合，证实组织有能力稳定地提供满足顾客要求和适用法律法规要求的产品和服务，并通过国际互认消除贸易技术壁垒，促进国际贸易。它在组织的质量工作中只是起基础性的作用，主要聚焦于组织中最直接影响产品和服务质量的那些职能和过程。这样，GB/T 19001标准的范围比卓越绩效评价准则的范围要窄得多，通常认为，即便 GB/T 19001 标准实施得很好，也只相当于卓越绩效评价准则 30%的成熟度。

表 7—1 **GB/T 19001 标准与卓越绩效评价准则的不同点**

不同点	GB/T 19001 标准	卓越绩效评价准则
类型	合格评定	卓越评审（成熟度、水平对比）
目的	旨在增进顾客满意（过程管理仅考虑顾客的要求）	使顾客及其他利益相关方满意（过程管理必须兼顾和平衡各相关方的要求）
范围	质量管理体系（证实组织有能力稳定地提供满足顾客要求和适用法律法规要求的产品和服务）	企业管理体系、全面质量管理体系（包含领导、战略等七大类目，评价长期成功的能力）
重点	强调过程	既强调过程，也重视结果
主线	质量方针	使命、愿景、价值观和战略
称谓	审核、审核员	评审、评审员

与 GB/T 19001 标准相比，卓越绩效评价准则的内容更全面、系统，包括组织经营管理的方方面面，所关注的质量是扩展到组织经营的大质量，强调社会责任、战略和结果。它反映了现代质量管理的最新理念和方法，是许多成功组织的实践经验总结，为组织提供了追求卓越的经营管理模式，并用量化评分（1 000 分）的方法全方位、平衡地评价组织经营管理的成熟度，为组织的自我评价和外部评价提供了很好的依据。

（2）与 GB/T 19004 标准的关系。尽管 GB/T 19004 标准的范围和深度超过 GB/T 19001 标准，并趋近于卓越绩效评价准则，但其定位仍介于 GB/T 19001 标准和卓越绩效评价准则之间，用于指导组织丰富、提高其 GB/T 19001 标准基础并向 TQM 发展。卓越绩效评价准则提供了一个综合的 TQM 实施细则，兼容 GB/T 19001 标准和 GB/T 19004 标准。

2. 卓越绩效评价准则与 GB/T 24001 和 GB/T 28001 的关系

GB/T 24001《环境管理体系　要求及使用指南》、GB/T 28001《职业健康安全管理体系　规范》分别规定了环境管理体系、职业健康安全管理体系的要求，二者都属于管理是否合格的符合性评定。而卓越绩效评价属于管理是否卓越的成熟度评价。

卓越绩效评价准则兼容了对环境管理和职业健康安全管理的要求。它在“4.1.4.2 公共责任”中，要求评估并确定产品、服务和运营给社会带来的质量安全、环保、节能、资源综合利用等方面的影响，预见和应对公众的隐忧，并针对相关风险确立满足法律法规要求和达到更高水平的关键过程和绩效指标，制定相应的对策和改进措施；在“4.4.2.5.1 员工权益”中，要求保证和不断改善员工的职业健康与安全条件，确保对工作场所的紧急状态和危险情况做好应急准备。而 GB/T 24001 和 GB/T 28001 正是应对这些要求的方法。

7.2 几种主要的卓越绩效模式

7.2.1 世界三大质量奖

继美国质量奖之后，为表彰在实施TQM方面取得优秀绩效的企业，欧洲于1992年设立了欧洲质量奖（EQA），后改名为EFQM（欧洲质量基金会）卓越奖。随后，为了适应经济全球化和国际贸易发展的需要，帮助企业提高竞争力，很多国家和地区都设立了国家质量奖。据统计，美国、中国大陆、加拿大、墨西哥、澳大利亚、俄罗斯、匈牙利、巴西、秘鲁、日本、印度、新加坡、英国、德国、意大利、以色列、南非，以及中国台湾和香港等遍及世界各大洲的80多个国家和地区设立了质量奖。比较著名的有：美国波多里奇国家质量奖（MBNQA）、EFQM卓越奖、日本戴明奖、新加坡质量奖（SQA）、瑞典质量奖（SWQA）、英国质量奖（UKQA）、拉吉夫·甘地国家质量奖（RGNQA）、加拿大杰出奖（CAE）、新西兰国家质量奖等。其中，最具影响力和代表性的当推美国波多里奇国家质量奖、EFQM卓越奖和日本戴明奖，它们被称为“世界三大质量奖”，三者中美国波多里奇国家质量奖的影响力最大。

1. 世界最早的质量奖——戴明奖

1951年，日本科学技术联盟提议并设立了戴明奖，以促进日本质量管理的发展。戴明奖的类别包括：针对个人的戴明本奖和针对企业的戴明实施奖，以及针对企业内某个业务部门的戴明事业部奖。戴明本奖授予在全面质量管理或应用统计质量方法研究方面成绩显著，或在相关知识普及方面做出突出贡献的个人；戴明实施奖授予实施全面质量管理并在该年度绩效有显著提高的企业；戴明事业部奖授予通过实施全面质量管理，在该年度取得与众不同的卓越改进效果的企业事业部门。自2012年开始设立戴明大奖，组织在获得戴明奖3年后可申请。2015年印度国家工程工业有限公司首获戴明大奖。

自1951年至今，有200多家组织获得戴明实施奖，日本的松下、丰田和美国的佛罗里达电力等都曾获得戴明实施奖。获得戴明奖的企业都积极按照质量奖的评价标准和要求，根据企业的特点、环境不断完善质量管理方法，其产品和服务质量均得到大幅提高。戴明奖评审委员会认为，持续改进不是轻易就能获得的，没有哪一个企业仅仅靠解决别人提出的问题就能获得卓越绩效。它们需要自己思考、创新和变革，制定自己的质量战略目标和经营战略目标，并为此而努力。在这样的企业中，戴明奖被作为一种持续改进、创新和变革的工具。戴明奖给日本企业的质量管理带来极大的影响。日本企业以申请戴明奖作为动力和桥梁，积极推动全面质量管理，经过几十年的努力逐渐形成了日本企业的竞争力，取得了令世人瞩目的经济奇迹。

戴明实施奖是跨国界、非竞争性的奖项，每一个申请被接受的公司都有可能获奖。每年都有数百家企业申请戴明奖，能够获奖的公司数目不受限制。由参评公司自己决定何时接受客观的评估，以评价公司的活动是否达到了戴明实施奖的水平。在接受正式评审之前，企业通常会提前聘请日本科学技术联盟的咨询人员为自己提供持续的指导。评审人员由日本科学技术联盟从一个小规模的学者群体和一些非营利组织的杰出专家中挑选，他们对于质量管理有着深刻且基本一致的理解。

戴明实施奖的评奖准则及其运营方式经历了大量的修订和改进。2014 戴明实施奖评审标准由基本事项、特色活动和领导职能及领导力的发挥三部分构成。评价的基本事项及其相互关系如图 7—2 所示，基本事项所包含的内容见表 7—2。

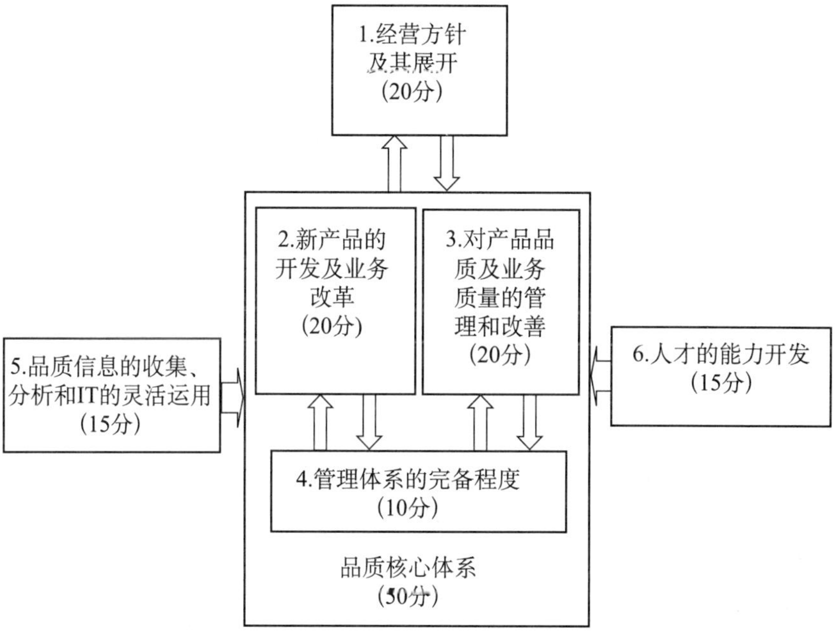

图 7—2 戴明实施奖评奖事项及其相互关系

表 7—2 基本事项评价项目和相应的分值

评价项目	分值
1. 与品质管理相关的经营方针及其展开	20 分
a. 在为适应行业种类、现状、规模和经营环境而制定的明确的经营方针的基础上，是否规划了积极的重视品质、服务客户的经营目标及战略。	10 分
b. 经营方针是否在组织内部有效展开，做到全组织团结一致地实施。	10 分
2. 新产品的开发和/或业务的改革	20 分
a. 是否积极地实行了新产品（制品、服务）的开发和/或业务的改革。	10 分
b. 新产品是否满足了顾客的需求；业务的改革是否对提高经营效率作出巨大贡献。	10 分
3. 对产品品质和业务品质的管理和改善	20 分
a. 日常管理：标准化和教育训练是否使日常业务基本不出现问题，各个部门的工作可以平稳进行。	10 分
b. 持续改进：品质及其他相关改进工作是否有计划、持续地进行，市场和/或后工序的抱怨及不良率是否正在减少；市场和/或后工序的抱怨及不良率是否保持在很低的水平上。顾客满意度是否正在提高。	10 分

续前表

评价项目	分值
4. 品质、产量、交货期、成本、安全、环境等方面的管理体系是否完备 上述管理体系中，受审企业所必要的管理体系是否建立完备、有效。	10分
5. 品质信息的收集、分析和IT（信息技术）的灵活运用情况 市场和组织内部的品质信息是否得到系统的收集，是否运用了统计的方法和信息技术，在产品开发、改进及业务品质管理、改进方面是否得到有效的运用。	15分
6. 人才的能力开发 是否有计划地培养人才和开发人员能力，是否对提高产品质量和改进业务品质管理起到积极作用。	15分

所谓特色活动，是指上述六种基本事项在企业发展的核心品质活动中，特别投入的、有独创性的并取得了成果的活动，每个组织至少有一项这样的活动。领导职能及领导力的发挥包括对TQM的理解和关注；领导力、远见、战略方针及应变等；组织力（核心技术、速度和活力）；人才培育；社会责任。根据高层领导对TQM推进所起到的作用，回顾其对上述特定项目的理解、热情、方针及其展开情况，综合基本事项和特色活动的结果及经营绩效作出评价。

2. 世界上影响力最大的质量奖——美国波多里奇国家质量奖

1987年，美国国会设立波多里奇国家质量奖，以表彰在质量管理和提高竞争力方面做出杰出成绩的美国组织。美国国会设立这一计划旨在：(1) 促进美国公司为荣誉而改进质量和生产率，同时增加利润、获得竞争优势；(2) 表彰那些改进其产品和服务质量并取得成就的公司，为其他公司提供榜样；(3) 建立指南和评奖标准，企业、行业、政府及其他组织可以用来评估各自的质量管理水平并改进活动；(4) 通过提供获奖组织是如何变革其文化并实现卓越绩效的详细信息，为其他希望实现高质量的组织提供具体指导。

这一奖项最初在制造业、服务业和小企业中每年评审一次，其中的每一类别最多有两个获奖者（后来改为最多有三个获奖者）。从1999年开始，为提高人民的生活质量，国家质量奖的授予对象扩展到教育业和医疗卫生业。2006年，为帮助政府的、公共的和私有的非营利组织（如各级政府机构、行业协会、慈善机构、专业学会、社会服务中介等）追求卓越，美国试行非营利组织的评审。2007年正式将其纳入评奖范围，工商业卓越绩效评价准则改为工商业及非营利组织准则。在美国，许多企业运用波多里奇质量奖准则驱动改进，很多军队以及大量的联邦机构、州和地方政府部门也用其评价它们的绩效。

马尔科姆·波多里奇国家质量奖由隶属于美国商务部技术署的国家标准和技术研究院（NIST）负责管理。该奖项的行政事务由美国质量学会（ASQ）承担，绝大部分工作由来自美国的公司、大学、政府部门、咨询机构和其他组织的数百名志愿者实施，包括对申请组织的资料评审、现场评审等。根据各方面的反馈，每年（2009年开始改为每两年）都要对评奖准则（包括评分系统和评分指南等）进行修订，在保持相对稳定的同时，导入经证实有效的前沿管理实践。这种持续的改进是马尔科姆·波多里奇国家质量奖保持活力并持续成功的秘诀之一。

NIST 对奉行卓越绩效模式的公司与一般公司在股票市场上的表现进行了比较，研究结果显示波多里奇奖获奖企业作为一个群体，其绩效表现超过标准普尔 500 指数企业的平均水平。1991—2000 年波多里奇奖获奖企业的投资回报率大约是标准普尔 500 指数企业平均水平的 2.9 倍，前者的投资回报率是 323%，而后者的投资回报率仅为 110%。

2015—2016 波多里奇卓越绩效评价准则包括以下 11 条核心价值观和理念：

（1）系统的视野；

（2）远见卓识的领导；

（3）顾客驱动的卓越；

（4）重视人员；

（5）组织学习和敏捷性；

（6）关注成功；

（7）促进创新的管理；

（8）基于事实的管理；

（9）社会责任；

（10）道德和透明；

（11）交付价值和结果。

这些核心价值观和理念体现在卓越绩效评价准则的 7 个类目的要求中。这 7 个类目的要求分为两种类型，前 6 个类目称为“过程”类的要求，合计 550 分；第 7 类目称为“结果”类的要求，450 分。2015—2016 波多里奇卓越绩效评价准则的框架模型如图 7—3 所示。

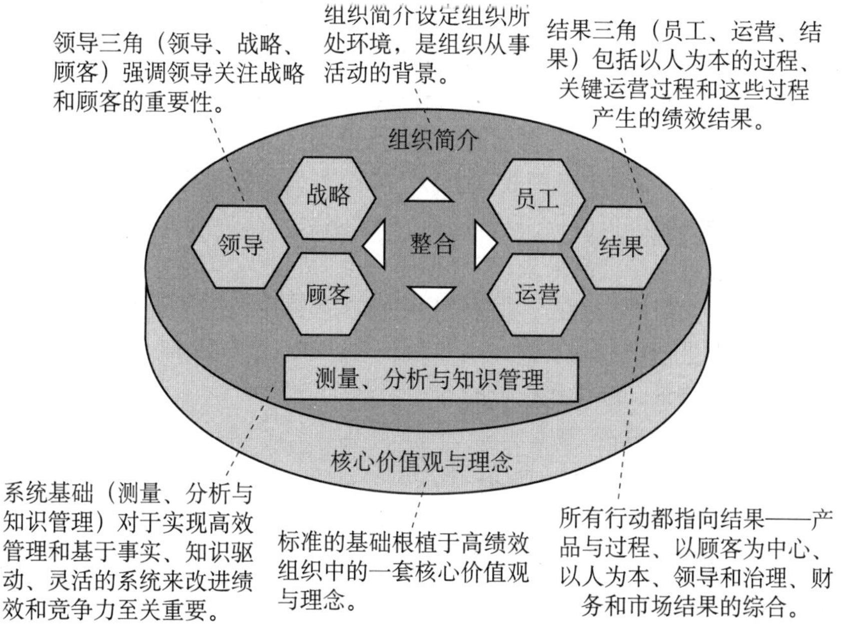

图 7—3　2015—2016 美国波多里奇卓越绩效评价准则的框架图

值得一提的是，自从美国国家质量奖创立以来，美国历届总统都很重视，亲自出席并发表热情洋溢的讲话，充分肯定美国国家质量奖对美国经济的促进作用，并大力倡导美国企业参与美国国家质量奖的评奖过程——因为评奖过程就是学习和提高的过程。在美国，每年获得波多里奇国家质量奖的组织只有几家，申报该奖的组织有几十家，但却有几十万家组织采用波多里奇质量奖标准进行自我评价，这一标准成为组织追求卓越的指导原则和参照系，成为传播最广泛、影响力最大的质量奖，世界上许多国家和地区的质量奖标准都引用或参考了这一标准。

3. EFQM 卓越奖

美国波多里奇国家质量奖和日本戴明奖在推动和改进制造业与服务业质量水平和绩效方面所取得的成效，使欧洲企业有所感悟。它们认为欧洲有必要开发一个能与之相媲美的欧洲质量改进框架。时任欧盟委员会（EC）主席的雅克·戴勒指出："为了企业的成功，为了企业竞争的成功，我们必须为质量而战。"1988年，欧洲 14 家大公司成立非营利组织欧洲质量基金会（EFQM），意在强调质量管理在所有活动中的重要性，把促成质量改进作为企业达成卓越的基础，从而提高欧洲企业的效率和效果。1991 年 10 月，在巴黎召开的欧洲质量基金会年度论坛上，欧盟委员会副主席马丁·本格曼先生正式提出设立欧洲质量奖。1992 年 10 月，在马德里召开的欧洲质量基金会年度论坛上，西班牙国王胡安·卡洛斯向获奖者颁发了首届欧洲质量奖。

设立 EFQM 卓越奖的目的与美国波多里奇国家质量奖以及日本戴明奖一样，都是为了推动质量改进运动，提高对质量改进重要性和质量管理技术方法的意识，对绩效卓越的企业给予认可，以提高欧洲企业在世界一体化市场上的竞争力。从 1992 年起，欧洲各国家和地区纷纷设立质量奖，其评审标准和过程基本上都遵循欧洲质量奖（后改名为 EFQM 卓越奖）的标准和过程。至 2000 年，绝大多数欧洲国家都设立了自己的质量奖。

2013 版 EFQM 卓越模式基于以下八个方面的基本理念：

（1）增加顾客价值；

（2）创建可持续的未来；

（3）开发组织能力；

（4）推进创造和创新；

（5）以愿景、激情和正直的方式领导；

（6）敏捷管理；

（7）以员工才能获得成功；

（8）可持续的杰出结果。

2013 版 EFQM 卓越模式如图 7—4 所示。这一模式从九个方面描述了组织走向卓越的过程，这九个方面分为"驱动因素"和"结果"两类准则，各占 500 分。"驱动因素"是实现"结果"的手段。"结果"反映了某一特定的经营业务或业务领域取得的成就。图中的箭头表示模型的动态特性。其中的"学习、创造和创新”有助于改进“驱动因素”，从而实现“结果”的改进。

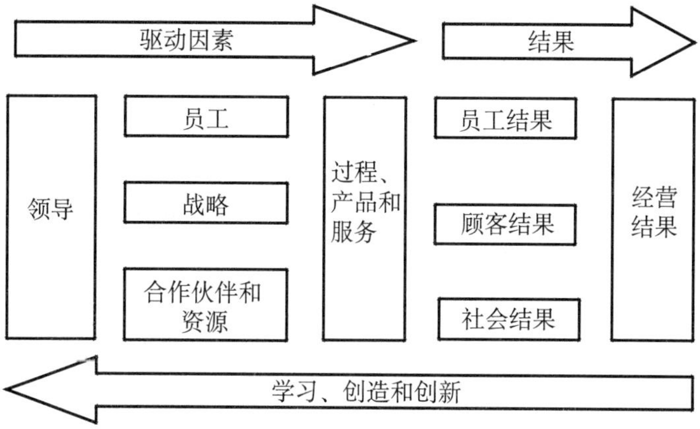

图 7—4　2013 版 EFQM 卓越模式

EFQM 卓越奖评审委员会由欧洲各业界领导（包括历年获奖者的代表）和欧盟委员会、欧洲质量基金会以及欧洲质量组织的代表组成。EFQM 卓越奖分为五个类别和三个等级，其中，五个类别为：大企业、公司的运营部门、公共事业部门、独立的中小企业、作为分支机构的中小企业。该奖项面向每一个绩效良好的欧洲组织，强调对组织卓越的认可，并向所有申请组织提供详细和独立的反馈，帮助它们实现持续改进。EFQM 卓越奖的三个等级为：

（1）入围奖。EFQM 卓越奖的入围奖意味着企业在持续改进其质量管理的基本原则方面达到较高的水准。每年同一类别中都会有几个组织获得入围奖。评审委员会参考评估小组的推荐确定获奖者，除了基于 EFQM 卓越模式的得分，还要考虑它们的网站点击率。

（2）EFQM 卓越奖。该奖授予在卓越模式的某一基本理念方面表现优秀的企业。获得 EFQM 卓越奖的企业是那些能够帮助别人学习与改进的企业，因此它们在各个方面都是优秀的。评估小组对每个企业的归属类别做了详细分析，以供评审委员会决定它们是否有资格赢得这个奖项。凡是 EFQM 的组织成员都可以在 EFQM 数据库中共享它们的优异表现。

（3）EFQM 卓越奖最高奖。获奖企业的质量方法和经营结果应是欧洲或世界的楷模。在五个类别中，每个类别最多只能有一个最高奖得主，而且只有出现达到条件的企业才能向其颁发这一奖项，否则空缺。获奖企业可以在信笺、名片、广告等上面使用 EFQM 卓越奖标识。

7.2.2　卓越绩效模式在中国的引入和推进

1. 质量奖评审

自 1978 年起，我国企业在政府的倡导和推动下引进和实施全面质量管理。为了鼓励企业开展全面质量管理，提高产品质量和管理水平，1982 年我国设立了国家质量管理奖。1991 年，这项奖励制度由于种种原因停止了。随着 1987 年

ISO 9000 系列国际标准发布并被我国转化为国家标准，在认证制度的推动下，我国企业开始按 ISO 9001 标准建立和运行质量管理体系，这在客观上起到了规范和建立一个满足顾客要求的质量管理体系的作用。随着认证的广泛开展和获证企业、复评企业的增多，“认证之后怎么办?”“如何进一步提高质量管理体系的有效性和效益?”等成为我国企业必须面对和思考的问题。

为了引导和帮助广大企业进一步完善质量管理体系、提高质量管理水平，在政府主管部门的指导和支持下，中国质量协会开始通过对卓越绩效模式的研究、探索和小范围的质量奖评审试点，推动企业学习、应用卓越绩效模式。1993 年，我国颁布了第一部有关质量的法律——《中华人民共和国产品质量法》。该法规定：对质量管理先进和产品质量达到国际先进水平、成绩显著的单位和个人，给予奖励。1996 年，国务院颁布的《质量振兴纲要》提出：“依照《中华人民共和国产品质量法》的有关规定，建立质量奖励制度。”根据以上规定和要求，在引进、学习和总结试点经验的基础上，中国质量协会于 2001 年正式启动了“全国质量管理奖”（2006 年更名为“全国质量奖”）计划，参照世界各国质量奖的评价标准和评审程序，制定全国质量奖的评审标准和工作流程，每年评审、表彰在质量经营方面表现卓著的申报企业。随后，全国绝大多数省、市、自治区以及一些行业陆续开展了地方、行业质量奖的评审和表彰。实践表明，质量奖的设立极大地促进了企业关注大质量、追求卓越的意识，提高了企业管理的整体水平和产品、服务质量，也为广大企业提供了标杆学习和相互借鉴的机会，受到各界广泛的欢迎。

2. GB/T 19580 和 GB/Z 19579 标准的发布和修订

质量奖虽然是一种有效的激励和引导手段，但每年的获奖企业数量很少。为引导更多的企业追求卓越，提高产品质量和经营质量，增强竞争优势，在全国质量奖评审实践的基础上，国家质检总局会同中国标准化研究院，组织中国质量协会及近年参与全国质量奖标准制定、评审的专家和获奖企业代表，于 2004 年 8 月 31 日发布了 GB/T 19580《卓越绩效评价准则》国家标准和 GB/Z 19579《卓越绩效评价准则实施指南》国家标准指导性技术文件。这两个标准于 2005 年 1 月 1 日开始实施。2012 年对该标准进行了第一次换版修订。

GB/T 19580《卓越绩效评价准则》参照国外质量奖的评价准则，结合我国质量管理的实际情况，从领导，战略，顾客与市场，资源，过程管理，测量、分析与改进以及结果等七个方面规定了组织卓越绩效的评价要求。标准适用于追求卓越的各类组织，其作用有两个方面：一是为组织追求卓越绩效提供自我评价的准则；二是用于质量奖的评审。

将《卓越绩效评价准则》作为国家标准发布，这在全世界是首创，充分显示了我国政府对通过推行卓越绩效模式提升企业竞争力的重视。这套标准的发布极大地促进了卓越绩效模式在我国的进一步推广，标志着我国质量管理工作进入一个与国际接轨和提升国际竞争力的新阶段，预示着中国质量管理经过 TQC 和 ISO 9000 标准这两个阶段后进入一个新的发展阶段。

国家质检总局在标准颁布后组织编写了《卓越绩效评价准则国家标准理解与

实施》教材，在全国分六大片区开展培训，并要求获中国名牌企业开展宣贯，将卓越绩效评价纳入中国的世界名牌评选，广大企业和社会各界积极关注、采用和学习。中国质量协会采用新颁布的国家标准作为全国质量奖评审标准，将“全国质量效益型企业”改为以《卓越绩效评价准则》为依据的“全国实施卓越绩效先进企业”，并陆续出版了《卓越绩效模式理解与实施指南》，美国工商业、医疗卫生业、教育业的《卓越绩效评价准则》《波多里奇国家质量奖案例研究》《追求卓越的旅程》和《卓越绩效评价准则实务》等系列图书，设计并开展了从标准宣贯、操作实务、宣贯教师、自评师到评审员、促进师的系列培训。越来越多的企业开始了卓越绩效模式宣贯和导入的旅程。越来越多的质量管理专家、企业家和质量工作者开始研究卓越绩效模式的理论和实践，发表了大量论文。越来越多的地方政府、行业依据《卓越绩效评价准则》国家标准设立了质量奖。工信部在质量标杆评选中树立了一批具有卓越绩效的企业标杆。这些举措有效促进了卓越绩效的理念、方法在我国企业中的应用。

第8章 卓越绩效评价准则的理念、框架和内容

卓越绩效模式是一种卓越经营的哲学和方法论，是一套将组织经营管理的“道”“术”“度”相融合的管理模式。卓越绩效模式之“道”，就是卓越绩效评价准则的理念；卓越绩效模式之“术”，就是评价准则7个类目的要求，卓越绩效模式之“度”，就是评价要素及评分指南。本章在上一章基础上，对卓越绩效评价准则的基本理念、框架和主要内容做全面系统的介绍。

8.1 卓越绩效评价准则的理念

基于学习先进、结合国情、融入条款的原则，GB/T 19580—2012《卓越绩效评价准则》在“引言”中提出了以下九项相互关联的基本理念，共同构成卓越绩效模式的哲学理念体系，贯穿于卓越绩效评价准则的各项要求之中，是大量优秀、卓越企业价值理念的结晶，是浓缩的卓越绩效评价准则，是全面质量管理最基本特征的体现。要推行卓越绩效模式，首先要理解这九项基本理念并付诸实践。

1. 远见卓识的领导

在ISO 9000七项质量管理原则中将“以顾客为关注焦点”列为第一项，是因为ISO 9000特别是ISO 9001重在顾客满意；卓越绩效模式将“远见卓识的领导”列为第一项，因为领导是企业兴衰成败的关键和追求卓越的首要动力。组织要卓越，领导不能是一般水平的，而应当具有远见卓识。

远见卓识意味着领导要以前瞻性的视野、敏锐的洞察力，确定组织的使命、愿景和价值观，平衡相关方的利益，建立组织追求卓越的战略、管理系统、方法和激励机制，营造诚信守法、改进创新、快速反应和学习的环境，带领全体员工实现组织的发展战略和目标。

远见卓识还意味着领导要确保质量安全，推进品牌建设，强化风险意识和继任策划，完善组织治理和履行社会责任，致力于绩效评审和改进，以推动持续经营，实现战略目标和愿景。

2. 战略导向

人无远虑，必有近忧。在复杂多变的竞争环境下，要有坚定的未来导向，以战略统领组织的管理活动，让关键的利益相关方对组织树立长期信心，使组织获得持续发展和成功。

要预测和分析影响组织发展的各种内外部因素，根据组织的使命和愿景，制定组织的发展战略和战略目标，并具体化为长短期战略实施计划、关键绩效指标和资源配置，沿着关键过程和管理层级层层展开，以保证战略目标的实现。

3. 顾客驱动

组织的产品和服务质量是由顾客来评判的。因此，必须以顾客为关注焦点，向顾客提供差异化、零缺陷的产品和服务，建立稳定、优质的顾客关系，为顾客解决问题和创造价值，不断增进顾客满意和忠诚，提高组织绩效。

顾客驱动是一个战略性的概念，意味着要在以顾客为关注焦点的基础上，倾听顾客的各种声音，包括顾客需求、期望、偏好、投诉、反馈、建议、满意和忠诚等，并进行综合分析和评价，驱动产品、服务与业务流程的改进和创新，追求卓越。

4. 社会责任

领导应率先垂范，履行社会责任（包括公共责任、道德行为和公益支持三个层次），为组织的决策和经营活动对社会的影响承担责任，促进社会的全面协调可持续发展。

- 公共责任包括质量安全、环保、节能、资源综合利用和公共卫生等，不仅要确保满足法律法规要求，还应持续改进、超越要求，做卓越的企业公民。
- 道德行为强调在组织内部、与相关方交往及组织治理中恪守诚信等道德规范。
- 取之于民、用之于民。在资源许可的条件下，组织应积极主动、有重点地参与公益事业，并影响其他机构共同支持。

5. 以人为本

员工是组织之本，组织的成功越来越取决于全体员工及合作伙伴不断增长的知识、技能、创造力和工作动机。一切管理活动应以激发和调动员工的主动性、积极性为中心，促进员工的发展，保障员工的权益，提高员工的满意度。

组织要让顾客满意，首先要让创造产品和提供服务的员工满意。以人为本意味着激发和调动员工的主动性、积极性，确保员工的权益、发展和满意，包括：为员工提供学习和知识共享的机会，帮助员工实现职业发展目标；营造一个鼓励员工参与和创新的环境，对员工绩效予以认可；改善工作环境，为员工提供工作和生活支持，保障员工的权益。

6. 合作共赢

组织要与顾客、关键的供方及其他相关方建立长期伙伴关系，着眼于共同的长远战略目标，通过坦诚的双向沟通和优势互补进行知识和资源共享，以利于组织进入新的市场领域，或者开发新的产品和服务，增强组织与合作伙伴各自的核心竞争力和战略优势，互相为对方创造价值，实现共同发展。

7. 重视过程与关注结果

组织的绩效源于过程。要实现期望的绩效结果，就要重视过程，进行有效的过程管理，识别、设计关键过程，实施和改进过程。

组织的绩效体现在结果上，因此要关注结果，包括产品和服务、顾客与市场、财务、资源、过程有效性以及领导和战略方面的结果，为顾客、股东、员工、供应商和社会等相关方创造平衡的价值，在避免冲突中实现和谐共赢。

结果是有因之果，是过程的结果。过程的成熟度如何要看结果，结果的成熟度如何要看是否经过过程的努力而取得。组织应当通过卓越的过程管理实现卓越的结果，并通过绩效数据的测量、分析和评审，驱动过程的改进和创新。

8. 学习、改进与创新

培育学习型组织和个人是组织追求卓越的基础，传承、改进和创新是组织持续发展的关键。

要应对环境的变化，实现卓越的绩效，必须致力于组织和个人的学习，并相互结合、相辅相成，在工作中学习，在学习中工作，学以致用，以提高组织的持续成功能力和员工的职业发展能力。培训和教育、知识共享、标杆对比、改进和创新项目等，所有可以提升能力和竞争优势的都是学习的方式。

组织应通过系统的知识管理，传承内外部的知识积淀，建立改进和创新的策划、实施、监测与评价激励机制，持续有效地开展改进和创新活动，使之成为学习的一部分。改进意味着对原有产品、过程的完善和突破，而创新则意味着颠覆性、有意义的变革，包括技术创新和管理创新。要营造创新文化促进员工勇于和乐于创新，还要掌握创新方法使员工善于创新，并预防创新风险。

9. 系统管理

将组织视为一个整体，采用科学有效的方法，以战略为主线、关键绩效指标为纽带，实现组织经营管理的统筹规划、协调一致，提高组织管理的有效性和效率。

卓越绩效评价准则几个方面的要求和基本理念构成一个系统的框架和整合机制，强调了组织的整体性、一致性和协调性，使各部门、各过程和各要素之间上下同欲、协调一致、融合互补，各关键利益相关方综合满意、协同共生、和谐共赢。

8.2 卓越绩效评价准则的框架、结构和分值分配

8.2.1 卓越绩效评价准则的框架

在 GB/Z 19579—2012《卓越绩效评价准则实施指南》的附录 A“卓越绩效评价准则框架图与评分条款分值表”（资料性附录）中，借鉴、融合了美国卓越绩效评价准则和 EFQM 卓越模式框架图的优点，提出了我国卓越绩效评价准则的框架图（见图 8—1）。该框架图形象清楚地反映了组织概述、卓越绩效评价准则中 4.1 至 4.7 七个类目条款评价要求之间的关系。

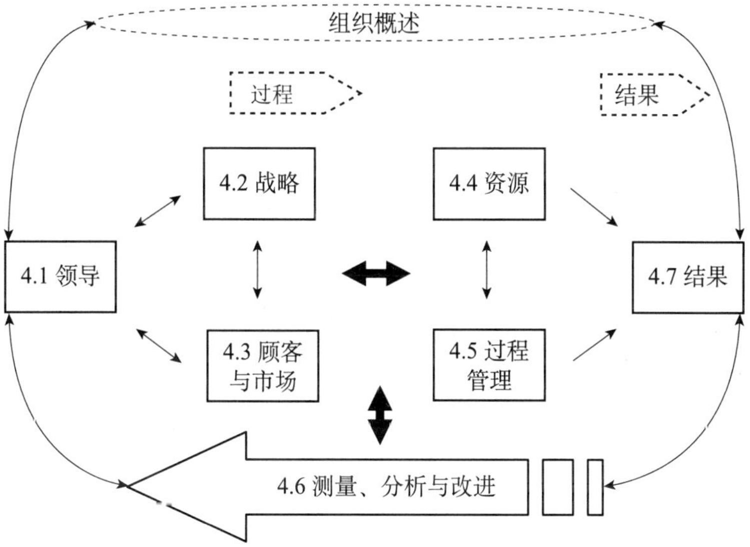

图 8—1 卓越绩效评价准则框架图

(1)“组织概述”包括组织的环境、关系和挑战，显示了组织运营的关键因素和背景状况，旨在强调卓越绩效评价准则的实施应结合组织实际。

(2)“过程”“结果”与“测量、分析与改进”三个箭头框图构成一个外循环，意味着通过卓越的“过程”追求卓越的“结果”，通过对“结果”进行知己知彼的测量、分析和评价，驱动过程的改进和创新，从而不断赶超竞争对手和标杆，获得世界级绩效。

(3)“领导”“战略”“顾客与市场”构成领导作用三角，它是驱动性的，并强调领导对战略和顾客与市场的关注，决定和掌控着组织前进的方向。“资源”“过程管理”“结果”构成资源、过程和结果三角，它是从动性的，显示在领导作用三角的驱动下，利用为战略配置的资源，通过高效的过程管理取得卓越的结果。“测量、分析与改进”是组织运作的基础和大数据的中枢神经系统，也是连接两个三角的链条，驱动组织的改进和创新。

(4) 中间的双向粗箭头表示“领导”密切关注着“结果”，并通过对结果的绩效评审来驱动改进。下方的双向粗箭头的含义是：凡是对组织持续成功重要

的、对关键相关方重要的都要测量，凡是测量获得的数据，都要通过绩效分析挖掘和呈现其内在规律，以便通过绩效评价驱动改进和创新。每个三角中的小箭头表示各类目的相互作用。

8.2.2 卓越绩效评价准则的结构和分值分配

准则 4.1～4.7 的条款根据评价要素的不同分为两种类型条款。(1)“过程”类型：4.1 领导、4.2 战略、4.3 顾客与市场、4.4 资源、4.5 过程管理、4.6 测量、分析与改进。其条款评价要素为方法—展开—学习—整合。(2)“结果”类型：4.7 结果。其条款评价要素为水平—趋势—对比—整合。

每个评分条款根据方法应用的程度分为三种要求：基本要求—总体要求—详细要求，如图 8—2 所示。

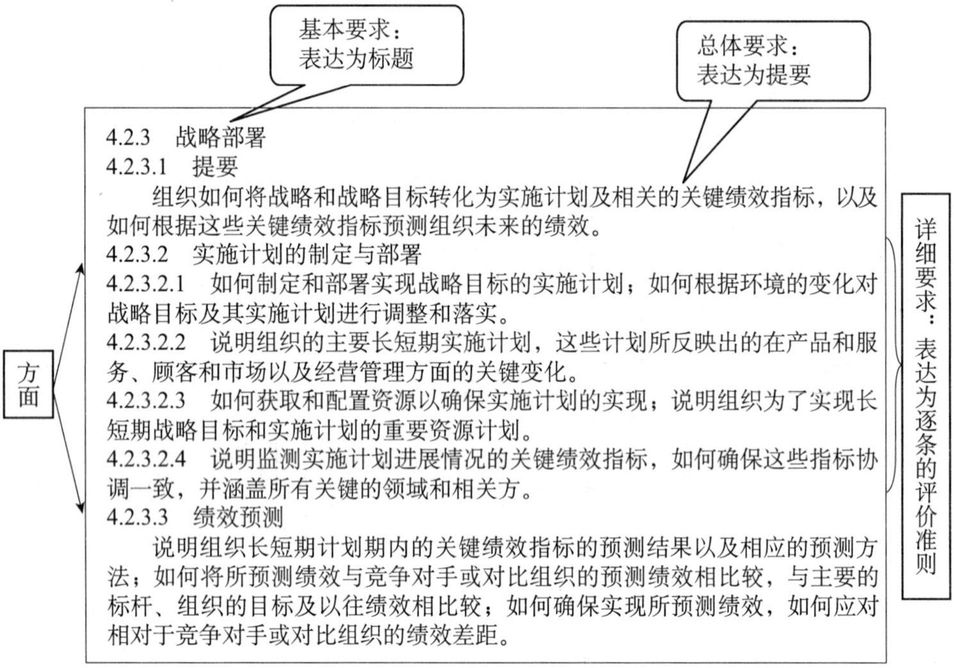

图 8—2 评分条款的要求类别

条款名称	类目分值	条款分值
4.1 领导	110	
4.1.2 高层领导的作用		50
4.1.3 组织治理		30
4.1.4 社会责任		30
4.2 战略	90	
4.2.2 战略制定		40
4.2.3 战略部署		50
4.3 顾客与市场	90	
4.3.2 顾客和市场的了解		40

4.3.3 顾客关系与顾客满意 …… 50
4.4 资源 …… 130
4.4.2 人力资源 …… 60
4.4.3 财务资源 …… 15
4.4.4 信息和知识资源 …… 20
4.4.5 技术资源 …… 15
4.4.6 基础设施 …… 10
4.4.7 相关方关系 …… 10
4.5 过程管理 …… 100
4.5.2 过程的识别与设计 …… 50
4.5.3 过程的实施与改进 …… 50
4.6 测量、分析与改进 …… 80
4.6.2 测量、分析和评价 …… 40
4.6.3 改进与创新 …… 40
4.7 结果 …… 400
4.7.2 产品和服务结果 …… 80
4.7.3 顾客与市场结果 …… 80
4.7.4 财务结果 …… 80
4.7.5 资源结果 …… 60
4.7.6 过程有效性结果 …… 50
4.7.7 领导方面的结果 …… 50

8.3 卓越绩效评价准则的内容

8.3.1 术语和定义

1. 卓越绩效（performance excellence）

通过综合的组织绩效管理方法，为顾客、员工和其他相关方不断创造价值，提高组织整体的绩效和能力，促进组织获得持续发展和成功。

2. 使命（mission）

组织存在的价值，是组织所应承担并努力实现的责任。

3. 愿景（vision）

组织对未来的展望，是组织实现整体发展方向和目的的理想状态。

4. 价值观（values）

组织所崇尚文化的核心，是组织行为的基本原则。

5. 治理（governance）

在组织的监管中实行的管理和控制系统。包括批准战略方向、监视和评价高层领导绩效、财务审计、风险管理、信息披露等活动。

6. 标杆（benchmarks）

针对相似的活动，其过程和结果代表组织所在行业的内部或外部最佳的经营实践和绩效。

7. 关键过程（key processes）

为组织、顾客和其他相关方创造重要价值或做出重要贡献的过程。

8.3.2 卓越绩效评价准则条款的含义

以下对GB/T 19580—2012《卓越绩效评价准则》的主要条款进行摘录和解析。

4.1 领导

4.1.1 总则

本条款用于评价组织高层领导的作用、组织治理及组织履行社会责任的情况。

“领导”类目是整个标准的核心和灵魂，对组织建立应对未来的战略优势，取得长期成功起着关键的“导航”作用，与九项基本理念中的“远见卓识的领导”“社会责任”以及“学习、改进与创新”密切相关。其中，高层领导的引领和推动是组织持续成功的关键，组织治理是组织持续成功的保障，而履行社会责任则是组织持续成功的必备条件。

4.1.2 高层领导的作用

组织应从以下方面说明高层领导的作用：

a）如何确定组织的使命、愿景和价值观，如何将其贯彻到全体员工，并影响到组织的供方、合作伙伴、顾客及其他相关方，如何在落实组织的价值观方面起表率作用。

b）如何与全体员工及其他相关方进行沟通，如何鼓励整个组织实现坦诚、双向的沟通，如何通过对全体员工实现卓越绩效的活动进行激励以强化组织的方向和重点。

c）如何营造诚信守法的环境，如何营造有利于改进、创新和快速反应的环境，如何营造促进组织学习和员工学习的环境。

d）如何履行确保组织所提供产品和服务质量安全的职责。

e）如何推进品牌建设，不断提高产品质量和服务水平。

f）如何强化风险意识，推动组织的持续经营，如何积极培养组织未来的领导者。

g）如何促进组织采取行动以改进组织绩效、实现战略目标，并达成愿景；如何定期评价组织的关键绩效指标，以及如何根据绩效评价结果采取相应行动。

本条款用以评价高层领导作用的以下要点：

（1）确定方向：确定和贯彻组织的使命、愿景和价值观，打造组织文化的核心，并为战略和战略目标的制定设定前提。

（2）双向沟通：旨在使全体员工及其他相关方对组织的发展方向和重点有清晰、一致的理解，认同并付诸行动，在组织内部实现上下同心，在组织外部促进协同发展。

（3）营造环境：营造具有诚信守法、改进与创新、快速反应、组织学习和员工学习等特点的组织文化环境。

（4）质量安全：履行产品和服务质量安全职责，引导组织承担质量安全主体责任。

（5）品牌建设：在确保质量安全的基础上提升质量水平，在质量优异的基础上致力于品牌建设，通过品牌诊断确定品牌愿景和战略，进行品牌定位、塑造、推广和测评。

（6）持续经营：增强风险意识，开展全面风险管理，并培育未来的各层次领导者，追求基业长青。

（7）绩效管理：通过评价组织的关键绩效指标，推动改进和创新，实现战略目标和愿景。

4.1.3 组织治理

如何考虑组织治理的关键因素以及如何对高层领导和治理机构成员的绩效进行评价：

a）组织治理如何考虑以下关键因素：

——管理层所采取行动的责任；

——财务方面的责任；

——经营管理的透明性以及信息披露的政策；

——内外部审计的独立性；

——股东及其他相关方利益的保护。

b）如何评价高层领导的绩效，如何评价治理机构成员的绩效，高层领导和治理机构如何运用这些绩效评价结果改进个人、领导体系和治理机构的有效性。

（1）组织治理意味着权力机构（股东大会或股东会）、监督机构（监事会）、决策机构（董事会）和执行机构（经营管理高层）相互独立、相互制衡，是确保企业科学、规范地运营和发展的根基。

组织的高层领导及董事会和监事会成员，都应当受到组织治理机制的约束和控制，应当切实履行其管理责任、财务责任，确保管理透明性和内外部审计独立性，保护全体股东及其他相关方的权益，不断完善组织的治理。

（2）对高层领导及董事会和监事会成员的绩效评价，是组织治理的激励和约束机制。应当主动运用组织绩效评审结果，系统地采取措施改进自身领导力以及领导体系的有效性。

4.1.4 社会责任

4.1.4.1 提要

组织如何履行社会责任，包括在公共责任、道德行为和公益支持等方面的做法。

组织在致力于自身发展的同时，还要积极主动地履行社会责任，以更具社会责任感的组织行为增强其竞争优势，致力于成为卓越的企业公民。在“4.2 战略”和“4.5 过程管理”中，应考虑那些对组织持续成功至关重要的社会责任。本评分条款是九项基本理念中的“社会责任”的具体化，表达了组织在必须履行的公共责任、应当履行的道德规范以及自愿履行的公益支持三个方面的总体要求。

4.1.4.2 公共责任

4.1.4.2.1 明确组织的产品、服务和运营对质量安全、环保、节能、资源综合利用、公共卫生等方面产生的影响所采取的措施。

4.1.4.2.2 如何预见和应对公众对组织的产品、服务和运营所产生的负面社会影响的隐忧。

4.1.4.2.3 说明为满足法律法规要求和达到更高水平而采用的关键过程及绩效指标，以及在应对产品、服务和运营的相关风险方面的关键过程及绩效指标。

公共责任是指组织对公众和社会所必须承担的最基本责任，特别是对人类可持续发展的基本责任。组织输出的产品、服务能够为顾客创造价值，但也可能带来负面影响，例如，由于产品安全问题给顾客及公众带来人身财产方面的威胁，在使用过程中和废弃后产生的环境影响和资源的异常损耗；组织的内部运营过程能够提供产品和服务，但也会带来负面的环境影响和资源的不良损耗，产生可能威胁公共卫生和公共安全的风险。

(1) 应当建立相关的管理过程，识别和评估在质量安全、环保、节能、资源综合利用和公共卫生等方面的影响和风险，并明确法律法规要求，建立测量指标，制定相应的对策和改进措施，在满足法律法规要求的基础上持续改进，追求卓越的社会绩效。

(2) 应当对公众关注的问题保持敏感，无论这些问题是否在法律法规要求之内，做到未雨绸缪。主动预见公众的隐忧，特别是当组织产品、服务和运营的变化（如厂房扩建）可能导致新的影响和风险时，应主动并预先做出应对准备（如环保、健康安全设施的同时设计、同时施工、同时交付使用）。

4.1.4.3 道德行为

4.1.4.3.1 如何确保组织遵守诚信准则，以及如何建立组织的信用体系。

4.1.4.3.2 如何确保组织行为符合道德规范，说明用于促进和监测组织内部，与顾客、供方和合作伙伴之间及组织治理中的行为符合道德规范的关键过程及绩效指标。

道德行为是指组织在决策、行动以及与利益相关方的交往活动中，遵守道德准则和职业操守的表现。从高层领导到一般员工都应遵守道德规范，并影响组织的利益相关方。

（1）诚信是组织道德行为中的最基本准则。高层领导应率先垂范，在整个组织中倡导、践行诚信。

（2）组织应基于其使命、愿景和价值观，制定清晰明了的道德规范并定期沟通和强化；应建立用于促进和监测组织内部，与顾客、供方和合作伙伴之间及组织治理中的行为符合道德规范的关键过程及绩效指标。绩效指标包括：遵守道德规范的调查指标、诚信等级、违背道德规范的事件数等。

4.1.4.4 公益支持

如何积极地支持公益事业，并说明重点支持的公益领域；高层领导及员工如何积极参与并为此做出贡献。

公益支持是组织超出法规和道德承诺之外的社会责任，是组织在资源条件许可的条件下，提升在社会责任方面的成熟度，成为卓越企业公民的表现机会和途径。

公益领域的范围很广，可包括文化、教育、卫生、慈善、社区、行业发展和环境保护等。组织应依据其使命、愿景、价值观和战略，策划、确定重点支持的公益领域，主动积极地开展公益活动，赢得公众口碑，提升社会形象。

在公益支持活动中，高层领导要起模范作用，引导和带领广大员工做出自己的贡献。

4.2 战略

4.2.1 总则

本条款用于评价组织的战略及其目标的制定、部署及进展情况。

“战略”类目是整个标准的主线，着眼于组织未来发展的全局性战略分析、选择和部署，与九项基本理念中的“战略导向”密切相关。

组织要通过战略制定，确立战略和战略目标；通过战略部署，使战略和战略目标具体化，转化为实施计划和关键绩效指标，并配置资源予以实施。

4.2.2 战略制定

4.2.2.1 提要

组织如何制定战略和战略目标。

战略制定是组织对其未来发展的谋划、决策过程。组织应基于使命、愿景和价值观，以顾客和市场为导向，收集内外部环境的数据、信息，运用预测、估计、选择和设想及其他方法分析和预见未来，确立战略和战略目标，获得持续发展和成功。

如果把组织比作航船，使命和愿景为航船确定了总的“航向”和未来光辉的彼岸，那么，战略制定就好比策划、绘制“航行图”，对“暗礁”“风浪”的避让以及对气候环境突变的应付等都要预先充分考虑。

本条款包括两个要点：战略制定过程要求说明如何制定战略；战略和战略目标则要求说明所制定的战略和战略目标。

4.2.2.2 战略制定过程

4.2.2.2.1 组织应描述其战略制定过程、主要步骤及主要参与者，如何确定长短期计划的时间区间，以及战略制定过程如何与长短期计划时间区间相对应。

4.2.2.2.2 如何确保制定战略时考虑下列关键因素，如何就这些因素收集和分析有关的数据和信息：

——顾客和市场的需求、期望以及机会；

——竞争环境及竞争能力；

——影响产品、服务及运营方式的重要创新或变化；

——资源方面的优势和劣势，资源重新配置到优先考虑的产品、服务或领域的机会；

——经济、社会、道德、法律法规以及其他方面的潜在风险；

——国内外经济形势的变化；

——组织特有的影响经营的因素，包括品牌、合作伙伴和供应链方面的需要及组织的优势和劣势等；

——可持续发展的要求和相关因素；

——战略的执行能力。

(1) 组织在确定其战略制定过程时，应考虑：

1) 明确战略制定的主要步骤和工作计划，包括各步骤的职责分工、时间安排等。

2) 由高层领导主持，相关部门及员工参与，必要时可委托专业机构协助制定战略；可成立负责战略管理的委员会、跨职能小组以及指定归口协调部门。

3) 根据行业及产品特点，规定长短期计划的时间区间，并制定工作计划，使之与战略制定过程相协调。

（2）组织在制定战略时，应考虑：

1）GB/T 19580 标准列出的关键因素，并收集相关数据和信息。

2）采用科学的方法进行数据和信息的分析，例如 PEST（政治、经济、社会文化、技术）分析、五力模型分析、SWOT（优势、劣势、机会和威胁）分析以及 KSF（关键成功因素）分析、CBI（主要障碍性因素）分析等。

4.2.2.3 战略和战略目标

4.2.2.3.1 说明战略和战略目标，以及战略目标对应的时间表和关键的量化指标。

4.2.2.3.2 战略和战略目标如何应对战略挑战和发挥战略优势，如何反映产品、服务、经营等方面的创新机会，如何均衡地考虑长短期的挑战和机遇以及所有相关方的需要。

（1）在组织的战略和战略目标中：

1）战略和战略目标应与使命、愿景和价值观相一致。

2）战略可围绕以下一项、多项或全部而建立：新产品、服务和市场；通过收购、受让等各种途径获得收入增长；资产剥离；新的合作伙伴关系和联盟；新的员工关系；满足社会或公共需求。

3）应考虑潜在市场、竞争对手、核心竞争力等方面可能发生的变化，在战略中准备相应的预案。

4）战略目标是组织增强竞争力，获得或保持长期竞争优势而期望达到的绩效水平。组织应确定实现战略目标的时间表及逐年的、量化的关键指标值。

（2）组织应通过系统、周密的内外部环境分析和战略决策，使战略和战略目标能够满足以下要求：

1）应对战略挑战和发挥战略优势，反映产品、服务、运营和商业模式方面的创新机会。其中，战略挑战是组织为持续获得成功而面对的压力，包括外部的和内部的；战略优势是对组织未来成功产生决定性影响的有利因素，通常源自组织的核心竞争力和战略伙伴关系，而核心竞争力指组织最擅长、独特且难以模仿的能力。

2）均衡地考虑长短期的挑战和机遇，以及所有相关方的需要，如股东的投资收益、顾客的满意与成功、员工的发展与满意、供方的共同成长以及社会责任要求等。

4.2.3 战略部署

4.2.3.1 提要

组织如何将战略和战略目标转化为实施计划及相关的关键绩效指标，以及如何根据这些关键绩效指标预测组织未来的绩效。

如果把组织比作航船，在策划、绘制了“航行图”之后，接下来就要进行“航行部署”，制定具体的航行计划，对航行过程实施操纵，对航船是否能够按时顺利地到达光辉的彼岸，组织能否实现其绩效期望、成功地完成战略目标进行测评和控制。

组织可通过目标管理、平衡计分卡等方法，将战略和战略目标转化为实施计划及相关的关键绩效指标，予以资源配置，并层层贯彻实施，同时应用这些关键绩效指标监测实施计划的进展情况，预测组织未来的绩效，以保持竞争优势。

本条款包括两个要点：制定与部署实施计划，使组织的战略和战略目标得以实施；对组织的关键绩效指标进行预测、对比，以便制定、跟踪、验证目标和计划。

4.2.3.2　实施计划的制定与部署

4.2.3.2.1　如何制定和部署实现战略目标的实施计划；如何根据环境的变化对战略目标及其实施计划进行调整和落实。

4.2.3.2.2　说明组织的主要长短期实施计划，这些计划所反映出的在产品和服务、顾客和市场以及经营管理方面的关键变化。

4.2.3.2.3　如何获取和配置资源以确保实施计划的实现；说明组织为了实现长短期战略目标和实施计划的重要资源计划。

4.2.3.2.4　说明监测实施计划进展情况的关键绩效指标，如何确保这些指标协调一致，并涵盖所有关键的领域和相关方。

组织应制定实施计划，通过配置资源予以部署，并建立关键绩效指标系统以监测其进展。

(1) 基于总体战略和相关业务战略，制定和部署各职能领域的战略实施计划，确定关键绩效指标，采用诸如目标管理或平衡计分卡等方法层层分解、细化，以实现战略目标。组织应适时分析、评估实际与计划的偏离，并考虑内外部环境的变化，对战略、战略目标及其实施计划进行调整并予以落实。

(2) 主要长、短期实施计划应包括市场营销、技术、生产运营和质量等方面的计划，反映产品和服务、顾客和市场以及经营管理方面的关键变化。

(3) 通过制定包括人力、财务、信息和知识、技术、基础设施和相关方关系等资源方面的长短期计划，获取和配置资源，确保整体实施计划的实现。

(4) 关键绩效指标系统应协调一致，并对组织的协调一致性起强化作用。应确保该指标系统涵盖了所有关键的战略部署领域和相关方，如准时交付率指标应涵盖与其相关的产品、部门及供方。

4.2.3.3 绩效预测

说明组织长、短期计划期内的关键绩效指标的预测结果以及相应的预测方法；如何将所预测绩效与竞争对手或对比组织的预测绩效相比较，与主要的标杆、组织的目标及以往绩效相比较；如何确保实现所预测绩效，如何应对相对于竞争对手或对比组织的绩效差距。

绩效预测指对未来的绩效或目标实现结果的估计，是一种关键的管理诊断和战略策划工具。包括定量和定性的预测方法，如时间序列分析、回归分析、德尔菲法等。

组织应根据4.2.3.2所确定的关键绩效指标，基于所收集的相关数据和信息，运用适宜的科学方法和工具，对长短期计划期内的绩效进行预测，并将所预测绩效与竞争对手或对比组织的预测绩效相比较，与主要的标杆、组织的目标及以往绩效相比较，以制定和验证自己的目标和计划。

绩效的预测和对比能够帮助组织提高绩效预测能力，以便更准确地描绘未来组织、主要竞争对手、标杆的绩效趋势，制定在竞争中领先的目标指标以及对策；更全面地评估其相对于竞争对手、标杆和自身目标的改进和变革的速率，以应对绩效差距，进行绩效改进和战略调控，确保实现所预测的绩效。

4.3 顾客与市场

4.3.1 总则

本条款用于评价组织确定顾客和市场的需求、期望和偏好以及建立顾客关系、确定影响顾客满意程度关键因素的方法。

"顾客与市场"类目是卓越绩效模式的第三个类目，是九项基本理念中"顾客驱动"和"合作共赢"的具体化，旨在增强组织在顾客与市场方面的持续经营能力，提升品牌价值，推动组织追求卓越。

组织应在识别、确定顾客的需求、期望和偏好的基础上，建立顾客关系，增强顾客满意和忠诚，提高市场占有率。

4.3.2 顾客和市场的了解

4.3.2.1 提要

组织如何确定顾客和市场的需求、期望和偏好以及如何拓展新的市场。

顾客和市场的了解是顾客关系管理以及战略策划的先决条件。只有采用系统的方法对当前及未来的顾客和市场的需求、期望和偏好进行全面动态的了解，才能持续地提供满足顾客需要的产品和服务，调整营销策略，建立和完善顾客关系，拓展新的市场。

本条款包括两个要点：细分顾客和市场；了解各顾客群和细分市场的需求、期望和偏好。

4.3.2.2 顾客和市场的细分

4.3.2.2.1 如何识别顾客、顾客群和细分市场，如何确定当前及未来的产品和服务所针对的顾客、顾客群和细分市场。

4.3.2.2.2 在顾客和市场的细分过程中，如何考虑竞争对手的顾客及其他潜在的顾客和市场。

组织应识别、确定其目标顾客群和细分市场，同时将潜在顾客和市场考虑在内。

(1) 根据自身的战略优势，确定当前及未来的产品和服务所针对的目标顾客群和细分市场，进行市场定位。细分的视角包括市场区域、销售渠道、顾客行业、质量与价格等。应根据组织的实际，考虑细分后顾客偏好的显著性，从关键的视角进行细分。

(2) 组织在了解现有顾客和市场的同时，应根据其战略发展方向，关注包括竞争对手的顾客在内的潜在顾客和市场，收集竞争和市场情报，拓展新的市场。

4.3.2.3 顾客需求和期望的了解

4.3.2.3.1 如何了解关键顾客的需求、期望和偏好及其对于顾客的购买或建立长期关系的相对重要性，如何针对不同的顾客、顾客群和细分市场采取不同的了解方法。

4.3.2.3.2 如何将当前和以往顾客的相关信息用于产品和服务的设计、生产、改进、创新以及市场开发和营销过程。如何使用这些信息来强化顾客导向、满足顾客需要以及识别创新的机会。

4.3.2.3.3 如何使了解顾客需求和期望的方法适应发展方向、业务需要及市场的变化。

组织应建立了解顾客和市场的方法，识别和确定顾客的需求、期望和偏好，运用所收集的信息和反馈，并与时俱进，适应发展方向、业务需要及市场的变化。

(1) 通过问卷调查、顾客访谈和反馈等不同的方法，了解不同顾客群的需求、期望和偏好及其相对重要性或优先次序，重点考虑那些影响顾客偏好和重复购买的产品和服务的差异化特征，如质量特性、可靠性、性价比、交付周期或准时交付、顾客服务或技术支持等。

(2) 收集当前和以往顾客的相关信息和反馈，包括市场推广和销售信息、顾客满意和忠诚的数据、顾客赢得和流失的分析以及顾客投诉等。建立顾客档案或知识库，用于产品和服务的设计、生产、改进、创新以及市场开发和营销过程，强化顾客导向，满足顾客需要并识别创新的机会。

（3）定期评价了解顾客需求和期望的方法，并对这些方法的适用性、有效性进行分析和改进，使之与组织的发展方向和业务需要保持同步，并适应市场的变化。

4.3.3 顾客关系与顾客满意

4.3.3.1 提要

组织如何建立、维护和加强顾客关系，如何确定赢得和保持顾客并使顾客满意、忠诚的关键因素的方法。

组织应基于对顾客和市场的了解，建立、维护和加强顾客关系，测量顾客满意和忠诚，推动产品、服务和管理的改进，以留住现有顾客、获得新的顾客并开发新的商机。

本条款包括两个要点：建立顾客关系；测量顾客满意和忠诚。

4.3.3.2 顾客关系的建立

4.3.3.2.1 如何建立顾客关系以赢得顾客，满足并超越其期望，提高其忠诚度，获得良好口碑。

4.3.3.2.2 如何建立与顾客接触的主要渠道，这些渠道如何方便顾客查询信息、进行交易和提出投诉；如何确定每种渠道主要的顾客接触要求，并将这些要求落实到有关的人员和过程。

4.3.3.2.3 如何处理顾客投诉，确保投诉得到有效、快速的解决。如何最大限度地减少顾客不满和业务流失。如何积累和分析投诉信息以用于组织及合作伙伴的改进。

4.3.3.2.4 如何使建立顾客关系的方法适合组织发展方向及业务需要。

组织应建立顾客关系，明确与顾客接触的主要渠道，有效、快速地处理顾客投诉，并与时俱进，适应发展方向和业务需要。

（1）针对不同顾客群建立差异化的顾客关系，包括与关键顾客建立合作伙伴或战略联盟关系以赢得顾客，提高其满意度和忠诚度，增加重复购买的频次并获得积极的推荐。

（2）建立与顾客接触的主要渠道，如网站、展销会、登门拜访等，以便于顾客查询信息、进行交易和提出投诉。确定每种渠道主要的顾客接触要求，形成并落实顾客服务的标准。

（3）确立顾客投诉处理过程以及相关职责，建立快速反应机制，授权与顾客接触的一线员工把问题处理好，确保投诉得到有效快速的解决，恢复顾客因不满意而对组织失去的信心。积累和分析投诉信息，确定共性问题、根本原因及改进的重点，用于整个组织及合作伙伴的改进。

（4）定期评价、不断改进管理顾客关系的方法，使之支持战略方向和市场拓展。

4.3.3.3 顾客满意的测量

4.3.3.3.1 如何测量顾客满意和忠诚，所用方法如何因顾客群不同而异，如何确保测量能够获得有效的信息并用于改进，以超越顾客期望、获得良好口碑并赢得市场。

4.3.3.3.2 如何对顾客进行产品和服务质量的跟踪，以获得及时、有效的反馈信息并将其用于改进与创新活动。

4.3.3.3.3 如何获取和应用可供比较的竞争对手和标杆的顾客满意信息。

4.3.3.3.4 如何使测量顾客满意和忠诚的方法适应发展方向及业务需要。

组织应测量顾客满意和忠诚，跟踪产品、服务和交易质量，并与竞争对手和标杆对比，以推动改进；同时，使这些方法要与时俱进，以适应组织的发展方向和业务需要。

(1) 考虑针对不同顾客群，如经销商和终端顾客，采取不同的顾客满意和忠诚度测量方法，获得有效的信息用于改进。顾客满意的测量通常包括评价项目和数字化的等级量表，评价项目应涵盖顾客的关键需求，诸如质量特性、价格、可靠性、交付期、顾客服务或技术支持等。顾客忠诚通常表现为诸如留住顾客、重复购买及获得积极推荐等方面的绩效。

(2) 通过对顾客的跟踪、回访或市场调查等途径，跟踪产品和服务质量，快速识别和解决问题，推动改进和创新。

(3) 通过组织自己的调查或独立的第三方机构，获取可与竞争对手和标杆相比较的顾客满意信息，以识别所存在的威胁和机会，针对自身薄弱环节进行改进。

(4) 定期评价、不断改进测量顾客满意度和忠诚度的方法，聚焦战略和业务重点，不断提升品牌价值。

4.4 资源

4.4.1 总则

本条款用于评价组织的人力、财务、信息和知识、技术、基础设施和相关方关系等资源管理的情况。

“资源”类目是卓越绩效模式的第四个类目，与九项基本理念中的“以人为本”“合作共赢”密切相关。上承战略，为战略部署配置资源；下接过程，为过程实施提供资源。

为确保战略目标的实现、过程的有效和高效实施，组织应提供必需的人力、财务、信息和知识、技术、基础设施、相关方关系等资源。

4.4.2 人力资源

4.4.2.1 提要

组织如何建立以人为本的人力资源管理体系，促进员工的学习和发展，提高员工的满意程度。

组织应根据其使命、愿景、价值观和战略，建立以人为本的人力资源管理体系，并根据各职能的长短期实施计划，制定和实施长短期的人力资源计划，包括人力资源配置以及管理提升计划。

本条款包括四个要点：工作的组织与管理、员工绩效管理、员工的学习和发展、员工权益与满意程度，体现了人力资源管理的“选、用、育、留”。

4.4.2.2 工作的组织和管理

4.4.2.2.1 如何对工作和职位进行组织、管理，以应对战略挑战、满足实施计划，对业务变化作出快速灵活反应，促进组织内部的合作，调动员工的积极性、主动性，促进组织的授权、创新，以提高组织的执行力。

4.4.2.2.2 如何确定员工的类型和数量的需求，如何识别所需员工的特点和技能，如何提高现有员工的能力，如何招聘、任用和留住员工。

4.4.2.2.3 如何听取和采纳员工、顾客和其他相关方的各种意见和建议，如何在不同的部门、职位和地区之间实现有效的沟通和技能共享。

组织应当应对战略挑战，根据战略发展和业务变化的需要，对工作和职位进行组织、管理，确定人力资源需求并予以配置，实现有效的沟通。

(1) 在组织结构和职位设计中，可采用扁平化的组织结构，减少沟通层次，以提高运作效率；采用矩阵制的组织结构，建立集成产品开发小组、六西格玛小组等跨职能团队，促进横向沟通，以减少部门间壁垒。

(2) 制定长短期人力资源计划，确定员工类型和数量的需求，通过内部培育和外部招聘来满足需求。必要时，应对员工流失情况进行分析，并采取相应的措施。

(3) 建立诸如总经理邮箱、合理化建议、网上论坛及各类座谈会等渠道，听取和采纳员工及各方的意见和建议。采用经验交流、交叉培训、岗位轮换及网络沟通、视频会议等方法，实现跨部门、跨地域的有效沟通和技能共享。

4.4.2.3 员工绩效管理

如何实施员工绩效管理，包括员工绩效的评价、考核和反馈，以及如何建立科学合理的薪酬体系和实施适宜的激励政策和措施，以提高员工和组织的工作绩效，实现组织的战略实施计划。

员工绩效管理是组织绩效管理的落脚点。组织应基于战略部署对关键绩效指标层层分解，对员工绩效结果和绩效因素（如员工态度、知识和技能等）进行定量定性评价和面谈反馈，将评价结果用于薪酬激励以及奖惩、认可、晋升等物质和非物质的激励，将绩效因素用于制定绩效改进措施，以提高员工和组织的未来绩效，实现组织的战略实施计划。

4.4.2.4 员工的学习与发展

4.4.2.4.1 员工的教育与培训

如何识别教育与培训需求，制定和实施教育与培训计划，并结合员工和组织的绩效以评价其有效性，使教育与培训适应组织发展方向和员工职业发展的要求；如何针对不同的岗位和职位实施教育与培训，鼓励和支持员工以多种方式实现与工作需要和职业发展、技能提高相关的学习目标。

4.4.2.4.2 员工的职业发展

如何对包括高层领导在内的所有员工的职业发展实施有效管理，如何帮助员工实现学习和发展目标，如何实施继任计划，形成人才梯队，以提高组织的持续经营能力。

组织应通过教育与培训提高员工的意识、知识和技能，进而提高员工和组织的绩效，促进组织的战略发展和员工的职业发展。

（1）建立从需求识别、计划制定和实施，到效果评价和改进的教育与培训管理体系。首先要从企业战略发展、员工职业发展的角度识别和分析培训需求，并兼容整合。其次要根据培训需求制定和实施培训计划，根据不同层次、类别和职位的员工群体“因类施教”，采用内训、外派、网络、自学、学术研讨、轮岗和交叉培训等多种方式。除了采用考试、问卷等方式即时评价外，还应结合员工和组织绩效的变化，评价教育与培训后学以致用的有效性，促进教育与培训工作的改进。

（2）建立多职位系列、互联互通的职业晋升阶梯或通道，制定各层次领导岗位及关键专业技术岗位的继任计划，鼓励、帮助各层次员工制定和实施有针对性、个性化的职业发展规划，实现学习和发展目标，同时形成人才梯队，支撑战略发展。

4.4.2.5 员工的权益与满意程度

4.4.2.5.1 员工权益

——如何保证和不断改善员工的职业健康安全，针对不同的工作场所确定相应的测量指标和目标，并确保对工作场所的紧急状态和危险情况做好应急准备；

——如何针对不同的员工群体，提供针对性、个性化和多样化的支持，保障员工的合法权益；

——如何鼓励员工积极参与多种形式的管理和改进活动，并为员工参与的活动提供必要的资源，以提高员工的参与程度和效果。

4.4.2.5.2 员工满意程度

如何确定影响员工满意程度和积极性的关键因素以及这些因素对不同员工群体的影响，如何测量和提高员工满意程度。

组织应确保员工权益，包括保持良好的工作环境、提供福利支持、保证员工参与的权利，促进全体员工满意和敬业。

（1）员工权益从马斯洛需要层次中最基本的职业健康安全保障开始，然后是针对不同员工群体关键需求和期望的员工服务和福利，最后是体现尊重和自我实现需求的员工参与。

（2）通过员工问卷调查、座谈等方法确定影响员工满意度和积极性的关键因素及其对不同员工群体的影响，建立员工满意和敬业程度的测评、分析和改进机制，不断提高员工满意度和敬业度。通过员工流失、缺勤、抱怨、安全及生产效率等其他指标，评价和提高员工的满意度和工作积极性。

4.4.3 财务资源

如何确定资金需求，保证资金供给。如何实施资金预算管理、成本管理和财务风险管理，将资金的实际使用情况与计划相比较，及时采取必要的措施，适时调整。如何加快资金周转，提高资产利用率，以实现财务资源的最优配置，并提高资金的使用效率和安全。

首先是确定战略规划期内逐年的资金需求，然后考虑如何通过自有资金和贷款（授信额度）、发行债券、上市等融资渠道来确保资金供给。再有就是如何用好钱：一是通过资金预算管理、成本管理和财务风险管理，控制资金使用过程；二是提高资金使用效率，可采用降低库存、减少应收账款等方法加快资金周转，采用盘活存量资产等方法提高资金利用率。

4.4.4 信息和知识资源

4.4.4.1 如何识别和开发信息源，如何确保获得和提供所需的数据和信息，并使员工、供方和合作伙伴及顾客易于获取相关数据和信息。

4.4.4.2 如何配备获取、传递、分析和发布数据和信息的设施，如何建立和运行信息系统，如何确保信息系统硬件和软件的可靠性、安全性、易用性。

4.4.4.3 如何使信息系统适应组织的发展方向及业务需要。

4.4.4.4 如何有效地管理组织的知识资产，收集和传递来自员工、顾客、供方和合作伙伴等方面的相关知识，识别、确认、分享和应用最佳实践。

4.4.4.5 如何确保数据、信息和知识的准确性、完整性、可靠性、及时性、安全性和保密性。

组织应识别和开发信息源，建立集成化的软硬件信息系统并确保其可靠性、安全性和易用性，以持续适应战略发展的需要；应有效管理知识资产，同时确保数据、信息和知识的质量。

（1）根据战略制定和日常运营的需求，识别和开发内外部信息源，特别是竞争和标杆情报信息源，并通过信息系统等途径，向员工以及供应链合作伙伴提供相关数据和信息，使之在其权限范围内易于获取，进而提高供应链整体效率和快速反应能力。

(2) 优选软硬件供方及其产品，建立符合行业特点及业务需求的信息系统，并通过与供方密切合作、培养软硬件维护人员、信息系统用户参与等方法，确保信息系统软硬件的可靠性、安全性、易用性。

(3) 基于战略及其实施计划，开展信息化需求调查和分析，制定长短期的信息化发展计划，积极、系统地推进信息化建设，逐步建立和运行满足内外部用户要求的集成化信息系统。

(4) 营造学习型组织文化氛围，明确知识管理过程，建立知识管理的信息平台，收集和传递来自员工、顾客、供方和合作伙伴的知识，通过内部知识分享和外部标杆对比，识别最佳绩效背后的最佳实践，进行确认、积累、整合、分享和推广应用，使分散的知识集成化、隐藏的知识显性化，将知识转化为效益，促进知识资产不断增值。

(5) 建立确保数据、信息和知识的准确性、完整性、可靠性、及时性、安全性和保密性的方法、监测指标并持续改进，不断提高数据、信息和知识的质量。

4.4.5 技术资源

4.4.5.1 组织如何对其拥有的技术进行评估，并与同行先进水平进行比较分析，为制定战略和增强核心竞争力提供充分依据。

4.4.5.2 如何以国际先进技术为目标，积极开发、引进、消化、吸收适用的先进技术和先进标准，提高组织的技术创新能力。

4.4.5.3 如何形成和使用组织的技术诀窍与专利。

4.4.5.4 如何制定技术开发与改造的目标和计划，论证方案，落实增强技术先进性、实用性所采取的措施。

组织应基于技术评估制定战略，开展技术创新，形成在技术方面的核心竞争力，制定和落实长短期技术发展及项目计划。

(1) 结合战略制定流程，收集内外部技术信息，及时了解并预测行业技术发展状况，对组织的技术现状进行评估并与同行对比分析，为制定战略提供依据，并识别增强组织核心竞争力的机会。

(2) 基于其战略定位，确定与之相适应的技术定位，瞄准国际先进技术和标准，将原始创新，集成创新与引进、消化、吸收、再创新相结合，开展自主技术创新，提高组织的技术创新能力。

(3) 注重知识积累，形成设计、操作和服务等方面的技术诀窍以及各类专利，并推广应用，逐步形成组织在技术方面的核心竞争力。

(4) 基于其技术定位，制定长短期技术发展计划和技术创新、研发、改造等项目计划，进行技术经济论证和可行性分析，落实增强技术先进性、实用性所采取的措施。

4.4.6 基础设施

在考虑组织自身和相关方需求和期望的同时，如何确定和提供所必需的基础设施，包括：

a）根据战略实施计划和过程管理的要求提供基础设施；

b）制定并实施基础设施的预防性和故障性维护保养制度；

c）制定和实施更新改造计划，不断提高基础设施的技术水平；

d）预测和处置因基础设施而引起的环境、职业健康安全和资源利用问题。

组织应根据其战略实施、日常运营的要求以及相关方的需求和期望，确定和提供所必需的基础设施，包括：

（1）根据战略实施计划和过程管理的要求，提供满足产能、成本、质量、安全、环保等各方面要求的基础设施。

（2）建立预防性维保和故障性维修制度，开展TPM（全员生产维护）管理，不断降低设备故障率，提高设备综合效率。

（3）制定和实施更新改造计划，不断提高自动化、智能化水平，提高成本、质量、安全和环保绩效。

（4）确定基础设施的关键失效模式和对策，预防和应对与环境、职业健康安全和资源利用相关的问题。

4.4.7 相关方关系

如何建立与其战略实施相适应的相关方关系，尤其是与关键供方和合作伙伴的良好合作关系，促进双向交流，共同提高过程的有效性和效率。

组织应视相关方关系为资源，致力于与顾客、股东、员工、社会、供方和合作伙伴建立共赢的关系，以支持组织的使命、愿景、价值观和战略。特别关注与供方和合作伙伴的关系，根据对组织成功的影响程度确定关键供方和合作伙伴，基于平等互利、共同发展的原则，建立长期合作伙伴关系或战略联盟，开展技术、管理、人员和资金等方面的合作并提供支持。

4.5 过程管理

4.5.1 总则

本条款用于评价组织的过程识别、设计、实施与改进的情况。

注：适用时，鼓励将组织的过程分为价值创造过程和支持过程。

“过程管理”类目是卓越绩效模式的第五个类目，与九项基本理念中的“重视过程与关注结果”密切相关，涵盖了组织的所有过程特别是关键过程，体现了过程管理的方法论，其目的在于确保组织战略及其实施计划的落实。

组织应基于“方法—展开—学习—整合”（Approach-Deployment-Learning-Integration，A-D-L-I）四要素循环对过程实施管理：通过识别过程、确定过程要求和过程设计，建立方法；通过过程实施，进行方法的展开；通过过程的评价、改进和创新并分享其成果，实现方法的学习和整合，使方法在实践中与时俱进，成熟度不断提升，并使各部门、各过程的方法协调一致、融合互补。

4.5.2 过程的识别与设计

4.5.2.1 提要

组织如何识别、确定和设计关键过程。

过程的识别与设计是过程管理 A-D-L-I 循环的 A 阶段。

本条款包括三个要点：在识别组织全过程的基础上确定关键过程；确定对关键过程的要求；基于过程要求进行关键过程的设计。

4.5.2.2 过程的识别

组织如何确定主要产品、服务及经营全过程，并识别、确定其中的关键过程，包括利用外部资源的过程。

组织应采用过程方法，梳理、确定主要产品、服务及经营全过程。

组织应明确当前的和应持续增强的核心竞争力，在识别组织全过程的基础上，考虑与核心竞争力的关联程度，定量或定性地分析这些过程对组织盈利能力和取得成功的贡献，确定组织的关键过程。适当时，对不能体现核心竞争力的过程进行调整，例如，可考虑将其外包，成为与供方和经销商等合作伙伴合作、利用外部资源的过程。

4.5.2.3 过程要求的确定

如何结合来自顾客及其他相关方的信息，确定关键过程的要求，必要时在全部要求中确定关键要求，如何确保这些要求清晰并可测量。

对关键过程的要求来自顾客和其他相关方，包括内部顾客。组织应确定过程的相关方，然后识别这些相关方对过程的要求，当要求较多时从中确定出关键要求。必要时，还应关注不同的顾客或其他相关方群体对过程的不同要求。

对关键过程的要求包括质量、生产率、成本、周期、准时率、环境及安全要求等，应清晰、具体和可测量。

4.5.2.4 过程的设计

4.5.2.4.1 在过程设计中如何满足已确定的关键要求，如何有效利用新技术和组织的知识，如何考虑可能的变化并保持敏捷性，如何考虑质量、安全、周期、生产率、节能降耗、环境保护、成本控制及其他效率和有效性因素，确定过程的关键绩效指标。

4.5.2.4.2 如何考虑应对突发事件和采取应急准备，以规避风险、减少危害；在建立组织的应急响应系统中如何考虑预防和管理，以及运营的连续性。

组织应根据所确定的过程要求进行过程设计，包括应对突发事件的应急响应系统的建立。

（1）在过程设计中，应有效利用新技术和组织的知识，如新工艺、新材料、新设备、新方法和信息技术，组织积累的技术诀窍、管理经验等；使过程能快速适应内外部环境的变化；将对关键过程的要求转化为可测量的关键绩效指标，并输出流程图、程序或作业指导书。

（2）在应急响应系统的建立中，应根据行业和企业实际，识别和评估可能对安全、健康、环境和运营（包括信息系统）造成显著影响的潜在突发事件，系统地考虑灾前预防准备，灾中应急响应、评估和处置以及灾后恢复，建立相关应急预案和在可行时定期演练的计划，以确保当突发事件发生时，能够启动应急预案，规避风险、减少危害，在确保安全、健康和环境的前提下尽快恢复正常的过程运营。

4.5.3 过程的实施与改进

4.5.3.1 过程的实施

如何实施关键过程，以持续满足过程设计要求，并确保过程的有效性和效率。

如何使用关键绩效指标监控过程的实施，如何在过程的实施中利用来自顾客和其他相关方的信息，如何优化关键过程的整体成本。

组织在关键过程的实施中应考虑以下要点，以持续满足过程设计要求，并确保过程的有效性和效率：

（1）将关键绩效指标用于监测和控制关键过程，可在过程中监测，也可通过顾客和其他相关方的反馈来监测。

（2）针对关键绩效指标及过程因素（人、机、料、法、环、测），运用适当的统计技术，如统计过程控制、测量系统分析等，控制和管理关键过程，使之稳定受控并有足够的能力。

（3）利用来自顾客、供方和其他相关方的信息，及时对过程进行调整，并应用质量成本管理、价值工程等方法，优化关键过程的整体成本。

4.5.3.2 过程的改进

如何评价关键过程实施的有效性和效率，改进关键过程，减少过程波动与非增值性活动，使关键过程与发展方向和业务需要保持一致，并在各部门和各过程分享改进成果和经验教训，以促进组织的学习和创新。

组织应通过分析关键过程的关键绩效指标的水平、趋势，并与适宜的竞争对手和标杆进行对比，来评价过程实施的有效性和效率，推动过程的改进和创新，使关键过程与发展方向和业务需要保持一致。

(1) 为了达到更好的过程绩效，减少波动与非增值活动，组织可应用合理化建议和技术革新、QC 小组、六西格玛、精益生产、业务流程再造以及其他方法，参见“4.6.3 改进与创新”。

(2) 过程改进的成果和经验教训应列入组织的知识资产，在各部门和过程中分享，适当时，可与顾客、供方和合作伙伴分享，以及在行业内或跨行业分享。

4.6 测量、分析与改进

4.6.1 总则

本条款用于评价组织测量、分析和评价绩效的方法及改进和创新的情况。

“测量、分析与改进”类目是卓越绩效模式的第六个类目，是九项基本理念中“学习、改进与创新”的具体化，是组织绩效管理的基础、数据中枢和动力。

组织应测量、分析、评价组织绩效，支持战略制定和部署，促进组织战略和运营管理协调一致，推动改进和创新，提升组织的核心竞争力。

4.6.2 测量、分析和评价

4.6.2.1 提要

如何测量、分析和评价组织各层次及所有部门的绩效。

组织的战略部署涉及建立一个涵盖所有关键领域和相关方的关键绩效指标系统，以监测实施计划的进展。应建立一个与战略部署协调一致的关键绩效指标测量、分析和评价系统，涵盖各层次以及所有部门、过程，监测战略实施和组织运作，并推动改进和创新。

本条款包括两个要点：绩效测量；绩效分析和评价。

4.6.2.2 绩效测量

4.6.2.2.1 说明组织如何建立绩效测量系统，如何有效应用相关的数据和信息，监测日常运作及组织的整体绩效，支持组织的决策、改进和创新。

4.6.2.2.2 如何有效应用关键的对比数据和信息，支持组织的决策、改进和创新。

4.6.2.2.3 如何确保绩效测量系统适应发展方向及业务需要，并确保对组织内外部的快速变化保持敏感性。

组织应建立绩效测量系统，进行绩效对比，并使测量系统随内外部环境变化动态调整。

（1）明确关键绩效指标及其测量方法，包括负责部门、数据和信息来源、收集和整理及计算方法、测量周期等，以客观、准确地监测组织的运作及整体绩效，为战略决策和日常决策、为改进和创新提供支持。

（2）针对关键绩效指标及关键活动，辨识、收集和有效应用关键的绩效对比数据（包括内部对比、竞争对比和标杆对比数据）以及相关信息（如组织内部、行业内或行业外标杆的最佳实践），开展内部对比、竞争对比和标杆对比活动，为战略决策和日常决策、为改进和创新提供支持。

（3）对绩效指标、测量方法等进行适时评价，使测量系统的各要素能够随着内外部环境的快速变化和战略的调整进行动态的、灵敏的调整，以保持协调一致。

4.6.2.3 绩效分析和评价

4.6.2.3.1 如何分析、评价组织绩效，包括：如何评价组织的成就、竞争绩效以及长短期目标和实施计划的进展，如何评价组织的应变能力。

4.6.2.3.2 如何根据绩效评价结果，确定改进的优先次序，并识别创新的机会；如何将这些优先次序和创新机会及其举措在组织内展开，适当时展开到关键供方和合作伙伴，以达到协调一致。

组织应在绩效测量的基础上进行绩效分析、评价和决策。

（1）应用统计技术和其他工具开展绩效分析，包括趋势、对比、结构、因果和相关分析等，以揭示绩效数据及信息的内在规律并使其可视化、形象化。通过例会制度建立绩效评价机制，不仅要评价自身长短期目标和计划的达成情况，而且要考虑在竞争环境下的绩效对比，并评价组织对内外部环境变化和挑战的快速反应能力。

（2）综合考虑所存在问题的影响、紧急程度以及绩效趋势与对比等因素，识别改进的优先次序和创新机会，将评价结果转化为具体的改进和创新举措，使有限的资源配置到最需要改进和创新的地方。当改进和创新举措涉及外部时，还需要将其展开至供方和合作伙伴。

4.6.3 改进与创新

4.6.3.1 提要

组织如何进行改进和创新的管理，如何应用改进和创新的方法。

改进与创新是组织追求卓越、实现持续发展的动力。

本条款包括改进与创新的管理和方法应用两个要点，旨在充分利用测量、分析和评价的结果，推动各层次和所有部门、过程的改进与创新。

4.6.3.2 改进与创新的管理

4.6.3.2.1 如何对改进和创新进行策划，明确各层次和所有部门、过程在改进与创新方面的计划和目标。

4.6.3.2.2 如何实施、测量、评价改进与创新活动，分析对盈利能力和实现组织战略目标的贡献，促进组织绩效的提高。

改进与创新的管理是一个 PDCA 循环，包括对改进和创新进行策划，实施、测量改进与创新活动，评价改进与创新的成果。

（1）结合战略及其实施计划，根据内外部顾客和其他相关方的要求，基于关键绩效指标的层层分解，制定组织各层次和所有部门、过程的改进与创新计划和目标，使改进活动与组织整体目标保持一致。

（2）在实施、测量改进与创新活动时，做到组织到位、职责落实、制度完善、方法多样，并采用适当的方式进行跟踪管理。对改进成果进行科学、全面的评价，分析其对盈利能力和实现组织战略目标的贡献，制定符合组织自身特点的激励政策，并分享、推广改进的成果，使改进活动步入良性循环。

4.6.3.3 改进与创新方法的应用

4.6.3.3.1 如何应用多种方法，组织各层次员工开展各种改进与创新活动。

4.6.3.3.2 如何正确和灵活应用统计技术和其他工具，为改进与创新提供支持。

组织要应用科学的改进与创新方法、工具，掌握改进与创新的逻辑思路和工具技术，以确保改进与创新的成果和效率。

（1）组织在生存和发展过程中会遇到各种各样的问题，为了解决发生在不同层次、影响程度和难度各异的问题，应让各层次员工参与，有针对性地应用适宜的方法进行改进和创新。比如，自下而上发动员工提出合理化建议和开展 QC 小组活动，包括创新型 QC 小组；自上而下组织开展六西格玛管理、业务流程再造和技术创新、管理创新等。

（2）组织应正确理解统计技术和其他工具的适用范围和条件，因地制宜、融会贯通地应用。统计技术和其他工具包括 QC 新老七种工具、失效模式与后果分析、假设检验、方差分析、回归分析、试验设计等。

4.7 结果

4.7.1 总则

本条款用于评价组织在主要经营方面的绩效和改进，包括产品和服务、顾客与市场、财务、资源、过程有效性和领导等方面的绩效。绩效水平应与竞争对手和（或）标杆对比并进行评价。

“结果”类目是卓越绩效模式的最后一个类目，与九项基本理念中的“重视过程与关注结果”密切相关，是整个标准中集中反映组织关键绩效结果的条款，其分数比其他任何一个类目都高，占整个标准的40%。它是通过4.1至4.6类目的过程所取得的结果，体现了为顾客、股东、员工、供方及合作伙伴与社会创造的价值。

组织应基于“水平—趋势—对比—整合”（Levels-Trends-Comparisons-Integration，Le-T-C-I）四要素对结果实施管理：描述其至少近三年的关键绩效指标结果数据，以反映绩效的当前水平和趋势；与竞争对手（或提供类似产品和服务的组织）和标杆的数据进行对比，以反映组织在相关绩效方面的行业地位、竞争优势和存在的差距；使所描述的结果指标与在“组织概述”和“过程”评分条款中确定的关键绩效要求及指标相呼应。

4.7.2 产品和服务结果

4.7.2.1　主要产品和服务的关键绩效指标（如实物质量指标和服务水平等）的当前水平和趋势。

4.7.2.2　主要产品和服务的关键绩效指标与竞争对手对比的结果，与国内、国际同类产品和服务的对比结果。

4.7.2.3　主要产品和服务所具有的特色及创新成果。

本条款旨在描述组织通过4.3及4.5类目的努力所取得的主要产品和服务结果。主要产品和服务是指当前以及未来占组织总销售收入、利润较大份额的那些产品和服务，与在“组织概述”“战略”“顾客与市场”“过程管理”等条款中的相关描述保持一致。

（1）主要产品和服务的关键绩效指标源自4.3类目中了解确定的顾客需求、期望和偏好，包括主要产品和服务的质量特性、可靠性、性价比、交付周期或准时交付、顾客服务或技术支持等方面的指标。

（2）主要产品和服务的特色和创新成果包括名牌产品、驰名商标、品牌价值、科技进步奖产品、专利产品、新产品或新服务，以及产品和服务在质量安全、环保和资源节约等方面的特色等。

4.7.3 顾客与市场结果

4.7.3.1 提要

组织在顾客与市场方面的绩效结果，包括顾客满意和忠诚以及市场方面的绩效结果。必要时，将结果按顾客群与市场区域加以细分。其中应包括适当的对比性数据。

本条款旨在描述组织通过4.3类目的努力所取得的顾客与市场及其细分结果。

4.7.3.2 顾客方面的结果

顾客方面的结果应包括但不限于以下方面：

a）顾客满意的关键绩效指标的当前水平和趋势；

b）顾客满意与竞争对手和本行业标杆对比的结果；

c）顾客忠诚的关键绩效指标的当前水平和趋势。

顾客方面的结果应与4.3.3中相关的关键绩效指标相对应，其数据（包括对比数据）来源于组织、顾客和独立机构。

（1）衡量顾客满意的关键绩效指标可以是顾客满意度、顾客投诉及时响应率和有效解决率（或顾客投诉响应时间和有效解决时间）等，包括按照具体测评项目、顾客群及市场等进行细分的数据。

（2）顾客满意的对比结果必要时包括细分数据的对比，以利于寻找改进机会。

（3）衡量顾客忠诚的关键绩效指标包括顾客忠诚度、顾客保有率、获得积极推荐和与顾客建立关系等，如来自顾客和独立评价机构的评价、表彰和奖励。

4.7.3.3 市场结果

4.7.3.3.1 市场的关键绩效指标的当前水平和趋势，可包括市场占有率、市场地位、业务增长或新增市场等。

4.7.3.3.2 市场绩效与竞争对手和本行业标杆的对比结果，在国内外同行业中的水平。

市场方面的关键绩效指标包括市场占有率、市场排名、业务增长率、新增市场区域及出口、电子商务销售收入等。必要时包括细分市场的结果对比，以利于寻找改进机会。

4.7.4 财务结果

组织在财务绩效方面的关键绩效指标的当前水平和趋势，可包括：主营业务收入、投资收益、营业外收入、利润总额、总资产贡献率、资本保值增值率、资产负债率、流动资金周转率等综合指标。必要时按行业特点、不同产品和服务类别或市场区域分别说明。其中应包括适当的对比性数据。

本条款旨在描述组织通过4.1至4.6类目的努力所取得的财务结果。

财务方面的关键绩效指标包括主营业务收入、利润总额等综合指标，但并不限于这些指标，应根据国家《会计准则》《财务通则》和行业特点，选择最具代表性的指标来反映组织的财务绩效。

当针对不同产品和服务类别或市场区域进行单独的财务核算（包括内部模拟核算）时，可描述这些细分的财务结果。

4.7.5 资源结果

组织人力资源方面的结果，应包括工作的组织和管理、员工绩效管理、员工学习和发展、员工权益与满意程度等方面的关键绩效指标的当前水平和趋势。其中应包括适当的对比性数据。

组织在人力、财务、信息和知识、技术、基础设施和相关方关系等资源方面的关键绩效指标的当前水平和趋势。其中应包括适当的对比性数据。

本条款旨在描述组织通过4.4类目的努力所取得的结果。

人力资源的结果应是4.4.2中各项活动相应的结果，包括：简化管理层级和岗位的数量、组建跨职能小组的数量、岗位轮换率、员工晋升率、员工流失率以及管理人员比例的变化等；全员劳动生产率、人均利税率、员工薪酬增长率、对员工的各类表彰和奖励数量等；人均培训时间和经费投入、员工培训满意度，以及培训前后员工绩效对比、交叉培训和职业发展等方面的指标；员工职业健康和安全指标、员工保险费用、员工休假天数、员工福利支出、员工满意度及其细分结果，以及技术创新、合理化建议和QC小组的数量等。

其他资源的结果主要描述组织所拥有的资源（有关资源管理过程的绩效结果在4.7.6中描述）。财务资源结果包括银行授信额度、现金流等；信息和知识资源结果包括信息系统投资额、软件系统开发和应用、服务器和计算机数量、知识资产积累，以及软硬件的可靠性、安全性和易用性方面的指标等；技术资源结果包括研发经费支出及其占销售收入的比例、新产品产值率、专利数量、科技进步奖数量等；基础设施资源结果包括办公场所和厂房面积、关键设备数量、基本建设投资额、技术改造投资额等；相关方关系资源结果包括供应商总数量、长期合作供应商和合作伙伴的数量或比例、战略联盟的数量等。

4.7.6 过程有效性结果

组织在反映关键过程有效性和效率方面的关键绩效指标的当前水平和趋势，应包括全员劳动生产率、质量、成本、周期、供方和合作伙伴绩效以及其他有效性的测量结果。适当时将结果按产品和服务类别或市场区域加以细分。其中应包括适当的对比性数据。

本条款旨在描述组织通过4.5类目的努力所取得的各关键过程关键绩效指标的结果，例如：

- 研发过程的新产品和服务设计周期、新产品和服务数量及设计成功率等；
- 市场营销过程的中标率、订单预测准确率、订单收入、销售收入等；
- 采购供应过程的进货批合格率及准时交货率、采购成本降低率、关键供方营业收入增长率等；
- 生产过程的一次合格率、准时交货率、产量、生产周期、生产成本等；
- 服务过程的维修满意率、故障排除时间及网络接通率等；
- 设备管理过程的设备完好率、设备利用率等；
- 财务管理过程的预算准确率、应收账款回收率等；
- 信息和知识管理过程的信息化项目完成率和反映准确性、完整性、可靠性、及时性、安全性和保密性的测量指标，以及知识资产积累、分享和推广应用增值效果（如知识库项目完成率、点击率、推广增值效益）等。

4.7.7 领导方面的结果

组织在领导方面的绩效结果，应包括实现战略目标、组织治理、公共责任、道德行为以及公益支持等方面的绩效结果。必要时按业务单元加以细分。其中应包括适当的对比性数据：

a）在实现战略目标方面的关键绩效指标的当前水平和趋势；

b）在组织治理方面的关键绩效指标的当前水平和趋势；

c）在公共责任方面的关键绩效指标的当前水平和趋势；

d）在道德行为方面的关键绩效指标的当前水平和趋势；

e）在公益支持方面的关键绩效指标的当前水平和趋势。

本条款旨在描述组织通过4.1及4.2类目的努力所取得的结果。

（1）实现战略目标方面：战略完成率、战略目标实现率、实施计划完成率、关键绩效指标达成率等。

（2）组织治理方面：独立董事百分比、内外部审计结果及其利用方面的绩效指标、股东及其他相关方权益方面的绩效指标等。

（3）公共责任方面：废气、废水、废渣及噪声排放指标，万元产值能耗及水耗，原材料等资源利用率，职业健康和安全事故事件率，产品质量安全事故以及应急准备和响应等方面的绩效指标。

（4）道德行为方面：遵守道德规范的调查指标、诚信等级、违背道德规范的事件数，顾客、供方以及质监、环保、工商、税务、海关、审计、银行及法律等机构对组织诚信等级或程度的评估。

（5）公益支持方面：对文化、教育、卫生、慈善、社区、行业发展和环境保护等公益事业的支持指标，如捐助金额、参加义务献血的人次等。

8.3.3 卓越绩效评价准则条款之间的关系

1.“过程”类目与“结果”类目的因果关系

图8—3显示了“过程”类目与“结果”类目的评分条款之间较为直接的因果对应关系。

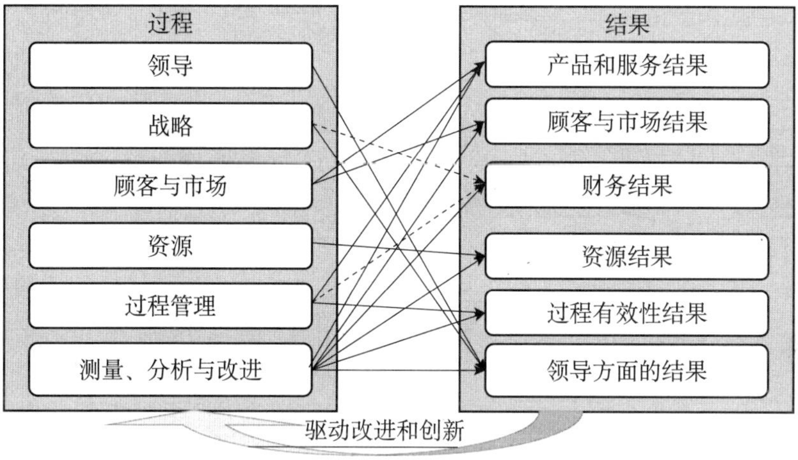

图8—3 “过程”类目与“结果”类目关系图

其中，“4.1领导”对应“4.7.7领导方面的结果”，“4.2战略”对应“4.7.7中的a)”以及“4.7.4财务结果”；“4.3顾客与市场”对应“4.7.2产品和服务结果”和“4.7.3顾客与市场结果”；“4.4资源”对应“4.7.5资源结果”；“4.5过程管理”对应“4.7.6过程有效性结果”“4.7.2产品和服务结果”及“4.7.4财务结果”；“4.6测量、分析与改进”对应所有的结果。

2.各评分条款的关系图解和阐释

在卓越绩效评价准则的23个评分条款之间存在密切的相关关系，如图8—4所示。

(1) 高层领导引领组织发展的方向，并通过战略制定、资源配置和绩效评价，掌控组织的运营。组织在社会的大环境中运营，必须尽其社会责任，促进社会的可持续发展，由此获得社会的支持，形成良性循环。而组织治理对持续成功起着“底盘”的保障功能。

(2) 基于发展方向和对顾客与市场等内外部关键因素的了解，制定战略并加以部署，然后通过过程管理实施。

(3) 通过对顾客与市场的了解，建立顾客关系，提高顾客满意度，取得产品和服务、顾客与市场结果。

(4) 领导掌控资源，其中人力资源是核心资源。通过资源管理获得资源结果。

(5) 如果过程管理是“发动机”，资源就是“汽油”。通过过程管理，将资源

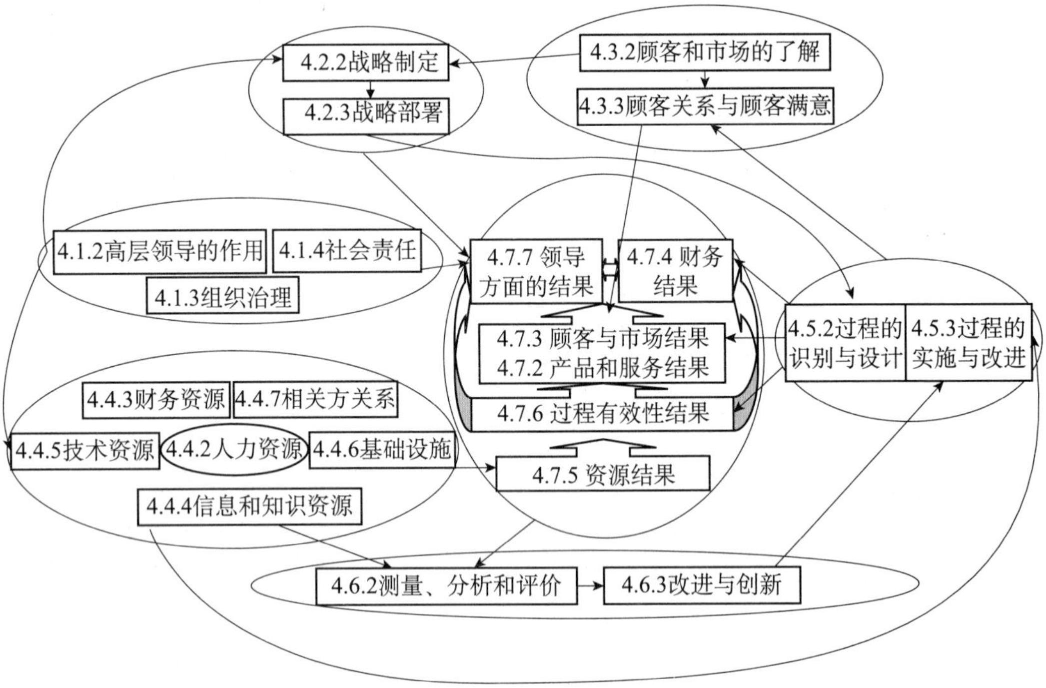

图 8—4　各评分条款的相互关系示意图

输入转换为结果输出。

(6) 基于信息和知识资源平台，进行绩效测量、分析和评价，基于过程实施改进和创新。

(7) 在结果中存在层层递进的关系，以资源结果为基础取得过程有效性结果，进而取得产品和服务结果、顾客与市场结果、财务结果和领导方面的结果。

3. 绩效管理：贯穿卓越绩效评价准则的纽带

在卓越绩效评价准则中，绩效管理是贯穿始终的纽带，如图 8—5 所示。

对图 8—5 各条款之间逻辑关系的解读如下：

4.2.2.3：组织的高层领导确定使命、愿景和价值观，并设立支持愿景的战略目标。

4.2.3：为确保战略目标的实现，设立监测战略进展、涵盖所有关键领域和相关方的关键绩效指标系统，并进行绩效预测。

4.6.2，4.4.4，4.5.3.2，4.6.3，4.4.2.3：建立基于信息化平台的绩效测量、分析和评价系统，监测日常运作及组织的绩效，支持战略和日常运营决策，驱动各过程、各层次的改进与创新。

4.1.2g)：高层领导进行组织绩效评价，确定优先次序并配置资源，驱动改进和创新，同时考虑对战略目标和关键绩效指标的调整。

4.7：通过绩效测量获得绩效结果，并进行分析、评价和改进。

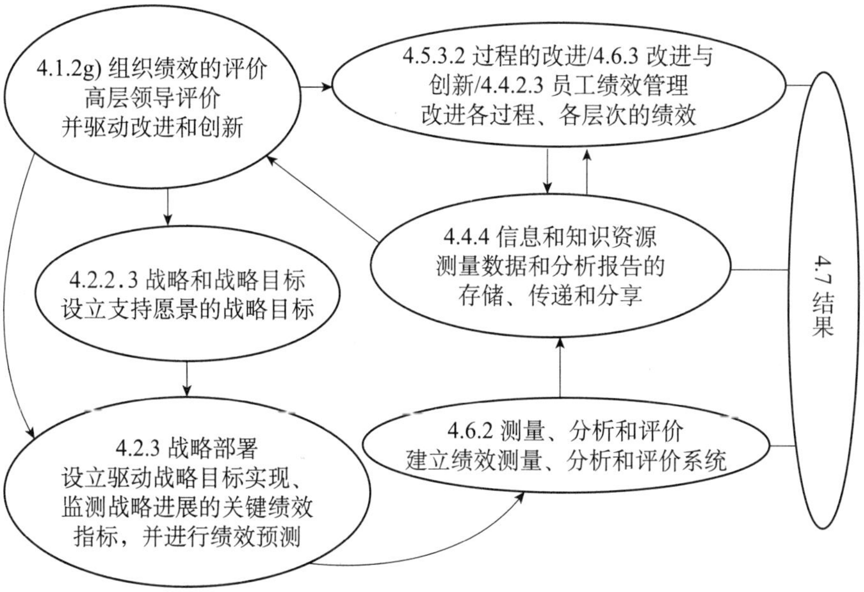

图 8—5 “绩效管理——贯穿卓越绩效评价准则的纽带”示意图

4. 主脉络：从使命、愿景、战略、KPI、资源到过程、结果

卓越绩效评价准则的主脉络如图 8—6 所示。

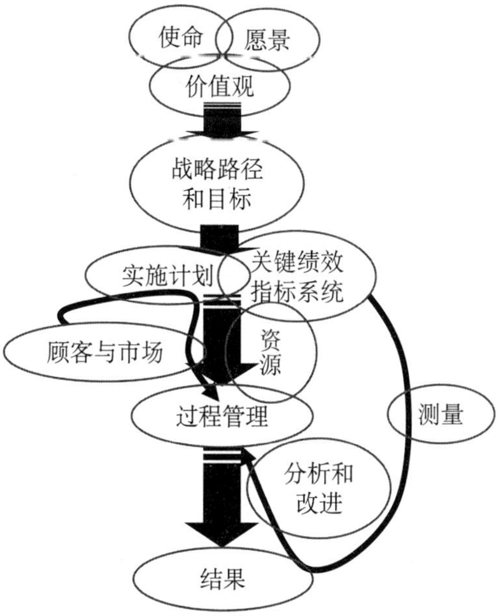

图 8—6 从使命、愿景、战略、KPI、资源到过程、结果

一个组织首先要明确自己的存在和发展定位、未来图景以及信条，即使命、愿景和价值观，它们犹如组织管理的“大脑中枢”。然后要策划通往愿景的路径及其坐标，即战略和战略目标，并将其具体化为实施计划、关键绩效指标和资源配置，再通过“日常运营过程管理”这一载体实施，进而转化为结果。资源上承

战略，为战略而配置，下接过程，为过程提供输入。结果是过程的输出，是测量出来的，要进行分析、评价以驱动改进，而所有改进是通过过程改进实现的。顾客与市场的实施计划是职能战略中最重要的，要通过市场、销售和服务等相关过程实施。

借用中医理论的“任督二脉”说，实施卓越绩效模式就是要努力打通“任督二脉”，提升组织持续成功的能力。

第 9 章 卓越绩效评价方法

卓越绩效评价是对组织管理成熟度的度量，是实施卓越绩效模式必不可少的内容。本章主要介绍卓越绩效评价的具体内容和方法，并对卓越绩效企业自我评价以及质量奖申报工作给出概要的指导。

9.1 卓越绩效评价

卓越绩效评价是一种诊断式的评价，既包括对组织的优势和改进机会的定性评价，又包括总分为 1 000 分的定量评价，以便全方位、平衡地评价组织经营管理的成熟度。这两种评价相互关联，定性评价是定量评价的依据，定量评价则是定性评价的度量。除了初期自我评价可能仅使用定性评价，在大多数实际评价中，两者是结合使用的。

从评价的主体角色看，卓越绩效评价可分为第一方评价（自我评价）、第二方评价（顾客评价）和第三方评价（质量奖评价）。

从评价的客体特征看，卓越绩效评价可分为资料评价（评价人员仅对反映组织过程和结果的书面资料进行评价）和现场评价（评价人员深入组织的运营现场进行评价）。

从评价人员的组织形态看，卓越绩效评价又可分为独立评价和合议评价（评价人员以团队的方式进行讨论，得出综合一致的团队评价结论）。

评价所参照的准则通常有简易和全面两种：

（1）简易的准则，比如，“组织概述”（仅以“组织概述”进行初步评价）、调查表类的评价准则。

（2）全面的准则，比如，GB/T 19580《卓越绩效评价准则》、美国波多里奇国家质量奖、日本戴明奖、欧洲 EFQM 卓越奖等世界各国、各地区的质量奖评价准则。

9.1.1 卓越绩效评价——从组织概述开始

组织概述是组织的一个快照，显示了组织运营的关键因素和背景状况。将组织概述作为卓越绩效评价的开始的重要性体现在：

- 是组织自我评价和编写质量奖申报材料最恰当的起始点；
- 有助于组织关注其关键过程和结果，识别关键的潜在差距，以便制定改进计划；
- 有助于评审员在材料评审、现场评审中，了解组织及组织认为重要的方面。

评价人员通过撰写（对于自我评价）或阅读（对于外部评价）“组织概述”，来了解组织的关键影响因素和面临的挑战。

1. 组织的环境

（1）主要的产品和服务及其交付方式；

（2）组织文化特色，组织的使命、愿景和价值观；

（3）员工概况，包括受教育水平、年龄、职位构成、关键需求和期望及福利制度；

（4）主要的技术和设备设施；

（5）组织运营的法律法规和政策环境。

2. 组织的关系

（1）组织结构和治理体制；

（2）关键的顾客群及其他相关方群体，他们对产品、服务和运营的关键需求、期望及其差异点；

（3）关键的供方和经销商类别，它们在关键产品和服务过程及创新中的角色，关键的供应链要求；

（4）与关键顾客和供方的伙伴关系和沟通机制。

3. 竞争环境

（1）在行业内或目标市场中的竞争地位、规模和发展情况，竞争对手的类型和数量；

（2）组织超越竞争对手、取得成功的关键因素，影响竞争格局的关键变化，创新和合作机会；

（3）竞争对比和标杆对比数据的主要来源，获取能力的局限性。

4. 战略挑战和优势

在关键业务、运营和人力资源方面的战略挑战和战略优势。

5. 绩效改进系统

绩效改进的总体方法，包括从评价、改进与创新到知识分享的方法系统。

9.1.2 卓越绩效评价要素——“过程”四要素和“结果”四要素

根据卓越绩效评价准则的评价要求和被评价组织的信息，按“过程”条款的四个评价要素和“结果”条款的四个评价要素，分别对“过程”“结果”进行定性评价和定量评分。

评价要素（见图9—1）细化为评价要点，并构成评分指南表（见表9—1和表9—2）。

1. 评价要素

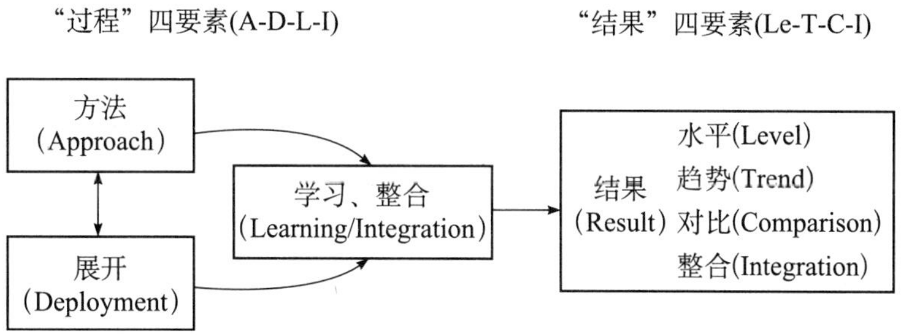

图9—1　“过程”四要素和“结果”四要素

2. “过程”评价要点

“过程”是指组织针对类目4.1至4.6中各评分条款要求所采用的方法及其展开和改进。可以用方法—展开—学习—整合（A-D-L-I）这四个要素评价组织过程的成熟度，其中：

(1)“方法”评价要点包括：

1）方法的适宜性，包括对评分条款要求和组织实际的适宜程度；

2）方法的有效性，是否导致好的结果；

3）方法的系统性，包括可重复性以及基于可靠数据和信息的程度。

(2)“展开”评价要点包括：

1）方法是否持续应用；

2）方法是否在所有适用的部门应用。

(3)“学习”评价要点包括：

1）通过循环评价和改进，对方法进行不断完善；

2）鼓励通过创新对方法进行突破性的变革；

3）在各相关部门、过程中分享方法的改进和创新。

(4)“整合”评价要点包括：

1）方法与在“组织概述”和其他评分条款中确定的组织需要协调一致；

2）各过程、部门的方法协调一致、融合互补，支持组织使命、愿景和战略目标的实现。

3. “结果”评价要点

“结果”是指组织针对类目4.7中各评分条款要求所得到的输出和效果。用水平—趋势—对比—整合（Le-T-C-I）这四个要素评价组织结果的成熟度，其中：

（1）“水平”评价要点即组织绩效的当前水平。

（2）“趋势”评价要点包括：

1）组织绩效改进的速度（趋势数据的斜率）；

2）组织绩效改进的广度（展开的程度）。

（3）“对比”评价要点包括：

1）与适宜的竞争对手或类似组织的对比绩效；

2）与标杆或行业领先者的对比绩效。

（4）“整合”评价要点包括：

1）组织结果的测量指标与在“组织概述”和“过程”评分条款中确定的关键绩效要求及指标相呼应；

2）组织各过程、部门的结果协调一致，支持组织使命、愿景和战略目标的实现。

9.1.3 卓越绩效评分指南

“过程”评分条款的评分指南见表9—1，“结果”评分条款的评分指南见表9—2。

表9—1 “过程”评分指南表

分数	过程
0%或5%	● 没有系统的方法，信息是零散、孤立的。(A) ● 方法没有展开或略有展开。(D) ● 没有改进导向，已有的改进仅是对问题的被动反应。(L) ● 缺乏协调一致，各个方面或部门各行其是。(I)
10%，15%，20%或25%	● 开始有系统的方法，应对该评分条款的基本要求。(A) ● 方法在大多数方面或部门处于展开的早期阶段，阻碍了基本要求的实现。(D) ● 处于从对问题的被动反应到改进导向转变的早期阶段。(L) ● 主要靠联合解决问题来使方法与其他方面或部门达成协调一致。(I)
30%，35%，40%或45%	● 有系统、有效的方法，应对该评分条款的基本要求。(A) ● 方法得到展开，尽管某些方面或部门的展开尚属早期阶段。(D) ● 开始系统地评价和改进关键过程。(L) ● 方法与在应对“组织概述”和其他过程条款时所确定的基本组织需要初步协调一致。(I)
50%，55%，60%或65%	● 有系统、有效的方法，应对该评分条款的总体要求。(A) ● 方法得到很好的展开，尽管某些方面或部门的展开有所不同。(D) ● 进行了基于事实且系统的评价、改进和一些创新，以提高关键过程的有效性和效率。(L) ● 方法与在应对“组织概述”和其他过程条款时所确定的组织需要协调一致。(I)
70%，75%，80%或85%	● 有系统、有效的方法，应对该评分条款的详细要求。(A) ● 方法得到很好的展开，无明显的差距。(D) ● 基于事实且系统的评价、改进和创新已成为关键的管理工具；存在清楚的证据，证实通过组织层面的分析和分享，方法得到不断完善。(L) ● 方法与在应对“组织概述”和其他过程条款时所确定的组织需要实现了整合。(I)

续前表

分数	过程
90%，95%或 100%	● 有系统、有效的方法，全面应对该评分条款的详细要求。(A) ● 方法得到完全的展开，在任何方面或部门均无明显的弱点或差距。(D) ● 基于事实且系统的评价、改进和创新已成为全组织的关键管理工具；有证据表明通过分析和分享，在整个组织中方法得到不断完善和创新。(L) ● 方法与在应对“组织概述”和其他过程条款时所确定的组织需要实现了很好的整合。(I)

表 9—2　“结果”评分指南表

分数	结果
0% 或 5%	● 没有报告结果，或结果很差。(Lc) ● 没有显示趋势的数据，或大多为不良的趋势。(T) ● 没有对比性信息。(C) ● 在对达成使命、愿景和战略目标重要的任何方面，均没有报告结果。(I)
10%，15%，20% 或 25%	● 结果很少，在少数方面有一些早期的良好绩效水平。(Le) ● 有一些显示趋势的数据，其中部分呈不良的趋势。(T) ● 没有或极少有对比性信息。(C) ● 在对达成使命、愿景和战略目标重要的少数方面，报告了结果。(I)
30%，35%，40% 或 45%	● 在对该评分条款要求重要的一些方面，有良好的绩效水平。(Le) ● 有一些显示趋势的数据，其中多半呈有利的趋势。(T) ● 处于获得对比性信息的早期阶段。(C) ● 在对达成使命、愿景和战略目标重要的多数方面，报告了结果。(I)
50%，55%，60% 或 65%	● 在对该评分条款要求重要的大多数方面，有良好的绩效水平。(Le) ● 在对达成使命、愿景和战略目标重要的方面，呈有利的趋势。(T) ● 与有关竞争对手和（或）标杆进行对比评价，部分指标具有良好的相对绩效水平。(C) ● 结果对应大多数关键的顾客、市场和过程要求。(I)
70%，75%，80% 或 85%	● 在对该评分条款要求重要的大多数方面，有良好到卓越的绩效水平。(Le) ● 在对达成使命、愿景和战略目标重要的大多数方面，呈可持续的有利趋势。(T) ● 与有关竞争对手和（或）标杆进行对比评价，多数乃至大多数指标具有非常好的相对绩效水平。(C) ● 结果对应大多数关键的顾客、市场、过程和战略实施计划要求。(I)
90%，95%或 100%	● 在对该评分条款要求重要的大多数方面，有卓越的绩效水平。(Le) ● 在对达成使命、愿景和战略目标重要的所有方面，呈可持续的有利趋势。(T) ● 在多数方面表明处于行业领导地位和标杆水准。(C) ● 结果完全对应关键的顾客、市场、过程和战略实施计划要求。(I)

“过程”类条款的评价可参考图 9—2。

9.1.4　卓越绩效的定性评价和定量评分

1. 逐条的定性评价

在了解组织的环境、关系、所面临的挑战和绩效改进系统后，评价人员列出关键因素，根据评价准则、评价要点和评分指南，对各评分条款的要求逐条评价

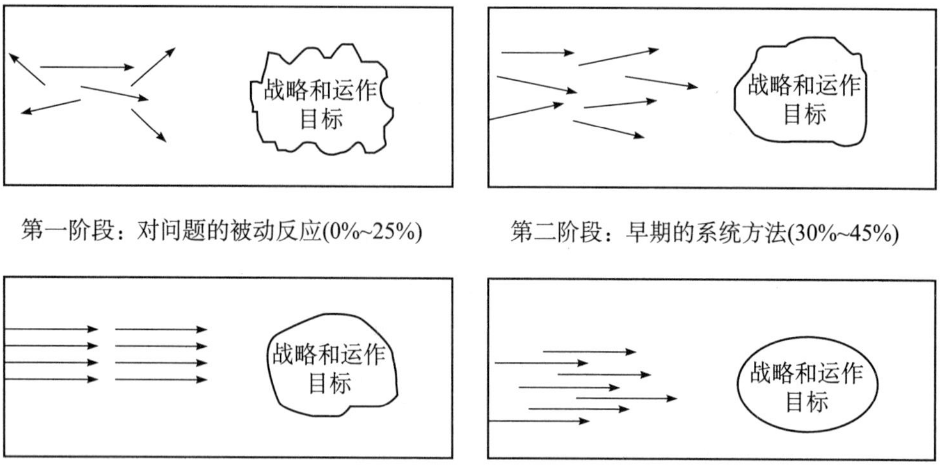

第一阶段：对问题的被动反应(0%~25%)　　第二阶段：早期的系统方法(30%~45%)

第三阶段：一致的方法(50%~65%)　　第四阶段：整合的方法(70%以上)

图 9—2　走向成熟过程的几个阶段

并写下定性的评语。

（1）每个评分条款通常有 6～10 条评价，具体数量取决于评分条款以及组织实际情况。

（2）每条评语包括三个部分，犹如汉堡包的三个部分（见图 9—3）。

1）观察到的事实（即论点）：基于评价准则，对组织所做的或没做的系统描述；

2）典型实例（即论据）：用于支持“观察到的事实”的典型例证，由“例如、包括”等引导的陈述；

3）由此会有什么结果（即论证）：对照关键因素、评价准则进行推论，由“有助于、可促进或不利于、会影响、会失去”等引导的陈述。

图 9—3　波多里奇汉堡包

（3）评语有两类，即优势（分为最重要的优势和一般优势）、改进机会（分为最显著的改进机会和一般改进机会），且不互相矛盾。使用客观、清晰、简单、语法完整的句子及组织的术语。陈述观察到的事实，不做裁决，避免使用“好”“坏”“有效的”“无效的”及“应该”“不应该”之类的措辞。

【评语案例】

●“优势”：［4.3.3.2.1 条款］公司基于顾客的关键程度建立差异化的顾客关系，比如，与9家A类顾客签订战略合作伙伴框架协议，定期进行高层互访，建立包括高层、商务、技术三位一体的顾客关系机制，指派专职顾客经理，提供量身定制的全程服务，这有助于增进顾客满意和重复购买，实现公司业务增长的战略目标。

●“改进机会”：［4.7.3.2 a）条款］公司只提出总的顾客满意度结果，没有按不同顾客群（如中间商、终端消费者）、不同方面（如产品可靠性、交付周期、售后服务等）来细分顾客满意度，这会影响顾客满意度的具体分析，从而丧失通过有针对性的满意度改进来提高市场占有率的机会。

2. 逐条的定量评分

在确定分数的过程中应当遵循以下原则：

（1）应评审评分条款中的所有方面，特别是对组织具有重要性的方面，即应考虑过程和结果对关键因素的重要程度，最重要的方面应在“组织概述”和诸如4.2.2，4.2.3，4.3.2，4.4.2，4.5.2等评分条款中识别，关键的顾客要求、竞争环境、人力资源需求、关键战略目标和实施计划尤其重要。

（2）给一个评分条款评分时，首先判定哪个分数范围档次（如50％～65％）总体上“最适合”组织在本评分条款上达到的水平。总体上“最适合”并不要求与分数范围档次内的每一句话完全一致，允许在个别要素（过程的A-D-L-I要素或结果的Le-T-C-I要素）上有差距。

（3）组织达到的水平依据的是对四个“过程”要素或四个“结果”要素整体综合评价的结果，并不是专门针对某一要素进行评价或对每一要素评价后进行平均的结果。

（4）在适合的范围内，实际分数根据组织的水平是否更接近上一档或下一档分数范围来判定。

（5）“过程”评分条款分数为50％，表示方法满足该评分条款的总体要求并持续展开，且展开到该评分条款涉及的大多数部门；经过一些评价和改进的循环，与在应对“组织概述”和其他过程条款时所确定的组织需要达到协调一致。更高的分数反映更好的成就，证实了更广泛的展开、显著的组织学习以及更进一步的整合。

（6）“结果”评分条款分数为50％，表示具有良好的绩效水平、有利的趋势，在该评分条款所覆盖的方面具有适宜的对比性数据，部分相对绩效达到良好水平，且对应大多数关键的顾客、市场和过程要求。更高的分数反映更好的绩效水平、趋势和对比绩效，以及更广泛的覆盖和整合。

（7）当由若干评价人员进行合议评价时，应遵循如下合议规则：评分极差小于等于15％时，使用平均分；评分极差大于等于20％时，需经讨论或辩论决定。

3. 综合评价

（1）依据逐条评语，归纳编写“综合评价报告”，包括最重要的优势或出色的实践与结果（对其他组织具有潜在价值），最显著的改进机会、担忧、弱项或差距。

(2) 评分项的得分百分比与该评分项的分值相乘，即该评分项得分，将所有评分项得分相加，即被评价组织的管理成熟度总分。在满分为 1 000 分的定量评分系统中，500 分是一个基本成熟和平均先进的等级。美国波多里奇国家质量奖获奖者的得分在 600～750 分之间，我国全国质量奖获奖者的得分在 500～650 分之间。特别说明，这种成熟度评分与国人熟知的“满分 100 分，60 分及格”没有关系。

卓越绩效评价是一项专业性很强的工作，评审人员需要具有较渊博的理论知识和丰富的实践经验，可参加中国质量协会等专业机构的自评师或评审员培训班进一步学习。

9.2 组织自我评价

我国古代思想家、教育家曾子有一句格言：“吾日三省吾身”，意思是说，我每天要对自己的言行省思多次，客观地认识自己，以纠正自己的缺点，发扬长处，不断地完善自身。这一格言流传至今，成为很多人的成功之道。组织与人一样，也存在优势与不足。要想在日趋激烈的竞争中占有一席之地，组织必须不断地进行“自我省思”。只有在认识自我的基础上，发扬优势，改进不足，才能实现组织的整体优化和可持续发展。而自我评价正是组织审视自我、明确优势和发现改进机会的一个有效方法。

组织的自我评价活动起步很早。早在质量奖产生以前，已有不少组织自觉开展自我评价活动以寻找存在的不足，但这些活动只是个别行为，其方法缺乏系统性、科学性。直到质量奖兴起，自我评价才真正具有较大的生命力，得到更多企业的重视与采用。同时，自我评价理论经过不断完善，逐渐形成一整套科学的方法体系。尽管最终获奖的企业只是少数，但参照质量奖标准开展自我评价活动却得到很多企业的认可与重视。不少企业在申请质量奖的活动中发现，一旦自我评价形成常规，不仅对获奖有益，而且为企业提供了一个自我学习和学习其他企业的机会。

9.2.1 自我评价的定义与方式

1. 自我评价的定义和意义

自我评价（self-assessment）是组织自觉采用某种标准，对其活动和结果全面、系统、定期地进行评审的管理活动，目的是自我改进，追求卓越。自我评价强调“自我”，即组织自己是进行评价的主体。它可以邀请组织外部人员给予咨询、指导和培训，但不能由外部人员包办代替，否则自我评价将失去意义。高层领导的承诺和参与也很重要，可以使组织经受住许多挑战。

自我评价为组织提供了一种识别优势和改进机会的有效方法，有助于组织实施改进，追求卓越。它的意义表现在：

(1) 挖掘组织应对动态竞争环境的优势，增强自信心；寻找影响未来发展和成功的改进机会，使组织的改进过程和活动针对最需要改进的地方。

(2) 为结合组织实际增进对标准的理解，并围绕标准要求展开讨论与交流提供良好的机会；为内部人员形成统一的思想观念，达到目标和行动的一致提供有效的手段。

(3) 有利于培养一批熟悉卓越绩效管理方法、具有系统视野的自评师。

(4) 提供一个有力的系统诊断工具，一种依据事实而不是个人感受的评审方法，最终为改进组织经营活动提供一种严格的结构化的方法。

(5) 将组织的使命、愿景与其战略、资源和过程、结果密切联系起来。

(6) 通过定期的自我评价，为测评组织经营管理的成熟度或卓越度，衡量组织在不同时期的进步提供方法。

2. 自我评价的实施方式

(1) 一步到位。对于经营管理比较完善、成熟的组织，可以直接采用GB/T 19580《卓越绩效评价准则》等全面的评价准则和评价方法，进行系统的评价。

(2) 循序渐进。对于管理基础较薄弱，又担心准则太复杂、评价太费时间的企业，初期可以通过撰写"组织概述"对组织进行一个快速、概括的评价，确定组织经营的关键影响因素，识别关键的潜在差距（例如使命、愿景和价值观的缺失），直接制定并实施改进计划。然后，再结合组织的实际情况，采用简易评价表（如卓越绩效评价表）在组织内进行较深层次的评价。当组织的经营管理比较完善、成熟时，全面采用卓越绩效评价准则及其评价方法进行整体、系统的评价。

9.2.2 自我评价的一般流程

自我评价应当是包括"评价、改进和创新、分享"的学习循环，即通过评价，找到改进和创新的机会并排出优先次序，配置资源予以实施，获得成效后在组织内部分享、推广，然后再回到新一轮的学习循环。图9—4描述了组织自我评价的一般流程。

第一步：领导决策

卓越绩效模式是一个覆盖企业经营管理方方面面的综合方法和管理框架，导入卓越绩效模式是一个"一把手工程"。高层领导应当了解其意义，承诺导入、亲自参与和大力支持，协调各种资源的分配，起到模范作用并激励其他人员。高层领导接触、了解卓越绩效模式的途径有两种：一是通过政府机构、质量协会、杂志等自己了解；二是听取下属（如企管部、质量部负责人等）的汇报。

卓越绩效模式是在欧、美、日等发达国家卓越组织的最佳管理实践的基础上提炼出来的，是使追求卓越的理念落地的基于诊断和整合的方法论。无论企业处于什么样的发展阶段，正确导入卓越绩效模式都会对企业管理水平的提升起到非常大的促进作用，会使组织追求卓越的步伐更加稳健快速，应对动态的竞争环境

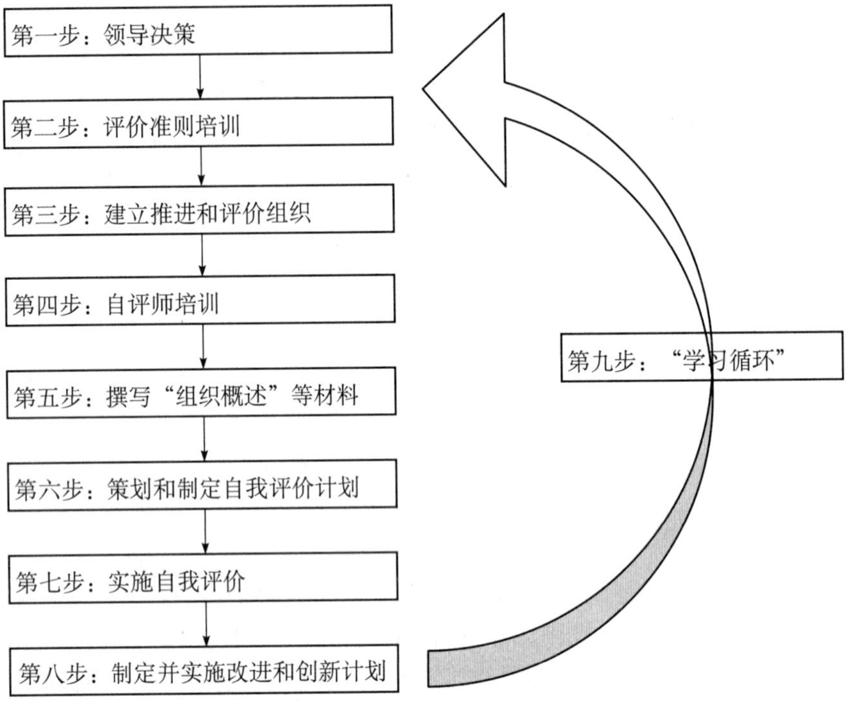

图 9—4　自我评价的一般流程

取得成功的概率加大。卓越绩效模式实施的关键是以正确的路径，结合企业及其所处行业的特点，抓住适当的时机正确导入。

第二步：评价准则培训

作出导入决策后，应当为中高层领导和推行卓越绩效模式的骨干人员安排 GB/T 19580《卓越绩效评价准则》和 GB/Z 19579《卓越绩效评价准则实施指南》的导入培训（可邀请外部专家前往组织进行培训，也可由本组织内部专家进行培训，一般需要 2 天），使领导层、基层骨干人员对卓越绩效评价准则的意义、框架、标准内容和评价方法等有一个基本、系统的认识，为随后的自我评价打下良好的基础。

第三步：建立推进和评价组织

应建立卓越绩效推进委员会或领导小组、综合协调机构和强有力的跨职能项目组。综合协调机构常常设在企管、质量或人力资源部门，也有企业建立了专门的卓越绩效推进办公室。跨职能项目组一般由 9～16 人组成，应包括办公室、企业管理、发展与规划、市场与销售、质量与技术、生产运营、人力资源、财务等职能部门的领导或骨干。项目组成员对组织的运营和所处的内外部环境要有深刻的理解，具有较丰富的专业知识和实践经验，有较强的沟通和文字、语言表达能力，并参加卓越绩效模式自评师培训，掌握自评技巧，获得自评师资格。

第四步：自评师培训

除了导入培训，还需要培训一批自我诊断评价的骨干，即自评师，培训对象主要是跨职能项目组成员。有的组织采用请外部专家进行培训的方式，有的组织采用派内部人员参加外部权威机构举办的自评师培训班的方式。

第五步：撰写“组织概述”等材料

卓越绩效评价从“组织概述”开始。“组织概述”是组织的一个快照，显示组织成功运营的关键影响因素和所面临的挑战。撰写“组织概述”有助于组织关注其关键过程和结果，识别关键的潜在差距。当识别出问题或不足时，可以直接制定并实施改进计划。必要时，组织还可依据GB/T 19580《卓越绩效评价准则》条款撰写自评报告。

第六步：策划和制定自我评价计划

这一阶段的工作主要包括以下几个方面：

（1）确定进行自我评价的准则和合适区域。自我评价的准则可以是全面的准则，比如，GB/T 19580《卓越绩效评价准则》以及其他的质量奖模式；也可以是简易的准则，比如，“组织概述”、GB/T 19004《追求组织的持续成功　质量管理方法》附录A“自我评价工具”以及其他调查表类的评价准则。以《卓越绩效评价准则》为依据的自我评价的开展范围一般是整个组织和所有过程。

（2）以卓越绩效模式推进项目组为主体，选择自评师建立自我诊断评价组。必要时聘请外部顾问参与或指导，其好处是：便于与领导层的访谈；以外来者的眼光看问题，能激发思维；顾问阅历较广、学识较深、经验丰富，能更好地带领和培养自评师。

（3）制定自我诊断评价计划，包括评价时间、场所、内容和评审员分工安排。为提高评价效率，可考虑以条款为主线，兼顾访谈、查核对象，将同类别的“过程”和“结果”安排在一起。例如，将与总经理相关的评审内容集中安排在一个半天。

有的企业聘请咨询机构进行诊断评审，但这样咨询师仅仅是授之以“鱼”，而不能起到授之以“渔”的作用，企业之后仍然要补上建立自评机制的课。

第七步：实施自我评价

依照自我评价计划，遵循卓越绩效评价方法和评分指南，逐项进行定性和定量评价，确定优势、改进机会以及分数，列出最重要的优势、最显著的改进机会，撰写综合性的自我评价报告，附上详细的评分表。

组织可以按上述要求进行全面的详细评价，也可以仅进行定性评价而不进行定量评分，仅输出综合报告而不逐项撰写评语。

组织可以基于现状直接开展自我评价，也可以先组建材料编写组，收集材料、数据，写出初稿，作为正式评价的依据和参考。应当注意的是，这样写出的材料往往不能完全反映组织的真实情况，所以当开展正式评价时，应着重考虑组织的实际状况。因为自我评价本质上属于现场评价，评价对象是企业的实际运营，所以不能仅仅依据自评报告进行自评。

自我评价过程重在发现改进机会，应当避免过于乐观，或者由于过分重视分数而忽视了自我评价的实质。不应将自评分数与绩效考核挂钩，否则会阻碍改进机会的挖掘。

第八步：制定并实施改进和创新计划

在完成自我评价后，召开自我评价汇报会，向高层领导报告自我评价的过程和结果，并讨论以下内容：

（1）组织最重要的优势及其巩固措施，以及该优势进一步发扬光大、分享推广和创新变革的可能性；

（2）组织最显著的改进机会及其优先次序，以及如何配置人力、物力资源，采取改进和创新措施。

自我评价本身只是一项分析、诊断和评价活动，不会导致组织经营管理水平的提高。对于发现的待改进领域，如果不采取任何改进措施，则自我评价是无效的。因此，组织必须基于自我评价所识别出来的优势和改进机会及其优先次序，制定和实施相应的改进和创新计划，才能真正体现自我评价促进组织持续改进和创新，向着“卓越”目标迈进的特点。

组织应当跟踪改进和创新计划实施的进展情况，验证改进和创新计划的效果，并将行之有效的改进和创新成果在相关部门、过程中进行分享和推广。

第九步：“学习循环”

上述几步构成一个完整的学习循环（即“评价、改进和创新、分享循环”），每经过一个循环，组织经营管理的成熟度就会得到一次提升。一般来说，每1～2年可进行一次循环，同时，可以对评价方法本身进行评价和改进。

如果评分是严格按照GB/Z 19579《卓越绩效评价准则实施指南》打出的，则500分是一个组织经营管理基本成熟并达到国际先进水平的等级。如果自评分数达到500分以上，则表明组织达到了获得全国质量奖的基本水准，可以着手围绕自评中识别的优势撰写申请报告，申报质量奖（对于各省、市或行业质量奖来说，一般在450分以上即可申报）。

追求卓越是永无止境的。市场竞争日益激烈，逆水行舟，不进则退。无论组织是否获奖，都会收到一份反馈报告，组织应当充分利用它来驱动改进和创新。即便没有获奖，也要保持追求卓越的恒心，继续学习循环。如果获得了质量奖，则必须保持清醒，投入到新的学习循环中，继续走在前列。

美国的有关机构归纳了以下的“自评十步法”，可供参考：

第一步：确定组织要评价的范围。

第二步：对应卓越绩效评价准则的各个类目选出七位组织者。

第三步：决定组织的自我评价和行动计划的格式和范围。

第四步：高层领导和类目组织者编制“组织概述”。

第五步：七位类目组织者以卓越绩效评价准则的“组织的领导”条款为指导来练习自评技巧。

第六步：类目组织者挑选类目团队，编写所负责条款的回答。

第七步：团队之间分享各自的回答并确定最终结论，识别在各类目回答中的关键优势和差距。

第八步：确定组织的关键优势和改进机会的优先次序。

第九步：制定和实施改进的行动计划。

第十步：评价和改进自评过程。

9.3 全国质量奖申报与评审

9.3.1 全国质量奖的申报

2001年，中国质量协会在政府有关部门的支持下，借鉴世界发达国家质量奖的运作模式，正式设立全国质量管理奖，2006年更名为全国质量奖。全国质量奖组织奖包括大中型企业、小企业、服务业和特殊行业等奖项，还有项目奖和个人奖。

设立全国质量奖的目的：一是引导企业关注市场竞争的焦点，重视产品质量、服务质量，进而重视经营质量；二是通过卓越绩效模式，引导和激励企业追求卓越的质量经营，加速培育我国具有国际竞争力的企业；三是树立获得卓越绩效的标杆企业，将它们的经验与广大企业分享，提高我国企业的整体水平。

全国质量奖的设立受到广大企业特别是优秀企业的普遍重视和欢迎。实施卓越绩效模式、申报全国质量奖对企业的价值包括：通过自我评价和质量奖评审，发现改进和创新机会，实施持续改进；以卓越绩效模式为框架，实现管理体系和管理方法的整合；提升企业形象，宣传企业品牌；通过获奖企业的交流学习，借鉴先进经验。实施卓越绩效模式、申报全国质量奖对于员工也有很大的价值，可以拓宽员工的管理视野，促进其职业发展，提高员工权益，分享企业成功。从2001年至2016年，共有130个组织荣获全国质量奖。

全国质量奖申报材料包括：申报表（一式三份）、组织概述（3 000字以内）和自我评价报告（60 000字以内）（一式三份）、证实性材料（一式一份）以及行业/地区的质量水平评价和推荐意见（一式一份）。各地方和行业质量奖申报内容大体相似，但字数要求会有差异。

9.3.2 全国质量奖的评审

1. 全国质量奖评审的组织机构

全国质量奖评审活动的组织机构由领导机构、评审机构组成。领导机构为全国质量奖评审活动领导小组。领导小组的常设办事机构为全国质量奖评审活动领导小组办公室，设在中国质量协会会员与事业发展部，负责落实领导小组的决策，按照领导小组的授权，开展全国质量奖评审工作的组织、协调和评审全过程的服务工作。

全国质量奖的评审机构由质量奖审定委员会和质量奖评审委员会两级机构组成。审定委员会由政府、行业、地区主管质量工作的部门负责人及有权威的质量专家组成，负责审议全国质量奖活动年度工作报告，审定年度获奖组织名单。评审委员会由具有理论和实践经验的质量管理专家、质量工作者和评审员组成，负责审议全国质量奖资料评审阶段工作报告，确定进入现场评审组织名单，审议全国质量奖现场评审工作报告，向审定委员会提出年度获奖组织推荐名单。

2. 全国质量奖的评审运作

全国质量奖由组织自愿申请，具体评审运作程序如下：

（1）组织申报。凡符合全国质量奖申报基本条件的组织，根据自愿的原则，填写全国质量奖申报表，按照评审标准和填报要求，对本组织经营管理业绩进行自我评价和说明，并由所属行业或所在地区质协、质量主管部门或质量推进组织出具推荐意见（外资企业可以不经推荐，直接申报）。将申报表、自我评价报告、推荐意见及必要的证实性材料寄送领导小组办公室。

（2）资格审查。领导小组办公室对申报组织的基本条件、评价意见和材料的完整性进行资格审查。

（3）资料评审。领导小组办公室组织评审专家对资格审查合格的组织进行资料评审。评审委员会根据资料评审结果，按照优中选优的原则确定现场评审组织名单。

（4）对于经资料评审未能进入现场评审的组织，评审专家组将针对其优势和不足，提供资料评审反馈报告。

（5）现场评审。领导小组办公室组织评审专家对资料评审后确定的组织进行现场评审。评审专家组给出现场评审意见并提出存在的问题，形成现场评审报告。

（6）综合评价。评审委员会对申报组织资料评审、现场评审报告等进行综合分析，择优推荐，提出获奖组织推荐名单。

（7）公示。领导小组办公室将推荐获奖组织名单向社会公示，广泛征求社会意见。公示期为 7 个工作日。

（8）审定。审定委员会听取评审工作报告，审定获奖组织。

9.3.3 全国质量奖的获奖组织及其经验共享

获得全国质量奖已成为中国经营管理最好的公司的重要标志。全国质量奖的标志、奖杯和奖状见图 9—5。

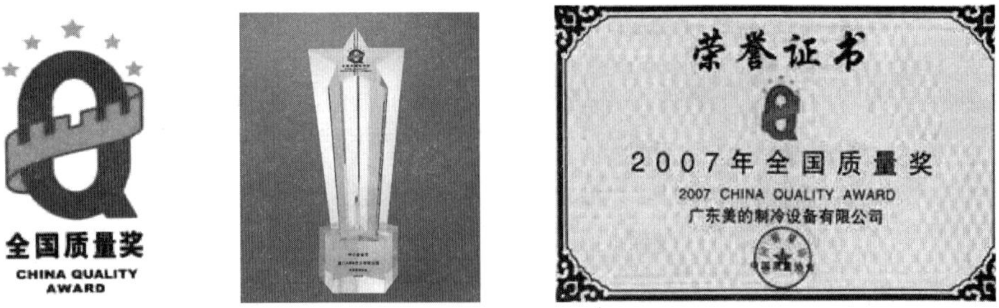

图 9—5　全国质量奖的标志、奖杯和奖状

从 2001 年至 2016 年，已有包括香港在内的 30 个省、自治区、直辖市和特别行政区的各类组织参与全国质量奖申报，覆盖国民经济 13 个行业门类、52 个行业大类的不同所有制（国有、民营和外资）和不同规模的企业。全国累计有 130 家组织获得这项重要荣誉，其中 8 家组织两度获奖（见表 9—3）。青藏铁路、

神舟九号和十号等共16个项目荣获卓越项目奖。

表9—3　　2001—2016年全国质量奖获奖企业

2001年	宝山钢铁股份有限公司、海尔集团公司、青岛港务局、上海大众汽车有限公司、青岛海信电器股份有限公司
2002年	联想（北京）有限公司、青岛啤酒股份有限公司、上海三菱电梯有限公司、中建一局建设发展公司、上海日立电器有限公司、厦门ABB开关有限公司（中小企业）
2003年	武汉钢铁股份有限公司、四川宜宾五粮液股份有限公司、兖州煤业股份有限公司、贵州茅台酒股份有限公司、济南钢铁股份有限公司、大众交通（集团）股份有限公司大众出租汽车分公司（服务业）
2004年	中天建设集团有限公司、南通醋酸纤维有限公司、浙江正泰电器股份有限公司、杭州卷烟厂、英特尔产品（上海）有限公司、上海国际机场股份有限公司（服务业）、中国网通集团天津市通信公司（服务业）、清溢精密光电（深圳）有限公司（小企业）
2005年	广西玉柴机器股份有限公司、上海贝尔阿尔卡特股份有限公司、中铁建设集团有限公司、青岛建设集团公司、浙江德力西电器股份有限公司、湖南华菱涟源钢铁有限公司、香港地铁有限公司（服务业）、浙江移动通信有限责任公司（服务业）、上海移动通信有限责任公司（服务业）、深圳海外装饰工程公司（小企业）
2006年	珠海格力电器股份有限公司、万向钱潮股份有限公司、山西太钢不锈钢股份有限公司、中国石化扬子石油化工股份有限公司、中交第二航务工程局有限公司、浙江万丰奥威汽轮有限公司、上海市电力公司市区供电公司（服务业）、中国移动通信集团广东有限公司（服务业）、恒源祥（集团）有限公司（小企业）
2007年	中国一航成都飞机工业（集团）有限责任公司、潍柴动力股份有限公司、上海隧道工程股份有限公司、中国神华能源股份有限公司神东煤炭分公司、广东美的制冷设备有限公司、康奈集团有限公司、浙江宝石缝纫机股份有限公司
2008年	广西柳工机械股份有限公司、金川集团有限公司、莱芜钢铁集团有限公司、中建八局第二建设有限公司、波司登股份有限公司、上海市第七建筑有限公司、人民电器集团有限公司、浙江三花股份有限公司、上海万科房地产有限公司（服务业）、天津港石油化工码头有限公司（小企业）、中国人民解放军第五七二〇工厂（特殊行业）
2009年	中国建筑第八工程局有限公司、南京钢铁联合有限公司、广州珠江钢琴集团股份有限公司、佛山市顺德区美的微波电器制造有限公司、西安陕鼓动力股份有限公司、浙江红蜻蜓鞋业股份有限公司、深圳市海洋王照明科技股份有限公司、四川沱牌集团有限公司、上海市电力公司（服务业）、中国人民解放军第五七一九工厂（特殊行业）
2010年	青岛海信电器股份有限公司（二次获奖）、鞍钢股份有限公司、西安西电开关电气有限公司、好孩子儿童用品有限公司、山东滨州渤海活塞股份有限公司、南京红宝丽股份有限公司、舞阳钢铁有限责任公司、河北建设集团有限公司、安徽江淮汽车股份有限公司、上海新世界股份有限公司（服务业）、上海投资咨询公司（服务业）、北京航天自动控制研究所（特殊行业）
2011年	兖州煤业股份有限公司（二次获奖）、上海三菱电梯有限公司（二次获奖）、宁波方太厨具有限公司、贵州茅台酒股份有限公司（二次获奖）、四川宜宾五粮液股份有限公司（二次获奖）、安阳钢铁股份有限公司、武汉钢铁集团氧气有限责任公司、远东电缆有限公司、浙江世友木业有限公司、浙江奥康鞋业股份有限公司、日照港第二港务公司（服务业）、中国航天科工集团三院总体设计部（特殊行业）
2012年	邯郸钢铁集团有限责任公司、浙江盾安人工环境股份有限公司、铜陵有色金属集团股份有限公司、苏州邮政局（服务业）、江苏省扬州汽车运输集团公司（服务业）、上海外高桥第三发电有限责任公司（小企业）

2013 年	三一重机有限公司、巨石集团有限公司、鲁泰纺织股份有限公司、齐齐哈尔轨道交通装备有限责任公司、邢台钢铁有限责任公司、江苏核电有限公司、日照港集团有限公司（服务业）、山东高速股份有限公司（服务业）、上海电力设计院有限公司、中国航天科工集团第二研究院第二总体设计部（特殊行业）、中国人民解放军第四八零一工厂黄埔军械修理厂（特殊行业）
2014 年	上海大众汽车有限公司（二次获奖）、广西柳工机械股份有限公司（二次获奖）、徐工集团工程机械股份有限公司、加西贝拉压缩机有限公司、江阴兴澄特种钢铁有限公司、山东景芝酒业股份有限公司、江苏省邮政速递物流有限公司（服务业）、中国天津外轮代理有限公司（服务业）、中国能源建设集团广东省电力设计研究院（服务业）
2015 年	上汽通用汽车有限公司、东阿阿胶股份有限公司、神龙汽车有限公司、内蒙古包钢钢联股份有限公司、一汽解放汽车有限公司无锡柴油机厂、山西太钢不锈钢股份有限公司（二次获奖）、国网天津市电力公司（服务业）、中国核动力研究设计院（特殊行业）、中国人民解放军第四八零六工厂军械修理厂（特殊行业）
2016 年	山东临工工程机械有限公司、大亚湾核电运营管理有限责任公司、中建海峡建设发展有限公司、马鞍山钢铁股份有限公司、中国航天科工集团第二研究院二〇六所（特殊行业）、中国船舶重工集团公司第七一六研究所（特殊行业）、中国人民解放军第四七二四工厂（特殊行业）

全国质量奖每年评审一次，一年一度的全国质量奖颁奖大会也就成为获奖企业展示交流的盛会。为了让更多的企业了解卓越绩效模式，在更广范围内更加深入地分享国内外最优秀企业的成功经验，中国质量协会自 2006 年起，将全国质量奖颁奖大会改为全国追求卓越大会。中国质量协会力图把全国追求卓越大会打造成我国质量领域最具影响力的品牌活动之一，其价值为：帮助组织不断创新和提高绩效，以获得和保持组织的竞争优势；帮助组织创建符合社会责任和道德的环境，以实现组织可持续发展；帮助组织借鉴国内外成功企业的最佳实践。

第四部分 质量管理体系

第 10 章 过程管理

过程是现代管理最基本的概念之一，也是现代管理最基本的方式之一。现代管理重在结果和创造价值，但结果和价值都是通过过程取得的，因此现代管理必须面向过程。从组织的使命、愿景、价值观，到战略目标和战略规划，都要通过过程管理来落实；所有的改进和创新也都是通过过程来实施的。

过程管理是包括质量、环境、职业健康安全等各种管理体系和卓越绩效模式、六西格玛管理等方法的共同基础。本章首先介绍过程概念、过程方法和过程管理，然后阐述过程的策划和实施，最后从过程改进的视角对质量改进方法（包括改进的典型方法 QC 小组和六西格玛管理）及其集成应用进行概述。

10.1 过程概念、过程方法和过程管理

10.1.1 过程概念

1. 过程的定义

在 ISO 9000:2015《质量管理体系　基础和术语》中将过程定义为：利用输入实现预期结果的相互关联或相互作用的一组活动。这些活动需要配置资源，如人员和材料。

图 10—1 和图 10—2 均有助于理解过程各要素及其相互作用。

需要理解的过程含义包括：

（1）每一过程均有特定的监视和测量检查点以用于控制，这些检查点根据不同的风险有所不同。

（2）将输入转化为输出的动因是活动，是相互关联或相互作用的一组活动。

（3）过程的任务在于将输入转化为预期输出，而输出就是满足要求的产品和服务。输入、输出以及过程参数的特性应是可测量的。输入和预期的输出可以是有形的（如设备、材料和元器件）或无形的（如能量或信息）。输出也可能是非预期的，如废料或污染。

（4）每一个过程都有顾客和受过程影响的其他相关方（可以是组织内部的，也可以是外部的），组织应根据其需求和期望确定所需要的输出。

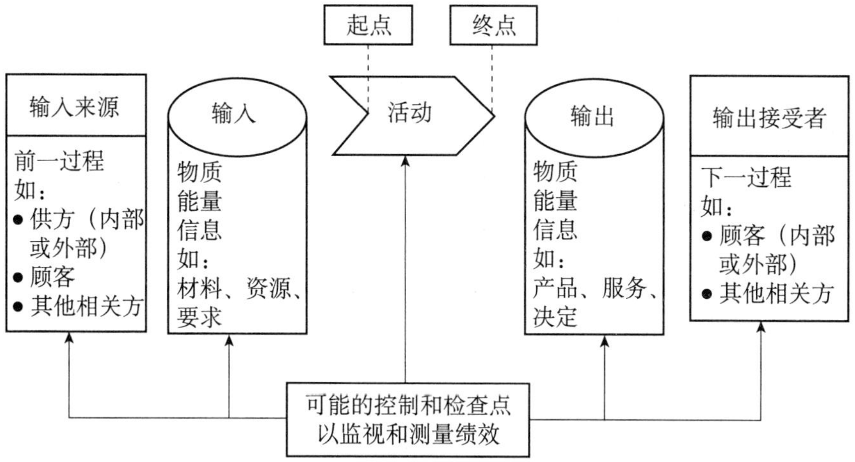

图 10—1　过程要素示意图一

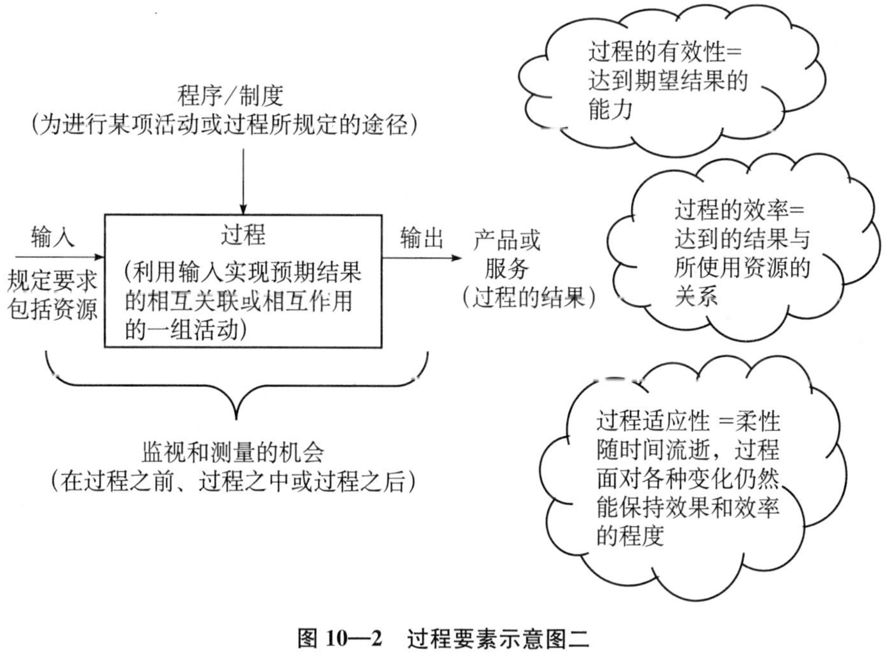

图 10—2　过程要素示意图二

（5）所有的过程都应与组织的目标相一致，并与组织的规模和复杂程度相适应。

（6）过程的本质是要增值，或者说增值是对过程的期望，即每个过程都应该是增值的过程，反之则应改进或删除。

（7）为了使过程增值，组织应当对过程进行策划，即识别过程及其要求，进行过程设计并形成程序，建立过程绩效测量和过程控制的方法，使其在受控条件下运行。过程程序的实施能够使组织稳定地获得增值。为了使过程具有更强的增值能力，组织还应当对过程进行持续改进和创新。

（8）应当建立数据收集系统，提供有关过程绩效的信息，通过分析确定是否有对纠正措施或改进的需求。过程的有效性和效率可通过内部和外部评价过程予以评价。

(9) 若输出结果不能由后续的监视或测量加以验证，应对其过程能力进行确认，并定期再确认。

(10) 过程具有伸展性：一个过程可以分解成若干更小的子过程；若干小过程可集成为一个较大的过程。

(11) 根据所含活动的多少、大小，过程可以是一个大过程（如产品实现过程），也可以是一个小过程（如某个冲裁过程）。

过程输入可以是人力、设备设施和材料，或者是决策和信息等。输入包括可控因素，也包括噪声因素，即那些被认为不可控制、不期望控制或控制费用昂贵的因素。实用而简单的过程概念模型是：

$$y=f(x_1,x_2,\cdots,x_n)$$

式中，y 为结果变量，是因变量、非独立因素；x 为输入变量或过程变量，是自变量、独立因素。上式表达的信息是，通过选取不同的 x 值，能够改变过程输出 y 的值。

2. 过程链和过程网络

过程链是指由组织内或组织之间一个个首尾串接的过程构成的链条，过程网络则是多个过程串联、并联构成的网络，如图 10—3 和图 10—4 所示。

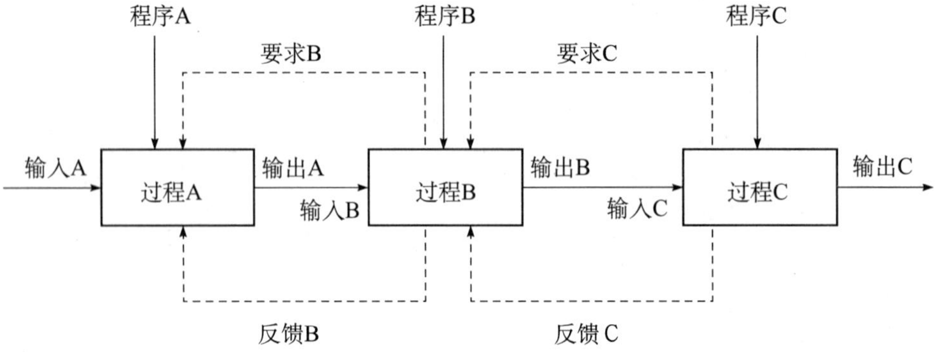

图 10—3 过程链示意图

图 10—3 显示：

● 前过程的输出就是后续过程的输入，由此形成过程的串联链接，从而形成过程链，也称为流程。过程之间是相互关联、相互作用的。

● 前过程应当主动识别和确定后续过程的要求。

● 后续过程应当向前过程提出要求，并向前过程反馈输入质量等相关信息，前过程据此进行设计、控制和改进。

● 如果过程链反映的是组织之间的大过程链接，它就是连接供应商（过程 A)、组织（过程 B）和顾客（过程 C）的供应链。

图 10—4 显示：

● 事实上，过程之间的链接既包括串联链接，也包括并联链接（若两个过程同时进行，其输出均为后一过程的输入)。

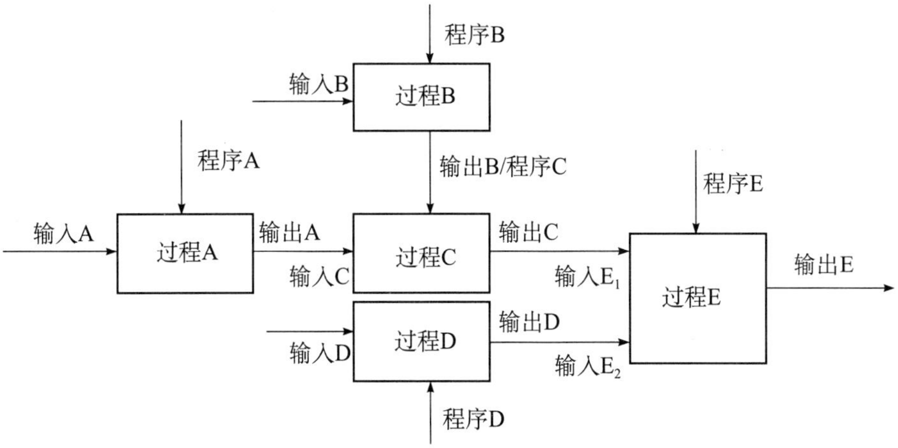

图 10—4　过程网络示意图

- 一个过程会有多个输入，同时会产生多个输出。
- 过程的混联链接很常见。例如，图 10—4 中的过程 B 是一个过程策划过程（例如工艺设计过程），其输出就成为过程 C 的程序（如工艺规程或作业指导书）。而过程 C 和 D 是并联的，其输出都是过程 E 的输入。
- 过程网络构成所谓的“系统”或“体系”。将相互关联的过程作为系统加以识别、理解和管理，以提高实现目标的有效性和效率，称为管理的系统方法。系统有大小之分，例如一个班组、车间的系统，一个公司的系统，跨公司的系统。
- 系统是过程的集成，系统的目标通过过程完成。
- 在过程网络中起主导作用的过程称为关键过程。

3. 过程的类型

一个组织的典型过程类型通常包括：

（1）领导和策划过程。包括与组织环境、领导作用、策划有关的过程。

（2）支持过程。包括为实现组织目标和获得所期望的输出而提供所需资源的所有支持过程。

（3）运行过程。包括提供组织所期望的输出的所有运行过程。

（4）绩效评价和改进过程。包括测量和收集数据、进行绩效分析、提高有效性和效率的那些过程，如测量、监视、审核、绩效分析、评价和改进过程。测量过程通常是领导和策划、支持和运行过程的一部分，而评价和改进过程常常作为独立的过程来处理，与其他过程相互作用，以测量结果为输入，进行改进并提供输出。

上述四类过程之间的关系是 PDCA 循环：领导和策划过程是 P，支持和运行过程是 D，绩效评价和改进过程是 C 和 A。

10.1.2　过程方法

在 ISO 9001:2015《质量管理体系　基础和术语》中指出：将相互关联的过

程作为一个体系加以理解和管理，有助于组织有效和高效地实现其预期结果。这种方法使组织能够对体系过程之间相互关联和相互依赖的关系进行有效控制，以提高整体绩效。过程方法包括按照组织的质量方针和战略方向，对各过程及其相互作用系统地进行规定和管理，从而实现预期结果。可通过PDCA循环以及始终基于风险的思维对过程和完整的体系进行管理，旨在有效利用机遇并防止发生非预期结果。

在质量管理体系中应用过程方法时要做到：

- 理解并持续满足要求；
- 从增值的角度考虑过程；
- 获得有效的过程绩效；
- 在评价数据和信息的基础上改进过程。

过程方法是一种对活动进行系统的组织和管理，为顾客和其他相关方创造价值的强有力的方法，其目的是提高组织在实现规定的目标方面的有效性和效率。

过程方法的好处有：

- 使各过程协调一致并整合，实现所期望的输出；
- 能够在过程的有效性和效率上下功夫；
- 向顾客和其他相关方提供在组织绩效持续性方面的信任；
- 组织内运作的透明性；
- 通过有效使用资源，降低成本，缩短周期时间；
- 获得不断改进的、持续的和可预期的结果；
- 为受关注的和需优先安排的改进活动提供机会；
- 鼓励员工参与并澄清其职责。

通常，组织由各层次的职能部门组成，实行等级制的纵向管理，将预期输出的职责分配给各个部门。组织结构是组织中正式确定的使工作任务得以分解、组合和协调的框架体系。最典型、传统的组织结构是职能型结构，即将相似或相关职业的员工组合在一起，形成职能部门，其优点是分工明确，有利于专业化和知识共享，并减少人员和资源的重复配置，带来成本节约。其缺点是由于专业化的发展，各部门过分强调本部门的重要性和利益，往往仅针对本部门制定措施，追求职能目标而忽视整体目标，不重视解决部门接口处发生的问题，使得部门之间相互隔离而看不到整体利益，形成“隧道视野”，难以进行横向协调和沟通，最终影响通过改进为相关方创造价值。

图 10—5 为职能制组织及其业务流程示意图，阴影部分为业务流程图。通常，业务流程（过程）是横跨职能的，而承担流程职能的各部门由于核心职能和绩效目标的差异，会形成阻碍流程跨越的壁垒，这种沟通壁垒极大地影响了流程运行的效率和效果。

过程方法聚焦于横向的流程管理，试图打破不同职能部门之间的壁垒，改进过程接口的管理，面向组织的主要目标。在日益动态和复杂的环境中，传统的职能制组织结构已难以适应变化，运用过程方法有助于现代组织创造性地构建和安排组织的工作，建立过程导向的组织结构和运营、改进、创新机制，最终提高组

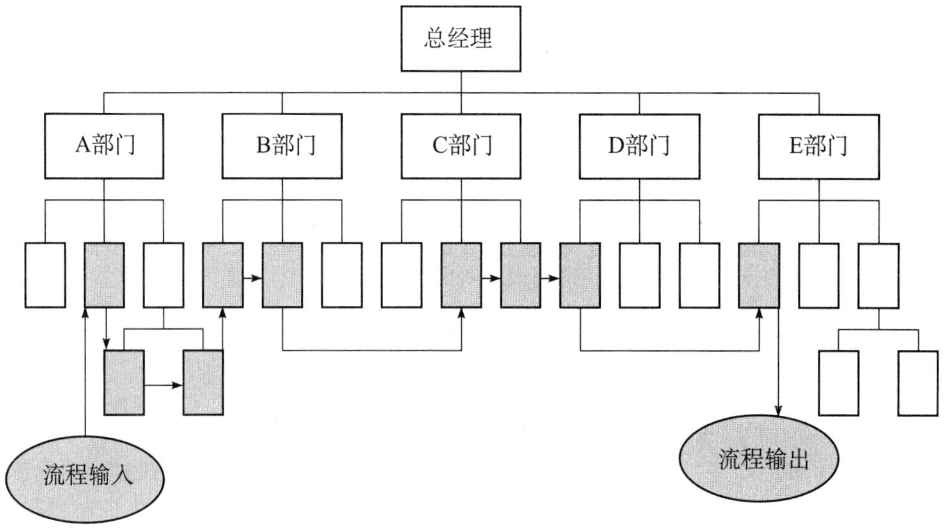

图 10—5　职能制组织及其过程管理的结构示意图

织的绩效。

10.1.3 过程管理

过程管理是指应用过程方法，使用一组实践方法、技术和工具来策划、实施、监控和改进过程的有效性、效率和敏捷性，让这些过程所形成的网络能够协调一致地产生可预测的结果，从而有效和高效地为顾客和相关方增值，落实组织的战略，最终实现组织的使命和愿景。

实施 ISO 9000 族标准是一个有效地进行过程管理的基础方法。ISO 19001 是一个最基础的标准，关注顾客满意；而 ISO 9004 是一个趋向 TQM/卓越绩效模式的标准，关注组织的总体绩效改进，致力于使顾客和其他相关方满意，以获得持续成功。

在卓越绩效评价准则中，过程管理是一个与 ISO 9000 族标准相关程度最高的类目。值得注意的是，卓越绩效评价准则中的过程管理是落实组织战略及战略实施计划（例如产品开发规划）的载体，通过方法、展开、学习和整合，持续提升组织的整体绩效，为所有利益相关方创造平衡的价值，进而履行组织使命和实现组织愿景。卓越绩效评价准则包括组织绩效的竞争对比和标杆对比，它对卓越的追求，对过程有效性、效率以及应对动态竞争环境变化的敏捷性的追求，都要高于 ISO 9000 族标准的要求。

表 10—1 列出了质量管理体系标准和卓越绩效模式标准对过程管理方法的描述，ISO 9000 族标准采用 PDCA 循环来描述过程管理方法，新版卓越绩效评价准则采用 A-D-L-I 循环来描述过程管理方法，以便与卓越绩效评价方法中用于过程条款成熟度评价的 A-D-L-I 四要素协调一致，更加强调各关键过程及其相互之间的整合性（协调一致、融合互补），支持组织的整体目标，从而更具有系统的视野。正如 2004 版美国卓越绩效评价准则手册中所言："这可以看作对 PDCA

(Plan-Do-Check-Act)或PDSA(Plan-Do-Study-Act)循环的更新。”这两类方法并无本质上的差别。

表10—1　质量管理体系标准和卓越绩效模式标准的过程管理方法

ISO 9001:2015	ISO 9004:2009	GB/T 19580—2012	GB/Z 19579—2012
● 策划(Plan):根据顾客的要求和组织的方针,确立体系的目标及其过程,确定实现结果所需资源,识别和应对风险和机遇。 ● 实施(Do):实施所做的策划。 ● 检查(Check):根据方针、目标、要求和经策划的活动,对过程以及形成的产品和服务进行监视和测量(适用时),并报告结果。 ● 处置(Act):必要时,采取措施提高绩效。	过程管理包括以下方面: ● 根据组织的战略和方针,识别组织的过程,包括外包过程。 ● P:对过程进行策划。 ● D/C:实施过程并对过程的运行进行监视和测量。 ● A:对过程进行分析;对过程进行纠正和改进。	本条款用以评价组织的过程识别、设计、实施与改进的情况。	组织应当基于“方法—展开—学习—整合”(A-D-L-I)四要素循环对过程进行评价: ● A:通过识别过程,确定对过程的要求和过程设计,建立方法。 ● D:通过过程实施,进行方法的展开。 ● L/I:通过过程的评价、改进和创新并分享其成果,实现方法的学习和整合,使方法在实践中与时俱进,成熟度不断提升,并使实施方法的各部门之间、各过程的方法之间协调一致、融合互补。

10.2　过程的策划和实施

10.2.1　过程的策划

1. 过程的识别

组织应当采用过程方法,梳理并确定主要产品、服务及经营全过程,即识别为实现使命、愿景和战略所需的所有过程,包括组织管理、资源管理、产品实现以及测量、分析与改进四个过程。其中,主要产品和服务是指当前以及未来占组织总销售收入和利润较大份额的那些产品和服务。

在梳理、确定过程中,需要确定过程的顺序,按顺序和相互关系确定过程的流程,确定并描述组织整体的过程网络及其相互关系。

组织应当明确当前的和应持续增强的核心竞争力,在识别组织全过程的基础上,考虑与核心竞争力的关联程度,定量或定性地分析这些过程对组织盈利能力和取得成功的贡献,确定组织的关键过程。适当时,对不能体现核心竞争力的过程进行调整,例如,可考虑将其外包,成为与供方和经销商等合作伙伴合作、利用外部资源的过程。

不同类别的组织,其关键过程是不同的。以下过程常被许多组织视为关键过程:

- 研发设计过程
- 采购或供应管理过程(包括外包管理)

- 生产过程
- 销售过程
- 服务过程
- 市场和品牌管理过程
- 人力资源管理过程
- 财务管理过程
- 基础设施管理过程
- 信息和知识管理过程

一般来说，组织的大多数员工介入这些关键过程。

2. 过程要求的确定

过程要求是过程设计的依据。过程管理的目的是确保和改进过程运作的质量，而过程质量就是过程满足要求的能力。“要求”不明确，过程质量就无从谈起。

关键过程的要求来自该过程的顾客和其他利益相关方，包括员工、股东、管理层、供应商和社会等相关方以及该过程的后续过程。所以，组织首先应当确定过程的主要相关方。

组织应当通过访谈、调查以及归纳，完整地识别各相关方对某一过程的要求，当要求较多时，从中确定出关键要求。必要时，还应当关注不同的顾客或其他相关方群体对过程的不同要求。这些要求应当清晰、具体，尽可能可测量，包括质量、生产率、成本、周期、准时率、环境及安全要求等。

对于不同性质的过程，要求会有明显的差别，如产品生产过程的要求主要是产品质量特性、生产率等，而零售服务过程的要求主要是热情、周到、细致、迅速以使顾客满意。

对于同一过程，不同顾客、顾客群或其他相关方群体的要求可能不同：

（1）购买产品和服务的顾客的要求包括成品的质量特性、准时交付率、全过程周期时间等。

（2）组织的所有者和受所有者委托负责经营的管理层的要求除了产品和服务质量，还包括生产率、成本等。

（3）对于后续过程，要求包括影响该后续过程的质量特性、交付给该后续过程的准时率等。

（4）对于受该过程负面输出影响的员工、社区，要求包括职业健康安全指标和环境指标。

一般来说，确定过程要求的具体步骤如下：

（1）首先界定该过程的利益相关方，即过程输出的接受者，包括购买产品和服务的顾客，员工、股东、管理层、供应商和社会等其他相关方，以及该过程的后续过程。

（2）识别上述各相关方对过程的不同要求，包括同一类相关方（如顾客）但不同群体显著不同的要求。

(3) 当要求较多时，需要确定关键或特殊要求。

(4) 过程输出有正面的（增值的），也有负面的（非增值的），应当区别对正面输出和负面输出的要求。

(5) 应当使要求具体化，并尽可能量化，以使之可测量。

表 10—2 列举了过程相关方及其对过程的要求。

表 10—2　　过程要求和关键绩效指标的确定

序号	关键过程	主要相关方					过程要求	关键绩效指标	2016 年指标值
		顾客	员工	供方	社会	领导/股东			
1	市场营销	●				●	购买方便 拓展市场 高绩效	专卖店扩展率 目标市场占有率 人均销售收入	30% 23% 120 万元
2	设计	●				●	快速满足市场需求 提高技术水平 增进设计成果	新产品设计周期 专利的数量 新产品上市成功率	9 个月 23 个 90%
3	采购	●		●		●	确保质量 准时交付 成本控制	进货批一次合格率 零部件交付准时率 “双赢”成本降低率	96% 92% 8%
4	生产	●	●		●	●	高质量产品 提高效率 减少浪费 保护环境 保障员工安全	装配不良率 单件生产工时 质量损失降低率 厂界及车间噪声 工伤事故率	2% 12 小时 10% 75/55dB 0.2%
5	服务	●			●	●	及时交货 快速有效服务	准时交付率 服务满意度	97% 86 分
…	……						……	……	……

3. 过程的设计

组织应当根据过程要求进行过程设计，而不是让过程要求迁就过程设计。例如，对于某自动化生产过程，应当根据对过程的节拍要求来设计生产线的运行速度；对于设备管理过程，应当根据对设备精度和设备故障率的要求，进行设备选购和设备维修维护（维修维护频次、级别等）过程的设计。

过程设计是否有效可从以下几方面衡量：

(1) 是否满足该过程的关键要求，并将过程要求转化为关键绩效指标。

(2) 是否均衡地考虑和融合价值链中所有相关方的要求，包括质量、安全、周期、生产率、节能降耗、环境保护、成本及其他涉及有效性和效率的因素，例如，自动化生产线的速度应兼顾产量、质量和工人疲劳度等方面的要求。

(3) 是否满足某一关键的特殊顾客群或利益相关方群体的特殊要求。

(4) 是否考虑未来可能的变化，具有前瞻性地提出预案或预留接口。

(5) 是否具有适应内外环境和因素变化的敏捷性，即当组织战略和市场变化时能够快速反应。

在过程设计中，还应当有效利用新技术和组织的知识（包括新工艺、新材料、新设备、新方法和信息技术，组织积累的技术诀窍、管理经验等），以提高过程的技术含量，充分利用组织的知识资产，增进过程的有效性和效率。例如，大幅节约信息沟通时间的信息技术，并行工程技术，防差错技术，本行业的最新技术或最适用、最先进的技术，组织内部的知识积累，竞争对比、标杆数据和最佳实践等。

当过程试运行达不到要求和（或）过程要求发生变化时，应当进行过程评价和改进，需要时进行过程的重新设计。过程的重新设计可以是对过程的完善，也可以是突破性的业务流程再造，即对企业的业务过程进行再思考和再设计。

由于产品和服务性质不同，过程设计方法可能略有不同，一般可参照下述步骤进行：

（1）列出所识别出的来自所有利益相关方的过程要求，特别是关键、特殊的过程要求。

（2）均衡地考虑上述要求，并使之尽可能融合或兼顾。

（3）搜索并考虑如何有效利用新技术和组织获得的有关信息。

（4）考虑过程的输入（包括资源）和输出，确定将输入转化为输出所需要的活动、活动的顺序和相互作用以及如何实施每项活动，规定监视和测量要求（在何处和如何进行测量和监视），逐个进行过程设计。

（5）考虑过程间的相互作用，进行过程链或过程网络的设计，优化过程间的接口，并充分考虑过程并行的可能性，以最大限度地提高过程的有效性、效率以及敏捷性。

（6）进行过程试运行，验证其能否达到过程的关键和特殊要求——如能，则转入正式的过程实施；如不能或者过程要求有了显著的变化，则进行过程的重新设计。

为确保实施、保持和改进过程及其相互关系，在过程设计中应当分配每一个过程的职责和权限，规定过程中相关部门和员工的作用和职责。负责某一过程的人员或团队通常称为该过程的所有者。为了管理过程之间的相互关系，建立过程管理小组可能是有益的。这个小组应综观所有过程，且每个相互作用的过程都应有代表参加，这样，该小组就是这个过程链或者流程的负责人。

过程设计中还要确定哪些过程要形成文件和如何形成文件。过程设计一般有以下输出：

（1）流程图，可以是一般流程图或职能展开矩阵流程图。

（2）文件化程序、指导书或计划，包括对人员、设备设施、物料、方法、环境、测量系统等过程因素和资源的需求描述，验证、评审、确认、监视、检验和试验等活动的记录。

（3）由过程要求转化的过程关键绩效指标。

10.2.2 过程的实施

组织应当根据过程设计的要求，致力于所确定方法的展开，有效和高效地进行过程实施。有效的过程实施是指：过程应当按照设计运行，达到过程的要求。高效的过程实施是指：过程应当追求高效率，即追求单位资源的最大增值，一方面要使正面的（增值的）输出最大化，另一方面要使负面的（非增值的）输出（如环境影响和安全风险）最小化。

（1）在过程设计所确定的关键绩效指标的基础上，建立过程绩效测量系统，以便进行过程的监视、控制和改进，是过程实施必不可少的工作。过程绩效可以在过程运行中进行数据采集、测量，也可以通过外部、内部顾客以及后续过程、员工、社区、管理层等利益相关方的反馈来测量。

（2）实施过程质量审核，对过程因素（5MIE，即人、机、料、法、环、测）进行调查、测量，了解过程因素和过程输出（结果）之间的关系，运用统计过程控制、测量系统分析等统计技术，控制和管理过程，特别是控制那些关键、特殊的过程，确保其稳定受控并具有足够的过程能力。

（3）保持过程的敏捷性，根据顾客、供方和合作伙伴，以及其他相关方的数据和信息，及时对过程进行动态的调整。比如，根据内部审核、顾客审核和认证机构审核的结果，采取纠正和预防措施；根据供方物料特性的变化，调整生产过程的控制参数。

（4）应用质量成本管理、价值工程等方法，优化关键过程的整体成本。例如，开展质量成本管理，通过增加预防成本，降低鉴定成本和内外部故障成本，进而降低过程质量损失，优化和控制过程整体成本。

一般来说，过程的实施可参照下述步骤进行：

（1）通过培训和沟通，使过程所有者熟悉设计的过程，明确过程要求，掌握过程实施、控制和管理方法。

（2）建立过程绩效测量系统，内容包括绩效指标项目、指标定义、计算公式、测量时间间隔、数据源、数据获取及分析方法、责任区域或责任人等。

（3）过程运行及监控，包括对过程质量损失和过程整体成本的预防和监控。

（4）依据过程设计对过程进行质量审核，包括过程输出绩效分析、过程因素调查与分析、过程稳定性和能力评价等。

（5）分析过程质量损失，预防缺陷和返工返修，降低外部失效成本，并通过价值工程等各种方法致力于优化和控制过程整体成本。

（6）依据过程实施中了解的内外部因素和信息，对过程进行动态调整。

（7）对过程变更进行管理和控制，减少风险。

10.3 过程的改进

组织应当应用流程图等质量工具进行过程分析，梳理、优化和精简业务流程，减少非增值活动；通过分析关键过程的关键绩效指标的水平、趋势，并与适宜的竞争对手和标杆进行对比，评价过程实施的有效性和效率，确定改进的优先次序和创新机会，推动过程的改进和创新，使关键过程与发展方向和业务需要保持一致，并将过程改进的成果和经验教训列入组织的知识资产，在各部门和过程中分享，适当时可与顾客、供方和合作伙伴分享，或在行业内或跨行业分享。

10.3.1 改进的概念、类型和程序

1. 改进的概念

过程改进是一种持续提高绩效的活动。从过程的策划、实施到改进，再到新一轮的策划、实施和改进，是一个永无止境、追求卓越的循环活动。

改进既是ISO 9000质量管理七项原则之一，也是GB/T 19580《卓越绩效评价准则》九项基本理念之一“学习、改进与创新”的主要内涵。无论是产品质量改进、过程质量改进还是体系质量改进，都是通过过程改进实现的，由此可以认为，过程改进是实现质量改进的基本途径。改进的对象既可以是性能、外观、可靠性、安全性、维修性等产品和服务质量特征，也可以是合格率、周期时间、成本、环境影响、安全风险等反映过程质量的绩效指标，还可以是体系的质量、经营管理的质量，包括“全面质量”或“大质量”的所有内涵。

改进的主体可以是员工个人，也可以是团队。按照全面质量管理的基本要求，通过全员参与和全组织通力协作，着眼于质量形成的全过程，应用多样化的方法（多样化的组织形式和多样化的统计工具），实现全面质量的改进。

改进的目的在于提高绩效水平，其作用包括：

（1）解决产品、服务以及管理中存在的各种问题，开展创新活动，提高质量水平。例如，减少质量缺陷、降低成本、缩短周期时间、提高生产率、降低环境影响和安全风险等。

（2）增进员工解决质量问题及创新的知识、经验和技能，促进员工的职业发展。

（3）改善组织文化，消除沟通壁垒，增进员工、团队、部门之间的协作。

（4）促进顾客及其他相关方满意和忠诚，全面提升组织竞争力和经营管理成熟度。

改进与控制有着本质上的不同。如著名的“朱兰三部曲”所示，控制旨在充分发挥现有的能力，满足质量要求，不断消除由于异常原因导致的偶发性峰值，使产品、过程或体系保持已有的质量水平，即质量维持；而改进致力于减少慢性浪费，取得前所未有的绩效水平。

改进与控制又是互补的。当经过改进达到一个新水平之后，就必须搞好控制，使过程处于受控状态，确保改进成果得以保持；而新一轮的改进将在控制的基础上酝酿，如此持续不断、循环不已。

2. 改进的类型

通常，依据改进实施后过程绩效是逐步变化还是显著变化，将改进分为突破性改进和渐进性改进两大类型。

突破性改进包括：对现有产品、过程或体系的重大改进；用全新的产品、过程或体系来取代现有产品、过程或体系，即通常所说的创新。一般来说，突破性改进的绩效有70%以上直至数倍的重大突破，通常由专门的跨职能小组以有效和高效的方式，按照项目管理的方法来实施。

渐进性改进是对现有产品、过程或体系的不断改进，是集腋成裘式的改进。

渐进性改进和重大改进的思维方式是不断地寻找问题的原因直至确定根本原因（也称要因），即不断地问为什么、为什么、为什么（why-why-why）。而创新是一种突破性的变革，不再局限于原有产品、过程或体系，其思维方式是不断地寻求新的方案，即不断地问如何、如何、如何（how-how-how）。

3. 改进的程序

改进活动必须遵循科学的规则，否则将影响改进的有效性和效率。这个科学的规则就是PDCA循环，即策划（Plan）、实施（Do）、检查（Check）和处置（Act）。它基于思维的逻辑程序，简明而易于理解，实践性强，具有广泛的适用性，是所有过程和活动（包括改进活动）都要遵循的规则。

在改进的PDCA循环中，P包括识别和确定改进机会，调查把握现状，寻求要因（对于渐进性改进和重大改进）或方案（对于创新），制定对策计划；D是实施对策计划；C为确认改进效果；A即巩固和分享改进成果。

10.3.2 改进方法及其集成应用

1. 改进方法

进入21世纪，经济的全球化导致更加复杂多变的环境，组织面临日益严峻的挑战和越来越多的问题，要进行更广泛、更深入的改进。自发的、非正式的改进已经无法应对，推行有组织的改进是一种必要的、有效的选择。

在有组织的改进中，依据改进的主体可以分为员工个人的改进和团队的改进。在长期的质量管理发展中，各种改进方法风生水起。在众多的改进方法中，合理化建议和技术革新、QC小组和六西格玛管理堪称典型的个人和团队改进方法。

（1）个人改进的典型方法：合理化建议和技术革新。在员工个人参与的改进形式中，最典型的就是合理化建议和技术革新，这也是《中华人民共和国工会法》中规定开展的工会活动之一。员工合理化建议也称为员工提案，技术革新即小改小革，都是激励基层员工发挥聪明才智、对各类组织广泛适用的质量改进组织形式，无论组织的管理基础是强还是弱，都可以推行。推行的一般步骤如下：

1）建立员工合理化建议与技术革新的制度和流程；

2）员工提出合理化建议或申报技术革新项目；

3）评审组或评审人员进行可行性评审，并向员工反馈是否采纳建议或同意实施，对采纳的建议予以表彰或奖励；

4）由提出合理化建议或技术革新项目的员工（或者转相关部门）付诸实施，并根据实施效果对员工予以表彰、奖励。

（2）团队改进的典型方法：QC小组和六西格玛管理。QC小组（QC circles，QCC）是一种自下而上的团队改进形式，强调员工参与、自主管理，既有职能部门内部的，也有跨职能的，是提高员工素质、调动员工积极性、为企业提质降耗做贡献的良好途径。而六西格玛则是一种自上而下系统推进的团队改进方法，大多是跨职能的，适合解决企业经营中的重点、关键问题，是提高企业整体素质的一种有效方法。

QC小组与六西格玛管理是在东西方文化影响下的两种质量改进方法，它们在改进的文化、改进的程序和工具、改进的组织、测评和激励等方面有许多相同或相似之处，也有一些明显的差别，如表10—3所示。

表10—3　　QC小组与六西格玛管理的主要差别

主要项目	QC小组	六西格玛管理
选题	强调“小、实、活、新”，从小事和身边事做起	要求优先解决与战略相关的关键问题
推进方式	自主参与、自下而上和上下结合	领导推进、自上而下
定位	群众性	精英性
推进成本	较低	较高

此外，在统计工具的应用方面，六西格玛管理的要求较高，要求精确验证因果关系、改进效果等。

2. 改进方法的集成应用

每个企业在生存和发展过程中都会遇到各种各样的问题，为了解决发生在不同层次、影响程度和难度各异的问题，应当有针对性地实施最合适的改进方法。例如，对困扰领导层的与战略相关的大且复杂的问题，可通过六西格玛管理以及技术和管理创新项目去应对；对困扰基层岗位的问题，可发动员工提合理化建议和组织QC小组改进等。这些改进方法可以有机集成、并行不悖、动态转换、相得益彰。如图10—6所示，当一个企业掌握和应用多种持续改进和创新的方法，形成集成化改进和创新（Integrated Improvement & Innovation，III）的方法系统，并正确、灵活运用本书第六部分所述的各种质量管理工具，就具备了应对动态竞争环境、取得长期成果的综合改进力。

10.3.3 QC小组活动

QC小组活动的全称为质量管理小组活动，是在生产或工作岗位上从事各种劳动的员工，围绕企业的经营战略、方针目标和现场存在的问题，以改进质量、降低消耗、提高人的素质和经济效益为目的组织起来，运用质量管理的理论和方法开展的团队改进活动。这种活动形式体现了现代管理以人为本的精神，有助于提高员工的素质，塑造充满生机和活力的企业文化，在世界范围内得到广泛认可和普及。

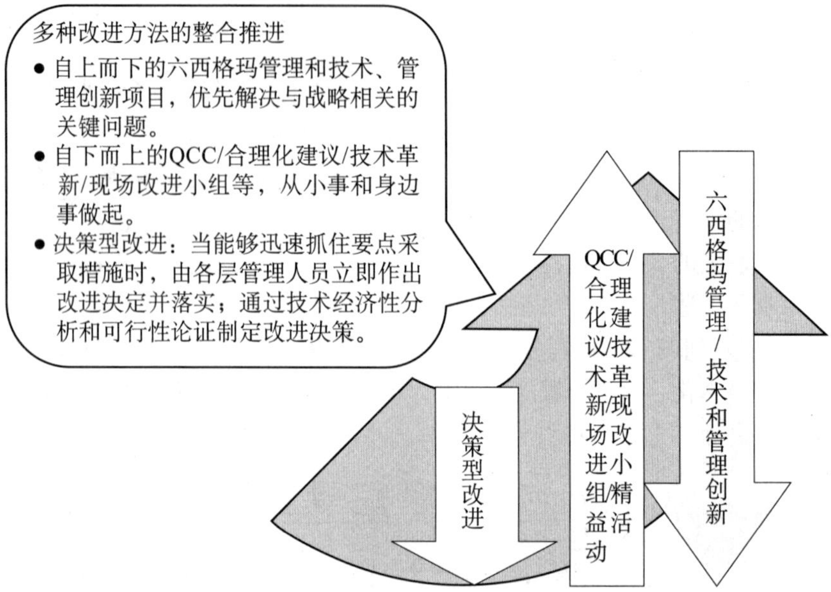

图 10—6　集成化改进和创新系统

1. QC 小组活动的由来和发展

QC 小组活动 1962 年首创于日本。20 世纪 70 年代，日本企业借助全面质量管理（当时称 TQC）渡过经济危机，树立起“日本制造”的质量形象，QC 小组活动就是其中一条很重要的成功经验。许多国家和地区在派代表团赴日学习考察的过程中，了解到 QC 小组对现场质量改进所发挥的巨大作用，纷纷学习引进，并根据各自国家和地区的特点冠以不同的称谓，如新加坡的“品管圈”、中国台湾的“品质圈”等。经过半个多世纪的普及推广，QC 小组活动已成为许多国家和地区质量改进活动的重要组成部分。目前，全球有 70 余个国家和地区在开展 QC 小组活动。

1978 年，北京内燃机总厂在学习日本全面质量管理的过程中，诞生了我国第一个 QC 小组。为积极推进 QC 小组活动，中国质量协会联合全国总工会、共青团中央和中国科协每年召开“全国质量管理小组代表会议”，国际质量管理小组大会也于 1997 年、2007 年两度在北京举行，其规模和质量都达到空前的水平。成立于 1986 年的 QC 小组工作委员会具体指导全国 QC 小组活动的开展。据不完全统计，我国每年有 1 000 多万名职工通过 QC 小组的形式参与质量管理和改进活动，创造了可观的经济和社会效益。

伴随着经济与社会的发展，质量概念不断拓展，QC 小组活动的内涵与外延也更加广泛、丰富，呈现出蓬勃发展的趋势：

（1）由制造业向服务业、医疗教育业等多行业及全社会扩展。

（2）活动形式更加灵活多样，如大型攻关项目中的子项目 QC 小组、跨部门跨工序的横向联合小组等。

（3）选题更注意与经营方针相结合，在强调活动自主性的同时，鼓励和引导

QC小组依据组织的经营战略及年度方针开展活动，如进行重点难点课题招标、设立指令性课题等。

（4）强调创新，在原有的问题解决型活动基础上，开展课题达成型即创新型活动，并制定相应的活动程序。

（5）成果评价更加注重应用推广价值，强调适用性和可操作性，如按专业门类、业务性质推进改进活动并举办专题成果发表会。

2. QC小组活动的特点

（1）明显的自主性。自主性是QC小组最主要的特点。QC小组以员工自愿参加为基础，实行自主管理、自我教育、互相启发、共同提高，充分发挥小组成员的个人潜能和创造性。QC小组不同于行政班组，其组建无须行政命令，强调自愿结合、自主管理、以人为本，注重激发员工的主观能动性。

（2）广泛的群众性。QC小组是全员参加质量管理的有效组织形式，通常自上而下启动，吸引各层次人员特别是基层员工参加。员工通过QC小组活动提高发现问题、解决问题的能力，群策群力，为个人成长创造环境，为实现组织绩效尽责尽力。

（3）高度的民主性。QC小组组长可以民主推选，也可以由小组成员轮流担任，人人都有发挥聪明才智和锻炼成长的机会。同时，在QC小组内部讨论问题、解决问题时，小组成员间是平等的，不分职位与技术等级高低，各抒己见、互相启发、集思广益，保证既定目标的实现。

（4）严密的科学性。QC小组要遵循PDCA的工作程序，运用TQM的理论和方法开展活动；在活动中要坚持以数据和事实为依据，用科学的方法来分析与解决问题。小组的建立及其活动是为了解决工作中存在的问题，有明确的目标。

3. QC小组活动的课题类型

根据活动课题的特性、解决问题的领域不同，当前小组活动课题大致可分为五种类型，即现场型、服务型、攻关型、管理型和创新型。

（1）现场型课题。通常以稳定工序质量、改进产品质量、降低消耗、改善生产环境为目的。一般选择的活动课题较小，难度不大，活动周期较短，比较容易出成果，但经济效益不一定大。

（2）服务型课题。通常以推动服务工作标准化、程序化、科学化以及提高服务质量和效益为目的。活动课题较小，时间不长，见效较快。不一定取得显著的经济效益，但社会效益往往比较明显。

（3）攻关型课题。通常以解决技术关键问题为目的。课题难度大，活动周期较长，需投入较多的资源，经济效益显著。

（4）管理型课题。通常以提高工作质量、解决管理中存在的问题、提高管理水平为目的。课题有大有小，如只涉及本部门具体业务工作的改进，课题就小一些，而涉及多个部门协作的，课题就大些，难度不尽相同，效果差别也较大。

（5）创新型课题。运用新的思维方式和视角，采用创新方法，开发新技术、新产品、新市场、新方法以实现预期目标。由于课题是以往不曾有过的，因此通常无现状可调查。为实现预定的目标，可以有多种方案，应由小组成员运用创新思维提出，并对各种方案进行分析论证和评价，必要时进行模拟试验，选择最佳方案，然后付诸实施。

4. QC 小组活动的推进

组织应确认 QC 小组活动在企业管理中的定位，通过建立相应的组织机构，对 QC 小组活动的成果进行评价和交流，采取形式多样的引导激励措施，从以下五个方面推进 QC 小组活动持续有效地开展。

(1) 教育培训。QC 小组活动涉及面广，参加者多，能否取得成功，关键在于人的意识和能力。教育培训应首先从管理者做起，采用分层的办法，按照推进者、小组骨干等不同的层次进行有针对性的培训指导，使他们掌握 QC 小组活动的知识和方法。

(2) 提供环境条件。要认识和理解 QC 小组的目的和性质，提供开展活动的环境条件，例如，活动的时间、场地和相应的资源等。同时，建立健全职责明确的组织机构（如 QC 小组推进委员会或办公室等），依托现有的行政管理体系，推选、任命专职或兼职推进者。

(3) 活动计划。应结合组织的经营目标和现状，制定 QC 小组活动的年度推进方针与计划，明确 QC 小组活动的推进力度、重点，开展、普及的方式，教育培训的内容，不同层次、各种形式的 QC 小组成果发表与经验交流会的举办时间和场地，外出交流活动的安排，以及经费预算等。

(4) 活动管理与指导。要对小组和课题注册登记、活动记录、成果报告和发表、成果评价与奖励，以及小组活动的基本程序等提出明确要求，制定具体可行的管理方法，使 QC 小组活动逐步做到规范化、科学化、日常化。有关领导和推进者应对 QC 小组给予具体指导，当好参谋和顾问。

(5) 评价激励。高层管理者的认可与激励，是 QC 小组活动能够持续发展的最重要的支撑条件。因此，领导和推进者应制定并完善 QC 小组活动及成果的评审、表彰体系和标准；出席 QC 小组成果交流会并颁奖，为 QC 小组提供自我启发、相互学习的平台和机会；支持 QC 小组成员参加外部交流等。

10.3.4 六西格玛管理

1. 六西格玛管理的起源与发展

20 世纪 70 年代后期，日本的汽车、电子产品如潮水般涌入美国。摩托罗拉公司作为美国最大的电子产品制造商，面临着巨大的挑战。在当时的首席执行官（CEO）鲍勃·高尔文的大力支持下，经过几年的酝酿和探索，摩托罗拉在 1987 年形成了一套被称为六西格玛管理的系统方法，点燃了六西格玛方法的火种。它使摩托罗拉的产品和服务质量在最初的 5 年中提高了 10 倍，10 年间销售额增长 5 倍，利润每年增加 20%，收益累计达 140 亿美元，股票价格平均每年上涨

21.3%，效果十分显著。

1993年，六西格玛管理的两个主要创始人迈克尔·哈瑞（Mikel Harry）和理查德·施罗德（Richard Schroeder）到总部位于瑞士的ABB公司应聘，推广应用并进一步完善了六西格玛方法。随后，施罗德加入由拉里·博西迪（Larry Bossidy）任CEO的联合信号公司（Allied Signal），而哈瑞则创办了著名的六西格玛学院（Six Sigma Academy）。

1995年，通用电气（GE）掌门人杰克·韦尔奇，全球最著名的CEO之一，开始在GE强力推行六西格玛，使GE从一个优秀的企业变成一个卓越的企业。

在GE应用六西格玛管理取得巨大成功之后，六西格玛管理为全世界企业，特别是许多《财富》500强企业所关注、认识并接受，它们纷纷导入六西格玛管理。我国的宝钢、太钢、中国航空工业集团、中兴通讯等知名企业也陆续开展六西格玛管理活动。中国质量协会成立了全国六西格玛管理推进委员会，开展六西格玛黑带注册考试、优秀六西格玛项目及企业评选，编写了《六西格玛管理》教材和《六西格玛管理评价准则》标准，持续推动六西格玛方法在我国的开展。

今天，六西格玛管理已经从摩托罗拉、GE走向全世界：从西方走向东方，从世界500强走向普通企业乃至中小企业，从电子、机械、化工、冶金等制造业走向银行、保险、航空、电子商务等服务业。

2. 六西格玛的含义

六西格玛管理是一个系统、集成的业务改进方法体系，是一套旨在持续改进企业业务流程、实现顾客满意的管理方法。它通过系统、集成地采用业务改进流程，实现无缺陷的过程设计（面向六西格玛的设计，简称DFSS），并对现有过程进行界定（Define）、测量（Measure）、分析（Analyze）、改进（Improve）、控制（Control）——简称DMAIC改进流程——消除过程缺陷和无价值作业，从而提高产品和服务质量、降低成本、缩短运转周期，使顾客完全满意，增强企业竞争力。

（1）六西格玛的统计含义。σ是一个希腊字母，读作“西格玛”，在数理统计中表示标准偏差，表示数据相对于平均值的分散程度，用于评估产品和过程特性的波动大小。

西格玛水平则是对过程满足质量要求能力的一种度量，西格玛水平越高，过程满足质量要求的能力就越强。表10—4显示了不同西格玛水平的合格率和百万机会缺陷数。六西格玛质量水平意味着100万个机会中只有3.4个缺陷。

（2）六西格玛的管理含义。今天，六西格玛已远远超出其统计含义，成为一种顾客驱动下的持续质量改进方法论，包括以下多重管理含义：

1）六西格玛目标。实施六西格玛并不意味着一定要达到六西格玛水平的质量，而在于对过程进行突破性的改进和创新，使过程趋于目标值并减少波动，达到如图10—7所示的“又精又准”的状态，追求零缺陷，追求完美。

表 10—4　　西格玛水平与合格率及缺陷数之间的关系（分布中心漂移±1.5σ）

西格玛水平	合格率（%）	百万机会缺陷数（DPMO）
1.0	30.23	697 700
2.0	69.13	308 700
3.0	93.32	66 810
4.0	99.379	6 210
5.0	99.976 7	233
6.0	99.999 66	3.4

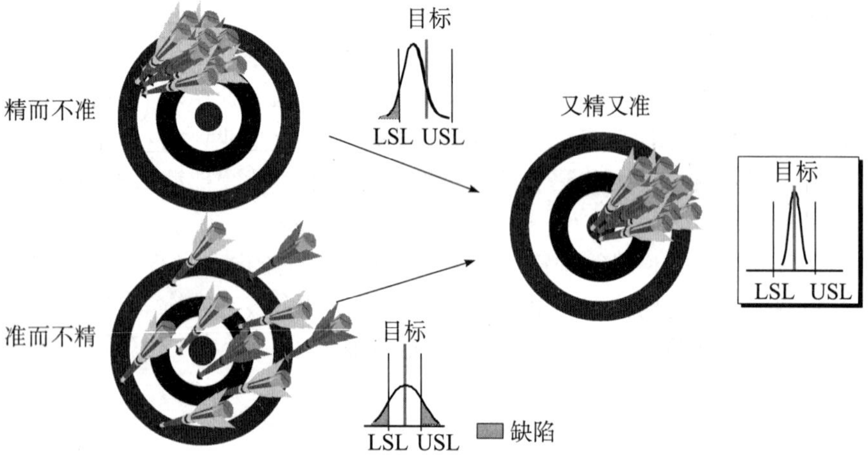

图 10—7　六西格玛目标：又精又准

2）六西格玛方法。六西格玛绝非仅应用统计技术解决问题，而是一种系统、集成的业务改进方法体系，其工具和方法包括现代质量管理技术、应用统计技术、工业工程和信息技术等。

3）六西格玛文化和战略。将六西格玛核心理念和改进方法融入企业文化，列为企业的战略，提升企业战略执行力，促进组织完成使命，实现愿景和战略目标（见表 10—5）。

表 10—5　　六西格玛的核心理念和双重战略意义

六西格玛的核心理念	六西格玛的双重战略意义
（1）高层领导的作用 （2）顾客驱动与顾客满意 （3）组织和员工的学习 （4）基于数据和事实的管理 （5）无边界合作与突破性过程改进 （6）注重结果和价值创造	作为一种企业战略和作为一种战略绩效改进的方法。 如果说将六西格玛作为一种企业战略是推行六西格玛管理最有吸引力的选择，那么，将六西格玛作为一种战略绩效改进方法，使六西格玛项目与组织目标密切联系，则是推行六西格玛管理所必需的。

3. 六西格玛管理的实施

（1）六西格玛管理的组织。要实施六西格玛管理，首先要创建一个由高层领导推进的以黑带团队为基础的六西格玛组织体系（见图10—8），并确定各关键角色及其责任。

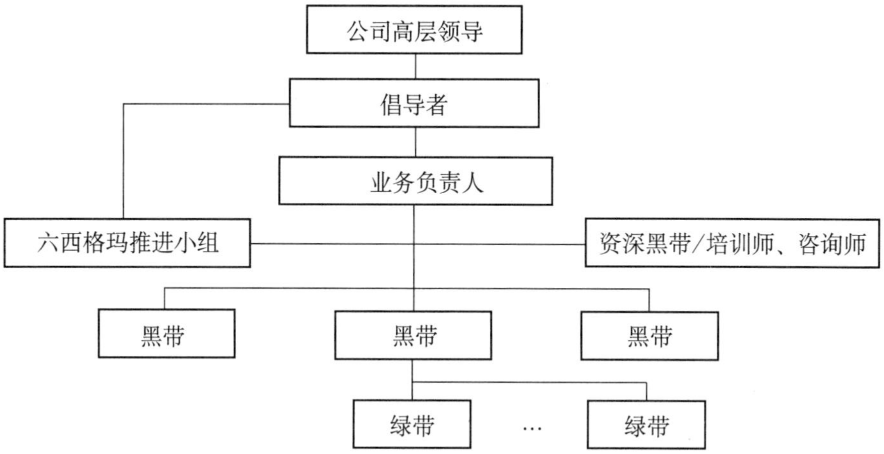

图10—8　六西格玛组织体系示意图

如图10—8所示，六西格玛组织体系包括以下几个方面：

公司高层领导：高度认同，大力推进，热情激励和带头参与。

倡导者：发起和支持六西格玛项目，以战略视角对六西格玛项目进行全面部署、资源配置和过程监控。

业务负责人：作为六西格玛项目相关的过程管理者，支持和配合项目团队，落实和保持改进成果。

资深黑带：公司高层领导和倡导者的高级参谋，负责培训指导、协调管理。

黑带：在倡导者及资深黑带的指导下，组织、管理、激励、指导六西格玛项目团队开展工作，使项目获得成功。

绿带：黑带项目团队的成员或较小项目的团队负责人，是六西格玛项目最基本的力量。

（2）六西格玛改进的DMAIC流程。在倡导者选择六西格玛项目之后，由黑带组成项目团队，按照DMAIC五个阶段，有效地运用统计技术和工具，实现六西格玛突破性改进。

DMAIC建立在PDCA循环的基础上，是一个逻辑严密的过程循环，代表六西格玛改进的五个阶段：

1）界定阶段：确认顾客的关键需求，并识别需要改进的产品或过程，确定要改进的过程输出y，将改进界定在合理的范围内。

2）测量阶段：通过对现有过程的测量，确定现状和目标，并验证测量系统的有效性。

3）分析阶段：识别影响过程输出y的输入x_s，通过数据分析确定影响输出y的关键x_s，即确定过程的关键影响因素。

4）改进阶段：寻找优化过程输出y，并减小或消除关键x_s的影响的方案，使过程的缺陷或变异得到突破性的降低。

5）控制阶段：使改进后的过程标准化，并监控改进成果，寻求进一步的持续改进方法。

（3）六西格玛设计的流程。近年来，六西格玛设计越来越受到国内外企业的重视，从产品和过程形成的源头就进行六西格玛设计已成为六西格玛管理发展的新趋势。与六西格玛改进类似，开展六西格玛设计也需要建立和运行一个流程，但是六西格玛设计的理论和方法还在发展和完善之中，尚未形成统一的或得到普遍认同的流程。目前主要的六西格玛设计流程有：

1）DMADV 流程，即定义（Define）、测量（Measure）、分析（Analyze）、设计（Design）、验证（Verify）；

2）DMEDI 流程，即定义（Design）、测量（Measure）、探索（Explore）、研发（Develop）、实现（Implement）；

3）IDDOV 流程，即识别（Identify）、定义（Design）、研发（Develop）、优化（Optimize）、验证（Verify）；

4）ICOV 流程，即识别（Identify）、特性实现（Characterize）、优化（Optimize）、验证（Verify）。

（4）六西格玛管理与精益生产的融合。精益生产与六西格玛虽然起源不同，在解决问题的方法上也有一定的差异，但在核心理念上两者都强调基于顾客满意的持续改进。表 10—6 给出了两种方法的比较。

表 10—6　　六西格玛管理与精益生产的比较

项目	精益生产	六西格玛管理
假定	（1）消除浪费可以改善绩效 （2）大量的小改进更有利于组织成长	（1）问题总是存在的 （2）测量是重要的 （3）随着变异减少，系统产出得到改进
文化基础	东方以人为本的文化和管理思想	西方制度化、工具化的文化和管理思想
直接目标	（1）消除一切浪费，降低成本 （2）缩短流程周期，增强响应能力 （3）多品种小批量生产，增加柔性	（1）消除变异，优化流程 （2）提高质量，增加价值
关注焦点	价值流	问题
工具方法	5S 管理、准时化生产、快速换模、防错、看板、并行工程、视觉控制、自働化、平顺化、TPM、约束理论、Kaizen（持续改进）、DFM/A（面向可制造性/可装配性设计）、价值工程和标准化作业等	分层法、散布图、排列图、因果图、关联图、系统图、亲和图、矩阵图、矩阵数据分析法、过程决策程序图、SIPOC 图、QFD、FMEA、DOE、SPC、Benchmarking、测量系统分析、方差分析、响应曲面方法和平衡计分卡等
实施步骤	（1）精确地确定价值 （2）识别价值流 （3）流动 （4）拉动 （5）尽善尽美	（1）界定 （2）测量 （3）分析 （4）改进 （5）控制

续前表

项目	精益生产	六西格玛管理
共同点	(1) 关注顾客满意，顾客驱动 (2) 关注财务成果 (3) 注重持续的系统整体改进 (4) 重视改变思想观念和行为方式（注：精益要求把“部门”和“成批排队”思想转换成“团队”和“连续流动”概念） (5) 全员参与，团队相互合作与协调 (6) 管理层的大力支持与参与 (7) 注重人、系统和技术集成	
特点	(1) 工具软性，但很有效 (2) 注重柔性、灵活性、迅速、机动 (3) 强调节流	(1) 工具精良，功能强大 (2) 注重系统性、规范化 (3) 强调开源与节流
实施方式	自下而上推动	自上而下推动
主要效果	(1) 减少一切浪费（库存、缺陷等） (2) 优化流程，缩短交货期 (3) 提高生产率 (4) 降低成本，改善资本投入	(1) 减少变异，统一产出 (2) 消除缺陷，改进质量 (3) 增加顾客价值，提高利润 (4) 顾客满意与忠诚
优势	(1) 持续的全面创新和变革 (2) 强调连续流动和拉动 (3) 与相关利益主体的全面合作关系 (4) 整体优化，追求尽善尽美 (5) 见效快	(1) 应用大量统计工具，精确界定问题 (2) 流程彻底改进和设计 (3) 追求完美和精益求精（持续改进）
不足	(1) 过多依赖经验管理，缺乏定量分析 (2) 对波动处理不力，难以“精益” (3) 疏于人才培训和系统方法的整合 (4) 急功近利，出现“非精益化”反弹	(1) 流程增值性分析着力不够 (2) 过于强调量化和统计工具
精益六西格玛的优势	通过持续快速改进，消除浪费与缺陷，低成本地快速满足顾客需求，获得竞争优势	

六西格玛管理与精益生产具有很强的互补性。六西格玛管理是解决问题的方法论，有一个非常好的解决问题的框架。它以数据分析为基础，旨在通过消除过程变异、持续改进获得近乎完美的质量，进而实现顾客完全满意和忠诚。六西格玛关注质量和价值，其核心目的是增加价值、满足顾客。精益生产是一种消除浪费、优化流程、准时化生产的方法。它可以把任何地方作为改善的起点，其最终目的是用尽善尽美的流程为顾客创造尽善尽美的价值。精益生产关注成本和速度，其核心是降低成本、提高效率。

精益六西格玛是精益生产与六西格玛管理的有机融合，可以集成优势、弥补不足，既可通过六西格玛管理大幅提升产品质量、增加顾客价值，又能通过精益生产减少资本投入、提高效率和市场响应能力。精益生产与六西格玛管理融合应用，已成为一种国际发展趋势。

(5) 六西格玛管理的推进步骤。如图10—9所示，企业推行六西格玛一般可分四个阶段，即导入期、加速期、成长期和成熟期，大约可以用4～5年的时间完成从导入到成熟的全过程。

在六西格玛推进的过程中，每一阶段都会遇到三类阻力：技术阻力（对方法的恐惧、技术力量的不足等）、管理阻力（部门间的沟通壁垒、激励机制和资源缺乏等）和文化阻力（观念上不认同、靠经验和感觉做决策、变革动力缺失等）。当推进的动力难以抵御这三方面阻力的合力时，就会出现如图 10—9 所示的关键转折点。如果不能有效地增加动力、减少阻力，六西格玛就会在某一阶段“夭折”。而如果成功地越过这些转折点，六西格玛就能在企业深入持久地开展下去，为企业创造更多的效益和更强劲的竞争力。

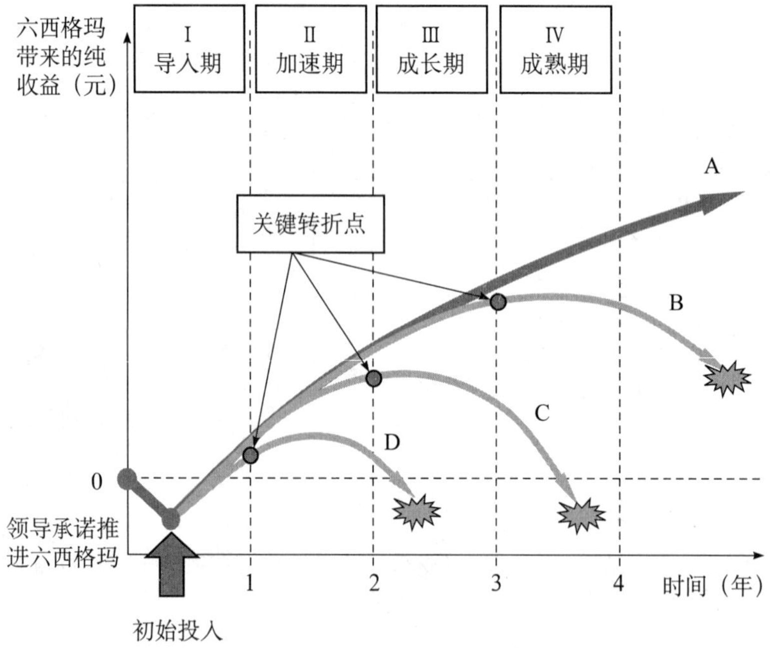

图 10—9　六西格玛的推进轨迹

1）导入期。分为起步、培训与改进实践、坚持不懈与获得成功等步骤。

起步意味着获得了高层领导的支持和承诺，确定了倡导者、资深黑带这样的推动者，并将六西格玛定为公司的战略举措，或制定了一个具体的六西格玛推进行动计划，拟订了首批项目和黑带培训种子人选，有了初期投入的财务预算。

将六西格玛的培训与项目实践交替推进，即在阶段性的培训之后紧接着开展阶段性的项目改进，循环进行。

在首批黑带和绿带培训完成后，应有一部分项目已经完成，还会有一批项目正在进行中。只要坚持到底，就能够在年内收获果实。

2）加速期。第一年导入期的成功之日正是新的转折之时。虽然经过第一轮项目工作，企业获得了初步的结果，但如果没有下一步的正确部署，六西格玛只会是一个短期的流行并走向失败。在这一转折点应当形成制度并加速实施，使六西格玛从试验性实施向企业的一项长期管理活动过渡。

3）成长期。一个导入并成功实施约两年六西格玛管理的企业，仍然会出现“断流”的趋势。所有实施六西格玛的企业都会遇到这样的问题，其中最重要的一个原因是经营环境总在不断变化，总有新技术、新方法和新政策等出现。为了获得持续发展，需要不断地将六西格玛工作拓展到公司的所有方面，包括用六西格玛促进新技术的应用、促进创新和新市场的开发。

4）成熟期。最后一个转折也许是最困难的转折，关键是要推动人们观念和行为方式的改变，将六西格玛融入企业，成为人们的一种工作和思维方式，成为组织运营的基因。要将六西格玛与各项战略、管理体系和改进方法融合，建立高度整合的持续改进和知识分享的方法系统、高度整合的全面质量管理或卓越绩效管理体系。

第 11 章 ISO 9000 族标准

ISO 9000 族标准是国际标准化组织制定的有关质量管理的一组国际标准，在全世界范围内得到广泛应用。本章简要介绍 ISO 9000 族标准的构成、特点和意义，重点介绍 ISO 9000，ISO 9001 和 ISO 9004 三个核心标准的主要内容。

11.1 ISO 9000 族标准的构成、特点和意义

11.1.1 ISO 9000 族标准的构成

1. ISO 9000 族标准的起源

ISO 是国际标准化组织的简称，该组织的宗旨是在世界范围内促进标准化工作的开展，扩大知识、科学、技术和经济方面的合作。其主要任务是：制定国际标准，协调世界范围内的标准化工作，与其他国际性组织合作研究有关标准化问题。

ISO 成立以后制定了大量关于产品、材料或过程的工业技术标准。20 世纪 80 年代，ISO 开始进入新的领域——管理类标准。

许多国家在工业化过程中逐渐发现仅靠最终检验并不能完全保证产品质量，而把质量管理从出厂前延伸到整个生产过程中的方法取得了显著效果，于是 20 世纪 70 年代，一些主要发达国家根据这种方法制定了相应的质量体系标准，如加拿大的 CSA Z299、英国的 BS 5750、美国的 ANSI/ASQC Z1. 15 等。

随着国际上要求制定一个能被共同认可的质量管理标准的呼声日益高涨，ISO 在 1979 年成立了负责质量管理和质量保证的技术委员会 TC176，从 1986 年到 1987 年，发布了 ISO 第一套管理标准，包括 ISO 8402，ISO 9001，ISO 9002，ISO 9003 和 ISO 9004 标准，组成质量管理和质量保证系列标准。标准对从产品的设计开发至售后服务的质量管理体系提出了要求，其中 ISO 9004 标准为组织的质量管理体系业绩改进提供了指南。随后，TC176 又制定了一系列支持性标准，形成了一个标准"族"。所有这些由 TC176 制定的标准统称 ISO 9000 族标准。ISO 9000 族标准先后修订四次，从偏重制造业到现在成为适用于各种类型和复杂程度的组织的标准，得到世界各国的广泛认可。

2. ISO 9000 族标准的构成

ISO/TC176 下设三个分技术委员会，分别负责概念和术语、质量体系、支持性技术等方面标准的制定。以下是 ISO 9000 族现行有效的标准。

（1）由 SC1 分技术委员会负责制定的标准。

ISO 9000:2015（等同采用标准号 GB/T 19000—2015）《质量管理体系　基础和术语》

（2）由 SC2 分技术委员会负责制定的标准。

ISO 9001:2015（等同采用标准号 GB/T 19001—2015）《质量管理体系　要求》

ISO/NP TS 9002《质量管理体系　ISO 9001:2015 标准的应用指南》

ISO 9004:2009（等同采用标准号 GB/T 19004—2011）《追求组织的持续成功　质量管理方法》

ISO 10005:2005（等同采用标准号 GB/T 19015—2008）《质量管理体系　质量计划指南》

ISO 10006:2003（等同采用标准号 GB/T 19016—2005）《质量管理体系　项目质量管理指南》

ISO 10007:2003（等同采用标准号 GB/T 19017—2009）《质量管理体系　技术状态管理指南》

（3）由 SC3 分技术委员会负责制定的标准。

ISO 10001:2007（等同采用标准号 GB/T 19014—2009）《质量管理　顾客满意　组织行为规范指南》

ISO 10002:2014（等同采用标准号 GB/T 19012—2008）《质量管理　顾客满意　组织投诉处理指南》

ISO 10003:2007（等同采用标准号 GB/T 19013—2009）《质量管理　顾客满意　组织外部争议解决指南》

ISO 10004:2012（等同采用标准号 GB/Z 27907—2011）《质量管理　顾客满意　监视和测量指南》

ISO 10008:2013《质量管理　顾客满意　企业对消费者（B2C）电子商务交易指南》

ISO 10012:2003（等同采用标准号 GB/T 19022—2003）《测量管理体系　测量过程和测量设备的要求》

ISO/TR 10013:2001（等同采用标准号 GB/T 19023—2009）《质量管理体系文件指南》

ISO 10014:2006（等同采用标准号 GB/T 19024—2008）《质量管理　实现财务和经济效益指南》

ISO 10015:1999（等同采用标准号 GB/T 19025—2001）《质量管理　培训指南》

ISO/TR 10017:2003（等同采用标准号 GB/Z 19027—2005）《ISO 9001:2000

标准中统计技术指南》

ISO 10018:2012《质量管理　员工参与和能力指南》

ISO 10018/NP《质量管理　员工参与和契合指南》（目前处于项目批准阶段）

ISO 10019:2005（等同采用标准号 GB/T 19029—2009）《质量管理体系咨询师及其服务应用指南》

ISO 19011:2011（等同采用标准号 GB/T 19011—2012）《管理体系审核指南》

（4）另有三个标准由 ISO/TC176 秘书处直接负责制定。

ISO/TS 16949:2009（等同采用标准号 GB/T 18305—2003）《质量管理体系　汽车生产件和相关维修零件组织应用 ISO 9001:2008 标准的特别要求》

ISO/TS 17582:2014《质量管理体系　政府所有级别选举组织应用 ISO 9001:2008 标准的特殊要求》

ISO 18091:2014《质量管理体系　地方政府应用 ISO 9001:2008 标准的指南》

3. ISO 9000 族的核心标准

ISO 质量管理体系标准系列中有三个核心标准，即 ISO 9000《质量管理体系　基础和术语》、ISO 9001《质量管理体系　要求》和 ISO 9004《追求组织的持续成功　质量管理方法》。

ISO 9000《质量管理体系　基础和术语》为正确理解和实施 ISO 9000 族标准提供了必要基础。ISO 9001 标准规定了质量管理体系要求，采用 ISO 制定的管理体系标准框架，使组织能够使用过程方法，并结合 PDCA 循环和基于风险的思维，将其质量管理体系与其他管理体系标准的要求进行协调或整合。ISO 9004《追求组织的持续成功　质量管理方法》为选择超出 ISO 9001 标准要求的组织提供了持续成功的指南。

11.1.2　ISO 9000 族标准的特点

ISO 9000 族标准有以下特点：

（1）帮助组织增强顾客满意。ISO 9001 和 ISO 9004 都有通过识别顾客需求和期望、监视顾客和相关方满意来增强顾客满意的内容。

（2）ISO 9000 族标准适用于各种类型、不同规模以及提供不同产品和服务的组织。ISO 9001 标准可以针对某些不适用的要求，说明其不影响确保产品和服务合格以及增强顾客满意的能力或责任的理由。它通过“1＋1”方式，即在 ISO 9001 标准要求的基础上再加上某些行业特定要求来适应不同行业，如汽车业 ISO/TS 16949 和软件业 ISO/IEC 90003 标准等。

（3）ISO 9000 族标准都适用于过程方法，可以运用 PDCA 循环持续改进质量管理体系的绩效和有效性。

（4）通过采用相同的高阶结构使 ISO 9001 标准与其他管理体系（如环境管

理体系）相容，并将多个管理体系整合成综合管理体系，提高体系运行的效率。

（5）ISO 9000 族标准被定期评审以提高标准的适用性，在需要改进标准时做出改变。ISO/TC176 根据来自用户的输入进行持续评价，并把质量管理领域的新概念纳入标准。

11.1.3 ISO 9000 族标准实施的意义

以完整的方式运用全部 ISO 9000 族标准将使组织获得最大价值。组织在采用 ISO 9001 标准以实现第一阶段绩效水平之前应当先掌握 ISO 9000 标准，从而熟悉标准的基本概念和所使用的语言。然后可以利用 ISO 9004 标准所描述的实践来使组织的质量管理体系更加有效和高效地实现经营目的和目标。ISO 9001 和 ISO 9004 标准的结构可使组织把它们与其他管理体系（如环境）或部门特定要求（如汽车业的 ISO/TS 16949）整合起来。

ISO 9001 的附录 B“ISO/TC176 质量管理和质量保证技术委员会制定的其他质量管理和质量管理体系标准”（资料性附录）描述了 ISO 9000 族标准之间的关系，以及实施质量管理体系时何处可以应用这些标准。

11.2 ISO 9000《质量管理体系　基础和术语》

11.2.1 ISO 9000:2015 标准的适用范围和内容

ISO 9000 标准表述的质量管理的基本概念和原则一般适用于通过实施质量管理体系寻求持续成功的组织；对组织持续提供符合其要求的产品和服务的能力寻求信任的顾客；对在供应链中其产品和服务要求能得到满足寻求信任的组织；通过对质量管理中使用的术语的共同理解，寻求促进相互沟通的组织和相关方；依据 ISO 9001 的要求进行合格评定的组织；质量管理培训、评价和咨询的提供者等。

ISO 9000:2015 标准为质量管理体系提供了基本概念、原则和术语，为质量管理体系的其他标准奠定了基础。本标准旨在帮助使用者理解质量管理的基本概念、原则和术语，以便有效和高效地实施质量管理体系，并实现质量管理体系其他标准的价值。

ISO 9000:2015 标准通过提出建立质量管理体系的基本概念和原则，提供了一种对组织更加开阔地进行思考的方式。

所有的概念、原则及其相互关系应看成一个整体，而不是彼此孤立的。没有哪一个概念或原则比另一个更重要。在应用时，进行适当的权衡至关重要。

11.2.2 基本概念

1. 质量

一个关注质量的组织倡导通过满足顾客及其他有关相关方的需求和期望实现

其价值的文化，这种文化反映在其行为、态度、活动和过程中。

组织的产品和服务质量取决于满足顾客的能力，以及对有关相关方的有意和无意的影响。

产品和服务的质量不仅包括其预期的功能和性能，还涉及顾客对其价值和获益的感知。

2. 质量管理体系

质量管理体系包括组织确定其目标，以及为获得期望的结果确定过程和所需资源的活动。质量管理体系管理相互作用的过程和所需的资源，以向有关相关方提供价值并实现结果。

质量管理体系能够使最高管理者通过考虑其决策的长期和短期影响而优化资源的利用。

质量管理体系给出了在提供产品和服务方面，针对预期和非预期的结果确定所采取措施的方法。

3. 组织环境

理解组织环境是一个过程。这个过程确定了影响组织的宗旨、目标和可持续性的各种因素。它既需要考虑内部因素，例如，组织的价值观、文化、知识和绩效，也需要考虑外部因素，例如，法律、技术、竞争、市场、文化、社会和经济环境。

组织的宗旨可表达为包括其愿景、使命、方针和目标。

4. 相关方

相关方的概念扩展了仅关注顾客的观点，而考虑所有有关相关方是至关重要的。

识别相关方是理解组织环境的过程的组成部分。有关相关方是指若其需求和期望未能满足，将给组织的持续发展带来重大风险的那些相关方。为降低这些风险，组织需确定向有关相关方提供何种必要的结果。

组织的成功，有赖于吸引、赢得和保持有关相关方的支持。

5. 支持

最高管理者在支持质量管理体系和全员积极参与时，要能够提供充分的人力和其他资源；监视过程和结果；确定和评估风险和机遇；采取适当的措施。最高管理者负责获取、分配、维护、提升和处置资源，支持组织实现其目标。

(1) 人员。人员是组织内不可缺少的资源。组织的绩效取决于体系内人员的工作表现。通过对质量方针和组织所期望的结果的共同理解，可使组织内人员积极参与并协调一致。

(2) 人员的能力。当所有人员理解并应用所需的技能、培训、教育和经验履行其岗位职责时，质量管理体系是最有效的。为人员提供拓展必要能力的机会是最高管理者的职责。

（3）意识。意识来源于人员认识到自身的职责，以及他们的行为如何有助于实现组织的目标。

（4）沟通。经过策划并有效开展的内部（如整个组织内部）和外部（如与有关相关方）沟通，可提高人员的参与程度和对组织环境的理解；提高顾客和其他有关相关方的需求和期望；改进质量管理体系。

11.2.3 质量管理原则

ISO/TC176 的各国专家总结了国际上多位质量管理大师以及许多优秀组织多年的最佳实践，提炼成质量管理原则，它代表质量管理领域的先进理念。一个组织成功的关键，在于能否将这些原则贯彻到组织的所有层次和活动中。组织的高层管理者可以把这些原则作为指导组织改进绩效的框架。质量管理原则是 ISO 9000 族标准的理论基础。

1. 以顾客为关注焦点

质量管理的首要关注点是满足顾客要求并且努力超越顾客期望。

组织只有赢得和保持顾客和其他有关相关方的信任才能获得持续成功。与顾客相互作用的每个方面都提供了为顾客创造更多价值的机会。理解顾客和其他有关相关方当前和未来的需求，有助于组织持续成功。

2. 领导作用

各级领导确立统一的宗旨和方向，并创造全员积极参与实现组织的质量目标的条件。

统一的宗旨和方向的建立以及全员的积极参与，能够使组织将战略、方针、过程和资源协调一致，实现目标。

3. 全员积极参与

整个组织内各级胜任、经授权并积极参与的人员，是提高组织创造和提供价值能力的必要条件。

为了有效和高效地管理组织，各级人员得到尊重并参与其中是极其重要的。通过表彰、授权和提高能力，促进在实现组织的质量目标过程中的全员积极参与。

4. 过程方法

将活动作为相互关联、功能连贯的过程组成的体系来理解和管理时，可更加有效和高效地得到一致的、可预知的结果。

质量管理体系是由相互关联的过程所组成的。理解体系是如何产生结果的，能够使组织尽可能地完善其体系并优化绩效。

5. 改进

成功的组织持续关注改进。

改进对于组织保持当前的绩效水平，对其内外部条件的变化做出反应并创造新的机会都是非常必要的。

6. 循证决策（基于证据的决策）

基于数据和信息的分析和评价的决策，更有可能产生期望的结果。

决策是一个复杂的过程，总是包含某些不确定性。它经常涉及多种类型和来源的输入及其理解，而这些理解可能是主观的。重要的是理解因果关系和潜在的非预期后果。对事实、证据和数据的分析可使决策更加客观、可信。

7. 关系管理

为了持续成功，组织需要管理与有关相关方（如供方）的关系。

有关相关方影响组织的绩效。当组织管理与所有相关方的关系，以尽可能有效发挥其在组织绩效方面的作用时，持续成功更有可能实现。对供方及合作伙伴网络的关系管理尤为重要。

11.2.4 需重点理解的术语

（1）质量——客体的一组固有特性满足要求的程度。质量本身包含一组特性，不同产品和服务的质量特性不同。特性分为固有特性（如功能、性能、可靠性、安全性等）与赋予特性（如价格、产品所有者等）。固有特性满足要求的程度被视为质量水平。

（2）要求——明示的、通常隐含的或必须满足的需求或期望。明示的要求指通过口头、书面或其他方式提出的要求；通常隐含的要求为顾客没有明确提出，但往往是不言而喻的要求，需要组织进行识别；必须满足的要求一般指法规等强制性要求。为实现较高的顾客满意，有必要满足那些顾客既没有明示，也不是通常隐含或必须满足的期望。

（3）产品——在组织和顾客之间未发生任何交易的情况下，组织能够产生的输出。产品包括硬件、软件和流程性材料。通常，产品的主要因素是有形的。当产品交付给顾客时，通常包含服务因素。

（4）服务——至少有一项活动必须在组织和顾客之间进行的组织的输出。通常，服务的主要因素是无形的；服务包含与顾客在接触面的活动，除了确定顾客的要求以提供服务外，可能还包括与顾客建立持续的关系；服务由顾客体验。

（5）过程——利用输入实现预期结果的相互关联或相互作用的一组活动。过程的本质是要实现增值。为了实现增值，通常要对过程进行策划并使其在受控条件下运行。不易或不能经济地确认其输出是否合格的过程，通常称为特殊过程。

（6）质量管理体系——管理体系中关于质量的部分，即建立质量方针和目标以及实现这些目标的过程的相互关联或相互作用的一组要素。

(7) 质量方针——关于质量的方针，即由最高管理者正式发布的组织质量方面的宗旨和方向。质量方针通常与组织的总方针相一致，可以与组织的使命和愿景相一致，并为制定质量目标提供框架，是全体员工开展质量管理工作的行动准则。

(8) 质量目标——关于质量的目标，即要实现的质量结果。质量目标依据组织的质量方针制定，通常在组织的相关职能、层级和过程制定质量目标。

(9) 质量管理——关于质量的管理，即在质量方面指挥和控制组织的协调活动。质量管理包括制定质量方针和质量目标，以及通过质量策划、质量保证、质量控制和质量改进实现这些质量目标的过程。其中，质量策划致力于制定质量目标并规定必要的运行过程和相关资源以实现质量目标；质量保证致力于提供质量要求会得到满足的信任；质量控制致力于满足质量要求；质量改进致力于增强满足质量要求的能力。

(10) 风险——不确定性的影响。影响是指偏离预期，可以是正面的或负面的。不确定性是一种对某个事件，甚至是局部的结果或可能性缺乏理解或知识方面的信息的情形。通常，风险以某个事件的后果（包括情况的变化）及其发生的可能性的组合来表述。

(11) 组织环境——对组织确立和实现目标的方法有影响的内部和外部因素的组合。组织的目标可能涉及其产品和服务、投资和对相关方的行为。了解基础设施对确定组织环境会有帮助。

(12) 成文信息——组织需要控制和保持的信息及其载体。成文信息可以以任何格式和载体存在，并可来自任何来源。成文信息涉及管理体系，包括相关过程、组织运行产生的信息（一组文件）和结果实现的证据（记录）。

(13) 纠正——为消除已发现的不合格所采取的措施。纠正针对的是不合格的现象，是把不合格消除，如返工、返修和报废。

(14) 纠正措施——为消除不合格的原因并防止再发生所采取的措施。纠正措施针对的是出现不合格的原因，目的是消除这些原因，使同样的不合格不会再次发生。

(15) 预防措施——为消除潜在不合格或其他潜在不期望情况的原因所采取的措施。预防措施所针对的不合格尚未发生，但根据已有信息分析有可能发生。为了不让它发生，提前找到其原因并采取措施消除。

11.3 ISO 9001《质量管理体系 要求》

11.3.1 ISO 9001 标准的适用范围

ISO 9001 标准适用于需要证实其具有稳定提供满足顾客要求及适用法律法规要求的产品和服务的能力的组织，以及期望通过质量管理体系的有效运用，包括体系的改进，保证其产品和服务符合顾客要求和适用法律法规要求，旨在增强顾客满意的组织。

ISO 9001 标准规定的所有要求都是通用的，适用于各种类型、不同规模及提供不同产品和服务的组织。

11.3.2 基于 PDCA 循环的质量管理体系模式

ISO 9001 标准推动采用过程方法建立、实施质量管理体系并保持其有效性，通过满足顾客要求增强顾客满意。

将相互关联的过程作为一个体系加以理解和管理，有助于组织有效和高效地实现其预期结果。这种方法使组织能够对其体系的过程之间相互关联和相互依赖的关系进行有效控制，以提升组织整体绩效。

2015 年发布的 ISO 9001 标准为了与国际标准化组织的其他管理体系更好地保持一致，在标准的章节结构上做了一些改变。主要内容包括：组织环境（第 4 章）、领导作用（第 5 章）、策划（第 6 章）、支持（第 7 章）、运行（第 8 章）、绩效评价（第 9 章）和改进（第 10 章）。

标准遵循过程方法和风险思维，将 PDCA 循环用于所有过程以及整个质量管理体系。图 11—1 展示了标准的第 4 章至第 10 章如何组成 PDCA 循环，简要描述如下：

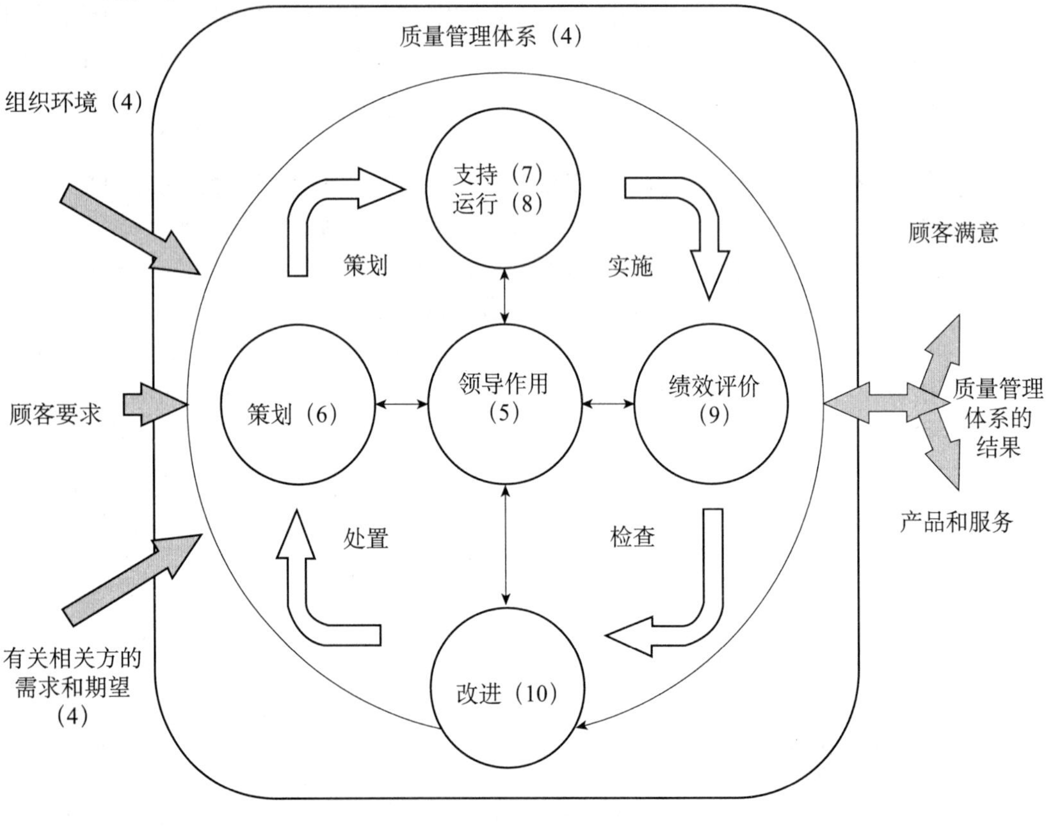

注：括号中的数字表示本标准的相应章节。

图 11—1 基于 PDCA 的质量管理体系模型

● 策划（Plan）。根据顾客的要求和组织的方针，确立体系的目标及其过程，确定实现结果所需资源，识别和应对风险和机遇。

● 实施（Do）。实施所做的策划。

● 检查（Check）。根据方针、目标、要求和经策划的活动，对过程以及形成的产品和服务进行监视和测量（适用时），并报告结果。

● 处置（Act）。必要时，采取措施提高绩效。

11.3.3 组织环境

ISO 9001标准第4章阐明了质量管理体系的管理背景、管理思路、管理方法和文件管理要求。

1. 理解组织环境

对于与组织的宗旨和战略方向相关并且会影响其质量管理体系实现预期结果能力的各种外部和内部因素，组织应予以确定，并对与这些因素有关的信息进行监视和评审。组织的外部环境包括法律法规、技术、竞争、市场、文化等；内部环境包括组织的价值观、知识等。这些因素不论其具有正面影响还是负面影响，均应加以考虑。

2. 理解相关方的需求和期望

相关方指影响组织决策或受其影响的个人或组织，包括顾客、组织所有者、组织人员、供方、银行、监管者、工会组织、合作伙伴、竞争对手等。相关方的概念扩展了仅关注顾客的观点。由于相关方对组织稳定提供符合顾客要求及适用法律法规要求的产品和服务的能力具有影响或潜在影响，因此，组织应确定与质量管理体系有关的相关方及其要求，特别是其需求和期望如果未能满足，将给组织的持续发展带来重大风险的相关方。组织应监视和评审与相关方及其要求有关的信息。

3. 确定质量管理体系的范围

组织应在充分考虑组织环境、相关方要求及组织的产品和服务的基础上，确定质量管理体系的边界和适用性。质量管理体系范围应形成文件，描述质量管理体系所覆盖的产品和服务类型。如果ISO 9001标准中的某些要求不适用于质量管理体系范围，应说明理由。只有在这些不适用组织的要求不影响组织确保其产品和服务合格及增强顾客满意的能力或责任时，方可声称其管理体系符合标准的要求。

4. 质量管理体系及其过程

组织应按照ISO 9001标准的要求建立、实施、保持和持续改进质量管理体系，包括所需的过程及其相互作用。

组织应确定质量管理体系所需的过程及其在整个组织中的应用，包括：确定这些过程所需的输入和所期望的输出、这些过程的顺序和相互作用、这些过程有效运行和得到控制所需的准则和方法、这些过程所需的资源，分配这些过程的职责和权限，应对所确定的风险和机遇，评价这些过程，实施所需的变更、改进过程和质量管理体系。

组织应在必要的范围和程度上保持成文信息以支持过程运行，保留成文信息以确保其过程按策划的要求进行。

11.3.4 领导作用

ISO 9001 标准第 5 章提出最高管理者如何在质量管理体系中发挥领导作用，践行承诺，确定质量管理体系的目标并建立实现目标的环境。

1. 领导作用和承诺

最高管理者应负责质量管理体系的有效性，确保制定与组织环境和战略方向相容的质量方针和质量目标；把质量管理体系要求融入组织的业务过程；促进使用过程方法和基于风险的思维；确保质量管理体系运行所需的资源；沟通有效的质量管理和符合质量管理体系要求的重要性；确保实现预期结果；促进组织人员积极参与并进行指导和支持；推动改进；支持其他管理者发挥领导作用。通过以上方面证实最高管理者的领导作用和承诺。

2. 以顾客为关注焦点

最高管理者应确定、理解并持续地满足顾客要求以及法律法规要求；确定和应对能够影响产品和服务的符合性以及增强顾客满意的能力的风险和机遇；始终致力于增强顾客满意。通过以上方面证实最高管理者的领导作用和承诺是以顾客为关注焦点。

3. 方针

最高管理者应制定、实施和维持质量方针。质量方针应与组织的宗旨、环境和战略方向相适应；为建立质量目标提供框架；包括满足适用要求和持续改进质量管理体系的承诺。质量方针应形成文件并在组织内得到沟通、理解和应用。

4. 组织的岗位、职责和权限

最高管理者应确保组织内相关职位的职责和权限得到分配、沟通和理解，从而确保：质量管理体系符合要求；各过程能够获得预期的结果；及时知晓质量管理体系的绩效以及改进机会；在整个组织内实现以顾客为关注焦点；在质量管理体系变更时保持其完整性。

11.3.5 策划

ISO 9001 标准第 6 章描述了组织在策划质量管理体系时应考虑的事项，应对识别出的风险与机遇的措施，相应的质量目标，以及在策划质量管理体系更改时考虑的内容。

1. 应对风险和机遇的措施

组织在策划质量管理体系时，应考虑影响组织的内外部因素和相关方要求，确定需要应对的风险和机遇，策划并实施应对这些风险和机遇的措施，评价这些措施的有效性，以确保质量管理体系能够实现其预期结果、增强有利影响、预防或减少不利影响并实现改进。应对措施应与对产品和服务符合性的潜在影响相适应。

2. 质量目标及其实现的策划

组织应在相关职能、层次和质量管理体系所需的过程中建立质量目标，确定做什么、需要什么资源、何人何时完成、如何评价结果。质量目标应与质量方针保持一致、可测量、考虑适用的要求，并与产品和服务的合格以及增强顾客满意相关。质量目标应形成文件，予以监视、沟通并适时更新。

3. 质量管理体系变更的策划

当组织确定质量管理体系变更时，应以经过策划的方式实施。这时组织应考虑：变更的目的及其潜在后果；变更后质量管理体系的完整性；资源的可获得性；职责和权限的分配或再分配。

11.3.6 支持

ISO 9001 标准第 7 章要求组织确定和提供在建立、实施、保持和持续改进质量管理体系时所需的资源。组织应考虑现有内部资源的能力和局限以及需要从外部供方获得的资源。

1. 资源

质量管理体系所需的资源包括人员、基础设施、过程运行环境、监视和测量资源、组织知识等方面。

人员：组织应确定并配备所需的人员，保证能够有效地实施质量管理体系并运行和控制其过程。

基础设施：为运行其过程并获得合格的产品和服务，组织应确定、提供并维护所需的基础设施。基础设施包括建筑物和相关设施、设备、运输资源、信息和通讯技术。

过程运行环境：组织应确定、提供和维护过程运行并获得合格产品和服务所需的环境。适宜的过程运行环境是人为因素与物理因素的结合。

监视和测量资源：当利用监视或测量来验证产品和服务符合要求时，组织应确定和提供监视或测量所需的资源，确保所提供的资源适合所开展的监视和测量活动并得到维护。组织应保留证明监视和测量资源适合其用途的成文信息。

测量溯源：当有测量溯源要求时或组织认为测量溯源是决定测量结果有效的

基础时，测量设备应对照能溯源到国际或国家标准的测量标准，按照规定的时间间隔或在使用前进行校准和（或）检定；当没有这样的标准存在时，应保留作为校准或验证依据的成文信息，对其状态进行标识，并对测量设备予以保护，防止由于调整、损坏或衰减导致的校准状态和随后的测量结果的失效。当发现测量设备不符合其预期用途时，组织应确定以往测量结果的有效性是否受到不利影响，必要时应采取适当的措施。

组织知识：组织在运行过程时应确定所需的知识，以获得合格的产品和服务。这些知识应予以保持，并在必要范围内能得到。为应对不断变化的需求和趋势，组织应审视现有的知识，确定如何获取或接触更多必要的知识并进行知识更新。

2. 人员能力

组织应确定在其控制下工作的人员所需能力，要在适当的教育、培训或经验基础上，确保这些人员是胜任的。适当时，采取措施使这些人员获得所需能力，并评价措施的有效性。组织应保留适当的成文信息，作为人员能力的证据。

3. 意识

组织应确保其人员知晓组织的质量方针、相关的质量目标、自己对质量管理体系有效性的贡献以及不符合质量管理体系要求的后果。

4. 沟通

组织应确定与质量管理体系相关的内部和外部沟通，包括沟通的内容、时间、对象、方式和实施沟通的人员。

5. 成文信息

组织的质量管理体系应包括 ISO 9001 标准中要求的成文信息以及由组织自身确定的为确保质量管理体系有效性所需的成文信息。质量管理体系中成文信息的多少与详略程度取决于组织的规模、活动、过程，产品和服务的类型，过程及其相互作用的复杂程度以及人员的能力。

在制定和更新成文信息时，组织为保持其适宜性和充分性，应有适当的标识和说明、形式和载体、评审和批准。

组织应控制成文信息，以确保在需要的场合和时机可以获得且适用，并对这些信息给予妥善保护。组织应控制成文信息的分发、访问（获得）、收回和使用；存储和保护；更改；保留和处置。对于组织质量管理体系所必需的来自外部的成文信息，组织应进行适当识别并予以控制。对于作为符合性证据的成文信息，应予以保留、保护，防止非预期的更改。

11.3.7 运行

ISO 9001 标准第 8 章对质量管理体系及其过程的运行提出要求。这些要求包括：运行的策划和控制；产品和服务要求的确定和评审；产品和服务的设计与开发；外部提供的过程、产品和服务的控制；生产和服务提供过程的控制；产品和服务的放行；不合格输出的控制。

1. 运行的策划和控制

为满足所提供产品和服务的要求，组织应对所需的过程进行策划和控制。策划和控制包括以下方面：确定产品和服务的要求；制定过程、产品和服务接收的准则；确定所需的资源；按照准则实施过程控制；在必要的范围和程度上，保留证实过程已按策划进行以及产品和服务符合要求的成文信息。策划的输出应符合组织的运行需要。组织应控制策划的变更，评审非预期变更的后果，必要时，采取措施减轻不利影响。组织应确保外包过程受控。

2. 产品和服务的要求

组织与顾客沟通的内容应包括：提供有关产品和服务的信息；处理询问、合同或订单，包括变更；获取有关产品和服务的顾客反馈，包括顾客投诉；处置或控制顾客财产；关系重大时，制定应急措施的特定要求。

产品和服务要求的确定：组织应确保产品和服务的要求得到规定，所提供的产品和服务能够满足声明的要求。

产品和服务要求的评审：组织应确保有能力向顾客提供满足要求的产品和服务。应在承诺向顾客提供产品和服务之前进行评审，评审应包括：顾客提出的要求，包括对交付及交付后活动的要求；顾客虽然没有明示，但规定的用途或已知的预期用途所必需的要求；组织规定的要求；适用于产品和服务的法律法规要求；与以前表述不一致的合同或订单要求。组织应确保那些与以前规定不同的合同或订单要求已经满足。若顾客没有提出形成文件的要求，组织在接受顾客要求前应对顾客要求进行确认。适用时，组织应保留评审的结果以及产品和服务的新要求方面的有关成文信息。

产品和服务要求的更改：若产品和服务要求发生更改，组织应确保相关的成文信息得到修改，并确保相关人员知道已更改的要求。

3. 产品和服务的设计和开发

为确保后续的产品和服务的提供，组织应建立、实施和保持设计和开发过程。

设计和开发策划：在确定设计和开发的各个阶段和控制时，组织应考虑：设计和开发活动的性质、持续时间和复杂程度；所需的过程阶段，包括适用的设计和开发评审；所需的设计和开发验证和确认活动；设计和开发过程涉及的职责和权限；产品和服务的设计和开发所需内部和外部资源；设计和开发过程参与人员之间接口的控制要求；顾客和使用者参与设计和开发过程的要求；对后续产品和服务提供的要求；顾客和其他有关相关方对设计和开发过程所期望的控制水平；证实满足设计和开发要求的成文信息。

设计和开发输入：组织应针对设计和开发的具体类型的产品和服务，确定必需的要求。应考虑：功能和性能要求；以前类似设计和开发活动的信息；法律法规要求；组织承诺实施的标准或行业规范；由产品和服务性质所导致的潜在的失效后果。相互矛盾的设计和开发输入应得到解决。组织应保留设计和开发输入的成文信息。

设计和开发控制：组织应对设计和开发过程进行控制，以确保：规定拟获得的结果；实施评审活动，以评价设计和开发的结果满足要求的能力；实施验证活动，以确保设计和开发输出满足输入的要求；实施确认活动，以确保形成的产品和服务满足规定的使用要求或预期用途要求；对在评审、验证和确认过程（活动）中确定的问题采取必要措施；保留这些活动的成文信息。

设计和开发输出：组织应确保设计和开发输出满足输入的要求；满足后续产品和服务提供过程的要求。输出应包括或引用监视和测量要求，适当时，包括或引用接收准则；输出应规定产品和服务特性，这些特性对于满足预期目的、安全和正常提供是必需的。组织应保留有关设计和开发输出的成文信息。

设计和开发更改：组织应对产品和服务的设计和开发期间以及后续所做的更改进行适当的识别、评审和控制，以确保对满足要求没有不利影响。组织应保留有关设计和开发更改、评审的结果、更改的授权和为预防不利影响而采取的措施等方面的成文信息。

4. 外部提供的过程、产品和服务的控制

组织应确保外部提供的过程、产品和服务符合要求。当外部供方的产品和服务将构成组织自身产品和服务的一部分，或外部供方代表组织直接将产品和服务提供给顾客，或组织决定由外部供方提供过程或部分过程时，组织应确定对外部提供的过程、产品和服务实施的控制。组织应基于外部供方能力，确定并实施外部供方的评价、选择、监视和再评价的准则。对于这些活动和由评价引发的任何必要措施，组织应保留成文信息。

控制类型和程度：组织应确保外部提供的过程、产品和服务不会对组织稳定地向顾客交付合格产品和服务的能力产生不利影响。组织应确保外部提供的过程在其质量管理体系的控制之中，规定对外部供方及其输出结果的控制，同时需考虑：外部提供的过程、产品和服务对组织稳定地满足要求的能力的影响；由外部供方所实施控制的有效性。组织应确定必要的验证或其他活动，以确保外部供方提供的过程、产品和服务满足要求。

提供给外部供方的信息：组织应确保所确定的要求是充分和适宜的。与外部供方沟通的内容包括：需提供的过程、产品和服务；对产品和服务、方法、过程和设备等内容的批准；对人员能力的要求；外部供方与组织的接口；组织拟采用的对外部供方绩效的控制和监视；组织或其顾客拟在外部供方现场实施的验证或确认活动。

5. 生产和服务提供

组织应在受控条件下进行生产和提供服务。受控条件包括：获得包含拟提供产品和服务特性及期望获得的结果的成文信息；使用适宜的监视和测量资源；在适当阶段实施监视和测量活动；为过程运行使用适宜的基础设施和环境；配备胜任的人员；若输出结果不能由后续的监视或测量加以验证，应对生产和服务提供过程实现策划结果的能力进行确认，并定期再确认；采取措施，防止人为错误；实施放行、交付和交付后的活动。

标识和可追溯性：组织在需要时应采用适当的方法对输出进行标识，以确保产品和服务合格。在生产和服务提供的整个过程中，按照监视和测量要求标识出输出状态。当有可追溯性要求时，组织应控制输出的唯一性标识，并应保留所需的成文信息以实现可追溯性。

顾客或外部供方的财产：组织应爱护在组织控制下或组织使用的顾客或外部供方的财产。对组织使用或构成组织产品和服务一部分的顾客和（或）外部供方财产，组织应予以标识、验证、保护和防护。若顾客或外部供方的财产丢失、损坏或发现其他不适用的情况，组织应向顾客或外部供方报告，并保留所发生情况的成文信息。

防护：组织应在生产和服务提供期间对输出提供必要的防护，以确保符合要求。防护包括标识、处置、污染控制、包装、储存、传输或运输以及保护。

交付后的活动：组织应满足与产品和服务有关的交付后活动的要求。

6. 产品和服务的放行

组织应按策划的安排，验证产品和服务的要求是否满足。除非得到有关授权人员的批准，适用时得到顾客批准，否则在策划的安排圆满完成之前，不应向顾客放行产品和交付服务。

组织应保留有关产品和服务放行的成文信息，内容包括：符合接收准则的证据；可追溯到授权放行人员的信息。

7. 不合格输出的控制

组织应确保对不符合要求的输出进行识别和控制，以防止非预期的使用或交付。组织应根据不合格的性质及其对产品和服务符合性的影响采取适当措施。这也适用于在产品交付后以及在服务提供期间或之后发现的不合格产品和服务。处置不合格输出的措施包括：纠正；隔离、限制、退货或暂停产品和服务的提供；告知顾客；获得让步接收的授权。当不合格输出得到纠正后，应验证其是否符合要求。

组织应对不合格输出保留成文信息，内容包括：对不合格、所采取的措施和所获得的让步的描述；处置不合格的授权。

11.3.8 绩效评价

ISO 9001 标准第 9 章提出对质量管理体系、过程运行以及产品和服务的绩效评价要求。这是质量管理体系运行中很重要的一个环节，目的是确保组织的质量管理体系符合要求，证实组织有能力提供符合要求的产品，在应对质量管理体系的风险和有效性上发挥作用，提供持续改进的基础。

1. 监视、测量、分析和评价

组织应确定绩效监视、测量、分析和评价的内容、方法与时间，评价质量管理体系的绩效和有效性，并保留适当的成文信息；了解顾客对其需求和期望得到满足的程度的感受，确定获取、监视和评审该信息的方法。组织应分析和评价通过监视和测量获得的适当的数据和信息，包括：产品和服务的符合性、顾客满意程度、质量管理体系的绩效和有效性、策划是否得到有效实施、应对风险和机遇所采取措施的有效性、外部供方的绩效和质量管理体系改进的需求。

2. 内部审核

组织应按照策划的时间间隔进行内部审核，以提供有关质量管理体系是否符合组织自身和标准的要求、是否得到有效实施和保持的信息。组织应依据有关过程的重要性、对组织产生影响的变化和以往的审核结果，策划、制定、实施和保持审核方案，审核方案包括：频次、方法、职责、策划要求和报告；规定每次审核的准则和范围；选择审核员并实施审核，以确保审核过程客观公正；确保将审核结果报告给相关管理者；及时采取适当的纠正和纠正措施；保留成文信息作为实施审核方案以及审核结果的证据。

3. 管理评审

最高管理者应按策划的时间间隔对组织的质量管理体系进行评审，以确保其适宜性、充分性和有效性，并与组织战略方向一致。

管理评审输入：在策划和实施管理评审时应考虑以往管理评审所采取措施的情况；与质量管理体系相关的内外部因素的变化；有关质量管理体系绩效和有效性的信息及其趋势；资源的充分性；应对风险和机遇所采取措施的有效性；改进的机会。

管理评审输出：应包括与质量管理体系改进机会、所需变更和资源需求相关的决定和措施。组织应保留成文信息，作为管理评审结果的证据。

11.3.9 改进

ISO 9001 标准第 10 章对组织持续改进产品和服务、过程及质量管理体系运行的有效性和绩效提出要求，为持续改进设定了更为结构化的方法。

（1）组织应选择和确定改进机会，并采取必要措施，以满足顾客要求和增强顾客满意。内容包括：改进产品和服务，以满足要求并应对未来的需求和期望；纠正、预防或减少不利影响；改进质量管理体系的绩效和有效性。改进包括纠正、纠正措施、持续改进、突破性变革、创新和重组。

（2）不合格与纠正措施。当出现不合格时，包括来自投诉的不合格，组织应作出应对，在适当时采取措施，以控制和纠正不合格并处置后果。组织应评审并分析不合格，确定产生不合格的原因及是否存在或可能发生类似的不合格，从而确定是否需要采取措施。如果有需要，则采取措施；评审所采取的纠正措施的有效性；更新策划期间确定的风险和机遇或变更质量管理体系。纠正措施应与不合格所产生的影响相适应。组织应保留成文信息，作为不合格的性质、随后所采取的措施以及纠正措施结果的证据。

（3）持续改进。组织应持续改进质量管理体系的适宜性、充分性和有效性。组织应根据分析、评价的结果以及管理评审的输出，确定是否存在需求或机遇，将其作为持续改进的一部分加以应对。

11.4 ISO 9004:2009《追求组织的持续成功　质量管理方法》

11.4.1 2009版ISO 9004标准的特点

ISO 9004:2009标准于2009年11月正式发布，取代了2000版的ISO 9004标准。ISO 9004:2009标准的内容和结构都发生了重大的变化，还提供了质量管理体系的整体视角以指导组织实现长期（即持续）的成功。

一个组织实现持续成功，是指其有能力在很长时期内以均衡的方式满足顾客和其他相关方的需要和期望。持续成功可以通过对组织有效的管理、对组织环境的意识、学习和适当地应用改进或创新来实现。

ISO 9004:2009标准为任何组织在复杂的、严酷的、不断变化的环境中，通过质量管理方式实现持续成功提供了指南。它是指南性标准，通常根据组织内部改进的愿望加以实施，而不是为了满足外部一系列规定的要求（如ISO 9001标准所提出的要求）。ISO 9004:2009标准关注的是所有相关方的需求与期望，而不仅仅是顾客及法律法规的要求与期望。新版ISO 9004:2009标准有以下特点：

（1）ISO 9004:2009标准的结构不再与ISO 9001标准的结构一一对应，这主要是为了能够更好地阅读和理解标准的内容。新版标准有9个主要章节和3个附录，其中包括对作为ISO 9004和ISO 9001标准的理论基础的质量管理原则的详细解释。

（2）质量管理的过程方法仍然是ISO 9004:2009标准的核心基础，但在ISO 9004:2009标准中有了扩展，包括为确保组织取得长期成功所需的战略方面的内容。

（3）ISO 9004:2009标准不再像以前的版本那样包含ISO 9001标准中的内容。虽然这两个标准最好同时使用，因为它们能相互补充，但原来"协调一致的一对标准"的概念有所放宽。

（4）ISO 9004:2009向组织提供了关于质量管理体系的指南，而不是规定质量管理体系的要求，即标准不用于认证或法规和合同目的。

（5）ISO 9004:2009在附录A中提出自我评价工具，能使组织对其质量管理体系运行的成熟度进行自我评价，从而让组织识别出自身的优势和劣势，确定持续成功所需的改进措施。

11.4.2 ISO 9004:2009 标准的内容简介

ISO 9004:2009 标准为各种规模、类型和活动的组织提供运用质量管理方法实现持续成功的指南。第 2 章、第 3 章主要说明 ISO 9004:2009 中引用了 ISO 9000:2005 标准中给出的术语和定义，并专门增加了“持续成功”与“组织环境”两个术语。

如图 11—2 所示，第 4 章到第 9 章是对组织为实现持续成功应当如何建立和实施质量管理体系的具体说明。第 4 章对整个标准所提倡的质量管理理念和途径给出总的说明。

标准的 4.2 给出实现组织持续成功的基本路径。

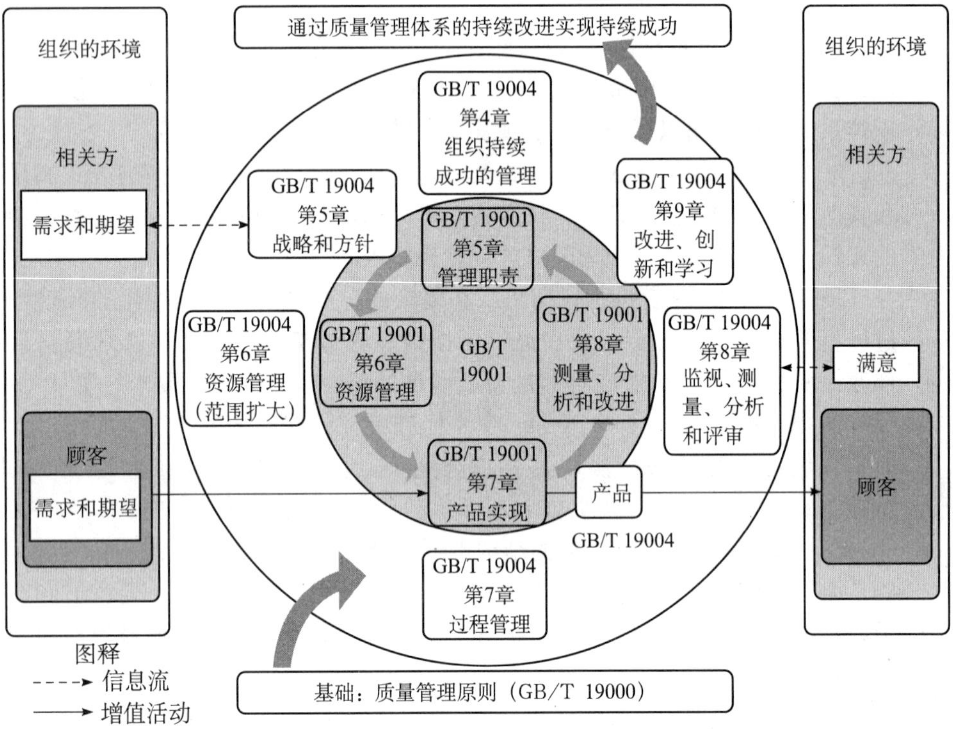

图 11—2 以过程为基础的质量管理体系的扩展模式

(1) 组织以平衡的方式长期持续满足相关方的需求和期望，能够实现持续成功。

(2) 组织的环境是不断变化和不确定的，为了实现持续成功，最高管理者应：

- 具有长期的战略眼光；
- 不断监视和定期分析组织的环境；
- 识别所有相关方，评价他们各自对组织绩效的潜在影响，确定如何均衡地满足他们的需求和期望；
- 不断鼓励相关方的参与，并向他们通报组织的活动和计划；
- 建立与供方、合作伙伴和其他相关方的互利关系；

- 利用各种方法，包括谈判和调解，来平衡相关方之间经常对立的需求和期望；
- 识别组织的短期和长期风险，落实组织的总体战略以降低这些风险；
- 预测未来资源需求（包括员工需具备的能力）；
- 建立适合实现组织战略的过程，确保这些过程能够快速适应变化的环境；
- 定期评价当前计划和程序的符合性，并采取适当的纠正措施和预防措施；
- 确保组织的员工拥有为了自身利益以及保持组织活力而学习的机会；
- 建立并保持创新和持续改进的过程。

第4章所给出的基本途径指明，组织的持续成功需要最高管理者具有长远的战略视野，通过对组织环境的分析，在整个组织中形成关注所有相关方需求与期望的共识，以及共同为之奋斗的组织行为；利用过程方法建立有效和高效的组织框架；以事实为基础充分利用各种质量工具开展组织活动，并与供方和合作伙伴建立起双赢的关系。

11.4.3 战略和方针

ISO 9004:2009标准第5章提出最高管理者应制定战略和方针，确保组织的使命、愿景和价值观得到员工的理解及相关方的认同和支持。

战略和方针的制定需要有一定的过程，在此过程中应监视和分析组织的环境，包括顾客以及所有相关方的需求和期望，评价当前的过程能力和资源，识别未来的资源和技术需求等。战略和方针的制定需要分析组织的优势、劣势、机会和威胁，并定期评审和更新。

在策划与展开组织的战略和方针时，组织应当考虑：

- 适当时，将战略和方针转化为组织所有相关层次的可测量目标；
- 确定每一目标的时间表并分配实现目标的职责和权限；
- 评估战略风险并确定适宜的应对措施；
- 提供开展必要活动所需的资源；
- 实施达到这些目标所需的活动。

为展开战略和方针，组织应识别过程间的相互关系，了解过程间相互作用的潜在问题，确定改进和变革的优先次序。

战略和方针的有效沟通对组织的持续成功是必不可少的。这种沟通应当是有成效、及时且不间断的，还应包括反馈机制、评审和变化方面的规定。

11.4.4 资源管理

ISO 9004:2009标准第6章资源管理的目的是识别实现短期和长期目标所需的内外部资源，有效和高效地利用这些资源。组织的资源管理方针和方法应与其战略保持一致。组织应具备提供、配置、监视、评估、优化、维护和保护这些资源的过程并定期评审已识别资源（包括外部资源）的可获得性和适宜性。这些资源的评审结果应作为组织战略评审、目标评审和计划的输入。

1. 财务资源

财务资源是质量管理体系建立、运行和改进的基础。最高管理者应明确组织的财务需求，并提供组织当前和未来运行所需的财务资源。为对与实现组织目标有关的财务资源进行有效配置和高效使用，组织应建立和保持监视、控制和报告的过程。

2. 组织员工的管理

ISO 9004:2009 标准强调员工是组织最有价值和最宝贵的资源，因此组织要确保工作环境能够激励员工个人的成长、学习、知识传播和团队合作。对员工的管理应通过有计划、透明、有道德和有社会责任感的方式来实施。组织应确保员工理解其贡献和作用的重要性。

员工管理的目的是使员工能够：

- 将组织的战略和过程目标转化为各自的工作目标，并制定实现目标的计划；
- 了解对自身行为的约束；
- 获得解决问题的权利和职责；
- 根据工作目标来评价个人绩效；
- 积极寻求提升自身能力和经验的机会；
- 相互配合与合作；
- 在组织内分享信息、知识和经验。

3. 人员的能力

为确保员工具备必需的能力，ISO 9004:2009 标准建议组织建立和保持员工发展计划以及相关过程，通过以下步骤识别、开发和提高员工能力：

- 结合组织的使命、愿景、战略、方针和目标，识别组织短期和长期所需的专业能力和个人能力；
- 识别组织目前可获得的能力，以及目前可获得的能力与目前和未来所需能力之间的差距；
- 采取使员工提高和（或）获得能力的措施，消除差距；
- 评审和评价所采取措施的有效性，确保获得必需的能力；
- 保持已获得的能力。

4. 全员参与和激励

组织应鼓励员工理解其职责和活动在为顾客和其他相关方创造和提供价值方面的意义及重要性。

5. 供方和合作伙伴

合作伙伴可以是产品的供应方、服务的提供方、技术和金融机构、政府和非政府组织或其他相关方。供方与合作伙伴是组织能够持续成功的重要环节。合作伙伴是指建立了正式的合作关系，为双方的利益开展合作的特殊供方。组织与其合作伙伴相互依存、共同受益的关系可增强双方创造价值的能力。组织应将合作伙伴关系作为与供方间的一种特殊关系，通过这种关系，让供方在组织的活动领域内投资，分享收益或共担损失。

组织在选择和评价供方和合作伙伴时，应考虑：

- 供方和合作伙伴对组织活动的贡献，以及为组织及其相关方创造价值的能力；
- 持续提高供方和合作伙伴能力的可能性；
- 通过与供方和合作伙伴的合作，提高组织自身的能力；
- 与供方和合作伙伴关系相关的风险。

在对合作伙伴关系的管理方面，组织应在产品质量、价格和交付以及绩效评价上加强沟通与合作，为提高创造价值的能力共同努力。在平衡短期和长期目标时，应不断评审和加强与供方和合作伙伴的关系。

6. 基础设施

组织应有效和高效地策划、提供和管理其基础设施，定期评价基础设施满足组织目标的适宜性。其中包括：基础设施的可信性、安全性和保密性，与产品和过程相关的基础设施、效率、成本、能力和工作环境，以及基础设施对工作环境的影响。

组织应识别和评价与基础设施相关的风险，并采取措施降低风险，包括制定适宜的应急计划。

7. 工作环境

ISO 9004:2009 的关注重点是使组织拥有适宜的工作环境，以获得持续成功和保持产品竞争力，其主要目的在于给员工更多的参与机会，发挥他们的潜能，建立一个安全和符合人因工程（如温度、湿度、光线、气流、卫生、清洁、噪声、振动和污染对组织绩效和人员的影响）的工作环境，从而提高员工的生产率、创造性和福利。

工作环境应能激发在组织现场工作或来访人员（例如顾客、供方和合作伙伴等）的生产力、创造力和幸福感。同时，组织还应确保其工作环境符合法律法规的要求和适用标准（如环境管理和职业健康安全管理方面的标准）的要求。

8. 知识、信息和技术

组织应建立和保持把知识、信息和技术作为基础资源予以管理的过程。特别强调如何识别和评价对这些资源的需求，以及如何获取、保持、保护和利用这些资源。适当时，组织应与相关方共享这些知识、信息和技术。

组织应识别、建立和保护组织的知识库，最高管理者应考虑从组织内部和外部来源获取组织当前和未来所需的知识。知识的来源包括失败和成功的经验、员工的知识和经验、管理数据和记录、组织内未形成文件的知识、相关方和合作伙伴的知识等。

组织应建立和保持过程，以收集可靠和有用的数据并将其转化为决策所需的信息。

最高管理者应通过对现有技术水平、成本和收益、竞争环境等的分析确定在产品实现、市场营销、标杆对比、顾客互动、供方关系和外包过程等方面提高组织绩效的技术选项，以确保组织的竞争力。

9. 自然资源

组织应考虑短期和长期获得和使用能源和自然资源的风险和机会。应在产品的设计和开发及过程开发中，适当考虑环境保护方面的问题，以降低已识别的风险。

组织应在产品和基础设施的整个生命周期（从设计、制造、分销、使用直至处置等各个环节），寻求将环境影响减至最小。

11.4.5 过程管理

ISO 9004:2009 标准第 7 章指出，组织应主动地管理所有过程，包括外包过程，以确保所有过程有效和高效地运行。可采用过程方法来完成，包括确立过程、过程的相互依存关系、过程的约束以及资源的共享，从而实现组织的目标。

组织应定期评审过程及其相互关系，并采取适宜的措施加以改进。

组织应通过建立和理解过程的网络、顺序和相互关系，将诸多过程作为系统来管理。系统的协调运行通常称为“管理的系统方法”。

组织应确定、策划过程并规定这些过程所必备的功能，以提供持续满足顾客和其他相关方需求和期望的产品。过程的策划和控制应符合组织的战略，并注重管理活动、资源提供、产品实现、监视、测量以及评审活动。过程的策划与控制的内容包括组织环境的分析、市场预测、相关方的需求与期望、潜在风险、过程的输入和输出、资源和信息、活动和方法、相应的记录，以及测量、监视和分析等。

组织应针对每一过程，指定过程管理者，赋予明确的职责和权限，以便保持、控制和改进该过程及其与其他过程的相互关系。

组织应确保过程管理者的职责、权限和作用在整个组织内得到承认，与各过程有关的人员具备完成相应任务和活动所需的能力。

11.4.6 监视、测量、分析和评审

ISO 9004:2009 标准第 8 章指出由于组织所处的环境是变化和不确定的，组织管理者必须不断监视组织环境的变化和趋势，并对监视的情况进行定期分析，以便组织在各种环境下掌握主动，迅速做出反应，保持持续的成功。

最高管理者应根据组织的使命、愿景、战略、方针和目标，对组织的所有相关过程及职能在实现所策划结果方面的进展情况进行评价。为此，组织应通

过测量和分析过程，监视这一进展情况，以便为绩效评价和有效决策收集所需信息。选择适宜的关键绩效指标和监视方法是测量和分析过程成功与否的关键。

1. 关键绩效指标

在组织控制范围内对持续成功起关键作用的因素应用来测量绩效并作为关键绩效指标（KPI）。KPI应是可量化的，能使组织建立测量目标，识别、监视和预测趋势，在必要时采取纠正措施、预防措施和改进措施。最高管理者应将KPI作为战略和战术决策的基础。KPI应依次展开为组织相关职能和层次上的绩效指标，以支持最高层目标的实现。

KPI应适应组织的性质、规模、产品、过程和活动，并与组织的目标、战略和方针相一致。在选择KPI时，组织应考虑与风险和机会相关的信息。

组织在选择KPI时，应确保其提供的信息是可测量、准确和可靠的，在绩效未达到目标时可用于采取纠正措施，或提高过程的有效性和效率。这些信息涉及：顾客和其他相关方的需求和期望；各类产品当前和未来对组织的影响；过程的有效性和效率；资源的有效和高效利用；盈利性和财务绩效；相关的法律法规要求。

2. 内部审核

内部审核用于确定组织的管理体系与给定准则的符合程度，为理解、分析和持续改进组织的绩效提供了有用信息。ISO 9004:2009的内部审核与ISO 9001的内部审核都遵循ISO 19011的内容。

内部审核是识别问题、风险和不符合，以及监视以前所识别的不符合的关闭情况的有效工具，这些不符合的关闭可通过根本原因的分析以及确定并采取纠正措施和预防措施来实现。对所采取措施有效性的验证，可通过评价组织提高实现目标的能力来实现。内部审核也可用来重点识别良好实践（可考虑将该实践用于组织其他领域）和改进机会。

内部审核的输出可以为以下方面提供有用的信息：处理问题和不符合；标杆对比；在组织内推广良好实践；增进对过程间相互作用的理解。

3. 自我评价

自我评价是对组织活动及其绩效相关的成熟度所做的全面系统的评审。ISO 9004:2009标准在附录A中给出自我评价的指南。

自我评价用来根据组织的绩效和最佳实践，确定组织的优势和劣势。自我评价既可用于组织的整体，也可用于各个过程。自我评价有助于组织确定改进或创新的优先次序，并策划和实施改进或创新。

自我评价结果应有助于：

- 组织整体绩效的持续改进；
- 朝实现和保持组织持续成功的方向发展；

- 适当时，在组织过程、产品和结构方面进行创新；
- 确定最佳实践；
- 识别进一步的改进机会。

组织应将自我评价结果与相关人员沟通，让他们共同分享对组织及其未来方向的理解。组织也可以将自我评价结果作为管理评审的输入。

4. 标杆对比

标杆对比是组织寻找内部和外部最佳实践的一种测量分析方法，旨在改进自身绩效，可用于组织的战略和方针、运行、过程、产品和组织结构。

标杆对比类型包括：组织内部活动的标杆对比；与竞争者的绩效或过程的标杆对比；与其他组织的战略、运行状况或过程的一般性标杆对比。

标杆对比能否取得成功取决于以下因素：最高管理者的支持（包含组织和标杆对比合作伙伴间的知识交换）；标杆对比所用方法；收益、成本的评估；对所调查题目的理解。

组织应建立和保持标杆对比，包括：界定标杆对比科目的范围；选择标杆对比的合作伙伴；制定必要的沟通和保密要求；确定将进行比较的特征指标和所使用的数据收集方法；收集和分析数据；识别绩效差距，确定可能的改进领域；制定和监视相应的改进计划；将积累的经验纳入组织知识库和学习过程。

11.4.7 改进、创新和学习

ISO 9004:2009 标准第 9 章阐述了改进、创新和学习是组织实现持续成功极为重要的基础。改进、创新和学习活动的有效开展能使组织在面对环境变化时，应对能力更强、反应更敏捷、具有更好的适应性。

改进活动涉及当前要素的改变，例如组织结构的局部调整、过程能力的提高、现有技术的完善、资源的充分利用、人员能力的提高和产品性能的改进等，这些要素的基本概念没有改变，但组织的绩效在实施改进活动后或是产生渐进性的改变，或是产生显著性的改变，即突破性改进。

创新活动往往涉及新的要素，例如组织结构从部门结构改为项目部结构，开发或引入新的产品、过程、技术和资源，从而使原有要素被摒弃或做重大调整。创新活动实施后原有要素的概念不再适用，例如，组织结构转变为跨职能团队后，原有的部门管理概念不再发挥作用。再如，汽车的某些控制系统改为电子控制后，原有机械控制系统的制造、质量控制、售后服务的概念要重新考虑。创新所引发的绩效改变往往是显著的。

学习是指对组织内外部的知识、技能和经验进行分享的活动。学习是一种组织文化，只有充分开展学习活动，才能有效促进改进和创新活动，进而提升组织的整体能力。

既然改进、创新和学习是组织持续成功的基础，就必须让这些活动长期有效且高效地开展，其中，组织的管理者对改进、创新和学习的承诺以及发挥领导作用是极为关键的。

1. 改进

改进活动包括工作现场的渐进改进直至整个组织的重大改进。应依据对数据的分析，确定产品、过程、组织结构和管理体系的改进目标。持续改进应成为组织文化的一部分。

改进过程应遵循结构化方法，如PDCA方法，该方法与过程方法均适用于所有过程。

改进活动应考虑：通过授权为员工提供参与改进活动的机会；提供必要的资源；建立改进的认可和奖励制度；持续提高改进过程的有效性和效率。

2. 创新

当组织的经营环境发生变化时，要满足相关方的需求和期望，可能需要创新。为此，组织应识别创新的需求，建立和保持一个有效和高效的创新过程，并为创新提供相关资源。

创新可用于技术或产品（创新不仅要应对顾客或其他相关方变化的需求和期望，还要适应组织环境和产品生命周期的潜在变化）；过程（即在产品实现方法上的创新，或提高过程稳定性和减少变异的创新）；组织（即在组织体制和组织结构方面的创新）；组织的管理体系（即当组织的环境发生变化时，为确保竞争优势和赢得新机会所做的创新）等各个层面。

一般要在创新的紧迫性和可获得的资源间达成平衡。组织应以符合其战略的过程对创新进行策划并确定创新的优先次序。

组织的创新过程应考虑：创新需求的紧迫性；创新目标及其对产品、过程和组织结构的影响；组织对创新的承诺；员工接受挑战和改变现状的意愿；新技术的可用性或出现的新技术。

组织应评估与策划的创新活动相关的风险，考虑变革对组织的潜在影响，并制定预防措施以降低这些风险对组织的影响，必要时制定应急预案。

3. 学习

组织应倡导通过学习来进行改进和创新。

ISO 9004:2009提出为实现持续成功，组织必须采用“组织学习”和“将个人能力和组织能力相结合的学习”这两种方法。“组织学习”指从组织内外各类事件和各种来源收集信息，包括成功与失败的事例；通过对所收集信息的深入分析获得知识。“将个人能力和组织能力相结合的学习”是指将员工的知识、思维方式和行为模式与组织的价值观相融合。为此，组织需考虑的内容包括：

- 以组织的使命、愿景和战略为基础的价值观；
- 支持员工主动学习，通过最高管理者的行为展示其领导作用；
- 鼓励知识在组织内外的联网、联通、沟通和共享；

- 保持学习和共享知识的制度；
- 通过学习和共享知识的过程，承认、支持和奖励员工提高能力；
- 重视组织不同员工的创造性，支持他们的多元化见解。

快速获取并运用上述知识将提高组织持续成功的能力。

第12章 环境、职业健康安全等其他管理体系标准

企业在建立质量管理体系后，往往会根据相关方需求和实际情况，建立环境、职业健康安全以及其他管理体系。在中小型企业，由质量部门来负责这些管理体系的建立和运行是常见的选择；在大型企业，虽然有专门的环境、职业健康安全部门，但由质量部门归口协调很常见，特别是在进行管理体系整合的情况下。所以，环境、职业健康安全等其他管理体系标准也是质量经理应当学习的内容。

本章分三节分别介绍环境管理体系标准、职业健康安全管理体系标准以及行业性质量管理体系标准。

12.1 环境管理体系标准

人类在创造和享受越来越丰富的物质文明的同时，对其赖以生存的环境造成了污染和破坏。随着社会、经济的不断发展，环境问题越来越严重，已经危及人类社会的生存和发展。

面对严峻的形势，世界各国都在不断地探索协调环境与发展的对策。同时，环境管理方法也在不断发展，一些新的环境管理手段和工具得到越来越广泛的应用，如运用产品生命周期评价方法研究产品从“摇篮”到“坟墓”的环境影响，推行废弃物最小化、清洁生产等环境管理方法。

在这样一个历史趋势下，国际标准化组织为响应联合国实施可持续发展的号召，于1993年6月成立了第207技术委员会（TC207），专门负责制定环境管理标准，包括环境管理体系、环境审核、环境标志、环境表现评价、生命周期评估等系列标准（预留100个标准号，从ISO 14001到ISO 14100），以吸收世界各国多年来在环境管理方面的经验，体现各成员国对人类可持续发展的贡献。与ISO 9000系列标准一样，ISO 14000系列标准对经济发展、技术交流和贸易交往产生了重要影响，受到各国和各类组织的高度重视。

12.1.1 ISO 14001《环境管理体系　要求及使用指南》

ISO 14001:2015《环境管理体系　要求及使用指南》是ISO 14000系列标准

的核心标准，规定了对组织用来提升其环境绩效的环境管理体系的要求，任何有愿望的组织均可以通过以下方式证实与标准的符合性：

- 进行自我评价和自我声明；
- 寻求组织的相关方（例如顾客），对其符合性进行确认；
- 寻求组织的外部机构对其自我声明进行确认；
- 寻求外部组织对其环境管理体系进行认证或注册。

其他一些标准，特别是 ISO/TC207 制定的关于环境管理的各种技术文件，如 ISO 14004《环境管理体系　原则、体系和支持技术通用指南》，提供了环境管理支持技术的指南。

该标准可供寻求以系统的方式管理其环境责任的组织使用，从而为可持续发展做出贡献。它可以帮助组织实现其环境管理体系的预期结果，这些结果将为环境、组织自身和相关方带来价值。与组织的环境方针保持一致的环境管理体系的预期结果包括：

- 提升环境绩效；
- 履行合规义务；
- 实现环境目标。

该标准适用于任何规模、类型和性质的组织，并适用于组织基于生命周期观点确定的其活动、产品和服务中能够控制或施加影响的环境因素，有利于组织改善环境方面的绩效，平衡环境、社会和经济三大支柱，既满足当代人的需求，又不损害后代人满足其需求的能力。

该标准的正文规定了环境管理体系的要求，附录 A 则对如何使用该标准提供了资料性指南，通过解释性信息防止对标准要求的错误理解。环境管理体系的详略和复杂程度将取决于组织所处的环境、环境管理体系的范围、合规义务，以及活动、产品和服务的性质，包括环境因素和相关的环境影响。

实施 ISO 14001:2015 标准的意义包括：

（1）提高组织的环保意识、管理水平和绩效，改善公众形象，增强竞争力；

（2）确保符合法律法规要求，降低环境事故风险，避免环境责任；

（3）推行清洁生产，实现污染预防，减少污染物排放；

（4）节能降耗，降低成本；

（5）提高顾客信任，满足顾客要求，提高市场份额；

（6）取得绿色通行证，走向国际贸易市场，有助于消除国际贸易中各国就环境问题设置的非关税壁垒，获得更多的信贷。

12.1.2　环境管理体系模式

构成环境管理体系的方法要基于 PDCA 的概念。PDCA 模式为组织提供了一个循环渐进的过程，用以实现持续改进。该模式可用于环境管理体系及其每个单独的要素。该模式可简述如下：

- 策划：建立所需的环境目标和过程，以实现与组织的环境方针相一致的结果。

● 实施：实施所策划的过程。

● 检查：根据环境方针，包括其承诺、环境目标和运行准则，对过程进行监视和测量并报告结果。

● 改进：采取措施以持续改进。

图12—1展示了ISO 14001:2015《环境管理体系　要求及使用指南》标准采用的结构如何融入PDCA模式，它能够帮助新的和现有的使用者理解系统方法的重要性。

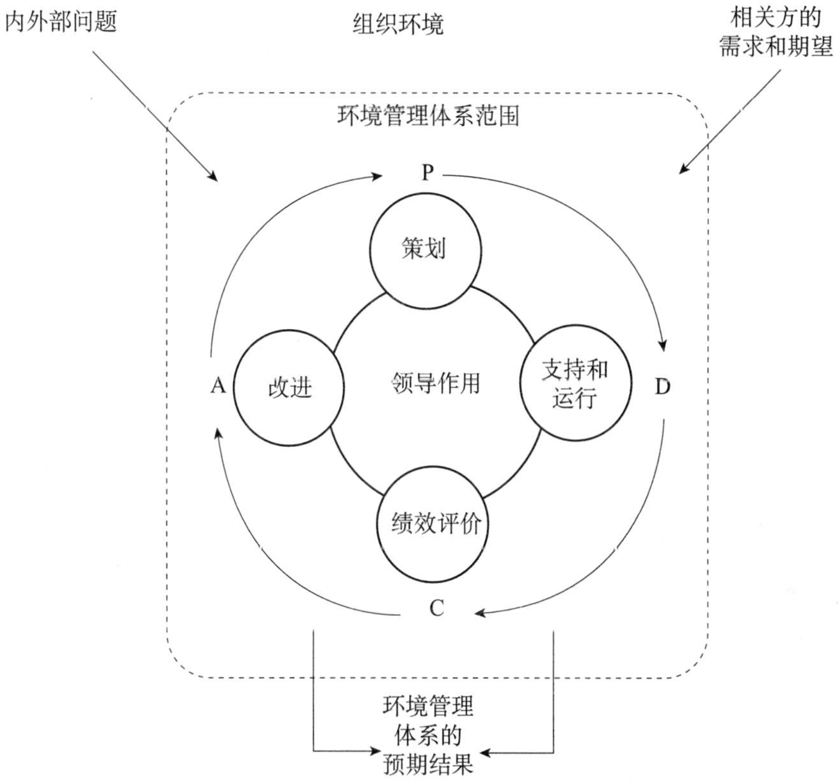

图12—1　基于PDCA的环境管理体系模型

12.1.3　环境管理体系要求

ISO 14001:2015采用了管理体系标准通用的高阶结构，其环境管理体系要求基于PDCA循环，由组织环境、领导作用、策划、支持、运行、绩效评价和改进七大部分构成，它们相互作用，共同保证体系的有效建立、实施、保持和持续改进。

1. 组织环境

组织应在理解自身及其所处的环境、理解相关方需求和期望的基础上，确定环境管理体系的范围和适用性，进而根据标准的要求建立、实施、保持并持续改进环境管理体系，包括所需的过程及其相互作用。

2. 领导作用

领导作用是环境管理体系的核心。组织最高管理者应发挥其在环境管理体系中的领导作用，建立环境方针及环境目标，并确保其与组织的战略方向和所处的环境相一致，将环境管理体系要求融入组织的业务过程。环境方针应为制定环境目标提供框架，承诺保护环境、履行合规义务和持续改进环境管理体系以提高环境绩效。最高管理者应确保在组织内部分配并沟通相关岗位的职责和权限，并履行沟通、支持和资源配置等职责。

3. 策划

环境管理体系的策划活动包括：

(1) 应对风险和机遇的措施。组织应在所界定的环境管理体系范围内，考虑生命周期观点以及变更、异常状况和紧急情况等，确定其活动、产品和服务中能够控制和施加影响的环境因素及其相关的环境影响，并运用所建立的准则确定那些具有或可能具有重大环境影响的环境因素，即重要环境因素。

组织应确定并履行与其环境因素有关的合规义务。符合所在国家和地区的法律法规并确保其在体系的运行过程中得到遵守和保持，是 ISO 14001 的基本要求。图 12—2 显示了我国的环境保护法律法规体系。

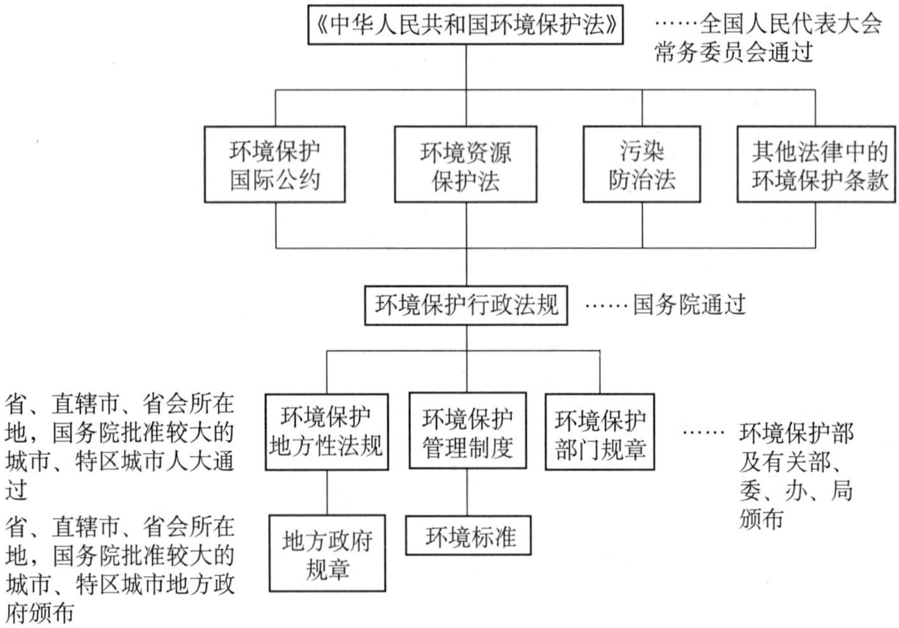

图 12—2 我国的环境保护法律法规体系

组织应针对重要环境因素、合规义务及所识别的风险和机遇，考虑可选技术方案、财务、运行和经营要求，策划应对措施，使其融入环境管理体系过程或其他业务过程，并评价这些措施的有效性。

(2) 环境目标及其实现的策划。组织应考虑重要环境因素、相关的合规义务，以及风险和机遇，针对相关职能和层次，建立和沟通与环境方针一致、可测量的环境目标，并进行监视和更新。

组织应策划实现环境目标的措施，明确要做什么、需要什么资源、由谁负责、何时完成、如何评价结果，包括监视实现可测量的环境目标的过程所需的参数，并考虑如何将实现环境目标的措施融入业务过程。

4. 支持

环境目标的实现需要有一系列的管理要素支持，包括以下几方面：

（1）建立、实施、保持和持续改进环境管理体系所需的资源。

（2）对组织环境绩效和履行合规义务有影响的人员的能力和培训需求。

（3）在环境方针、重要环境因素及其环境影响、环境贡献和环境后果等方面的环境意识。

（4）内部与外部信息交流过程。

（5）文件化信息的创建、更新和控制。

5. 运行

组织应建立、实施、控制并保持满足环境管理体系要求以及实施所策划措施所需的过程，建立过程的运行准则，并按照运行准则实施过程控制，包括对外包过程实施控制或施加影响，确保产品和服务从设计、开发、采购，到运输或交付、使用、寿命结束的全生命周期的环境管理。

组织应针对潜在紧急情况，建立、实施并保持进行应急准备并做出响应所需的过程。

6. 绩效评价

组织应监视、测量、分析和评价其环境绩效，建立包括监测测量及合规性评价、内部审核与管理评审的环境管理体系三级监控机制，使之具有自我调节、自我完善的功能。

7. 改进

组织应基于绩效评价，确定改进机会并采取必要的措施，包括针对不符合的控制、纠正和纠正措施，持续改进环境管理体系的适宜性、充分性与有效性，提升环境绩效，实现环境管理体系的预期结果。

12.1.4 ISO14001与ISO 9001的差异以及ISO 14004标准简介

在ISO 14001附录B中给出了ISO 14001与ISO 9001的联系。ISO 14001与ISO 9001的差异参见表12—1。

类似于ISO 9004对ISO 9001的作用，ISO 14004《环境管理体系　原则、体系和支持技术通用指南》提供了环境管理体系的业绩改进指南，包括示例和说

表 12—1　　ISO 14001 与 ISO 9001 的差异

	管理对象	运行控制	目标
ISO 14001	重要环境因素，关注其 3 种时态（过去、现在、未来）、3 种状态（正常、异常、紧急）、8 个方面（水污染、大气污染、土地污染、噪声污染、废弃物污染、资源能源消耗、臭氧层破坏、其他）	使组织的活动、产品和服务按规定的准则运行/实施	避免、减少、控制污染物的产生、排放和流向，以及资源的消耗
ISO 9001	关注影响质量的关键因素，包括影响产品和服务、过程和体系的因素	控制产品和服务质量特性的实现过程、相关的支持和管理过程	控制不合格品，避免缺陷，按要求实施，增强顾客满意

明、可选方案、附表的典型示例等，为组织环境管理体系的建立和（或）持续改进提供了帮助，便于环境管理体系的实施和强化。该标准自愿使用，不作为第三方认证的依据。

12.2　职业健康安全管理体系标准

美国安全工程师海因里希（Heinrich）在 1931 出版的著作《安全事故预防：一个科学的方法》中提出了著名的“安全金字塔”法则，它是通过分析 55 万起工伤事故的发生概率，为保险公司的经营而提出的。该法则认为，在 1 个死亡、重伤害事故背后，有 29 起轻伤害事故；在 29 起轻伤害事故背后，有 300 起无伤害事故，以及大量的不安全行为和不安全状态。上述方面相互之间的关系可以形象地用图 12—3 所示的“安全金字塔”来表示。

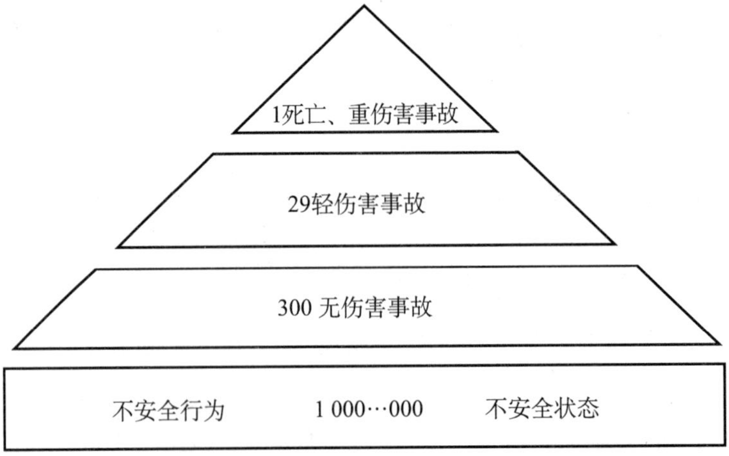

图 12—3　海因里希“安全金字塔”

从海因里希“安全金字塔”塔底向上分析可以看出，若不对不安全行为和不安全状态进行有效控制，可能形成300起无伤害事故，而这300起无伤害事故的控制失效，则可能导致出现29起轻伤害事故，直至最终导致死亡、重伤害事故。

海因里希"安全金字塔"揭示了一个十分重要的事故预防原理：要预防死亡、重伤害事故，必须预防轻伤害事故；要预防轻伤害事故，必须预防无伤害事故；要预防无伤害事故，必须消除日常不安全行为和不安全状态；而能否消除日常不安全行为和不安全状态，则取决于日常管理是否到位，也就是我们常说的细节管理。我们要通过建立职业健康安全管理体系，从细节管理入手，抓好日常安全管理工作，降低"安全金字塔"最底层的不安全行为和不安全状态，从而实现所设定的安全目标，预防重大事故的出现，做到本质安全和全员安全。

12.2.1 OHSAS 18001《职业健康安全管理体系　规范》

OHSAS 18001:2007《职业健康安全管理体系　规范》规定了对组织的职业健康安全管理体系的要求，用于对组织的职业健康管理体系进行认证和（或）自我声明，使相关方确信组织已建立了适当的职业健康安全管理体系。OHSAS 18002是其实施指南。

该标准作为职业健康安全管理体系内部审核和外部审核评定的依据，用于证实组织能够消除或减少因组织的活动而使员工和其他相关方面临的职业健康安全危险，并改进其绩效。其应用程度取决于组织的职业健康安全方针、活动性质、运行的风险与复杂性等因素。

实施OHSAS 18001:2007标准的意义包括：

（1）确保符合法律法规要求，降低事故的发生频率和严重程度；

（2）提高企业管理水平，形成自我约束、自我激励的职业健康安全管理机制；

（3）提高企业的信誉、形象和凝聚力；

（4）提高企业自主守法意识，促进职业健康安全法律法规和管理制度的执行；

（5）通过提高安全生产水平，改善政府—企业—员工（以及相关方）之间的关系；

（6）为企业在国际生产经营活动中吸引投资者和合作伙伴创造条件，促进企业的安全管理与国际接轨，消除贸易壁垒。

12.2.2 职业健康安全管理体系的模式

如图12—4所示，OHSAS 18001:2007《职业健康安全管理体系　规范》基于策划—实施—检查—改进的运行模式：

- 策划：建立所需的目标和过程，以实现组织的职业健康安全方针所期望的结果；
- 实施：对过程予以实施；
- 检查：根据职业健康安全方针、目标、法律和其他要求，对过程进行监视和测量，并报告其结果；
- 改进：采取措施以持续改进职业健康安全管理体系的绩效。

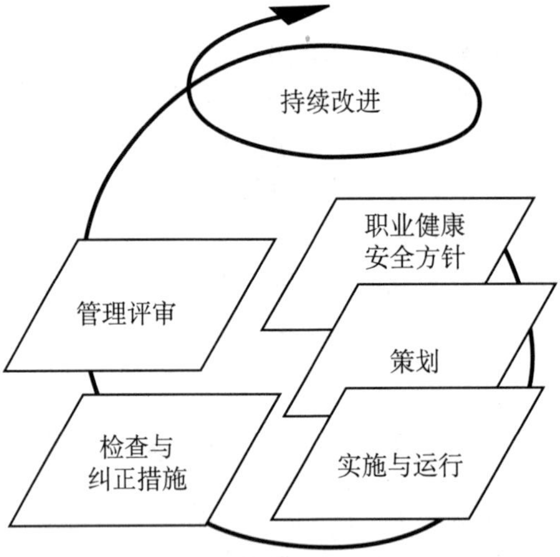

图 12—4　职业健康安全管理体系模式图

12.2.3　职业健康安全管理体系的要求

OHSAS 18001:2007《职业健康安全管理体系　规范》包括 17 个要素（图 12—5），其相互关系是：

（1）危险源是职业健康安全管理体系的管理核心；

（2）职业健康安全管理体系必须以遵守法律为最低要求并持续改进；

（3）明确资源、作用、职责和权限是实施职业健康安全管理体系的必要条件；

（4）职业健康安全目标和管理方案是实现持续改进的重要途径；

（5）运行控制是组织控制其风险的关键步骤；

（6）职业健康安全管理体系的监控系统对体系运行起保障作用。

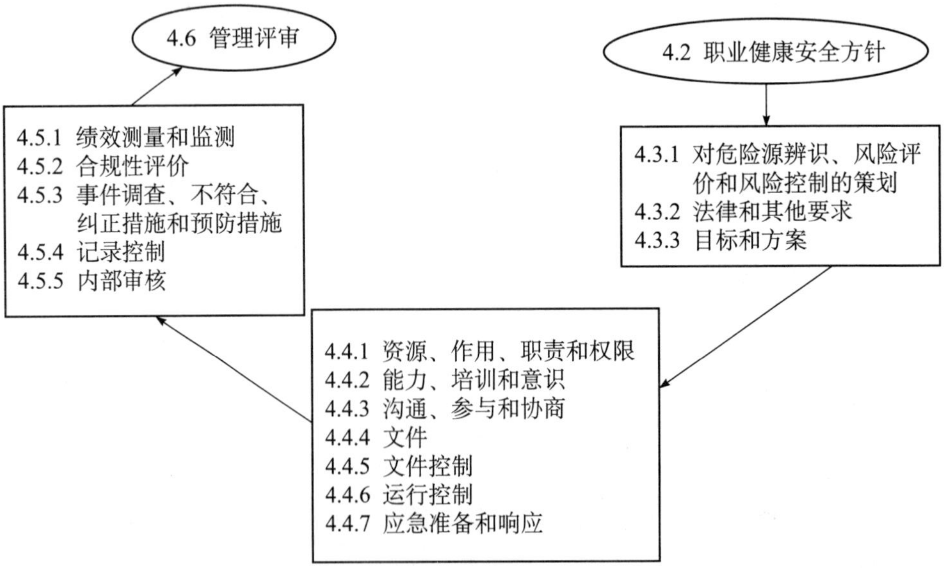

图 12—5　职业健康安全管理体系的 17 个要素

标准中的“4.3.1对危险源辨识、风险评价和风险控制的策划”为核心要素。职业健康安全风险管理流程（见图12—6）贯穿了标准的PDCA循环。图12—7所示的风险应对措施显示了从消除风险、降低风险到个体防护的风险对策。

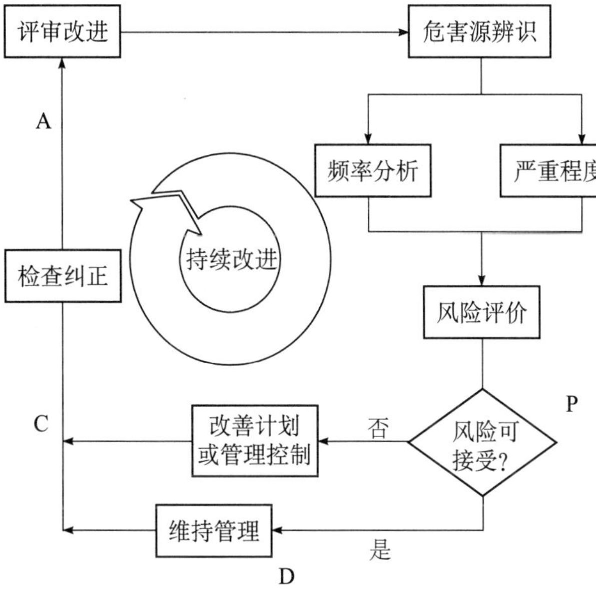

图12—6 职业健康安全风险管理流程

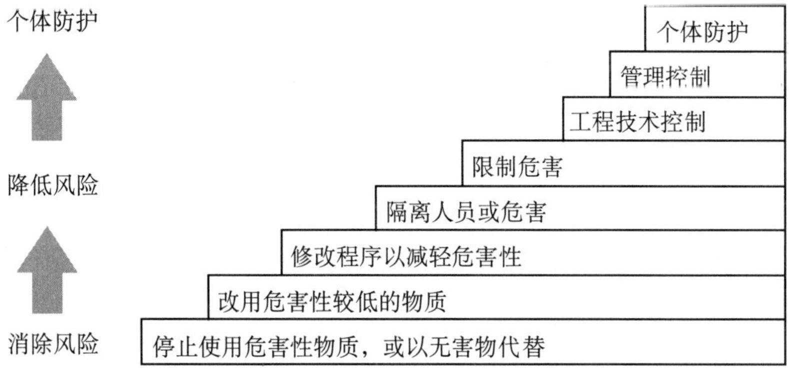

图12—7 职业健康安全风险应对措施

12.2.4 ISO/CD2 45001《职业健康安全管理体系 要求及使用指南》

ISO成立了PC283项目委员会，制定一个新的职业健康安全管理体系国际标准，以取代OHSAS 18001，使之更容易与其他ISO管理体系标准（例如ISO 9001:2015和ISO 14001:2015）相融合。ISO 45001最终版本将于2016年10月发布。

ISO/CD2 45001采用管理体系标准高阶结构，主要内容为：

（1）组织所处的环境。包括：理解组织及其所处的环境；理解相关方的需求和期望；确定职业健康安全管理体系的范围；了解职业健康安全管理体系。

（2）领导作用。包括：领导作用和承诺；职业健康安全方针；组织的岗位、职责和权限。

（3）策划。包括：应对风险和机遇的措施（总则、职业健康安全因素、合规义务）；职业健康安全目标及其实现的策划。

（4）支持。包括：资源；能力；意识；沟通；形成文件的信息。

（5）运行。包括：运行策划和控制；供应链计划和控制；应急准备和响应。

（6）绩效评价。包括：监视、测量、分析和评价（总则、合规性评价）；内部审核；管理评审。

（7）改进。包括：总则；不符合和纠正措施；持续改进。

12.3 行业性质量管理体系标准

为了使 ISO 9000 标准更加适用于特定行业，从 20 世纪 80 年代开始，各行业纷纷制定本行业的质量管理体系标准，其中包括食品、汽车、电讯、航空等行业的质量管理体系标准。

12.3.1 HACCP 与 ISO 22000

1. HACCP 危害分析与关键控制点

食品工业的食品链（从原料生长、加工、包装、储存至运输）及食品使用的各个环节和过程，都可能存在生物、化学及物理的危害因素。HACCP（Hazard Analysis and Critical Control Point，即危害分析与关键控制点）是目前世界上最权威的食品安全质量保护体系，通过对这些危害存在的可能性及可能造成危害的程度进行分析，确定其预防措施及必要的控制点和控制方法，并进行程序化控制，消除危害或将危害降至可接受水平，以保护食品在整个生产过程中免受可能发生的危害。

HACCP 将主要精力放在影响产品安全的关键加工点上，对确定的关键控制点的每一个预防措施确定关键限值，当发生关键限值偏离时采取纠偏行动。其宗旨是将可能发生的食品安全危害消灭在生产过程中，而不是靠事后检验来保证产品安全。

2. ISO 22000《食品安全管理体系　要求》

ISO 22000:2005 标准规定了食品安全管理体系的要求，结合公认的关键原则（HACCP 等），以确保从食品链至最后消费点的食品安全。

ISO 22000 基于 ISO 9001 的体系结构，进一步加深了 HACCP 在食品安全管理体系中的作用，涵盖了所有消费者和市场的需求，是一个国际认证标准，可作为内部审核和外部审核评定的依据。

ISO 22000适用于在食品链中所有希望建立食品安全保证体系的组织，如农产品生产商、动物饲料生产商、食品生产商、批发商和零售商以及设备供应商、物流供应商、包装材料供应商、农业化学品和食品添加剂供应商、涉及食品的服务供应商和餐厅，它们贯穿整个供应链——从农产品生产至食品加工、运输、储存、包装和零售。

12.3.2 ISO/TS 16949《质量管理体系　汽车生产件及相关维修零件组织应用 ISO 9001:2008 的特别要求》

1988年，美国三大汽车公司（通用、福特和克莱斯勒）联合成立汽车工业行动小组（AIAG），结合汽车行业的特点，在ISO 9000标准和各公司原有质量管理文件基础上进行协调，共同制定一套完整的质量体系标准，并于1994年8月发行QS 9000首版标准，1995年、1997年先后推出第二、第三版。

该标准的第一部分"质量体系要求"包括ISO 9001要求、行业补充要求与顾客特殊要求（即三大公司各自的特殊要求和其他整车厂的特殊要求）。

该标准的第二部分是一系列参考手册，包括：产品质量先期策划和控制计划（Advanced Product Quality Planning and Control Plan，APQP）、潜在失效模式与后果分析（Potcntial Failurc Modc and Effects Analysis，FMEA）、生产件批准程序（Production Part Approval Process，PPAP）、测量系统分析（Measurement System Analysis，MSA）、统计过程控制（Statistical Process Control，SPC）和质量体系评审（Quality System Assessment，QSA）等。

1996年，美、德、意、法等国的世界知名汽车制造厂建立了国际汽车工作小组（IATF），协调和制定汽车工业通用的质量管理体系标准。1999年，国际汽车工作小组和日本汽车制造协会（JAMA）在ISO/TC176质量管理和质量保证委员会的支持下，共同制定、发布ISO/TS 16949第一版，2002年、2009年分别发布第二、第三版。

ISO/TS 16949（GB/T 18305）《质量管理体系　汽车生产件及相关维修零件组织应用ISO 9001:2008的特别要求》与ISO 19001相结合，规定了用于汽车相关产品的设计和开发、生产以及安装和服务（若相关）的质量管理体系要求，适用于组织的顾客指定生产件和/或维修零件制造的现场（现场或外部的支持职能，例如设计中心、公司总部和配送中心，构成现场审核的一部分，但不能独立获得本技术规范的认证），也适用于整个汽车供应链。

ISO/TS 16949和QS 9000一样，由ISO 9001要求、汽车业共同要求、顾客特殊要求以及一系列参考手册构成。

12.3.3 TL9000 电讯业质量管理体系标准

1996年春，以贝尔公司为首的一些电讯业知名服务提供商提出要制定一个统一的质量体系标准，并于1997年10月成立了电讯业服务提供商和产品制造商之间合作和沟通的世界论坛——QuEST论坛（Quality Excellence for Suppliers of Telecommunications Forum），从1998年开始，在现有标准和实践的基础上制定和保持一个通用的电讯业质量体系管理标准 TL 9000。

TL 9000 标准共分两大部分、五个层次。两大部分为质量体系要求（Book One）和质量体系指标（Book Two）。五个层次是：

- 第一层为国际标准 ISO 9001 的要求；
- 第二层为电讯业硬件、软件和服务质量体系的公共要求；
- 第三层为电讯业硬件、软件和服务质量体系的专门要求；
- 第四层为电讯业硬件、软件和服务质量体系的公共指标；
- 第五层为电讯业硬件、软件和服务质量体系的专门指标。

TL 9000 标准适用于电讯业的硬件、软件、服务质量体系及其相关组合。TL 9000 认证的对象可以是一个完整的公司，也可以是一个组织单元、装置或者被供方和认证机构共同认可的限定的、明确的生产线。

12.3.4 AS 9000 航空业质量管理体系标准

1997 年，波音等 11 家航空工业商、航空工业协会（AIA）和美国质量学会组建美国航空质量小组（AAQG），根据 ISO 9000 的基本要求开发针对航空领域相关产业的专业标准 AS 9000。

1998 年 12 月，AAQG、EAQG（欧洲航空质量小组）和 APAQG（亚太航空质量小组）合作建立了国际航空质量小组（International Aerospace Quality Group，IAQG），协调航空质量管理标准。在国际上使用的标准用 AS 91××作为标准号，仅在美洲使用的标准用 AS 90××作为标准号。IAQG 部分标准清单如下：

- AS 9100　航空制造业者的质量管理体系
- AS 9102　首件检验
- AS 9103　关键特性管理
- AS 9104　航空质量管理体系注册要求
- AS 9110　航空维修站的质量管理体系
- AS 9120　销售商的质量管理体系

第13章 质量管理体系的建立、实施和改进

在组织中建立、实施和保持质量管理体系并持续改进，是质量经理最基本、最重要的工作之一。

组织就像人一样，是一个具有生存和学习能力的社会有机体，由相互作用的系统、过程和活动组成。ISO 9000族标准鼓励组织在建立、保持和改进质量管理体系的绩效和有效性时采用过程方法，且在ISO 9001引言0.3.2中指出，PDCA循环能够应用于所有过程以及完整的质量管理体系。为了贯彻过程方法这一质量管理原则，利用PDCA模式有序地建立质量管理体系，并有效地实施、保持和改进质量管理体系，以期通过提高产品和服务质量，使顾客满意和忠诚。本章依照P——体系策划、D——体系实施、C和A——体系评价和改进，分三节加以讨论，并在13.4节讨论管理体系的整合。

13.1 质量管理体系的策划和文件化

13.1.1 体系策划

体系策划旨在根据顾客的要求和组织的方针，建立体系的目标和过程，确定实现结果所需的资源，识别和应对风险和机遇。

由于环境因素不同，每个组织的质量管理体系都是唯一的。每个组织建立质量管理体系的目标、要求和现有条件不尽相同，不宜采用统一的工作程序。各组织可结合实际，参考以下步骤进行体系策划。

1. 体系建立的前期准备

贯彻ISO 9000族标准，建立质量管理体系是涉及组织各个方面、事关全局的大事。在贯标前期，要统一思想，建立组织，确立目标，宣传教育，制定计划，充分地做好准备工作。

（1）管理层统一思想，作出决策。组织的高层应就贯标的必要性和重要性在各抒己见的基础上统一认识，提出初步方案，并作出决策。这是贯标顺利进行的重要保证。

（2）成立贯标委员会/领导小组和跨职能推行小组。贯标委员会或领导小组是贯标的决策和协调机构，通常由决策层与质量相关部门负责人组成，负责审议有关贯标的重大决策，对贯标中出现的重大问题进行协调和仲裁。

跨职能推行小组通常由既懂专业技术，又懂质量管理，并有一定文字能力的管理人员组成，在组长领导下组织和实施贯标工作。成员来自各相关部门，是各部门派出的联络员和文件编写人员，也是之后内部审核员的培训对象。

（3）确立贯标目标和总体方案。在贯标工作正式开展之前，决策层应就以下贯标目标和总体方案作出决定：

● 贯标和申请认证的范围：贯标范围是组织全部还是局部，涵盖全部产品和服务还是部分产品和服务？是否存在不适用的要求？理由是什么？

● 是否与环境、职业健康安全等管理体系的建立同步进行并整合，以期通过一次认证审核获取多张证书？

● 选择哪个认证机构？预期何时通过第三方认证？

● 是否聘请咨询师加以指导？

（4）宣传教育和导入培训。通过宣传教育把决策层的贯标意图传达下去，在组织内形成贯标氛围，以期得到全体人员的重视和配合。初期宣传内容包括：贯标是什么，它的目的和意义何在，以及它对本组织的重要性等。

导入培训的对象主要是组织的中高层，培训重点包括：标准的由来、质量管理原则和基本概念、标准简介以及本组织贯标的目标和初步打算等。

（5）制定体系建立工作计划。跨职能推行小组根据决策层确定的贯标目标和总体方案，制定体系建立工作计划，按实施的先后顺序，列出导入培训、体系调查、过程分析、方针目标制定、职能分配、文件编制、内部审核、管理评审、接受认证等方面的具体工作活动，规定每项活动的责任分工和完成期限。

2. 现状调查和风险与机遇分析

对组织现状进行充分的调查分析是确保建立一个具有本组织特色、有效性强和效率高的质量管理体系的重要阶段。

（1）收集相关法规资料，包括：

● 国际组织、政府和其他第三方机构发布的有关法律、法令、规则、规定和标准；

● 国内外各机构和上级主管部门发布的与本行业有关的质量体系标准或指导文件。

（2）调查现有文件及其执行情况。为使体系既符合 ISO 9001 标准，又与原有的质量管理具有连续性，应对本组织现有的相关规章制度逐个调查其执行情况和适合性，把既符合体系标准又适合组织操作的部分纳入体系文件。要避免新建的体系文件与原有的管理文件并存，导致实施同一活动，却有两份不相同的文件作为依据的“两张皮”现象。

（3）质量管理现状调查。在体系策划前应与各相关部门访谈并进行调查分析，内容包括：

● 产品和服务的模式。指向顾客提供的产品和服务的类型、范围和定义，各类产品和服务的供应链（供方和顾客），以及顾客反应及市场情况等。

● 组织结构。指现有机构的设置和各部门的职责分工及相互关系等。

● 组织的资源。指人员素质和分布、生产设施和工作环境的现状与需求。

● 体系环境。指体系所处环境的特点、体系与外界环境的适应性及法律法规要求等。

● 目前的问题。指制约体系有效性的主要问题，包括产品、过程、资源、理念、组织结构、外部环境等各方面的薄弱环节。

（4）产品和服务形成过程的调查分析。应按照过程方法和质量环，调查分析每一类产品和服务的形成全过程。一般可采用绘制流程图的方法，首先列出产品和服务形成的主要过程，分析和识别关键（特殊）过程及分过程，排列各过程的先后或平行顺序以及过程与过程之间的接口关系，查明每一过程的输入和输出的实物和（或）信息，以及各过程的目标、资源、文件、验证要求和记录。然后综合分析各产品和服务实现过程的科学性、合理性、可操作性、有效性和效率，考察哪些过程具有改进机会。

（5）风险和机遇的综合分析。组织应基于上述现状调查分析，考虑内外部关键环境因素、相关方的需求和期望，识别、预测、确定为确保质量管理体系实现其预期结果而需要应对的风险和机遇，特别是有关产品和服务安全、产品和服务符合性、顾客满意和忠诚以及品牌方面的风险和机遇，策划应对这些风险和机遇的措施，在质量管理体系中整合并实施这些措施。

3. 体系策划的步骤

（1）确立质量方针和质量目标。确立质量方针和质量目标并非仅为了满足标准要求，它具有向全体员工指明方向、统一意志的重要作用。质量方针要支持组织的宗旨或使命、愿景、核心价值观、战略和总体方针，并为制定和评审质量目标提供框架。组织应对现行的质量方针和目标进行重新研究和评估，在最高管理者的主持下作必要的修订。需要时，也可发动各部门献计献策，汇总后供决策层参考，使之更具群众基础。同时，应策划实现质量目标的关键措施，包括做什么、需要什么资源、由谁负责、何时完成、如何评价结果等。

（2）分析和确定体系结构。组织规模、产品种类、组织结构不同，其体系结构也会有所不同。中小型规模、产品品种单一的企业，一般采用单一的体系结构，实行集中管理。大型和经营多类产品的企业往往采用多元体系结构，实行分散管理，如集团公司下的各子公司往往分别建立质量管理体系。

（3）质量职能分配。将 ISO 9001 标准的各条款所规定的各项活动（除了有合理理由不适用的条款）逐一分配到各职能部门（岗位）。通常用矩阵表的形式编制质量职能分配表。

（4）评审策划结果。现状调查分析和策划是体系的初步设计过程。为集思广益，可在文件编制之前组织一次评审，评价体系的适合性，包括体系的整体性和可行性、过程网络的完整性、过程结构的合理性、接口相容性以及责任分配的正确性。

13.1.2 体系文件化

体系文件化是将体系分析和策划的结果用书面形式确定下来，形成一套用于规范体系活动的文件，是对质量管理体系的具体设计。

组织的质量管理体系应包括标准要求的形成文件的信息，以及组织确定的为确保质量管理体系有效性所需的形成文件的信息。对于不同组织，质量管理体系形成文件的信息的多少与详略程度可以不同，取决于：组织的规模，以及活动、过程、产品和服务的类型；过程的复杂程度及其相互作用；人员的能力。

1. 体系文件结构

质量管理体系并不意味着需要统一不同体系的架构，形成与标准条款结构相一致的文件，以及在组织内使用本标准的特定术语。然而，图 13—1 所显示的 ISO/TR 10013:2001《质量管理体系文件指南》中提出的体系文件结构具有很好的参考价值。

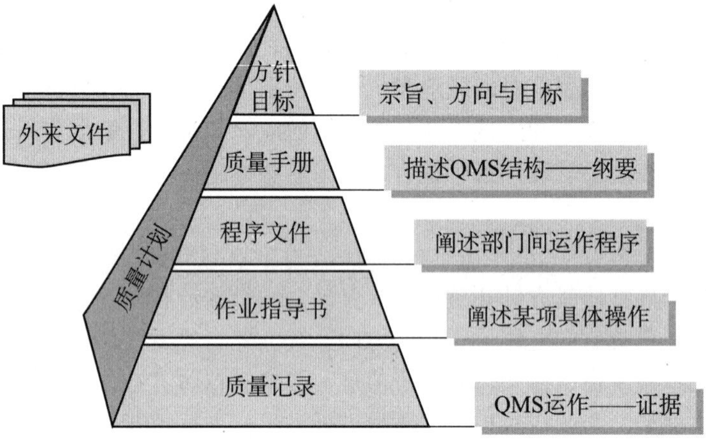

图 13—1 质量管理体系文件结构

其中，质量手册是描述质量管理体系结构的纲要性文件，其可能的结构如图 13—2 所示，内容至少包括以下三项：

（1）质量管理体系的范围（包括不适用要求和合理性）；

（2）质量管理体系的程序文件或对它的引用；

（3）对质量管理体系过程和过程间相互作用的表述。

2. 体系文件的编制

（1）制定文件编制计划。根据体系分析策划的结果，列出体系文件目录，识别各文件内容所涉及体系标准的相关条款号，区别各文件编制方式，如对原有文件进行修改、对原有文件进行重写和新编文件等。确定每个文件的起草人、审核和批准的责任者，规定各文件的初稿、修改稿和报批稿的完成期限，以及全套体系文件的最迟发布日期。

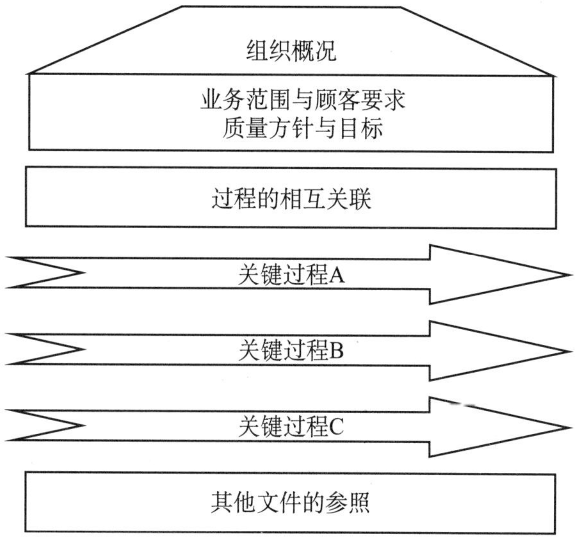

图 13—2　质量手册的结构

(2) 规定文件体例和标识方法。体系文件在组织内应有统一的体例和格式。除了沿用组织原有的标准化格式，通常，程序文件应包括目的、范围、定义、职责、工作程序、质量记录、相关文件和附录等内容。文件的章节编排和字体变化可参照国家标准的格式。

体系文件应有系统的标识方法，通常包括类别代号、编号和文件名称三部分，以便于整理、检索和识别。

(3) 文件编制。编写成套的质量体系文件是一项系统工程，应按计划认真组织实施。

1) 编制顺序。一般按文件的层次自上而下进行，是从整体到局部、由概略到详细的设计过程。在逐级细化的设计过程中，往往会发现上一层次文件的不足，此时要作自下而上的修改。在编写过程中出现反复也是合乎情理的。当感到对体系的总体概念尚不清晰而无从下手时，可先编写程序文件，然后对程序文件内容加以提炼和概括，编写手册。

2) 编写人员培训或研讨。使每位文件起草人员都了解本组织有关文件的体例、格式和标识等规定，并掌握编制文件应遵循的系统协调、合理优化、可操作、可证实等原则。分派编写任务时，最好遵循“谁主管谁执笔”的原则。由于过程主管者在长期实践中积累了很多经验和体会，由他执笔会写得更切合实际和更具可操作性，若其文字能力不好，可由他人润色修改。某些咨询机构“包写文件”或提供一套其他公司的文件，让编写人员“抄、改”的做法往往使文件内容脱离实际，无法实施，导致体系文件化步入误区。

3) 沟通。在编制过程中，起草人员应相互沟通，尽可能把文件与文件之间的矛盾消除在编写过程之中。高层领导和相关部门领导应予以指导和协调。

(4) 文件审批和发布。在文件发布之前应采用传阅会签或会议评审方式，组织一次较严密的评审，确保文件的适合性、系统性、协调性、可行性和可操作性，特别注意各过程之间的接口及部门之间的接口。

应严格执行文件的校对、审核和批准程序。在规定的实施日期之前，将全部文件和表格发放到使用地点。

13.2 质量管理体系的实施和保持

13.2.1 体系试运行

在体系文件批准、发布之后，应进行至少三个月的体系试运行。

1. 准备工作

（1）由各实施部门对相关文件进行宣传，组织培训或采取其他措施，重申全体员工必须按体系文件的规定执行并做记录。

（2）完善必要的工作计划，如年度质量目标、产品和服务质量、新产品和服务设计开发、制造质量控制、采购、培训、检验和质量改进计划等。

（3）配备满足组织目标和顾客需求的各种资源，包括人力资源、生产/服务设施和工作场所等。

（4）运行过程所必需的印章、表卡、标签（牌）、单据、凭证等应在运行前制作备用。

2. 试运行要求

（1）始终贯彻质量管理七项原则，使之成为组织文化的重要组成部分。

（2）提高并保持员工队伍的素质，确保体系运行的质量。

（3）养成按程序办事的良好习惯。

（4）管理者以身作则，模范执行体系程序，倾听下属员工意见，当环境发生变化，发现体系程序存在问题时，应立即解决。

（5）及时总结执行体系程序过程中的经验教训，表彰先进，纠正偏差，克服错误的习惯做法。

13.2.2 体系认证

在试运行期间，组织还要选择各相关部门的贯标骨干，培训一批内部审核员，并在试运行后进行内部审核，实施管理评审。

1. 确定是否认证

除非受某些法规或合同的强制性要求的制约，否则组织完全可以自主决定是否申请体系认证。在决定申请认证前，应对认证可能给本组织带来的利益进行评估，这些利益包括：

（1）获得权威性的第三方证明，证实所建立的质量管理体系是有效的；

（2）在证书有效期内可获得认证机构的定期监督，这种监督成为保持体系有效性的外部推动力之一；

（3）以认证为推动力，促进内部管理的规范化和动态纠偏；

（4）获得认证证书，提高顾客的信任度，从而扩展市场份额，减少第二方审核的频次和范围。

经评估认为认证对本组织的利益小于为申请认证而花费的投入时，可以暂不考虑申请认证。

2．选择认证机构

选择认证机构时，应考虑以下方面：

（1）认证机构的合法性和权威性；

（2）顾客（特别是重要顾客）指定的认证机构；

（3）认证机构的专业特长，审核员的资质、能力和服务态度；

（4）认证费用是否合理。

3．申请认证和接受审核过程

（1）提出申请。当组织向选定的认证机构提出书面或口头申请后，认证机构往往派人去申请单位初访，双方议定审核范围和费用后签订认证审核合同，初步约定现场审核的日程安排。

（2）实施审核。首先进行体系文件评审，然后进行现场审核和评价，并将审核发现和评价形成书面审核报告，分发给被审核方。对审核中发现的不合格项，被审核方应在规定期限内采取纠正措施。

（3）注册和监督审核。认证机构对所有不合格项的纠正措施进行验证，合格后编写认证审核和评价报告，经认证委员会审核符合要求即批准注册和发证。在批准注册后的三年中，认证审核机构负责按期监督审核。三年期满需重新评定。

13.2.3 体系保持

组织应通过建立有效的运行机制，保持体系有效运行。

1．组织协调

如果把质量管理体系比作一台庞大而又复杂的机器，那么组织结构相当于它的机体，组织协调工作相当于它的动力和润滑系统。机器依靠动力和润滑系统来保持正常运转，质量管理体系也需依靠有效的组织协调功能来推动各相关部门按体系所要求的活动内容、分工、时间、顺序、目标和接口关系，有序地运行。

当体系运行过程发生问题时，组织协调工作显得尤为重要。例如，当体系本身存在缺陷，某项计划考虑不周，体系环境突然变化，人为差错造成失控时，如果没有组织协调工作，不能及时下达工作指令采取纠正或应急措施，质量管理体系的正常运行将受阻，甚至导致重大损失。

组织协调工作的依据通常是组织的方针、目标、相关的法律法规和标准、体系程序和计划等。组织协调一般采用召开协调会议、授权者下达工作指令、调整目标或计划、修改或补充体系程序等方式。值得一提的是，部门之间或相邻岗位之间密切配合，主动进行“自觉协调”，也是快捷有效的协调方式之一。

2. 体系监控

质量管理体系在运行过程中，各项活动及其结果不可避免地会发生偏离规定要求的情况。因此，体系运行机制中的监控功能必不可少。质量体系监控分为由第二方或第三方进行的外部质量监督与由组织自身进行的内部质量监视和控制。第二方的监督仅在合同环境下进行。当有关法规对产品或服务的质量管理体系有要求时，第三方也将实施质量监督。质量监督的对象不局限于产品或服务，也包括质量管理体系及其过程。质量监控是对监督对象进行连续的监视和测量，发现偏离规定要求的问题则及时反馈，以便采取纠正措施，从而使各产品、服务、过程和体系均符合规定的要求。因此，实施质量监控是确保体系正常运行的必要手段。

3. 信息管理

如果把组织结构视为质量管理体系的骨架，那么质量信息管理系统就是质量管理体系的神经系统。人依靠神经系统获得各种感知，并通过神经中枢及神经网络作出灵敏的反应。质量管理体系同样依靠信息管理系统，把通过质量监视等各种途径所获取的信息反馈给主管部门，主管部门再把组织协调的指令信息传递到执行部门，对产品、服务、过程和体系进行动态控制。组织协调、体系监控和信息管理三者有机结合，构成质量管理体系运行机制的重要基础。

4. 体系审核和管理评审

组织定期进行内部体系审核和管理评审，是质量管理体系自我控制和自我完善的重要手段。在体系审核中，对体系的有效性进行评价，对运行中存在的问题采取纠正和/或预防措施，以保持体系的符合性、完整性和有效性。在管理评审中，对体系的适宜性、充分性和有效性进行综合评价，寻求体系改进的机会和变更的需要，包括质量方针和目标。质量管理体系的审核和评审有机结合，成为体系在运行过程中保持适宜性、充分性、完整性和有效性的重要保证。

在体系的实施和保持中，一方面要使组织的质量管理保持在稳定的水平上，另一方面还应致力于不断增强质量管理能力。图 13—3 显示了 SDCA—PDCA—SDCA 循环，在文件化（即标准化）后，通过 SDCA，识别存在的问题（包括已发生的显性问题、将发生的潜在问题以及关于如何才能更好的设定型问题），确定少数的关键问题，进行 PDCA 改进，再进行标准化和实施 SDCA，以保持和增强组织的质量管理能力。

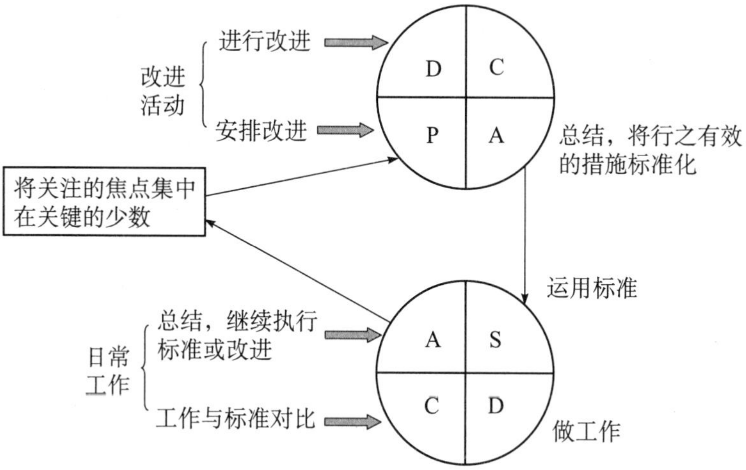

图 13—3　SDCA—PDCA—SDCA 循环

13.3　质量管理体系的绩效和有效性评价与改进

13.3.1　体系绩效和有效性及其评价

有效性是指完成策划的活动并得到策划结果的程度。绩效是可测量的定量或定性结果，是对有效性的测量。

一般来说，质量管理体系的有效性表现在以下几个方面：

- 产品质量符合规定要求，且质量稳定；
- 产品质量具有可证实性；
- 规定的质量管理体系要求适宜；
- 质量管理体系持续改进的机制健全，包括内审、管理评审、纠正和预防措施等的有效实施；
- 顾客满意得到增强；
- 员工的质量意识得到提高。

在质量管理体系建立、实施、保持和改进过程中，组织务必重视对质量管理体系的绩效和有效性进行评价。组织应通过建立绩效监视和测量系统，基于监视和测量结果分析和评价体系的绩效和有效性、产品和服务的符合性、顾客满意程度、策划是否得到有效实施、针对风险和机遇所采取措施的有效性、外部供方的绩效、质量管理体系改进的需求，以推动持续改进。

评价质量管理体系有效性的方法包括：质量审核、管理评审、顾客满意度评价、自我评价、内部顾客和外部顾客的反馈、售后信息、可追溯性、产品召回过程评审、跨层级会议等。下面简单介绍几种常用的有效性评价方法。

1. *质量审核*

ISO 9001 标准规定组织应按策划的时间间隔进行内部审核（第一方审核），

以确定质量管理体系是否符合标准要求和本组织对体系的要求，是否得到有效实施与保持。也就是说，既要评价体系的符合性，又要评价体系的有效性。

以顾客名义进行的第二方审核和由认证机构进行的第三方审核，同样要对体系的符合性和有效性作出评价。

以过程为审核对象的过程审核或以产品为审核对象的产品审核也是评价体系中某过程的有效性或某产品的质量水平的方法。

2. 管理评审

ISO 9001 标准规定，最高管理者应按策划的时间间隔评审质量管理体系，评价改进的机会和质量管理体系变更的需求，以确保其持续的适宜性、充分性和有效性。管理评审是组织内部最高层次的体系有效性评价方式。

通过管理评审，可以评价质量管理体系中的各项任务和活动是否按策划要求完成，过程的输出尤其是产品质量能否稳定地符合要求并使顾客满意；可以识别体系的适宜性，发现体系、过程和产品需要改进的领域，以及资源配置方面应采取的措施。

3. 顾客满意度评价

“以顾客为关注焦点”是质量管理七大原则之首。评价质量管理体系的有效性，除了看该体系输出的产品和服务是否符合规定要求，最根本的是顾客对本组织的满意程度。因此，ISO 9001 的 9.1.2 条款要求组织监视顾客对其需求和期望得到满足的程度的感受，可以采用的方法包括顾客满意度调查、顾客对交付产品或服务的反馈、顾客座谈、市场占有率分析、顾客赞扬、担保索赔和经销商报告。

评价顾客满意度的方法可由各组织按自己的产品特点和管理基础自行选择。一般来说，先从顾客视角设计调查问卷，通过电话、信函、走访和座谈会等渠道收集顾客满意和不满意信息，然后用科学的方法进行统计分析，作出总体评价。需要时，也可委托调查公司、咨询公司等中介机构进行调查分析，以获得更加专业的客观评价。

顾客满意度评价应当确保客观性，因此需要不断完善其评价方法，包括调查问卷、抽样样本和统计方法等，防止为获得较好的满意度数据而做数字游戏，自欺欺人。

获得满意度数据不是最终目的，关键是要掌握造成顾客满意或不满意的确切因素，多多发挥满意因素，时时远离不满意因素，做顾客的忠实朋友，并对调查结果进行分析，花大力气抓持续改进，在提高顾客满意度的基础上提升顾客忠诚度。

4. 自我评价

ISO 9004:2009 附录 A 中提供了组织评价其管理成熟度的方法。组织可按附录 A 对照 ISO 9004 的条款制定一份适合本组织的问题清单，由评价小组进行现场观察，并在格式化的记录表上填写各条款的观察结果、评定等级和相应的改进措施。

GB/T 19580 标准以及其他的卓越绩效评价准则提供了更加全面的包括与竞争对手和标杆对比的自我评价方法。组织可导入卓越绩效模式，按照卓越绩效评价准则进行自我评价。

13.3.2 体系的改进

组织应在针对不合格采取纠正措施的基础上，持续改进质量管理体系的绩效和有效性，包括改进产品和服务质量、改进过程绩效和组织总体绩效。通过持续改进，增强顾客和其他相关方满意，是组织在激烈竞争中赖以生存和发展的重要保证。

图 13—4 显示了在实施、保持质量管理体系的基础上，通过 PDCA 循环持续改进、不断提升管理水准的过程，包括下述活动：

（1）分析和评价现状，以识别改进区域；

（2）确定改进目标；

（3）寻找可能的解决办法，以实现这些目标；

（4）评价这些解决办法并作出选择；

（5）实施选定的解决办法；

（6）测量、验证、分析和评价实施的结果，以确定这些目标已经实现；

（7）正式采纳更改。

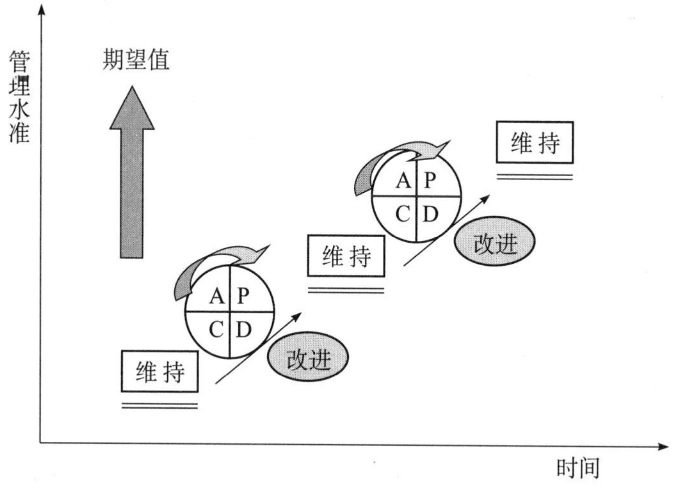

图 13—4　体系的维持和改进循环

1. 实现和改进现有质量管理体系的绩效和有效性

持续改进质量管理体系的绩效和有效性是 ISO 9001 标准所强调的，并贯穿标准的始终。在 ISO 9001 中提出的与持续改进质量管理体系绩效和有效性有关的条款有：

- 0.3.1 本标准倡导在建立、实施质量管理体系以及提高其有效性时采用过程方法；
- 0.3.3 基于风险的思维是实现质量管理体系有效性的前提；
- 4.4.1 组织应按照本标准的要求，建立、实施、保持和持续改进质量管理体系；
- 5.1.1 最高管理者对质量管理体系的有效性承担责任；
- 5.3c）报告质量管理体系的绩效及其改进机会，特别是向最高管理者报告；
- 7.2a）确定受其控制的工作人员所需具备的能力，这些人员从事的工作影响质量管理体系的绩效和有效性；
- 7.3c）……对质量管理体系有效性的贡献，包括改进绩效的益处；
- 7.5.1b）……组织确定的为确保质量管理体系有效性所需的形成文件的信息；
- 9.1.1……组织应评价质量管理体系的绩效和有效性；
- 9.3.1 最高管理者应按照策划的时间间隔对组织的质量管理体系进行评审，以确保其持续的适宜性、充分性和有效性，并与组织的战略方向一致；
- 10.1 改进质量管理体系的绩效和有效性；
- 10.3 组织应持续改进质量管理体系的适宜性、充分性和有效性。

（1）影响体系和过程有效性的主要因素。影响体系有效性的因素很多，因组织的情况而异。除了领导方面存在不足，如最高管理者的参与及重视不够、质量方针和目标制定得不适宜、资源配置不充分等，对过程方法的理解和应用也存在诸多问题，比如：

1）过程识别不清楚。包括：对组织所需过程及其相互作用的识别不完整；过程的输入、输出、过程活动和应配置的资源不够明确；过程的顾客和顾客的需求未予确定；未识别关键过程和特殊过程等。

2）未对过程的程序作出明确规定或规定得不适宜。为确保过程得到有效运行、控制和改进，组织应规定每个过程的程序（不一定都要形成文件），而且，规定的用于控制和改进过程的方法应具有适宜性。

3）在体系运行中，质量管理体系的各项活动未按规定完成，或未按 PDCA 模式实施。写的和做的不一致、规定的和实施的不一致，是质量管理体系有效运行的大忌，是一个屡见不鲜的通病。

4）未明确过程结果的特性以及测量方法，也未对过程及体系进行及时的测量、验证和评价。一个过程如未能加以测量（不论是未做到可测量，还是未实施测量），或者未明确测量的对象（即过程特性或影响特性的因素），不仅不能进行过程控制，也无法评价其有效性。

（2）持续改进体系绩效和有效性的途径。ISO 9001 标准要求组织改进产品和服务，以满足要求并关注未来的需求和期望；纠正、预防或减少不利影响；考虑分析、评价结果以及管理评审的输出，确定是否存在应关注的持续改进的需求和机遇，并采取必要措施持续改进质量管理体系的适宜性、充分性和有效性，以满足顾客要求和增强顾客满意。这为组织指出了改进质量管理体系绩效和有效性的主要途径。具体要求包括：

1）通过对绩效和有效性的分析和评价，包括产品和服务的符合性、顾客满意程度、策划是否得到有效实施、针对风险和机遇所采取措施的有效性、外部供方的绩效、质量管理体系改进的需求等，选择和确定改进机会，开展持续改进。

2）针对不合格，评价是否需要采取措施，以消除产生不合格的原因，避免其再次发生或者在其他场合发生。

3）根据管理评审的输出，确定改进机会、质量管理体系所需的变更以及资源需求，持续改进质量管理体系的适宜性、充分性和有效性。

此外，组织还可通过水平对比、自我评定结果等途径来识别和确定改进质量管理体系有效性的机会。

2. 应用 ISO 9004 持续改进组织总体绩效

ISO 9001 标准关注的是质量管理体系的有效性（而不强调效率）。要持续提高整个组织的效率，可在实施 ISO 9001 的基础上进一步运用 ISO 9004。实施 ISO 9004:2009 标准典型的出发点是，组织已经具备了满足 ISO 9001 标准要求的质量管理体系。然而这并不是先决条件。ISO 9004:2009 标准既可以在经过 ISO 9001 认证的条件下实施，也可以在未经认证的条件下实施，因为这两个标准是协调一致的、相容的并能相互补充。

任何一个组织在通过 ISO 9001 认证之后，都不应当停留和满足于保持认证注册资格，而应进一步寻求质量管理体系的更大回报，以增强组织的市场竞争力，提高组织的总体绩效和持续成功的能力。为此，有必要对现有的按 ISO 9001 标准建立和实施的质量管理体系进行持续改进，使其更加有效和高效，这是组织的一项长期任务。应用 ISO 9004 标准，是组织实现绩效改进、平衡相关方要求和期望、获得持续成功的重要途径。

应用 ISO 9004 意味着组织的质量管理体系的扩展和健全，结合不同组织的情况，有下述两种方式：

（1）集中扩展。将现有的质量管理体系与 ISO 9004 标准作全面对照，识别和确定所有需要补充建立的过程、活动以及方法。这种方式可以使质量管理体系集中扩展，一步到位，并能按照 ISO 9004 附录 A 的要求全方位地开展自我评价，持续、有效地改进质量管理体系。同时，它有助于体系尽早健全和成熟。但这种方式需要集中投入较大的力量，最好能组成一个跨职能的项目团队，以便及时建立起相应的过程。

（2）逐步扩展。先对 ISO 9004 有选择地采用，再全面扩展延伸。可针对体系的薄弱环节或组织关注的事项，如明显影响组织业绩的当前最需要改进的过程，有选择地对照 ISO 9004 的相应条款逐步完善体系。采用这种方式投入的力量较少，可以由相应过程的责任人或职能部门来完成，但体系健全过程所需的时间较长。

ISO 9004:2009 标准推动把自我评价作为一种重要的工具来确定一个组织在领导作用、战略、资源和过程方面的成熟度水平，从而识别优势、劣势和改进或创新的机会：

（1）开始时利用 ISO 9004:2009 标准附录 A 中给出的自我评价工具，确定自身的优势和劣势，确定组织质量管理体系运行的成熟度水平，识别改进和创新的机会；

（2）分析自我评价的结果，对照 ISO 9004:2009 标准的条款确定组织的成熟度水平；

（3）由组织的最高管理者确定如何将组织的成熟度提到更高水平。

如果组织主要处于成熟度水平 1 或水平 2：按照 ISO 9000:2015 标准中的质量管理基础以及 ISO 9004:2009 标准建立能引导组织取得持续成功的质量管理体系。也可以考虑先按 ISO 9001 标准建立质量管理体系，因为围绕这个标准已经有一系列培训课程、技术文献等，可以支持组织沿着这个方向走下去。这个标准已经帮助许多组织通过展示其符合公认框架的能力，从成熟度水平 1 或 2 提升到水平 3 甚至更高。如果组织已经实施了 ISO 9001 标准，可以利用 ISO 9004:2009 所建议的方法扩展质量管理体系实施的深度，给所有相关方增加价值。

如果组织的质量管理体系主要处于水平 3：随着组织的成熟度水平超越 1 或 2，有必要采用更为系统的方法（如 ISO 9004、卓越绩效模式等）来提高体系运行效率。在这个阶段，组织经常会面对各类工作不协调的风险，在这种情况下，组织往往孤立地开展各项活动，而没有充分发挥它们的潜力（许多组织在开始变革时往往没有理解影响它们过程和绩效的关键因素）。ISO 9004:2009 标准能够帮助改进组织管理活动的协调性，持续提升管理成熟度，并增加相关方的信心。应当注意，在 ISO 9001 标准中所给出的基础管理要求对处于上述成熟度水平的组织仍然是很重要的。

如果组织的总体成熟度已接近水平 4 或更高：这时组织应系统运用卓越绩效模式，强化外部比较及量化的绩效结果分析，例如用标杆管理来强化其学习过程。卓越绩效模式可在提升组织运行成熟度的各个阶段使组织获益，尤其是在组织处于较高成熟度水平的情况下，它有助于组织进行更加科学和系统的、定性和定量相结合的诊断和评价，对进一步改进和创新作出策划，并以卓越绩效模式为框架进行管理体系的全面整合。在这一阶段，ISO 9004 标准的内容有助于实施卓越绩效模式，确保组织从使命、愿景、战略到资源、过程和结果的系统落地，从而实现持续成功。

3. 导入卓越绩效模式，持续改进经营质量

组织可根据其实际情况，参照 ISO 9004 进行质量管理体系的扩展和深化，进而导入卓越绩效模式；也可以直接导入卓越绩效模式，通过卓越绩效评价识别自身的优势和改进机会，不断改进和创新，提高管理成熟度和应对动态竞争环境

的能力，追求卓越。

13.4 管理体系的整合

随着质量、环境、职业健康安全等管理体系标准先后发布，尤其是自国际标准化组织修订 2000 版 ISO 9000 族标准以来，TC176 和 TC207 两个技术委员会之间的协调得以加强，要求同一组织内不同领域的管理体系相互兼容。如在 2005 版 ISO 9000 标准中明确指出：一个组织的若干管理体系可以与质量管理体系整合成一个使用通用要素的综合管理体系。这将有利于策划、资源配置、确定互补的目标以及评价组织的整体有效性。组织的管理体系可以对照其要求进行评价，也可以对照 ISO 9001 和 ISO 14001 的要求进行审核，这些审核可分开进行，也可合并进行。在国际标准化组织的启示下，世界各国管理领域对管理体系整合（一体化）问题给予关注，并进行了许多有益的研究和实践。

2014 年，ISO/IEC 发布了《ISO/IEC 工作导则第一部分》（ISO/IEC Directives，Part 1，第 5 版），其中的附件 SL 的附录 2“高层结构、相同的核心文本、通用术语和核心定义”规定：凡是管理体系标准，除了引言以外，均应与附录 2 所列明的结构框架相一致。2015 版 ISO 9001、ISO 14001 标准的编写都遵循该附件的框架结构。此外，正在编写中的 ISO 45001 标准以及已经发布的 ISO 20121：2012《活动可持续性管理体系　要求及使用指南》等多个管理体系标准，也都遵循这一共同的结构和框架。此附件在世界范围内的影响是巨大和深远的。目前由于国际标准化组织已公布的管理体系标准数量众多，涉及范围甚广，各个管理体系标准之间存在术语定义不统一、用语不统一、结构不统一、格式不统一等现象，无形中给组织实施这些管理体系乃至实现一体化的管理体系造成诸多困难和不便，容易造成因理解不一致而使实施产生偏差。有鉴于此，附件 SL 的附录 2 对未来管理体系标准的编制提出了统一的结构框架要求，这有利于多体系整合和一体化管理体系的构建。

13.4.1 基本概念

1. 一体化管理

一般情况下，组织按照职能管理的类别，在内部建立各自独立的体系。一体化管理要求将组织内部按职能建立的管理体系结合成一个整体。这意味着：第一，现行的质量、职业健康和安全、环境、人力资源、财务等各项管理将被整合并使用共同的要素。第二，在同一过程同时实施与上述各项内容相关的职能。第三，规定过程的文件也会按需一体化，真正按过程方法建立管理体系；第四，实现组织经营目标所必需的各项职能将展开落实到所有相关过程或岗位，在执行主要职能的同时履行相关职责。例如，制造部经理不仅负责产品制造，同时还对制造过程的安全、环境等负责。当实行更完善的一体化管理时，人事、财务等职能将全部纳入一体化管理范围。

2. 一体化管理体系

一体化（综合）管理体系是组织经营的各个组成部分构成的一个协调一致的体系，从而实现其宗旨和使命。这是 IQA 组织发表的一个定义。据此，对一体化管理体系的概念有以下理解：

(1) 任何影响经营结果的事物都是组织管理体系的一部分；

(2) 一体化管理体系是由组织经营业务的所有组成部分有机结合而成的统一的体系；

(3) 以过程为基础的各部分之间是互相依存、互相协调的；

(4) 建立一体化管理体系的最终目的是更加合理和有效地利用资源，实现组织的宗旨和使命。

以下几种情况不是一体化管理：

(1) 将互不相干、没有依存关系、不是同一过程的部分凑合在一起；

(2) 将财务、质量和环境等管理体系文件汇编成一册；

(3) 购入一个用于指导质量、环境和安全管理体系一体化的软件包；

(4) 把质量、环境、安全等职能部门合并成一个部门。

上述情形只是形式上的整合活动，不属于一体化管理。由此可见，一体化管理体系绝非将几部分管理作简单的叠加或勉强凑合，而是通过策划和优化，将具有共同要素和相互依存关系的部分有机地合成一个整体，形成有助于增强管理有效性和效率的综合性的管理体系。

13.4.2 管理体系一体化的必要性和益处

1. 一体化的必要性

尽管 ISO 9000 等国际标准都鼓励建立一体化管理体系，但这并非强制性要求，也没有一体化管理体系的国际标准。建立一体化管理体系有一定难度，尚无成熟的经验可以借鉴。如果管理层不理解一体化的重要性、必要性和可能带来的利益，那么，推行一体化管理的阻力是可以预料的。下面就管理体系一体化的必要性进行讨论。

(1) 标准陆续增多，企业应接不暇。自从 1987 年 ISO 9000 标准发布以来，国际标准化组织和一些行业组织先后发布了管理体系标准或规范。例如，一家生产车载通信设备的公司为了满足顾客要求和加强自身管理，选择按 ISO 9001，ISO/TS 16949 等标准建立质量管理体系；为了对环境保护和员工安全健康负责，要按 ISO 14001 和 OHSAS 18001 建立环境管理体系、职业健康安全管理体系；作为通信设备行业还得按 TL 9000 建立电讯业硬件、软件和服务质量体系。今后，各个组织可能还会陆续发布有关人力资源、财务资源等管理体系的标准。如果对每一个标准都单独地建立管理体系，企业将因不堪重负而顾此失彼，甚至会因无法应对而告失败。

（2）部门各自为政，相互争夺资源。人力、物力、财力和信息资源是所有管理体系的基础。一个企业对各种资源的合理分配和有效利用是直接影响企业经营成本的重要因素。当一个企业同时存在多个各自独立的管理体系时，每个体系的主管部门都想努力争取更充分的资源来确保体系正常运行和不断改进，难免造成资源浪费，甚至发生因部门各自为政而相互争夺资源的情形，出现内耗。

（3）重复劳动增多，"撞车"现象难免。从已发布的管理体系标准来看，有许多要求是相同或相似的。例如，方针目标管理、文件控制、人员培训、过程控制、内部审核、管理评审等。如果每个管理体系都各干各的，往往会出现同一件事由不同部门多次重复操作的情形。例如，每个体系都有内部审核要求，审核员一般由企业各个部门的管理骨干担任，在多个管理体系审核时，在审核人员和审核日程的安排上就难免出现"撞车"现象。至于各被审核部门，更是要接受多次反复的审核，势必影响正常业务开展。

通过对上述三方面不可回避的问题及其可能出现的不良后果的粗略分析，可以了解管理体系一体化的必要性。尤其在管理体系标准日益增多的现实情况下，管理体系一体化将是成功企业的首选方向。

2. 一体化的益处

实行一体化管理会给组织带来显而易见的益处，如：

（1）认识和掌握管理的规律性，建立一致的管理基础和协调的方针目标体系；

（2）科学地调配人力资源，优化组织的管理结构，促进合作和授权，弱化部门间的沟通壁垒；

（3）统筹开展管理要求一致的活动，提高工作效率，比如，一体化的体系策划、编制一体化的体系文件、一体化的咨询、一体化的文件控制、一体化的内部审核、一体化的管理评审，以及一体化的体系认证和持续改进；

（4）有利于培养复合型人才；

（5）减少重复劳动，降低管理成本。

13.4.3 管理体系一体化的理论基础

1. 一体化体系的"系统"属性

（1）集合性。整个组织管理体系是一个大系统，由质量、环境、安全、财务、人力资源等子系统集合而成，各子系统相互依存、共同协作，从而实现组织总的方针和目标。

（2）相关性。在一体化管理体系内具有稳定的相关性。例如，在产品生产和服务提供过程中，质量、环境、安全、财务、人力资源等息息相关、相互依存。

（3）目的性。一体化管理体系具有目的性，各子体系围绕组织总的经营方针、目标来确定具体方针、目标，做到各方针、目标之间协调一致和兼容。

（4）适应性。在系统思想指导下建立的一体化管理体系与多个独立并存的管理体系相比较，前者更具有对环境变化的适应性，从而确保管理体系在动态环境中的生命力。

2. 一体化体系的管理原则和“大质量”概念

ISO 9000 族标准的七项管理原则在建立一体化管理体系时仍然适合，而且具有普遍意义：

（1）“以顾客为关注焦点”适合组织的所有管理领域，只要将“顾客”概念延伸至大顾客即相关方即可。

（2）“领导作用”是所有管理的普遍原则，在一体化的大管理体系中，领导作用更为重要。

（3）“全员参与”具有普遍意义，因为任何管理领域都离不开所有相关人员的积极参与、合作和敬业。

（4）“过程方法”是指导管理体系一体化的关键原则。任何一项工作都可视为一个过程，可以用过程方法来进行策划、实施和控制，并理顺这些过程的主次和先后顺序、作用以及相互间的接口关系。

（5）“改进”既是组织的永恒目标，也是所有管理领域取得更好绩效的必要手段。

（6）“循证决策”这一原则适用于所有管理领域的科学决策。

（7）“关系管理”这一原则将供方扩展为所有相关方，同样适用于组织所有的管理领域。

“大质量”概念是全面质量管理的基本理念之一，可延伸到所有管理领域，用“大质量”概念来指导一体化管理，将会引导组织的管理走向世界级水平。

3. 一体化体系的模式结构

由于质量、环境、职业健康安全等管理体系有着相同的基于 PDCA 的高阶结构模型，因此可以较方便地建立一体化体系，如图 11—1 和图 12—1 所示。

13.4.4 管理体系一体化的原则、途径和注意事项

1. 一体化的原则

（1）管理对象相同、管理要求基本一致的内容可进行整合。

（2）整合后的管理要求应覆盖各标准的内容，就高不就低，以各标准中最高要求为准。

（3）整合后的管理体系文件应具有可操作性，不能在一个文件中完全整合的应引出第三层文件。

（4）整合应有利于减少文件数量，便于文件使用；有利于统一协调体系的策划、运行与监测，实现资源共享；有利于提高管理效率，降低管理成本。

2. 一体化的途径

（1）扩展法。组织先建立某个管理体系，在此基础上增加其他管理体系所需的过程、活动和方法。在扩展过程中会对原管理体系文件进行修订，包括新增的文件。例如，先建立质量管理体系，再扩展建立环境管理体系和（或）职业健康安全管理体系。

（2）合并法。如果组织已建立若干管理体系，则可以采用合并法将这几个体系整合为一个整体。此外，还应对原管理体系文件进行修订，包括就各过程按需归并原相关文件。

（3）系统工程法。本方法适用于组织的各种情形，尤其是同时新建几个管理体系的情形。该方法关注经营业务的需要，不与特定的管理体系标准相对应。其设计过程如下：

- 明确业务模式；
- 按模式作职能展开；
- 过程分析（采用流程图、失效模式与后果分析、管理体系标准）；
- 制定控制过程的工作方针；
- 开发控制每个业务过程的程序；
- 收集现有文件；
- 识别文件化需要；
- 制定文件编制计划；
- 形成文件化体系。

3. 一体化的注意事项

（1）在管理层中统一认识，明确一体化管理的重要性和必要性。消除各职能部门长期各自为政所形成的隔阂，学习一体化管理的原则，树立“一盘棋”思想。

（2）组织在具体整合时，可按照5W1H（Who，When，Where，What，Why，How）对具有对应关系的活动要求进行分析，当“谁来做”“做什么”“如何做”相同时，即可进行整合。

（3）通常可以整合的共同管理要求包括：方针、目标；职责和权限；文件控制；记录控制；内外协商与交流；管理评审；能力、意识和培训；法律法规及其他要求；设备管理；纠正措施；预防措施；内部审核等。

（4）寻求合理的文件整合是一体化策划的重点。通常的做法是：同一部门（岗位）在同一作业过程中的活动内容比较适合写成一个文件；不同部门（岗位）在不同作业过程中的活动一般不写在一个文件中；同部门、同作业过程的两个复杂的活动内容不宜写成一个文件；简单而次要的作业活动可并入另一领域的重要活动；一体化后，各子体系仍应保持其系统性。为此，应设计周密且容易识别的文件标识编码系统，并编制与各类管理体系标准条款相对应的文件目录对照表。

（5）条件不具备的盲目整合、不该整合的环节过度整合、文件整合了但职能和机构没有整合到位，都可能给整合后的体系运行带来不利影响。

（6）因各体系的管理对象不同，如果只注重形式，不识别内容，简单用一个文件代替几个文件，单纯压缩文件数量而导致文件过度归并，就会影响文件的可操作性。整合绝不是文件和管理的简单叠加，而是组织经营和业务流程的再造与重组。

（7）整合是一个渐进的、效率不断提高的过程，不能强求通过一次体系的整合达到超出想象的效果。

（8）情况发生变化时，不仅要考虑整合，适当时还可能要考虑拆分。

（9）整合的管理体系必须具有更强有力的指挥控制功能。一个高度整合的综合管理体系如果管理部门资源不足、能力不强、权威性不高、信息系统不畅，不仅不能提高管理的效率，反而会出现管理混乱、效率降低等现象。

（10）实施一体化的体系审核时，如果审核员尚未掌握某一领域的知识和经验，就不可给其分配一体化审核任务，否则会影响审核效果。在同一次审核中，可安排多名专业不同的审核员并按专业对口进行分工。防止过分强调一体化审核而影响审核效果。应该认识到培养一名真正全能的一体化审核员不是短期能实现的，建议审核时采取有分有合的策略。

13.4.5 以卓越绩效模式为框架的管理体系整合

卓越绩效模式覆盖组织经营管理的方方面面，衡量管理成熟度的“过程”四要素和“结果”四要素的最后一个要素都是“整合”。整合意味着协调一致、融合互补，指在计划、过程、信息、资源、行动、结果和分析等诸方面协调一致，支持组织的关键目标。只有当管理系统的各个组成部分都以充分互联的机制运作时，才能实现有效的整合。

卓越绩效模式为追求卓越的组织提供了一个非常好的管理体系全面整合框架，而且与管理体系通用的高阶结构相当一致（见图 13—5）。组织可以将 ISO 9001，ISO 14001 和 GB/T 28001 等合格评定体系的要求融入其中，综合精益六西格玛、QCC 和合理化建议等持续改进和创新方法，建立高度整合的卓越绩效管理体系（或全面质量管理体系、企业管理体系），实现手册、程序文件、指导书和表格以及实际运行的全面整合。

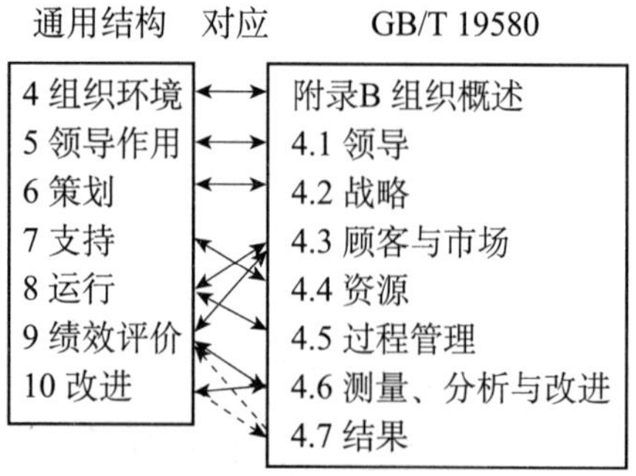

图 13—5 管理体系高阶结构与 GB/T 19580 的比较

下面是某公司以卓越绩效模式为框架进行管理体系整合的手册结构示例：

（1）组织概述。组织的环境、关系和挑战；体系范围。

（2）领导。使命、愿景、价值观和方针；沟通；组织文化建设；管理评审；治理结构与审计；组织结构与职责；合规；环境安全管理；商业道德与公益支持。

（3）战略。战略制定过程；内外部环境分析；战略和战略目标；战略实施计划；目标管理与关键绩效指标系统；全面预算管理；体系策划和对策措施。

（4）顾客与市场。顾客与市场细分；顾客需求与期望的了解；顾客关系管理；顾客投诉处理；顾客满意和忠诚的测量和改进。

（5）资源。人力资源规划与聘用；能力、意识和培训；员工绩效评价、激励与职业发展；员工权益与满意；财务管理；信息系统；知识管理与文件化信息控制；技术管理；基础设施及监视和测量资源管理；供应管理。

（6）过程管理。过程的识别与设计；过程的实施与改进；产品和服务要求的确定与评审；设计和开发；采购；顾客或外部供方的财产；生产运作与现场管理；检验和试验；标识和可追溯性；搬运、贮存、包装、防护和交付；不合格品控制；服务。

（7）测量、分析与改进。关键绩效指标监测和分析系统；竞争对比与标杆对比；内部体系审核；卓越绩效评价；过程质量审核；产品质量审核；纠正和纠正措施；改进和创新的管理；集成化改进与创新的方法系统；统计技术和其他工具的应用。

（8）结果。产品和服务结果；顾客与市场结果；财务结果；资源结果；过程有效性结果；领导方面的结果。

为便于ISO 9001、ISO 14001等合格评定体系的外部和内部审核，可编写“ISO 9001与TQM手册及相关程序对照表”“ISO 14001与TQM手册及相关程序对照表”等检索文件。

第 14 章 质量审核、认证和认可

审核、认证和认可是与实施 ISO 9000 族标准有关的主要活动。本章主要介绍认证认可的概念、流程，审核的概念、分类，并对体系审核、产品质量审核、过程质量审核的对象和内容进行重点阐述。

14.1 认证和认可

14.1.1 合格评定

“合格评定”一词最早由国际标准化组织（ISO）使用，1985 年 ISO 理事会将其设立的认证委员会改名为合格评定委员会，但没有给出合格评定的定义。1993 年，关贸总协定在其修订的《贸易技术壁垒协定》中给出了合格评定的定义，ISO 采用了此定义：“与直接或间接确定相关要求被满足有关的任何活动。”

合格评定主要包括认证和认可两类活动。图 14—1 说明了合格评定的主要活动。

- 合格评定
  - 认证
    - 产品认证
    - 质量管理体系认证
    - 环境管理体系认证
    - 职业安全卫生管理体系认证
    - ……
  - 认可
    - 认证机构认可
    - 检查机构认可
    - 实验室认可
    - 审核员/评审员等人员认可
    - ……

图 14—1 合格评定活动

1. 认证

认证是指第三方依据程序对产品、过程或体系符合规定的要求给予书面保证

（合格证书）。主要含义包括：

（1）质量认证的对象可以是产品、过程或体系；

（2）认证的方法可以是对产品质量的抽样检验和/或对组织体系的审核/评定；

（3）通过认证的证明方式是认证证书和认证标志；

（4）认证是第三方从事的活动，是一种符合性的评价。

ISO出版的《认证的原理和实践》一书中，将世界各国现行的产品认证制度归纳为以下八种模式（见表14—1）。

表14—1　八种认证模式

认证模式	型式试验	质量体系评定	获证后监督		
			市场抽查	工厂抽查	质量体系复查
1. 型式试验	●				
2. 型式试验加市场抽查检验	●		●		
3. 型式试验加工厂抽查检验	●			●	
4. 型式试验加市场和工厂抽查检验	●		●	●	
5. 型式试验加工厂质量体系评定和获证后监督	●	●	●	●	●
6. 工厂质量体系评定		●			●
7. 批抽样检验	●				
8. 全检	●			●	

2. 认可

认可是对团体（组织）或个人能力的承认。认可的对象可以是团体（组织）或个人，认可的依据是认可准则，认可的方法是评审后正式承认，通过认可的证明方式是认可证书或注册证书。有时候，人们把对人员能力的认可称为人员认证，如质量经理职业资格认证制度等。

3. 认证和认可的区别

认证和认可的区别见表14—2。

表14—2　认证和认可的区别

项目	认可	认证
对象	个人、团体	产品/服务、过程或体系
主题	由权威机构进行	由第三方机构进行
内容	考核能力	考核符合性
依据	认可准则	认证标准
结果	认可证书	认证证书

14.1.2 我国认证认可管理体系

1. 中国国家认证认可监督管理委员会（CNCA）

为加强对全国认证认可工作的统一领导和监督管理，国务院决定组建中国国家认证认可监督管理委员会（中华人民共和国国家认证认可监督管理局），它是国家质量监督检验检疫总局（以下简称质检总局）管理的事业单位。国家认证认可监督管理委员会是国务院授权的履行行政管理职能，统一管理、监督和综合协调全国认证认可工作的主管机构。其主要职责有：

（1）研究起草并贯彻执行国家认证认可、安全质量许可、卫生注册和合格评定方面的法律、法规和规章，制定、发布并组织实施认证认可和合格评定，宣扬监督管理制度和规定。

（2）研究提出并组织实施国家认证认可和合格评定工作的方针政策、制度和工作规则，协调并指导全国认证认可工作。监督管理相关的认可机构和人员注册机构。

（3）依法监督和规范认证市场，监督管理自愿性认证、认证咨询与培训等中介服务和技术评价行为；根据有关规定，负责从事认证业务的检验机构（包括中外合资、合作机构和外商独资机构）的资质审核和监督；依法监督管理外国（地区）相关机构在境内的活动；受理有关认证认可的投诉和申诉，并组织查处；依法规范和监督市场认证行为，指导和推动认证中介服务组织的改革。

（4）负责与认证认可有关的国际准则、指南和标准的研究和宣传贯彻工作等。

2. 中国合格评定国家认可委员会（CNAS）

中国合格评定国家认可委员会（China National Accreditation Service for Conformity Assessment，CNAS）是由国家认证认可监督管理委员会批准设立并授权的国家认可机构，统一负责对认证机构、实验室和检查机构等的认可工作。它是在原中国认证机构国家认可委员会（CNAB）和中国实验室国家认可委员会（CNAL）的基础上合并重组而成的。

中国合格评定国家认可委员会的主要任务为：

（1）按照我国有关法律法规、国际和国家标准、规范等，建立并运行合格评定机构国家认可体系，制定并发布认可工作的规则、准则、指南等规范性文件；

（2）对境内外提出申请的合格评定机构开展能力评价，作出认可决定，并对获得认可的合格评定机构进行认可监督管理；

（3）负责对认可委员会徽标和认可标识的使用进行指导和监督管理；

（4）组织开展与认可相关的人员培训工作，对评审人员进行资格评定和聘用管理；

(5) 为合格评定机构提供相关技术服务，为社会各界提供获得认可的合格评定机构的公开信息；

(6) 参加与合格评定及认可相关的国际活动，与有关认可及相关机构和国际合作组织签署双边或多边认可合作协议；

(7) 处理与认可有关的申诉和投诉工作；

(8) 承担政府有关部门委托的工作；

(9) 开展与认可相关的其他活动。

针对质量管理体系的认证，CNAS 于 2015 年发布了新的认可准则，分别是：

- CNAS—CC01《管理体系认证机构认可要求（ISO/IEC 17021）》
- CNAS—CC131《质量管理体系审核及认证的能力要求》
- CNAS—GC11《质量管理体系认证机构业务范围管理实施指南》

3. 中国认证认可协会（CCAA）

中国认证认可协会成立于 2005 年 9 月 27 日，是由认证认可行业的认可机构、认证机构、认证培训机构、认证咨询机构、实验室、检测机构及部分获得认证的组织等单位会员和个人会员组成的非营利性、全国性的行业组织。它依法接受业务主管单位国家质检总局、登记管理机关民政部的业务指导和监督管理。

中国认证认可协会的主要工作有：加强社会责任监督，制定行规行约，规范行业行为，维护行业利益；调查研究中外行业发展及市场趋势，参与制定行业发展战略规划，向政府提出政策和立法建议，向社会提供信息与咨询服务；倡导科技进步，促进信息化建设，组织人才教育和培训；参与制定、修订国家行业标准，并组织贯彻实施；组织国际对话，开展行业外交，促进国际合作；开展认证推广工作；编辑、翻译、出版认证方面的标准、期刊、书籍、文集和资料等；完成政府主管部门交办的工作。

4. 管理体系

2001 年，我国成立了国家认证认可监督管理委员会，随后逐渐统一认证认可管理体系。现有的认证认可管理体系分别由政府、认可机构、行业协会、认证机构组成，如图 14—2 所示。

国务院第 18 次常务会议于 2003 年 8 月 20 日通过《中华人民共和国认证认可条例》（以下简称《条例》），自 2003 年 11 月 1 日起施行。《条例》规定国家实行统一的认证认可监督管理制度，对认证认可工作实行在国务院认证认可监督管理部门统一管理、监督和综合协调下，各有关方面共同实施的工作机制。国家鼓励平等互利地开展认证认可国际互认活动。

国务院认证认可监督管理部门确定的认可机构（以下简称认可机构）可以独立开展认可活动。除国务院认证认可监督管理部门确定的认可机构，其他任何单

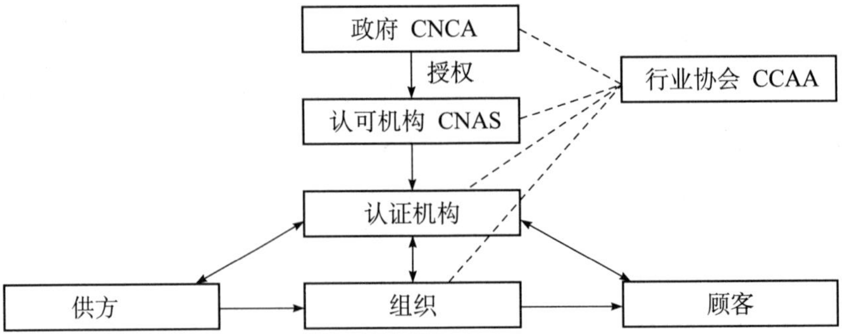

图 14—2　我国认证认可管理体系

位不得直接或者变相从事认可活动。

认可机构应当在公布的时间内，按照国家标准和国务院认证认可监督管理部门的规定，完成对认证机构、检查机构、实验室的评审，作出是否给予认可的决定，并对认可过程作出完整记录，归档留存。认可机构应当确保认可客观公正和完整有效，并对认可结论负责。

认可机构应当向取得认可的认证机构颁发认可证书，并公布取得认可的认证机构名录。认可机构应当按照国家标准和国务院认证认可监督管理部门的规定，对从事评审、审核等认证活动的人员进行考核，考核合格的予以注册。认可证书应当包括认可范围、认可标准、认可领域和有效期限。

取得认可的机构应当在取得认可的范围内使用认可证书和认可标志。取得认可的机构不当使用认可证书和认可标志的，认可机构应当暂停其使用直至撤销认可证书，并予公布。

认可机构应当对取得认可的机构和人员实施有效的跟踪监督，定期对取得认可的机构进行复评审，以验证其是否持续符合认可条件。取得认可的机构和人员不再符合认可条件的，认可机构应当撤销认可证书，并予公布。

认可机构应当完成由国务院认证认可监督管理部门制定的认证基本规范、认证规则所规定的程序，确保认证、检查、检测完整、客观、真实，不得增加、减少、遗漏程序。

认可机构及其认证人员应当及时做出认证结论，并保证认证结论客观、真实。认证结论经认证人员签字后，由认可机构负责人签署。认可机构及其认证人员对认证结果负责。

认证结论为符合认证要求的，认可机构应当及时向委托人出具认证证书。

获得认证证书的组织应当在认证范围内使用认证证书和认证标志，不得利用产品、服务认证证书、认证标志和相关文字、符号，误导公众认为其管理体系已通过认证，也不得利用管理体系认证证书、认证标志和相关文字、符号，误导公众认为其产品、服务已通过认证。

14.1.3 体系认证和产品认证

1. 产品认证和体系认证的相同点

产品认证和体系认证都要求申请人具有持续符合规定要求的能力。

2. 产品认证和体系认证的区别（见表14—3）

表14—3　产品认证和体系认证的区别

项目	产品认证	体系认证
对象	特定产品	体系
获得认证的条件	产品质量符合指定标准的要求；符合其他要求	体系符合申请认证的体系标准的要求和必要的补充要求
证明方式	产品认证证书：认证标志	体系认证证书：认证标志
证明的使用	证书不能用于产品，标志可用于获得认证的产品	证书和标志都不能在产品上使用，但可用于正确的宣传
性质	自愿/强制	自愿/强制

产品认证分为强制性产品认证和自愿性产品认证。我国开展的3C认证就属于强制性产品认证，国家按照统一标准、统一目录、统一标志和统一收费要求开展强制性产品认证，只有经过认证的产品方可在市场上销售。自愿性产品认证是认证机构依据国家标准、行业标准、IEC标准、其他国家产品标准及补充技术要求进行的，如节能认证等。体系认证一般是自愿性的，但也有强制性的，如欧盟就强制要求某些医疗器械的生产厂必须取得医疗器械质量管理体系的认证。

关于认证的标识，目前各国有以下几种类型（见图14—3）。

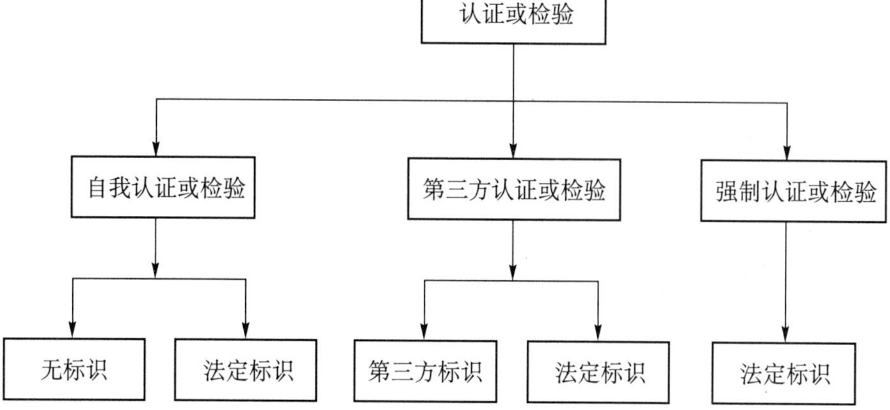

图14—3　认证标识

我国的3C认证属于强制性认证，其认证标识如图14—4所示。

图 14—4 我国 3C 强制性产品认证标识

14.1.4 认证流程

1. 体系认证流程（见图 14—5）

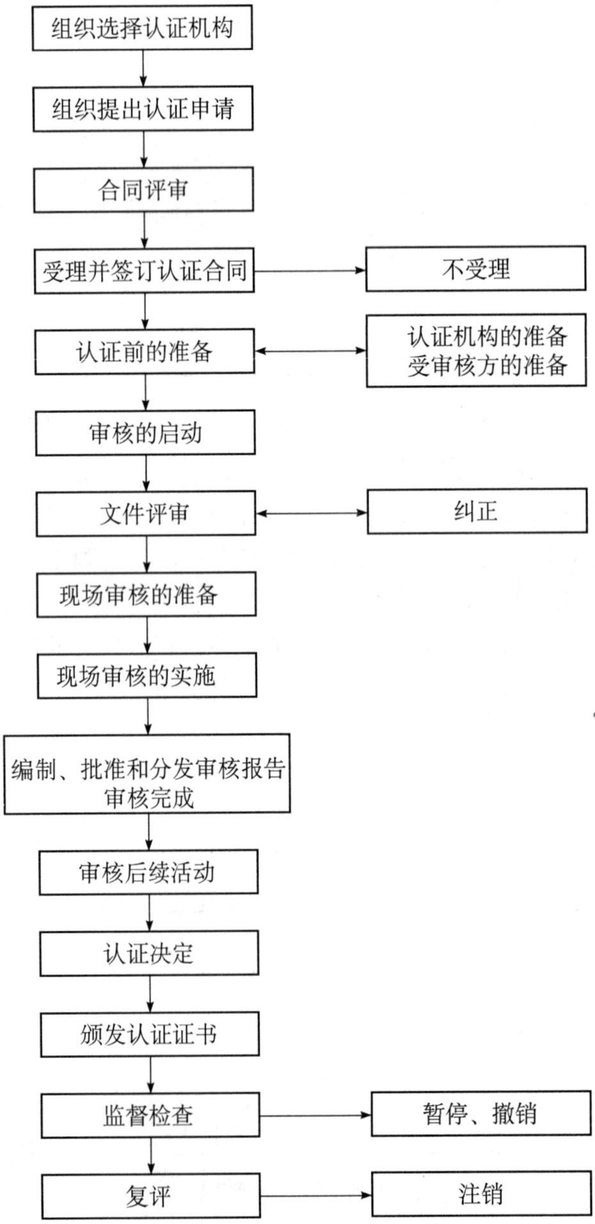

图 14—5 体系认证流程图

2. 产品认证流程（见图14—6）

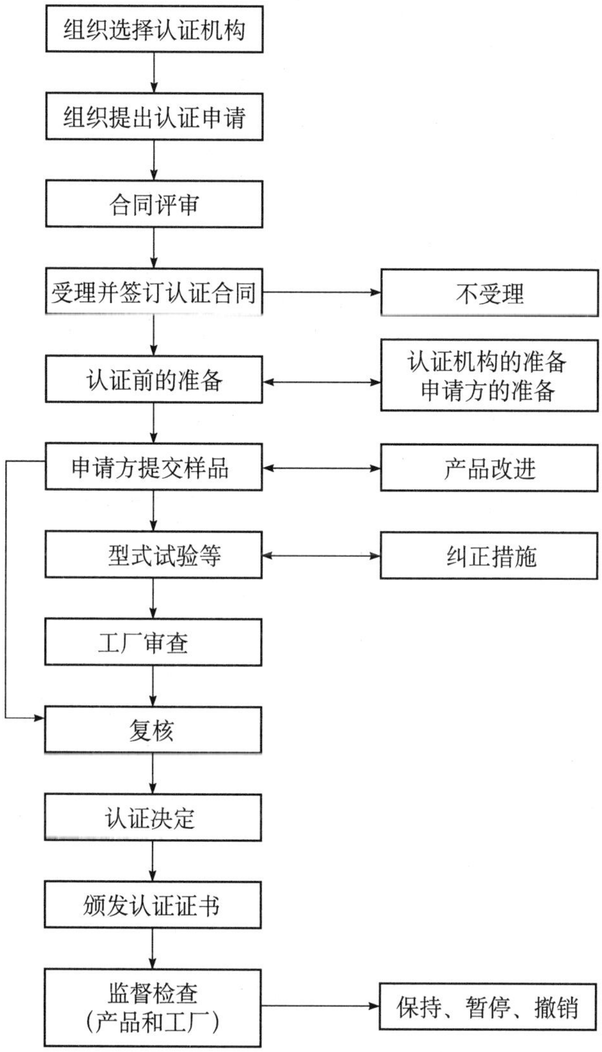

图14—6　产品认证流程图

14.2　审核

14.2.1　审核概述

1. 审核的概念

根据ISO 9000的定义，审核是指为获得客观证据并作出客观的评价，以确定审核对象满足审核准则的程度所进行的系统的、独立的并形成文件的过程。

审核由一系列相关过程或活动构成，包括：收集审核证据，将收集到的审核证据对照相应的审核准则进行分析、比较、评价，确定审核对象满足审核准则的程度，记录审核证据及评价结果等。审核系统性指审核是一项正式、有序的活动，要对所有与审核有关的过程及其相互关系进行系统的识别、策划，并使其全部处于受控状态。例如，外部审核需按合同进行，内部审核需经授权。审核必须有组织、有计划并按规定程序进行。审核独立性指审核是一项客观公正的活动，应避免任何外来因素及审核员自身因素的影响。“客观”要求审核时以审核证据为依据，以审核准则为准绳，尊重事实和证据。审核的独立性是指审核员与受审核方不存在利益冲突，能客观公正地开展审核工作。对内部审核来说，审核员不应该审核自己的工作；对第三方审核来说，不能对受审核方既提供咨询又进行审核。形成文件是指审核过程需要适当的文件支持，形成必要的文件，包括审核计划、检查表、审核记录、不合格（不符合）报告、审核报告等。

审核是一个沟通过程，从初步联系到审核计划到现场审核以及审核的后续活动，审核员应与受审核方进行充分的沟通，确保审核的价值得到体现。同时，审核还是抽样的过程，样本是否具有代表性直接影响审核结论的可信性和一致性。

为确保审核结果的可信性和一致性，应遵守以下审核原则：

- 诚实正直：职业的基础；
- 公正表达：真实、准确地报告的义务；
- 职业素养：在审核中勤奋并具有判断力；
- 保密性：信息安全；
- 独立性：审核公正性和审核结论客观性的基础；
- 基于证据的方法：在一个系统的审核过程中，得出可信的、可重现的审核结论的合理方法。

2. 审核的分类

按照不同的分类依据，审核可以分为不同的类别（见表 14—4）。

表 14—4　审核的类别

分类依据	审核类型		
按委托方	内部审核	外部审核	
	第一方审核	第二方审核	第三方审核
按审核对象	体系审核	过程质量审核	产品质量审核
按认证周期	初次审核	监督审核（例行和非例行）	复评（到期换证）
其他	结合审核：质量、环境管理体系以及其他领域被一起审核。 联合审核：两个或两个以上审核机构合作，共同审核同一个受审核方。 特殊审核：GB/T 27021—2007《合格评定　管理体系认证机构的要求》指出了特殊审核的两种情形：（1）扩大认证范围。对于已授予的认证，认证机构对扩大认证范围的申请进行评审，并确定任何必要的审核活动，以做出是否扩大的决定。这类审核活动可以和监督审核同时进行。（2）提前较短时间的审核。认证机构为调查投诉、对变更做出回应或对被暂停的客户进行追踪，可能需要在提前较短时间通知获证客户后对其进行审核。		

14.2.2 审核方案的管理

审核方案是指针对特定时间段所策划的，具有特定目标的一组（一次或多次）审核安排，包括策划、组织和实施审核的所有必要活动。

审核方案包括一组审核，以及对这一组审核的审核类型、数目的策划、组织，还包括为在规定的时间框架内有效和高效地实施审核提供资源所需的所有活动。审核方案针对特定时间段，根据受审核组织的规模、性质和复杂程度，可以包括一次或多次审核。这些审核可以有不同的目的，也可包括联合审核或结合审核。审核方案的例子如：覆盖组织质量管理体系的本年度一系列的内部审核；对关键产品和服务的潜在供方的质量管理体系在六个月内进行的第二方审核；在认证机构和委托方之间合同规定的时间内，由第三方认证/注册机构对组织的质量或环境管理体系进行的认证和监督审核。ISO 19011 标准指出，最高管理者应确立审核方案的目标，并指定一个或多个胜任的人员负责管理审核方案。管理审核方案的人员应当规定如何建立、实施、监视、评审与改进审核方案，识别并提供必要的资源。审核方案应按 PDCA 循环（策划—实施—检查—处置）进行管理，其管理流程如图 14—7 所示。

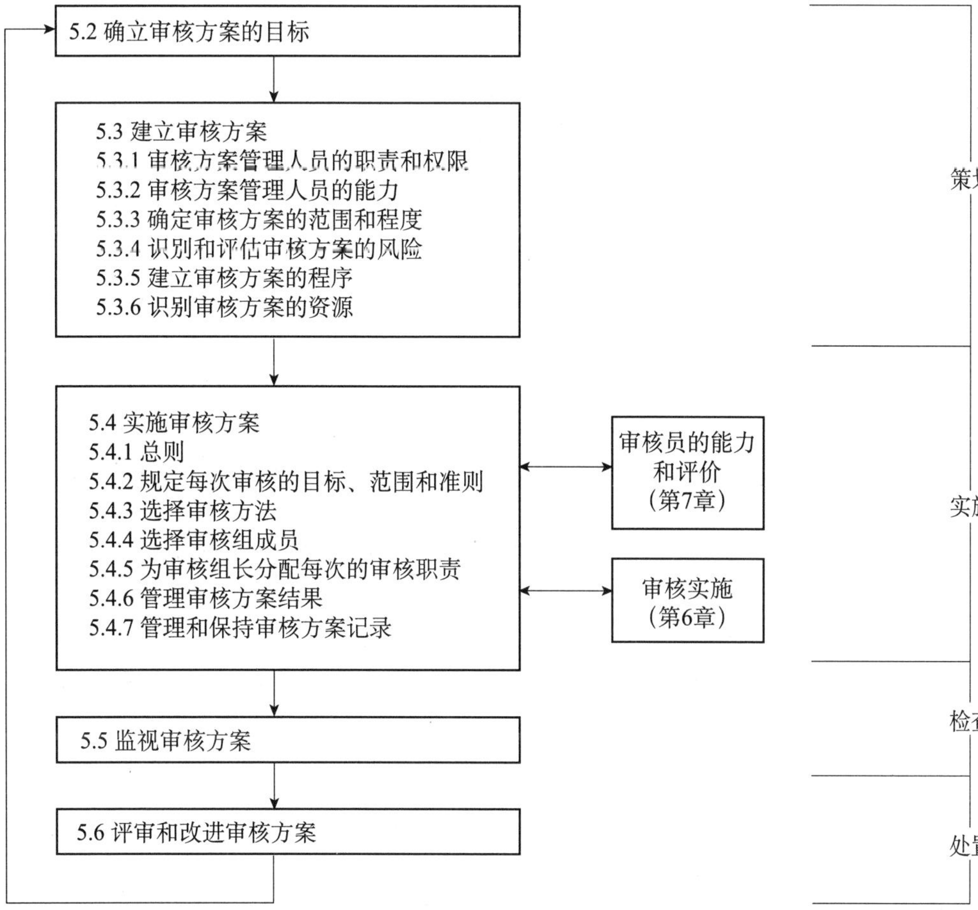

图 14—7 审核方案管理流程

14.2.3 审核员的能力

ISO 19011将审核员所需的能力定义为：应用知识和技能获得预期结果的本领，其中，本领表示在审核过程中个人行为的适当表现。审核员的能力是审核过程的可信度的保证。审核员的能力包括个人素质、应用知识和技能的能力两个方面，通过教育、工作经验、审核员培训和审核经历获得。

审核员应当具备的个人素质包括：

- 有道德，即公正、可靠、忠诚、诚实和谨慎；
- 思想开明，即愿意考虑不同意见或观点；
- 善于交往，即灵活地与人交往；
- 善于观察，即主动地认识周围环境和活动；
- 有感知力，即能了解和理解环境；
- 适应能力强，即容易适应不同处境；
- 坚定不移，即对实现目标坚持不懈；
- 明断，即能够根据逻辑推理和分析及时得出结论；
- 自立，即能够在同其他人有效交往中独立工作并发挥作用；
- 坚韧不拔，即能够采取负责任的、合理的行动，即使这些行动可能是非常规的或可能导致分歧或冲突；
- 与时俱进，即愿意学习，并力争获得更好的审核结果；
- 文化敏感，即善于观察和尊重受审核方的文化；
- 协同力，即能与其他人有效沟通，包括审核组成员和受审核方人员。

审核员应具有达到审核预期结果的必要知识与技能。所有审核员应具有通用的知识和技能，还应具有一些特定领域与专业的知识和技能。审核组长应具备更多的领导审核组的知识和技能。其中，管理体系审核员的通用知识和技能包括：

- 审核原则、程序和方法。这方面的知识和技能使审核员能将适用的原则、程序和方法应用于不同的审核，并保证审核实施的一致性和系统性。
- 管理体系和引用文件。这方面的知识和技能使审核员能理解审核范围并运用审核准则。
- 组织概况。这方面的知识和技能使审核员能理解受审核方的结构、业务和管理实践。
- 适用的法律法规要求、合同要求和适用于受审核方的其他要求。这方面的知识和技能使审核员能了解适用于组织的法律法规和合同要求，并在此环境下开展工作。

14.3 体系审核

体系审核是指依据体系标准及其他审核准则对组织的管理体系的符合性及有

效性进行客观评价的，系统的、独立的并形成文件的过程。体系审核是管理体系评价的方法之一，对组织管理体系的持续改进具有重要的作用。

ISO 19011:2011《管理体系审核指南》提供了管理体系审核的指南，包括审核原则、审核方案的管理和管理体系审核的实施，为参与管理体系审核过程的人员的个人能力提供了评价指南，这些人员包括审核方案管理人员、审核员和审核组。标准适用于需要实施管理体系内部审核、外部审核或需要管理审核方案的所有组织。如果对所需的特定能力给予特殊考虑，本标准有可能用于其他类型的审核。

根据 ISO 19011 标准的划分，管理体系审核划分为六个阶段的活动：

(1) 审核的启动。包括与受审核方建立初步联系、确定审核的可行性等。

(2) 审核活动的准备。包括审核准备阶段的文件评审、编制审核计划、审核组工作分配、准备审核工作文件等。

(3) 审核活动的实施。包括举行首次会议、审核实施阶段的文件评审、审核中的沟通、明确向导和观察员的职责、收集和验证信息、形成审核发现、准备审核结论、举行末次会议等。

(4) 审核报告的编制、批准和分发。包括编制、批准和分发审核报告。

(5) 审核的完成。审核计划的所有活动完成、审核报告分发之后，审核即告结束。

(6) 审核后续活动的实施。包括纠正预防措施的实施及验证。

管理体系审核中，从收集信息到得出审核结论的过程如图 14—8 所示。

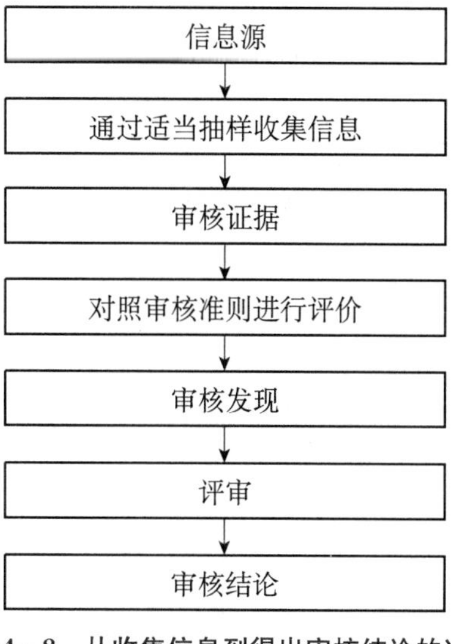

图 14—8　从收集信息到得出审核结论的过程

在管理体系审核中，有些管理体系的审核要分两阶段进行，如质量管理体系（QMS）、环境管理体系（EMS）、职业健康安全管理体系（OHSMS）、食品安全管理体系（FSMS）等的初次审核。

管理体系审核的准则可以是相关标准、相关法律法规、受审核方建立的管理体系和顾客的要求等。

14.4 产品质量审核

体系审核、过程质量审核和产品质量审核构成完整的质量审核系统。体系由过程组成，而产品是过程的结果，如果我们能够在做好体系审核的基础上，对关键过程实施过程质量审核，对主导产品实施产品质量审核，寻找更多的机会进行改进，就可以充实质量管理体系，提高体系的有效性，增进顾客和其他相关方的满意和忠诚。

产品质量审核简称产品审核，是从顾客使用的观点出发，在已检测合格产品中抽样，检查或验证其是否满足顾客及法律法规的要求，并进行独立评价的过程。

产品审核是成品验证、产品监视和测量的一种形式，但不能等同于最终检验或认为是对合格产品的再检验，也不等同于上级或国家依法执行的质量监督检查。如果在审核中发现存在足以影响产品合格的质量缺陷，要立即采取纠正措施，防止不合格产品特别是有严重缺陷产品的交付。

14.4.1 产品质量审核的目的、任务、对象和内容

(1) 目的。为获得产品能否使顾客满意的有关质量信息，站在顾客的立场，独立地检查和评价产品的适用性和符合性，防范出厂质量风险，促进产品质量改进以及设计、生产、检测等过程的改进。

(2) 任务。尽早发现产品质量缺陷以及产品质量趋势，分析其产生的原因，从而寻求提高产品适用性的途径与措施，为产品质量改进提供客观依据。包括：发现产品标准、规范与顾客要求之间的差距，以及检测方法、设备等方面的改进机会，以促进改进。

(3) 对象。经最终检验和试验合格的成品，一般从成品库中随机抽样，包括未包装、已包装的成品。

(4) 内容。包括产品质量检测条件、产品功能特性、外观质量、包装质量。

14.4.2 产品质量审核准备

(1) 建立产品审核组。一般选择对顾客需求和期望有较深理解的，来自售后服务、技术和质量等部门，且独立于被审核产品的内审员组成产品审核组，并予以授权。

(2) 确定缺陷严重性分级原则及加权值。一般分为A级致命缺陷、B级严重缺陷、C级一般缺陷、D级次要缺陷，如表14—5所示。

表 14—5　　产品质量缺陷严重性分级原则

缺陷级别	严重性	对产品安全性的影响	对产品功能的影响	对产品寿命、可靠性的影响	对产品外观质量的影响	产品包装质量方面的缺陷	缺陷加权分值（分）
A	致命缺陷	直接形成安全隐患，会导致安全事故	肯定会影响产品的主要功能，引起顾客的投诉与索赔	直接影响产品的寿命和可靠性，使之明显降低	严重且明显，顾客不能接受，一定会投诉或索赔	错、漏装零部件，包装丧失主要功能，会导致产品损坏，顾客不能接受	100
B	严重缺陷	可能造成安全隐患，可能导致安全事故	肯定会影响产品的一般功能，引起顾客的不满	一定会影响产品的寿命与可靠性，阻碍产品功能的发挥	明显，一定会引起客户不满，顾客可能投诉	会导致产品质量降低，如损坏、锈蚀等，引起顾客投诉	50
C	一般缺陷	可能会对安全性有影响，但不会导致发生事故	可能会轻微影响产品的功能，但不会明显表现出来	可能会有轻微的影响，但顾客不会觉察	顾客可能会发现，但不会投诉	可能影响应有的产品功能，但顾客不会投诉	10
D	次要缺陷	无影响	无影响	无影响	顾客不会介意或不会发现外观缺陷	顾客不会注意或觉察包装缺陷	1

（3）编写分级指导书（重点选择反映客户需求及检验易疏忽的重要项目）。

（4）确定抽样样本。

1）大批量连续生产。

$$n=0.008N+2$$

式中，n——抽样数量；N——产品日生产量。

2）批量生产。

$$n=K\sqrt{2N}$$

式中，n——抽样数量；N——产品批数或月产量；K——复杂系数。

3）多品种小批量生产。

当 $N<100$ 时，$n=3$

当 $100\leqslant N<1\,000$ 时，$n=5$

当 $N\geqslant 1\,000$ 时，$n=8$

式中，N——每月或每季产量；n——每月或每季审核抽样量。

14.4.3　产品质量审核实施

（1）抽样。通过简单随机抽样、等距抽样、分层抽样等方法进行随机抽样。

（2）检验和试验。检查产品检测条件，对产品功能特性、外观质量和包装质量进行检验，并做记录。

（3）数据处理。对审核获得的相关数据进行处理。

1）计算质量水平 U。给定加权分值为 100，50，10，1 时，其计算公式为：

$$U=\frac{100D_A+50D_B+10D_C+D_D}{n}$$

式中，U——当次审核的质量水平；n——审核产品的样品数；D_A，D_B，D_C，D_D分别为当次审核中发现的A，B，C，D级质量缺陷的总频数。

2）确定标准质量水平 U_S。经过一段时间后，可以将前一时期（如上一年度）的平均质量水平作为标准质量水平。

3）计算质量水平标准差，确定质量水平控制限。

$$\sigma_U=\sqrt{\frac{100^2D_A+50^2D_B+10^2D_C+1^2D_D}{n^2}}$$

式中，σ_U——标准质量水平时的标准差；n——审核产品的样品数。

控制图中心线 $CL=U_S$

控制图控制上限 $UCL=U_S+3\sigma_U$

4）计算质量指数 I。

$I=U/U_S$

14.4.4 产品质量审核分析、报告和改进

（1）对审核中发现的问题进行分析和总结，形成审核报告；

（2）督促相关责任区域采取必要的改进措施，并跟踪其结果；

（3）对于发现的问题，应从法律法规和顾客的立场进行考虑，从产品的设计和工艺开始到交付的整个实现过程进行系统改进；

（4）随产品水平的发展和用户要求的提高而不断改进；

（5）改进可能涉及产品和工艺的再设计，也可能涉及过程和管理体系的改进。

14.5 过程质量审核

过程质量审核简称过程审核，是指通过对过程输出和过程因素进行独立的评价，了解过程控制的实际状况，包括是否稳定受控、是否有足够的能力确保达成过程绩效目标，以便及时采取纠正、预防和改进措施，确保和提高过程的有效性、效率和敏捷性。它是过程监视和测量的一种方式。

过程审核的对象主要是企业的关键、特殊过程。过程审核人员一般选择熟悉被审核过程并独立于被审核过程的内审员。

14.5.1 过程质量审核内容

过程的质量决定了体系和产品的质量。独立对过程进行质量审核，有助于对过程控制计划的可行性和质量控制效果进行评价，通过过程质量的提高，促进产品、体系质量的提高。

过程审核涉及以下内容：

（1）过程输出绩效目标（包括QCDES，即产品质量、成本、交货期、环境、安全）是否达成？

（2）程序（工艺规程和作业指导书）、控制计划（包括质量控制点的设置）是否周密恰当？运行是否正常？

（3）员工素质、技能、责任心能否适应？是否按规定操作？

（4）设备、仪表、工装的选择、使用和维护是否恰当？

（5）原材料或采购件是否符合要求？

（6）作业环境是否符合规定？

（7）测量系统（检测设备和检测方法等）是否满足要求？

（8）产品特性和过程特性是否受控？过程能力如何？

14.5.2 过程质量审核流程

图14—9显示了过程审核的一般流程。在制定审核方案、审核计划时，可考虑将过程审核和产品审核、体系审核结合进行。

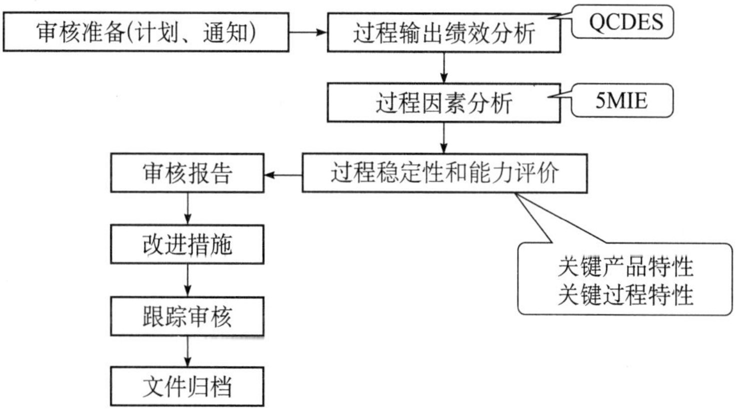

图14—9 过程审核的一般流程

14.5.3 过程质量审核报告

过程审核报告一般包括以下内容：

（1）概述（受审过程及区域、审核员、审核时间等）；

（2）过程输出绩效分析；

（3）过程因素分析；

（4）过程稳定性和能力评价；

（5）审核结论和改进措施建议（问题点、建议、责任者、完成时间），例如，当过程稳定且能力适宜时，将分析用控制图转交受审区域作控制用控制图；

（6）附件（审核实施计划、记录等）。

第五部分 管理技能和方法

第 15 章 管理的技能

管理是指挥和控制组织的协调活动，存在于组织的各个层次。本章主要介绍管理的含义，管理者及其应具备的技能，组织结构的类型、优缺点及演变，以及对管理成功至关重要的人力资源管理的含义及过程。

15.1 管理的含义

15.1.1 管理的概念

管理活动自古有之。在人类社会生产活动中，人们总是或多或少地组织起来，通过协作来达到个人单独活动所不能收到的效果。协作的有效性是通过管理活动实现的，人们在不断的实践中逐渐认识到管理的重要性。那么，什么是管理呢?

一个被普遍接受的管理的定义是：组织中的管理者通过实施计划、组织、领导、控制等职能来协调他人的活动，使他人同自己一起实现既定目标。

(1) 计划活动 (planning)。就是要明确组织的目标，制定实现目标的途径或方案。计划活动是管理的起点，确定目标和途径是计划职能所要完成的两大任务。目标反映了组织活动的未来终点，指出组织将要到哪里去。而途径则是连接当前与未来的桥梁，告诉组织如何才能到达目的地。

(2) 组织活动 (organizing)。为了实现计划活动确定的目标，实施计划活动制定的行动方案，管理者必须分析需要进行哪些必要的活动，对这些活动如何分类组合，谁向谁汇报工作，各种决策权限如何在组织的不同层次分配，如何为不同的职位配备适当的人员，等等。这些活动便构成管理的组织职能的内容。

(3) 领导活动 (leading)。仅仅有了目标和方案，规定了任务和分工，尚不足以使目标有效地实现。每个组织都是由人和其他各种资源有机结合而成的，人是组织活动中唯一具有能动性的因素。为了最大限度地发挥这种能动性，管理者必须运用适当的方法，对组织的成员施加影响，努力营造出一种组织成员能够全心全意、士气高昂地为实现组织目标而努力奋斗的气氛或氛围。这便是管理的领导职能所要完成的任务。

(4) 控制活动 (controlling)。组织是在复杂多变的环境中生存和发展的，每时每刻都会遭遇各种意想不到的障碍和困难，必须应对各种各样的新问题和新情况。为确保组织目标顺利实现，管理者必须自始至终对组织各项活动的进展情况进行检查，发现或预见到偏差后及时采取措施予以纠正，保证组织活动按计划进行。这便是管理的控制职能。

15.1.2 管理者及其分类

管理者是组织中指挥别人活动的人。管理者工作绩效的好坏直接关系着组织的兴衰成败。管理者处于组织中的不同层次，其头衔也各式各样，如总经理、部长、科长、主任等，但他们的工作有一个共同的特征，即都是通过协调他人的努力来使组织活动更加有效并实现组织的目标。有些成员在组织中地位很高，但他们没有指挥和协调别人的责任，没有自己的下级，这些人就不能称作管理者，如组织中的技术专家、法律顾问等。有些组织成员尽管地位不高，如车间的班组长等，但他们却是货真价实的管理者。管理者要为他人的工作成果负责。

我们可以从组织的纵横两个方面来分辨各种类型的管理者。从纵向来看，组织中的管理者有如下三类：

(1) 高层管理人员。他们处于组织的最高层，主要负责组织的战略管理，并在对外交往中以代表组织的"官方"身份出面。这些高层管理者的头衔如公司的董事会主席、首席执行官、总裁或总经理、副总经理，大学的校长、副校长，医院的院长、副院长等。

(2) 中层管理人员。他们是直接负责或者协助管理基层管理人员及其工作的人，通常拥有部门或办事处主任、科室主管、项目经理、地区经理、产品事业部经理或分公司经理等头衔。这些人主要负责日常管理工作，在组织中起承上启下的作用。

(3) 基层管理人员。亦称第一线管理者，他们处于作业人员之上的组织层次，负责管理作业人员及其工作，如工厂中的工段长、班组长，连锁餐馆的店长、小组长，学校的教研室主任等。

不论哪个层次的管理者，其工作的性质和内容不外乎计划、组织、领导和控制几个方面。不同层次管理者工作上的差别，不是职能本身不同，而是履行各项管理职能的程度和重点不同。如图15—1所示，高层管理人员花在计划、组织和控制职能上的时间要比基层管理人员多些，而基层管理人员花在领导职能上的时间要比高层管理人员多些。即便就同一管理职能来说，不同层次管理者所从事的具体管理工作的内涵也不完全相同。例如，就计划工作而言，高层管理人员关心的是组织整体的长期战略规划，中层管理人员偏重的是中期、内部的管理计划，基层管理人员更侧重短期的业务和作业计划。

从组织的横向来看，管理者还可以分为综合管理人员和专业管理人员两大类。综合管理人员指的是负责管理整个组织或组织中某个分部的全部活动的管理者。对于小型组织来说，可能只有一个综合管理者，那就是总经理，他要统管包

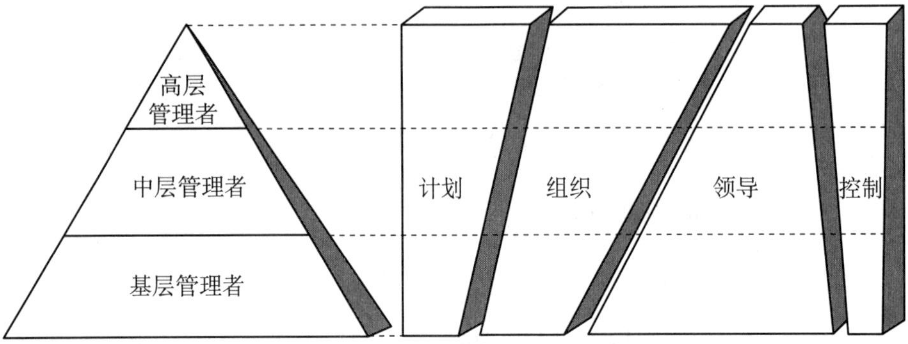

图 15—1　管理者的层次分类与管理职能

括生产、营销、人事、财务等在内的全部活动。对于大型组织（如跨国公司）来说，可能会按产品或地区设立若干事业部。此时，该公司的综合管理人员就包括公司的总经理和每个事业部经理，事业部经理要统管该事业部包括生产、营销、人事、财务等在内的全部活动，因此也是综合管理人员。

除了全面负责的综合管理人员，组织中还常常存在专业管理人员，也就是仅仅负责组织中某一类活动或业务的管理者，如生产部门主管、营销部门主管、人事部门主管、财务部门主管以及研发部门主管等。随着组织规模不断扩大和环境日益复杂，管理工作的专业分工变得日益重要。不同专业领域的管理者，在履行管理职能时的工作内容和侧重点也会有所区别。

15.1.3　管理者的技能

每位管理者都在自己的组织中从事某一方面的管理工作，对工作有一定责任，要使自己的工作达到一定的标准和要求。管理者需要特定的技能来履行他的职责和活动。那么，管理者需要哪些类型的技能？罗伯特·卡茨（Robert L. Katz）的研究指出，管理者需要具备三种基本的技能或者素质，即技术技能、人际技能和概念技能。

（1）技术技能（technical skills）。指对某个特定专业领域知识的熟悉和掌握，也就是我们常说的业务方面的技能。一个小学校长在教学方面的造诣，一个会计师事务所所长对会计业务的掌握，一个车间主任对生产业务的精通等都属于技术技能。技术技能对于基层管理者来说尤为重要，因为他们大部分时间是在指导下属并回答有关具体工作方面的问题，所以成为业务内行是有效管理的前提。而对于中上层管理者来说，技术技能的要求相对低一些。

（2）人际技能（human skills）。指管理者在与人沟通，激励、引导和鼓舞人们的热情和信心方面的技能。具有良好人际技能的管理者能够使员工付出最大的努力。人际技能对于各个层次的管理者都是必备的。

（3）概念技能（conceptual skills）。指对复杂事物洞察、分析、判断、抽象和概括的能力。管理者应看到组织的全貌，了解组织与外部环境是怎样互动的，了解组织内各部分是怎样相互作用的。概念技能对高层管理者来说尤为重要。

上述几种技能的相对重要性随管理者在组织中的层次不同而有所不同，如图15—2所示。对于基层管理人员而言，技术技能最为重要，人际技能也是非常有益的，但概念技能的要求则相对较低。对于中层管理人员而言，技术技能的重要性有所下降，人际技能的要求变化不大，但概念技能的重要性则有所上升。对于高层管理人员而言，概念技能和人际技能最为重要，技术技能的要求则相对较低。在大企业中，高层主管可以充分借助下属人员的技术技能，因而对其自身的技术技能要求不高。但在小企业中，即使是高层管理人员，技术技能也非常重要。

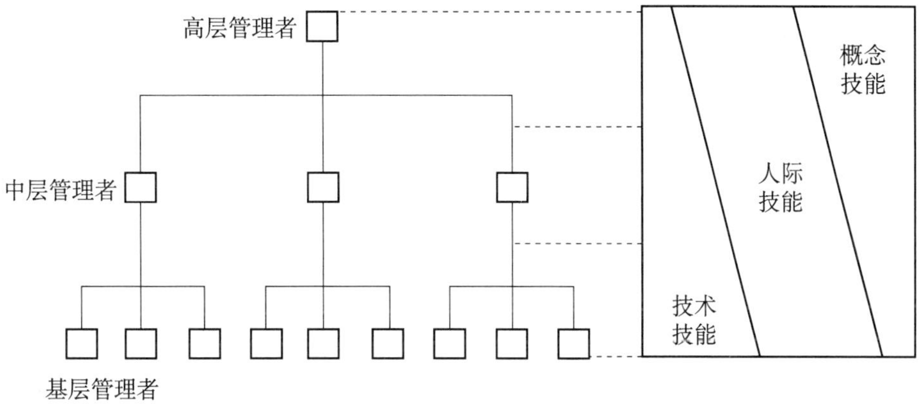

图15—2 管理者的层次与技能

15.2 组织结构

设计和维持一个对市场做出快速灵活反应的组织结构，是实现组织目标的保证，也是组织获得竞争优势的关键要素之一。本节简要说明设计组织结构考虑的关键因素、组织结构的类型，以及组织结构的职能观和过程观。

15.2.1 组织结构设计

对环境做出快速灵活反应的组织结构是实现组织使命和目标的保证。组织结构设计主要包括以下内容：

（1）职位设计。首先必须明确实现目标所需的各种活动并加以分类，这关系到组织中的职位或岗位设计。

（2）纵向设计。组织要考虑决定管理宽度以及引起组织结构分级的因素是什么，这涉及组织结构的纵向划分。

（3）横向设计。组织要考虑决定各种类型部门划分的因素是什么，按各种标准划分部门的优缺点有哪些，在把各种业务工作指定给既定的部门时要考虑哪些因素，这涉及组织结构的横向划分。

（4）职权配置。在上述设计的基础上，还必须将监督各单位或部门所需的职权授予各个单位的管理者，即如何把组织中的职权分散到组织的各部门，这涉及职权配置。

(5）纵向与横向的协调与整合。在组织的职权配置基本完成的基础上，应当进一步明确和协调组织结构中上下左右的相互配合关系，通过对各部分、各层次和各种要素的协调与整合，使组织成为一个精干高效的有机整体。

(6）组织变革。组织结构的设计不是一成不变的，随着组织内外部环境的变化，组织结构也要进行适当的调整。合理高效的组织结构为人员配备工作打下了良好的基础。

有关组织结构设计的详细内容请参阅有关管理学和组织设计等的教材和图书。

15.2.2 组织结构的类型

1. 直线型组织结构

直线型组织结构又称单线型组织结构。它是最早使用的一种结构类型，也是最为简单的一种类型。所谓“直线”，是指在这种结构中职权从组织上层流向组织的基层。

直线型组织结构的特点是：组织中每一位管理者对其直接下属有直接职权；组织中每个人只能向一位直接上级报告，即“一个人，一个头”；管理者在其管辖范围内有绝对的或完全的职权。这种组织结构如图 15—3 所示。

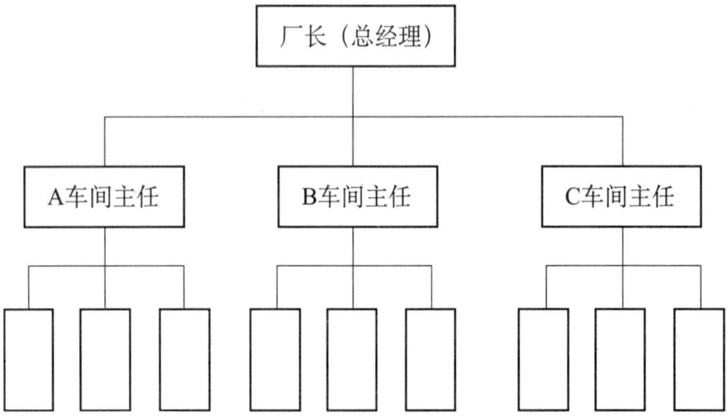

图 15—3　直线型组织结构示意图

直线型组织结构的优点是：结构比较简单，所有人都明白他们应向谁报告和谁向他报告。责任与职权明确。每个人有一个并且只能有一个直接上级，因而做决定比较容易和迅速。

直线型组织结构的缺点是：在组织规模较大的情况下，由于业务比较复杂，所有管理职能都由一个人承担，因此实施起来比较困难。而当这位全能管理者离职时，很难找到一个具有全面知识和技能的人去替代他。此外，每个部门基本上只关心本部门的工作，部门间协调性差。

因此，这种类型组织结构的应用范围有限，一般只适用于那些没有必要按职能实行专业化管理的小型组织，或用于现场作业管理。

2. 直线—参谋型组织结构

按照组织职能来划分部门和设置机构，实行专业分工，以加强专业管理。组织实行统一指挥。这种组织结构把组织管理机构和人员分为两类，一类是直线指挥部门和人员，一类是参谋部门和人员。直线部门和人员在自己的范围内有一定的决策权，对下级具有指挥和命令的权力，对自己部门的工作负全部责任。职能部门及其人员是直线部门的参谋，对直线部门只能提供建议和业务指导，没有指挥和命令的权力。这种组织结构实行高度集权，如图15—4所示。

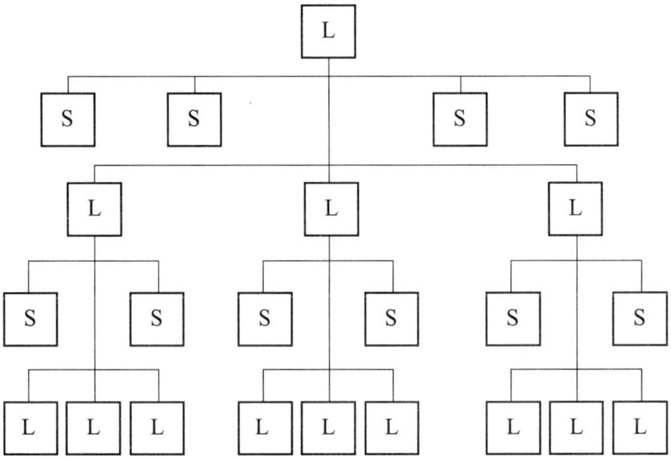

图15—4　直线—参谋型组织结构示意图

直线—参谋型组织结构的优点是：各级直线管理者都有相应的职能机构和人员作为参谋和助手，因而能够对本部门进行有效管理，以适应现代管理工作比较复杂而细致的特点；每个部门都由直线人员统一指挥，这就满足了现代组织活动需要统一指挥和实行严格责任制度的要求。

直线—参谋型组织结构的缺点是：下级部门的主动性和积极性的发挥受到限制；部门之间互通情报少，不能集思广益地做出决策；各参谋部门和直线部门之间的目标不统一，容易产生矛盾，使上层主管的协调工作量加大；难以从组织内部培养熟悉全面情况的管理人员；整个组织的适应性较差，因循守旧，对新情况不能及时做出反应。这种组织结构比较适合中小型组织。

3. 事业部制组织结构

事业部制组织结构是由美国通用汽车公司总经理斯隆在20世纪20年代初研究和设计出来的，故又称为“斯隆模型”。分权的事业部制的管理原则是“集中政策，分散经营”；也就是在集中领导下进行分权管理。在这种制度中，企业按产品、地区或经营部门分别成立若干个事业部（division），即部门或分公司（见图15—5）。该产品或地区的全部业务，从产品设计、原料采购到产品制造，一直到产品销售，全部由事业部负责。各事业部实行独立经营，单独核算。企业高层管理者保持人事、财务、定价以及监督等权力，并利用利润等指标对事业部进行控制。事业部的经理根据企业最高领导的指示工作，统一领导所管理的事业部和研发、技术等辅助部门。事业部适合大型或跨国企业。

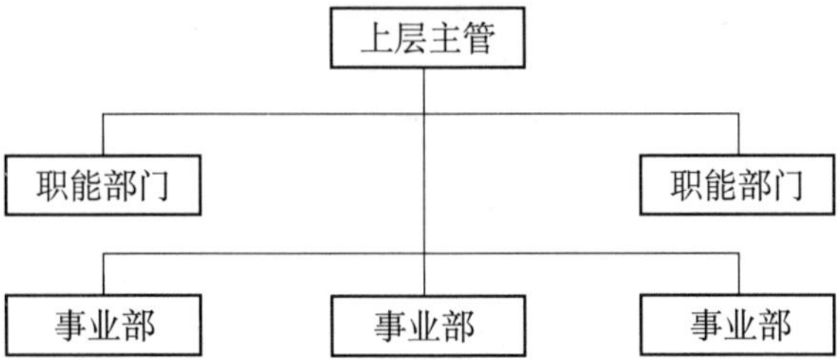

图 15—5　事业部制组织结构示意图

4. 矩阵结构

矩阵结构是既有按职能划分的垂直领导系统，又有按项目划分的横向领导系统的结构，如图 15—6 所示。

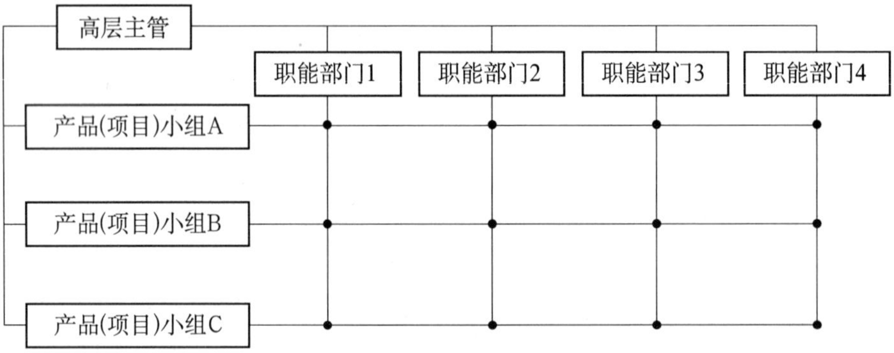

图 15—6　矩阵结构示意图

矩阵结构的优点是灵活性、适应性强。组织按照一定任务的要求，把具有多种专长的有关人员调集到一起，既便于沟通意见，又易于接受新观念、新方法。同时，由于所有的成员都了解整个小组的任务和问题，可以把自己的工作和整个组织的工作联系起来，集思广益，推动项目方案的实现。矩阵结构还有利于把组织的垂直联系与横向联系更好地组合起来，加强各职能部门之间的协作。

矩阵组织也有缺点。由于项目小组是临时性的，所以稳定性较差。另外，由于小组成员要接受双重领导，当两者意见不一致时，就会使他们无所适从。

15.2.3　组织结构的职能观和过程观

图 15—7 展示了组织结构的演变过程。迄今为止，绝大多数企业以及各种社会经济组织都是按照职能分工的原则来组织活动的。组织划分为各种职能部门，具有相同技能和知识背景的人员集中在同一部门从事同种类型的工作。这是一种专业化的、纵向分割的方式，一项任务或活动分散在若干不同的职能部门中协作

完成。工业革命以来的200多年中，这种方式一直在发挥巨大的作用，其优势在于能够产生规模经济效益，有利于专门知识的积累、同行之间的交流和专业人才的培养。离开了专业化和分工，很难想象人类社会的经济水准能够达到今天这样的高度。

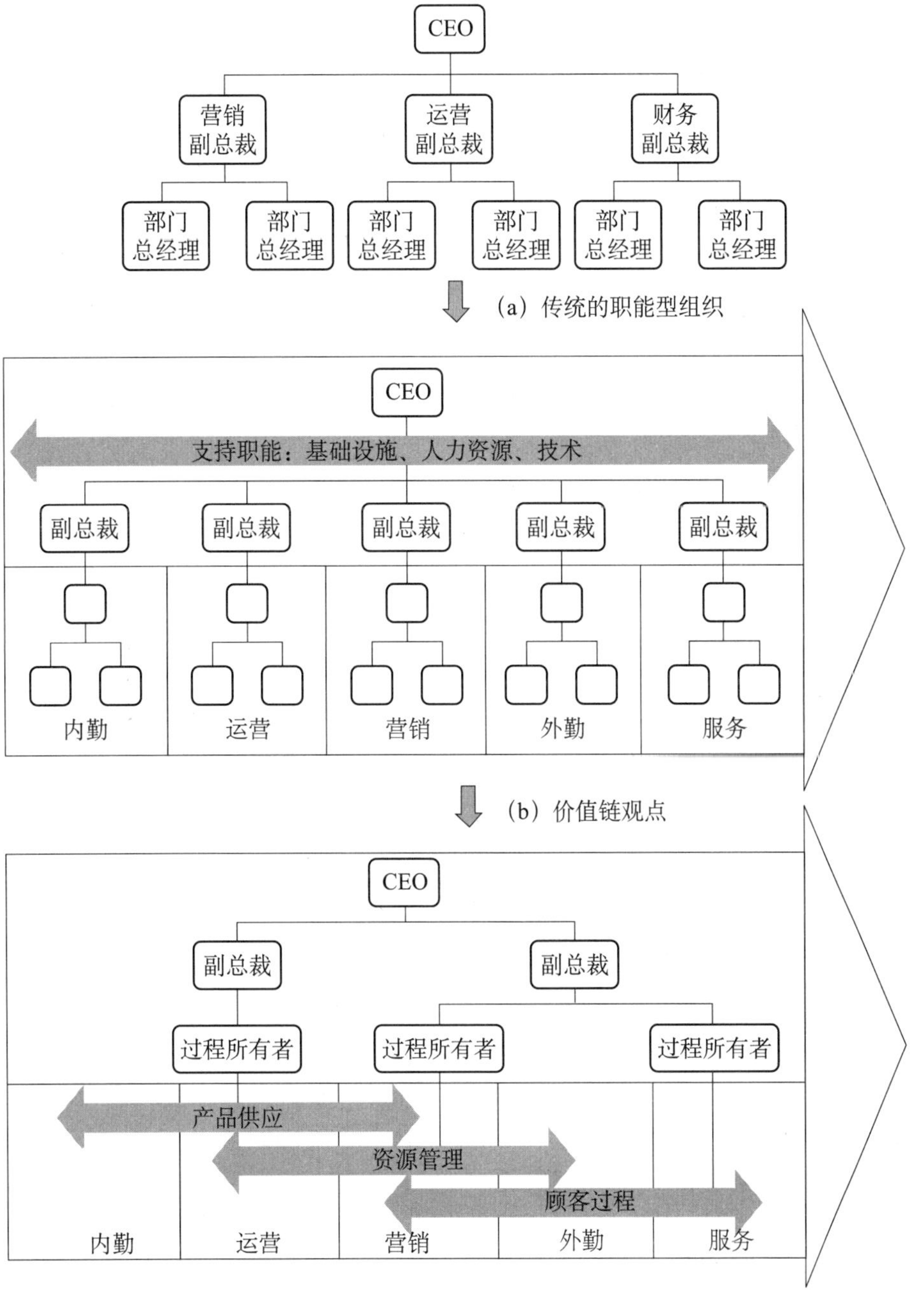

图15—7　组织结构的演变过程

进入20世纪80年代，组织所面临的社会经济环境处于剧烈的变化之中，竞争的压力越来越大，上述以职能分工为基础的组织形式，其组织活动的效果、效率及适应性越来越不尽如人意，也难以很好地满足顾客需要。其最大弱点在于横向协调性差，各个职能部门犹如一个个林立的“碉堡”，常常表现为所谓的“隧道视野”，即每个部门只关注自己所分担的任务，人们都在追求本部门利益的最大化，没有人为组织整体负责，没有人为顾客负责。

这种以职能分工为基础的组织形式在相对稳定、以短缺为主要特征的经济环境中曾经非常有效，但是在今天以顾客为主导的、变化无常而又竞争激烈的经济环境中就难以适应了。因此，需要打破职能部门的壁垒，面向过程，对市场和顾客做出快速、灵活的反应。迈克尔·波特（Michael Porter）提出价值链概念来改善不同职能部门间的协调关系。价值链的观点强调组织是一个由相互依存的为顾客创造价值的活动所构成的系统。当前，组织正采用基于特定的价值创造过程的组织结构，传统的基于职能的纵向结构被基于过程的水平结构所取代。过程经理通常称为过程所有者，负责整个价值创造过程。

15.3 人力资源管理的含义及过程

15.3.1 人力资源管理的含义

人力资源管理（human resource management，HRM）就是用合格的人力资源对组织结构中的职位进行填充和不断填充的过程。它包括明确组织的人才需求，把握现有的人力资源状况，以及招募、选拔、安置、提拔、考评、奖酬、训练和培养等一系列活动。

组织中任何一项管理职能、任何一项任务或工作都是由人来完成的，可以说，人是实现组织目标的直接推动力。人力资源管理的成效在很大程度上关系到组织的活动是否有效、组织的目标能否实现。图15—8从系统观点的角度展示了人力资源管理工作的实施过程及其与其他各项管理活动之间的关系。

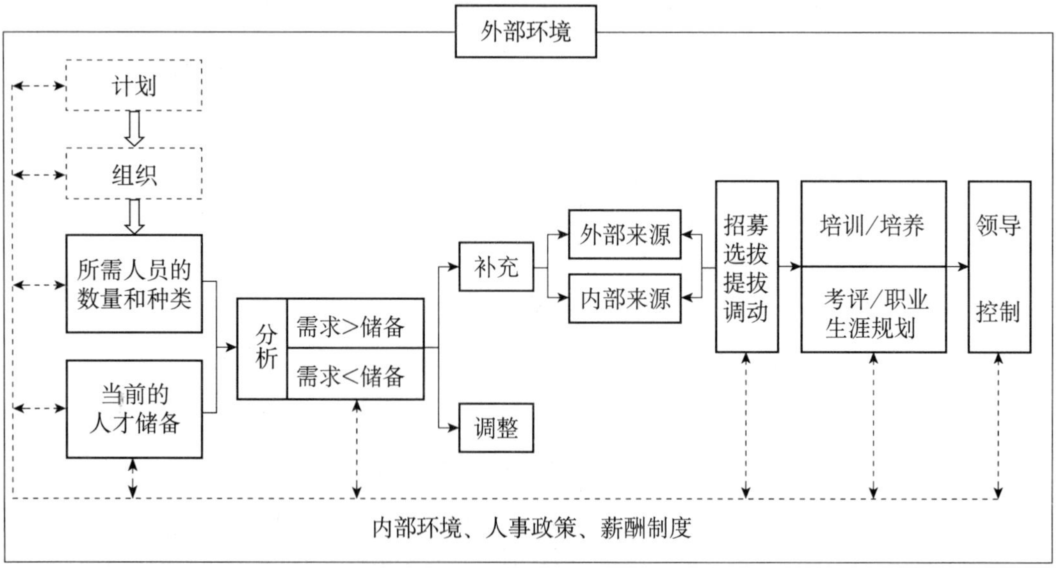

图15—8 人力资源管理的系统过程

由图15—8我们可以看出，组织的目标和计划构成实施组织职能进而建立组织结构的前提和基础。现行和预期的组织结构则决定了组织所需要的人才总数和类别。通过将这一总数与组织目前的人员实际拥有量进行比较分析，便可以明确所需补充职位的数量和类别。在此分析基础上，或是面向外部进行招募、选拔、安置，或是从组织内部调整和提拔合格的人选去填充各个职位。之后，为了解占据各个位置的人员是否合格地履行了职位，保证在实现目标和计划的过程中不出现偏差或出现偏差时能够及时纠正，必须进行考核和评价。为了保证对未来组织职位的源源不断的人才供给，还必须对人员进行系统有效的培训和职业生涯管理。

15.3.2 21世纪的挑战

人类正在快速进入知识经济时代。在这个新的时代，组织的人力资源管理面临前所未有的挑战。

(1) 资本所有者与知识所有者之间的博弈关系发生变化。这主要体现在：知识与职业管理者成为企业价值创造的主导要素；资本追逐人才，而不是人才追随资本；人才具有更多的就业选择权与工作的自主决定权；人才的稀缺性使得资本疯狂地追逐人才。在知识创新型企业，通过引入风险资本，将知识转化为资本，实现知识雇佣资本。一个人的影响力及其对企业的价值不再仅仅取决于其职位的高低，而是取决于其拥有知识和信息量的多少。

(2) 人力资源越来越被视为人力资本。知识创新者和职业管理者对企业的贡献与价值，使得他们对剩余价值具有索取权。人才不是简单地通过劳动获得工资性收入，而是要与资本所有者共享创造成果。正是从这个意义上，人力资源越来越被视为人力资本。

(3) 知识型员工的特点要求对领导方式作出根本改变。在几乎所有类型的组织中，知识型员工所占的比重都在不断地增加。知识型员工具有很强的独立性和自主性，这加大了职位设计、授权和控制的难度；知识型员工具有较高的流动意愿，这增加了企业在人力资源方面投资的风险；知识型员工的工作过程难以监控，工作成果难以衡量，这使评价体系的建立变得复杂而不确定；知识型员工之间的能力与贡献差异很大，这使得报酬的设计更为复杂。

知识型员工的这些新特点要求领导者与被领导者之间建立信任、沟通、承诺、学习的互动关系。企业与员工之间的关系不再体现为简单的劳动合同，而要求建立一种全新的模式，也就是要建立以劳动合同和心理契约为双重纽带的战略合作伙伴关系。一方面，要依据市场法则确定员工与企业双方的权利、义务；另一方面，企业与员工建立共同愿景，就核心价值观达成共识，实现企业与员工的共同成长和发展，实现双赢。

15.3.3 人员的选拔

人员选拔就是从组织内外的候选人中，为组织的当前或未来职位挑选最适当的人选。有效的选拔建立在对组织人力资源的供需状况进行深入分析的基础之上。然后，必须对有待填充的职位进行认真的分析，明确职位要求，同时明确这些职位的候选人应当具备的条件或资质。在此基础上，应用各种方法，从组织内外两个来源进行招募和选拔，通过对每个候选人的认真审查和遴选，做出采用或不采用的决定。对于新录用的人员，还必须做好必要的上岗培训、介绍和说明工作，以使他们迅速进入新角色，圆满履行自己的新职责。

应当注意的是，过去的成功并不是未来成功的保证。在这方面人们常常提到所谓的彼得原理，即“管理人员往往被提升到他们所不能胜任的级别”这一现象。某一位主管在其职位上取得了成就，得到提升，但新职位的要求却超出了他的能力。这告诫我们在决定人员的选拔和提升时要慎重。

15.3.4 人员的考评

人员的考评是人力资源管理工作中的一项重要内容，也是整个组织管理体系中的一个重要组成部分。通过选拔活动为组织中的职位配备了适当的人员，并不意味着万事大吉。占据职位的人员是否确实符合要求？是值得进一步提拔还是应当加以调整？人员的培训和培养工作是否做到了点子上？他们的薪酬应当依据什么基准来确定？这些问题要在对人员进行考核和评价的基础上才能找到答案。

另外，对管理人员的绩效考评不仅是人力资源管理工作的重要内容，而且是整个管理体系的必要组成部分。只有了解一个管理者在计划、组织、领导和控制方面的工作做得如何，才能知道他是否在有效地进行管理工作。这是关系到能否有效实现组织目标的重大问题。任何组织都应重视并切实做好人员的考评工作。

15.3.5 人员的培训与开发

对培训的高度重视是成功的组织所拥有的一个共同特征。在过去 20 多年中，培训已经成为实现经营成功的一个关键战略，在许多场合下甚至成为实现这一目标的前提条件。根据相关资料介绍，美国企业界现在的教育培训费用为每年 300 亿美元以上。例如，在摩托罗拉公司，教育战略是公司战略的一个组成部分。摩托罗拉大学每年的预算为 12 亿美元，它在美国有 14 个分部，在欧洲、亚洲和拉丁美洲还有多个分部。雇员每年平均要接受 40 个小时的培训。为了确保培训课程的有效性，接受培训的首先是最高管理层，接着是中间管理层，然后才是基层人员。

许多组织在内部建立起自己的世界级雇员教育计划，有专门的培训机构和支持系统。一些组织宣称它们现在能够提供 80%以上的雇员培训，而几年前大多数培训还是由学校、咨询人员和其他外部供应商提供。

15.3.6 职业生涯管理

职业生涯管理是指组织帮助员工制定职业生涯计划和实现职业生涯发展。人的职业生涯是一个动态的、不断发展变化的过程，可以分为若干阶段或时期：

（1）成长阶段（出生到14岁）。在这一阶段，人们通过对家庭成员、朋友以及老师的认同以及与他们之间的相互作用逐渐建立起自我的概念。

（2）探索阶段（15～24岁）。人们认真地探索各种可能的职业选择。他们试图将自己的职业选择与他们对职业的了解以及个人的兴趣和能力匹配起来。

（3）创立阶段（25～44岁）。在经历了职业探索之后，人们逐渐选定自己从事的职业。这一阶段的员工主要关心的是在工作中的成长、发展或晋升。

（4）维持阶段（45～60岁）。处于这一阶段的员工对成就和发展的期望相对减弱，所关心的是如何能一直守住这个工作。

（5）衰退阶段（60岁以上）。随着开始准备退休，人们必须将自己培养成为一个新的角色，为适应退休后的生活做准备。

职业生涯管理包括两方面含义：一是对员工个人而言，为了在工作中得到成长、发展和满意，他们不断追求理想的职业，设计自己的职业目标和职业计划；二是对组织而言，为了不断增强员工的满意度，组织应当重视和鼓励员工制定个人职业计划，结合组织的需要和发展，给予员工多方面的咨询和指导，创造条件帮助员工实现目标。

第16章 沟 通

在信息社会，沟通对组织成功至关重要，也是管理人员必备的技能之一。本章介绍沟通的概念、渠道、障碍和类型以及有效沟通的原则，并对经济全球化下的跨文化沟通进行概要分析。

16.1 沟通的含义

16.1.1 沟通的概念

沟通是指信息由发出者到达接收者并为接收者所理解的过程。人与人之间的沟通是传达思想感情和交流情报信息的过程。图16—1描述了完整的沟通过程，该过程包括七个环节。沟通之于组织，就好比血液循环之于生命有机体。血液向有机体细胞提供氧气，没有氧气，细胞就会机能失常乃至死亡。组织中的沟通确保组织的各部门和个人获得所需要的各种信息，增进相互间的了解和合作。反之，缺乏必要的沟通，组织各部门和个人的工作将发生紊乱，整个组织的运转也会发生故障。管理者需要掌握沟通的知识和技巧，才能确保进行有效沟通。

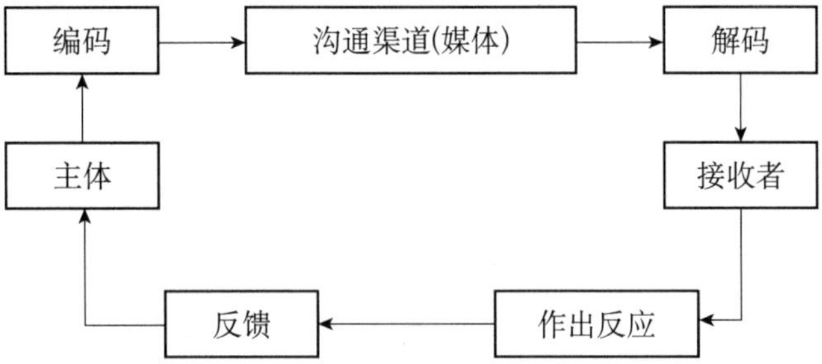

图16—1 沟通的过程

那么，沟通的实质是什么？哈佛大学的一位教授曾经要求学生以画图的方式解释什么是沟通。大多数学生画的是管理者在讲话和写作。有些学生在所画的人物旁边配上对话框，有些学生画的是激光打印机上飞快打出的纸张。教授最后点评说："你们没有一个人抓住了沟通的实质。"他解释说，沟通的意思是"分享"，而不是“说”和“写”。

16.1.2 沟通的渠道

沟通可以通过多种渠道进行，如面对面交谈、打电话、发送电子邮件、写备忘录或信函以及正式报告等。各种渠道传达信息的丰富度呈层级结构，如图16—2所示。

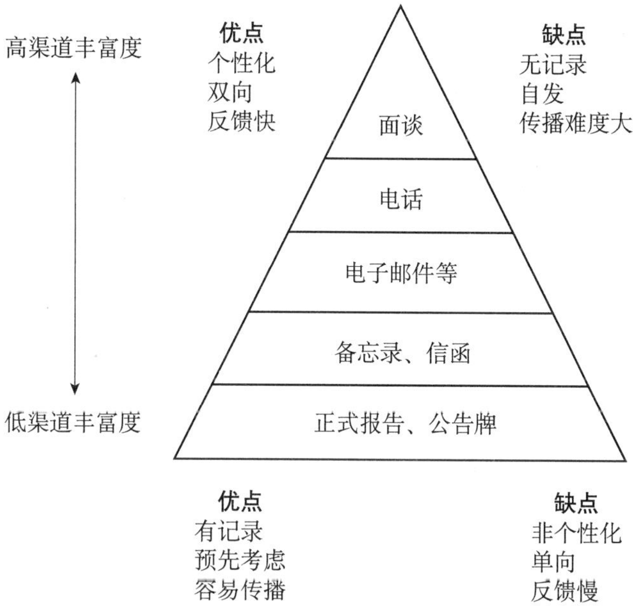

图16—2 各种沟通渠道的丰富度层级

在人与人的沟通过程中，除语言之外，还包括通过人的动作和行为来传达信息的非语言沟通方式。有研究指出，面对面的沟通有三种信号源：语言，指说出的话语；声音，包括音高、声调以及音质；面部表情。三种沟通信号源在信息解释过程中的重要性如下：语言影响力，7%；声音影响力，38%；形体影响力，55%。因此，在图16—2中，丰富度处于最高层级的沟通是面谈，它有助于多种信号的传达和对沟通情境深层次、情绪化的理解。其次是电话沟通，尽管没有了眼神、面部表情、姿势和其他肢体语言的暗示，人的声音依然可以传递大量信息。电子邮件日益被用来处理以前通过电话处理的信息，由于电子邮件既没有图像信号，也没有声音信号，因此信息有时会被误解，但速度相对信函等要快得多。信函和备忘录处于第四层级，其渠道丰富度较低，传达的只是纸面上的文字，反馈的速度缓慢。非个性化的书面载体的渠道丰富度最低，包括正式报告、公告牌等，它们使用有限的信息，信息接收者无法提供反馈。

各种沟通渠道的丰富程度有所不同，具体选择何种沟通渠道应根据问题的性质来决定。如果所对应问题是非日常的、模糊的，建议采用较丰富的沟通渠道，如面对面的沟通，以便了解和掌握全面完整的信息，从而保证决策的有效性。如果所对应问题是日常的、清晰明确的，则采取丰富度较低的沟通渠道同样可以了解和掌握所需信息。

16.1.3 常见的沟通障碍

在现实的管理情景中，存在各种沟通障碍，这些障碍影响沟通的效果，阻碍沟通的成功。常见的沟通障碍有语义、过滤、选择性知觉、情绪、文化等。

1. 语义

同一个词汇不同的人会有不同的理解。年龄、受教育程度和文化背景等因素极大地影响着人们的语言风格，影响着人们对词汇的理解和界定。即使是同一个组织的不同部门，也会有其独特的“行话”。技术人员惯用的某一个术语，在销售人员听来或许就是完全不相干的其他含义。认为所有的听者对你所用的词汇有同样的理解，是一种一厢情愿的想法。

2. 过滤

过滤指的是人们对信息的故意操纵。比如我们经常见到的，下级对上级“报喜不报忧”——下级未必编谎话，但是把很多信息给过滤掉了。组织的层次越多，信息被过滤的可能性就越大。另外，组织的奖励制度对信息过滤行为有很大的影响。奖励越注重形式和外表，人们越会有意识地按照上级的偏好来调整和改变信息。

3. 选择性知觉

信息的发出者会过滤掉信息，而选择性知觉是指信息的接收者会挑东西来听或看。沟通过程中，接收者会根据自己的需要、动机、经验、背景及其他个人特质，去选择性地看或听所传达给他的信息。人们常说，“你听到的并不是对方说的话，而是你想听的话”，这就是选择性知觉。

4. 情绪

情绪对于信息的发出和接收均具有很大的影响。极端的情绪使人们无法进行客观理性的思考，甚至会口不择言、语无伦次，自己都不知道自己所言何物。就信息的接收者而言，情绪也会影响他对信息的解释。一个人在高兴或痛苦的时候，会对同一信息做出截然不同的理解。因此，最好避免在很沮丧的时候对某一信息做出反应。

5. 文化

文化差异会影响管理者的沟通方式，如西方的管理者更偏重正式的沟通，而在东方文化中，非正式的、私下的沟通可能占较高的比重。这些差异如果不能得到很好的认识和认真的考虑，极有可能成为有效沟通的障碍。

16.2　沟通的类型

16.2.1　沟通的网络

沟通的网络是指组织的沟通信息纵横流动所形成的各种形态。常见的沟通网络一般有五种形态，即链式、环式、Y式、轮式和全通道式，如图16—3所示。

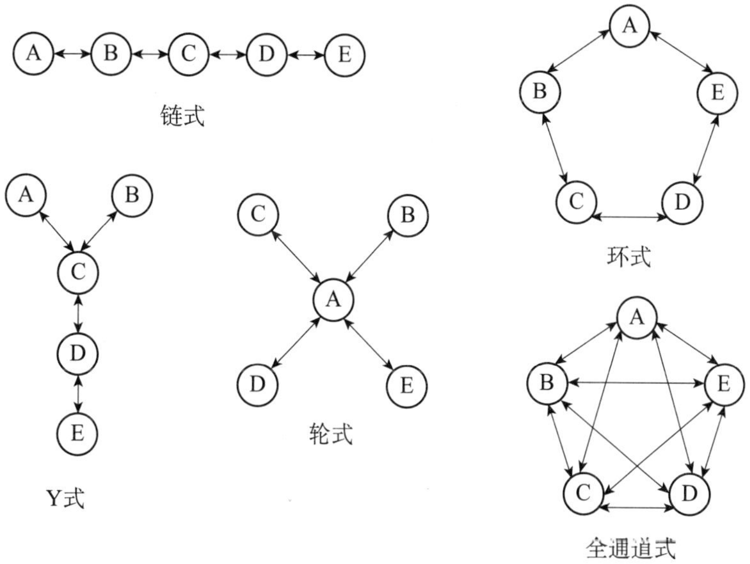

图16—3　五种沟通网络形态

1. 链式沟通

这是一个线性网络，其中居于两端的人只能与内侧的一个成员联系，居中的人则可分别与两人沟通信息。在一个组织系统中，它相当于一个纵向沟通网络，代表五个层次，信息可自上而下或自下而上传递。在这个网络中，信息层层传递后容易失真，各个信息传递者所接收的信息差异很大，平均满意度有较大差距。

2. 环式沟通

此种形态可以看成是链式形态的一个封闭式结构，表示五个人之间依次联络和沟通。其中，每个人都可同时与两侧的人沟通信息。在这个网络中，组织的集中化程度较低，组织中成员具有比较一致的满意度。

3. Y式沟通

这是一个纵向沟通网络，只有一个成员位于沟通的中心，成为沟通的媒介。在组织中，这一网络大体相当于组织的高层领导者通过秘书班子到下级主管人员这种纵向关系。这种网络的集中化程度高，除中心人员（C）外，组织成员的平均满意度较低。

4. 轮式沟通

它属于控制型网络，只有一个成员是各种信息的汇集点与传递中心。这一网络大体相当于一个主管领导直接管理几个部门的权威控制系统。此网络的集中化程度高，解决问题的速度快，组织成员的满意度较低。

5. 全通道式沟通

这是一个开放式的网络系统，每个成员之间都有一定的联系。此网络的集中化程度较低。由于沟通渠道多，组织成员的平均满意度高且差异小，因此士气高昂，合作气氛浓厚。但是，由于这种网络渠道太多，易造成混乱且费时，影响工作效率。

各种沟通网络的特点如表 16—1 所示。

表 16—1　五种沟通网络的比较

评价标准＼沟通形态	链式	轮式	Y式	环式	全通道式
集中性	适中	高	较高	低	很低
速度	适中	1. 快（简单任务） 2. 慢（复杂任务）	快	慢	快
正确性	高	1. 高（简单任务） 2. 低（复杂任务）	较高	低	适中
领导能力	适中	很高	高	低	很低
全体成员满意度	适中	低	较低	高	很高
示例	命令链	主管对四个属下	领导任务繁重	工作任务小组	非正式沟通（秘密消息）

16.2.2 正式沟通

正式沟通一般指在组织系统内，依据组织明文规定的原则进行的信息传递与交流。例如，组织与组织之间的公函往来、组织内部的文件传达、召开会议、上下级之间定期交换情报等。

正式沟通有下向、上向、横向、斜向沟通等几种方式，如图 16—4 所示。

1. 下向沟通

这是传统组织内最主要的沟通流向。一般以命令方式传达上级的政策、计划、规定之类的信息，或者是分发某些资料供下属使用。如果组织有多个层次，下向沟通会比较迟缓，层层转达往往使信息发生歪曲甚至遗失。

2. 上向沟通

上向沟通主要是下属依照规定向上级做书面或口头报告。许多机构都会采取一些鼓励上向沟通的措施，如意见箱、建议制度、征求意见座谈会、态度调查等。有些主管会采取所谓的“门户开放”政策，允许下属人员不经组织层次向上报告。

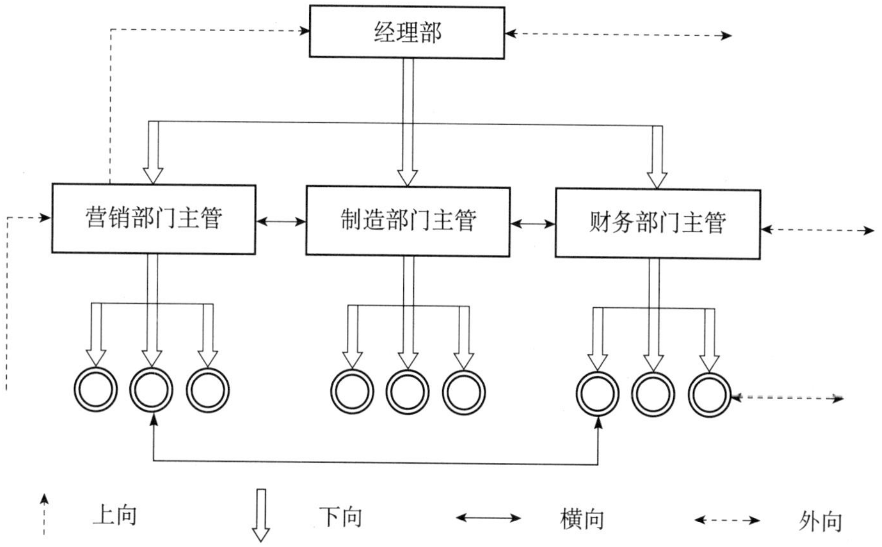

图 16—4 组织内的正式沟通流向

3. 横向沟通

横向沟通主要是同层次部门之间的沟通。在传统的等级制组织中，这种类型的沟通机会并不多，常常采用委员会或会议的方式进行沟通。

4. 斜向信息沟通

这是发生在组织内部不同系统、不同层次人员之间的沟通。斜向沟通对组织中的其他正式沟通会起到一定的补充作用。例如，一家大公司的审计师要进行销售成本分析，倘若以销售人员与审计师之间的直接沟通取代传统的经由销售部门主管传递信息的办法，则沟通线路和传递时间会大大缩短。但斜向沟通容易在部门之间造成矛盾。

16.2.3 非正式沟通

非正式沟通和正式沟通不同，它的沟通对象、时间及内容等都是未经计划和难以辨别的。组织中非正式沟通的信息流向如图 16—5 所示。

在相当程度上，非正式沟通的出现是出于决策对信息的需要。非正式沟通较正式沟通具有较大的弹性，它可以是横向或斜向的，一般比较迅速。许多情况下，来自非正式沟通的信息反而会受到接收者的重视。由于传递这种信息一般采取口头方式，不留证据、不负责任，许多不便通过正式沟通渠道传递的信息，却可能在非正式沟通中透露。

但是，过分依赖非正式沟通有很大的危险，因为信息被歪曲或发生错误的可能性相当大，且无从查证。许多与员工个人关系较密切的问题，如晋升、待遇、改组等，常常会以“谣言”的形式出现。这种不实消息的散布往往给组织造成较大的困扰。

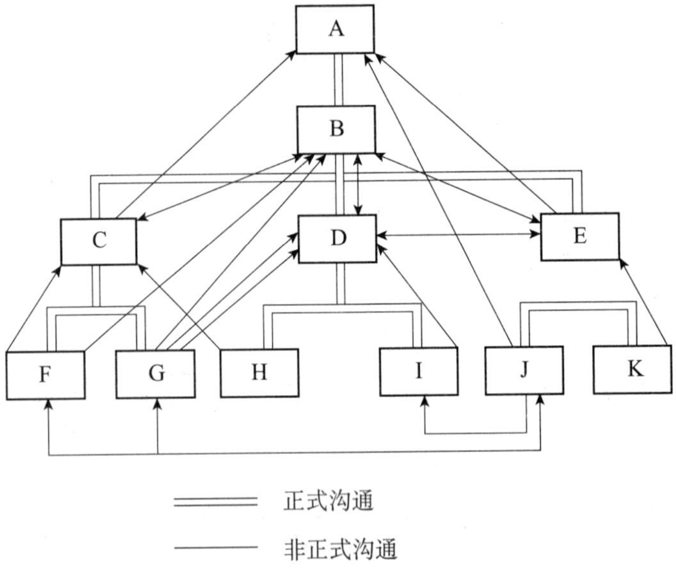

图 16—5 组织内的非正式沟通流向

然而，任何组织都会或多或少地存在非正式沟通。管理者既不能完全依赖这种沟通方式来获得必需的信息，也不能完全忽视。管理者应密切注意错误或不实信息发生的原因，设法提供正确清晰的事实。

16.3 有效沟通的原则

如何才能克服沟通障碍，进行有效的沟通？提高管理者沟通技能的十六字原则是“运用反馈，简化语言，抑制情绪，积极倾听”。善加运用这几个方面有助于改善沟通效果。

16.3.1 运用反馈

许多沟通问题都是由于理解不准确或者误解造成的。通过反馈可以有效解决这些问题。管理者在沟通时，不要唱独角戏，不要以为你说的话别人都能听懂听全。说完之后，可以问一问对方，让他描述或复述一下，这就是反馈。反馈可以提高理解的准确性。

16.3.2 简化语言

有效沟通不仅意味着要让人们听到，还要让人们听懂。很长的话，过多的术语、行话、书面语等，常常会让人不知所云。所以要注意说话的措辞和逻辑，力求使欲发送的信息清楚、明确，要努力用最简单、对方听得懂的话来表达自己的意思。

16.3.3 抑制情绪

人在过分激动、焦虑或哀伤的时候，既不利于说，也不利于听。情绪会使信息的传递严重受阻或失真。所以要使沟通有效，就要善于调节和控制情绪，力求使之保持在平和的状态。不管由于何种原因而处于大悲或大喜之中，都可以暂时停止沟通，直到自己平静下来。

16.3.4 积极倾听

很多人把沟通等同于说。这其实是个误解。有的人很能说，但常常说半天人们都不知道他究竟想表达什么。沟通是信息的交流，是意义的传达。管理者在沟通时不仅要说，还要会听。西方有这样一句话强调了听的重要性："上帝给我们两只耳朵、一张嘴，目的是让我们多听少说。"单纯地听还不够，要能够倾听。单纯地听是被动的，而倾听则是对含义积极主动的搜寻，它要求听者全神贯注。

关于听，有以下几点忠告：

(1) 耐心。适当以点头或应声之类的举动来表示自己的注意和兴趣，虽然不必表示自己对别人所说的都赞同。

(2) 不仅要听对方所说的事实内容或话语本身，还要留意和捕捉对方的情绪所反映出的信息。

(3) 必要时，将对方所说的予以重述，以表示你在听，同时鼓励对方继续说下去。语调尽量保持客观和中立，以免影响或引导他人。

(4) 安排较充分而完整的交谈时间，不要被其他事打断。

(5) 在谈话中避免直接的质疑或反驳，让对方畅所欲言，重在了解对方的真实想法。

(6) 针对你想多了解的事情，不妨重复对方所说的要点，鼓励他进一步解释或澄清。

(7) 注意对方避而不谈的有哪些方面，这些方面可能正是问题的症结所在。

(8) 如果对方确实想要知道你的观点，不妨诚实告之。

(9) 避免在情绪上过于激动。

(10) 注意你的肢体语言。

16.4 跨文化沟通

16.4.1 全球化领导与跨文化沟通

经济全球化时代要求组织的管理者有能力在全球环境中有效地开展工作，同时尊重文化的多样性，有效地进行跨文化沟通。管理者在与他人共事时应保持开放和灵活的心态，能应对与自己文化背景不同的环境和个人，愿意重新检验和改变个人的态度和感知。

跨文化沟通有效与否，关键在于交流者能否认识到一个人的自我形象、自我角色、个人需要、价值观、标准、期望等与文化密切相关，同时知晓自己与来自另一文化的人在语言和非语言方面的差异，以及文化差异可能导致的误解，当我们到另一种文化中旅游时，或与来自另一文化的人交流时，不能把对他人的行为判断建立在我们的文化基础上。跨文化交流不可避免地会导致误解，如果我们期望更有效地交流，必须运用有关对方文化的知识来做出判断。如果我们对对方的文化知之不多或一无所知，那么就没有做出判断的基础。

16.4.2 文化的十个维度

我们可以从十个方面来对文化进行衡量或测量，有关这十个方面的具体内容和解释见表 16—2。图 16—6 是对中国文化维度的举例说明。

表 16—2 **文化十个维度的解释**

维度	内容和解释		
1. 属性 人与自然的关系	• 主宰自然 组织和商务环境可以控制 挑战是改造环境以实现目标	• 与自然保持和谐 决策应有助于与环境和其他方面保持和谐的关系 安全和终身雇佣被赋予高价值	• 被自然所主宰 预先假定直接控制计划和目标
关于人性	• 人性善 把正确的人放在正确的位置上，并委以权力完成任务	• 人性恶 强调控制和对人员的监督	• 人性是善和恶的结合 人的发展是可能的
2. 关于时间 多焦点/一个焦点	• 一个焦点 在一段时间里做一件事情 看重时间表和截止日期 看重准时 以任务为中心 按计划行事	• 多个焦点 同时做几件事情 不看重贡献 人们几乎总是迟到 以关系为中心 计划经常改变	
过去/现在/未来	• 过去 依据是否符合历史和习惯判断变革与计划	• 现在 依据眼前回报判断变革和计划	• 将来 依据期望的未来利益判断变革和计划
3. 存在/在做	• 在做（Doing Culture） 强调行动和成就，实现个人目标，改善生活水平 强调外部测量标准 受到晋升、加薪、奖金和认可的激励	• 现在怎样（Being Culture） 强调此时此刻的工作和经历而不是成就 强调工作满意 不能被回报许诺所激励	
4. 高语境/低语境	• 低语境（Low Context） 信息传递更多通过语言而不是非语言 交流是直接的和容易看见的 虽有冲突但工作可以进行 商务关系迅速开始和结束，很少依赖个人之间的信任 认可更依赖于个人和个人的成就 思维模式趋向于独立分解和归纳 给出详细说明，信息按照等级流动	• 高语境（High Context） 大量使用非语言信号 交流不是直接的 工作取得进展前必须解决矛盾 商务关系依赖于信任并且建立过程缓慢 个人的身份来源于团队 整体和演绎的思维模式 几乎没有规则，信息主要通过非正式网络获得	

续前表

维度	内容和解释	
5. 私人空间/公共空间	● 个人 关门开会 私人办公室和分开办公 减少干扰到最小限度 需要允许才能进入私人领域	● 公共 大房间，很少有隔离 管理者经常被员工打扰
6. 等级/平等	● 等级 明确界定权力或权威的水平 员工承认管理者有更大的权力 员工按照管理者的要求做事 所有的工作都要通过等级链 谈判者依据其地位和职位受到尊重	● 平等 组织结构更加扁平 员工认为管理者并不具有超过自己的权力 员工以自己认为合适的方式工作 工作回避管理者 头衔、地位和正式的职位在谈判中没有影响
7.个人主义/集体主义	● 个人主义 激励倾向于成就和权力 相对于关系而言，更看重任务 冲突被认为是不可避免的 需要个人的管理 雇佣和晋升以技能和角色为基础 雇主与员工的关系以互利为基础	● 集体主义 激励倾向于归属 相对于工作而言，更看重关系 冲突被看成是负面力量 需要管理团队 雇佣和晋升考虑团体内关系 雇主与员工的关系像一个家庭
8. 竞争/合作	● 竞争 以金钱作为激励手段 更加关注成绩和绩效	● 合作 金钱并非激励手段 更关心工作满意度
9. 高结构/低结构	● 高结构 看重终身雇佣 清晰的角色和责任 强调避免失败 工作努力来自内在驱动	● 低结构 高工作流动率 不明确的角色和责任 愿意冒风险 工作努力并非美德
10. 正式化/非正式化	● 正式化 对历史、文化和传统有强烈的意识 更加注重过去 更倾向于等级，对社会地位有强烈的意识 更加尊重规则 在商务方面更重视建立社会认同和关系 有相关仪式要求——服装、问候、交换名片、时间安排、会议、沟通方式、饮食、娱乐和赠送礼品 倾向于缓慢地建立关系，一旦关系形成，就会深入和稳定	● 非正式化 没有稳固的传统和强烈的历史继承意识 赞赏变革，认为进步比保持传统更重要 做生意时放松、友好 对社会和权力的差异感觉不舒服 倾向于直接和坦率的交流风格 更看重守时，而不是形象、地位和关系 没有把形成良好关系看成是做生意的前提 在商务和社会活动的几乎所有方面采用非正式的方式

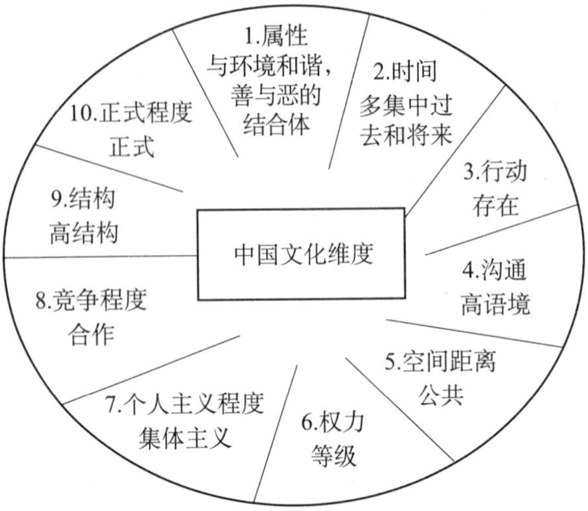

图 16—6　中国文化维度举例

第 17 章 激 励

激励是领导者引导员工行为的重要手段。本章从人性分析出发，介绍激励的概念和几种主要的激励理论，以帮助读者掌握激励的技能。

17.1 激励与人性假设

17.1.1 激励的概念

所谓激励，就是通过采取使人们的需要、愿望、欲望等得到满足的措施，来引导人们以组织或领导者所期望的方式行事。管理者对下属进行激励，意味着通过满足下属的需要来引导他们的行为。

管理者要影响人们的行为，就必须对人们的基本行为模式有所了解。人们的需要、愿望、目标或其他各种动力构成行为的动机，人的动机不论是有意识的还是无意识的，都建立在某些未满足而要求得到满足的需要的基础之上。人在非常想得到而没有得到满足时，就会在生理上和心理上失去平衡，产生紧张感。为了获得平衡并消除紧张，人们会努力追求所需要的东西。例如，人会因为饥饿而去寻觅食物，因为孤独而去寻求关心。这样，人自身内在的需要就形成其行为的动机。人们满足自身需要的欲望越迫切，动机就越强烈，从事某种行为的热情也就越高。

人的行为模式如图 17—1 所示。从图中可以看出，需要引起了紧张，导致满足需要的欲望，这种欲望会产生一种有目的的行为。但行为的结局有两种情况：(1) 实现了目的，满足了需要，这会产生一个反馈，告诉人们其需要已得到满足，于是在新的刺激下产生新的需要。(2) 行为没有实现目的，引起挫折感，这时又可能产生两种行为：一是建设性行为，以继续实现目的；二是防御性行为，放弃原有的目的。

这一模式表明，人的行为是由需要引起的，而行为的目的是满足需要。如果能够满足人们的需要，或者使他们看到满足需要的可能性，就可以激励人们的行为。实际上，激励就是一种使人产生行为动机的过程。一方面，激励可以产生有目的的行为去实现目的；另一方面，激励又可以减少防御性行为，增加建设性

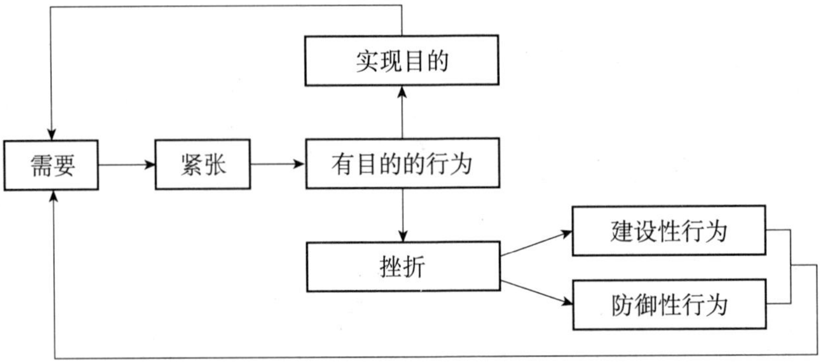

图 17—1 人的行为模式

行为。

因此，管理者要对员工进行有效的激励，就必须对人的本质有所认识，这便构成了人性的假设。有关人性的假设主要有“经济人”假设、“社会人”假设、“自我实现人”假设，以及“复杂人”假设等。

17.1.2 “经济人”假设

“经济人”又称为“理性经济人”（rational-economic man）。“经济人”假设认为，人的一切行为都是为了最大限度地满足自己的利益，而工作动机是获得经济报酬。美国管理学家麦格雷戈（D. M. McGregor）在他所著的《企业的人性面》一书中，提出了两种对立的人性假设，即 X 理论与 Y 理论。其中的 X 理论就是对“经济人”假设的概括，基本观点如下：

（1）多数人十分懒惰，他们总是想方设法逃避工作。

（2）多数人没有雄心大志，不愿负任何责任，心甘情愿受别人指导。

（3）多数人的个人目标与组织目标相矛盾，必须用强制、惩罚的方法才能迫使他们为达到组织的目标而工作。

（4）多数人干工作是为了满足基本的需要，只有金钱和地位才能鼓励他们工作。

（5）人大致可以划分为两类，多数人符合上述设想，另一类是能够自己鼓励自己，克制感情冲动的人，这些人应承担管理责任。

基于这种假设所产生的管理方式是，组织以经济报酬来使人们服从和取得绩效，以权力与控制体系来保护组织自身及引导员工。这种管理方式的重点在于提高效率，完成任务。特征是订立严格的工作规范，用金钱刺激来提高士气，对消极怠工者严厉惩罚，即采取“胡萝卜加大棒”政策。泰勒制是“经济人”观点的典型代表。

17.1.3 “社会人”假设

社会需要的满足往往比经济报酬更能激励人。“社会人”（social man）的基本假设是：

（1）从根本上说，人由于社会需要而产生工作动机，通过与同事的关系获得认同感。

（2）工业革命与工业合理化的结果使工作本身失去了意义，因此员工只能从工作的社会关系中寻求意义。

（3）相比管理者所给予的经济诱因及控制，员工更重视同事的社会影响力。

（4）员工的工作效率随着上司满足他们社会需要的程度而改变。

与根据“经济人”假设设定的管理方式完全不同，基于“社会人”假设的管理方式强调除了注意工作目标（指标）的完成，还应注意从事工作的员工的要求。不应只注意指挥、监督等，更应重视员工之间的关系，培养和形成员工的归属感。不应只注意对个人的奖励，更应提倡集体奖励制度。

17.1.4 “自我实现人”假设

“自我实现人”（self-actualizing man）假设是美国管理学家、心理学家亚伯拉罕·马斯洛（Abraham Maslow）提出的。自我实现指的是，“人都需要发挥自己的潜力，表现自己的才能，只有把潜力充分发挥出来，把才能充分表现出来，人才会感到最大的满足”。这就是说，人们除了上述的社会需要，还有一种充分运用自己的能力、发挥自己潜力的欲望。

麦格雷戈总结并归纳了马斯洛与其他人的类似的观点，相对于X理论，提出了Y理论，其假设如下：

（1）一般人都是勤奋的，如果环境条件有利，工作如同游戏或休息一样自然。

（2）控制和惩罚不是实现组织目标的唯一手段。人们在执行任务中能够自我指导和自我控制。

（3）在适当条件下，一般人不仅会接受某种职责，而且会主动寻求职责。

（4）大多数人而不是少数人在解决组织的问题时，能发挥高度的想象力、聪明才智和创造性。

（5）有自我满足和自我实现需要的人往往以达到组织目标作为自己实现目标的最大报酬。

（6）在现代社会条件下，一般人的智能潜力只得到部分发挥。

如前所述，X理论认为，组织的目标与其所属成员的个人目标是矛盾的，因而主要强调利用权威作为指挥和控制的手段。而Y理论认为，只要人们被说服去接受组织任务，也就是说，一个组织的主管人员若能把工作安排得富有意义或挑战性，使组织的成员以从事这一工作而感到自豪，或者以实现组织的目标而得到自我满足，不需要其他特别激励，组织成员便能通过自我激励来完成组织的目标。因此，Y理论与马斯洛的“自我实现人”假设相对应。

17.1.5 “复杂人”假设

“复杂人”（complex man）假设是20世纪60年代末至70年代初提出的。这种假设主张人是复杂的。人性特征因人而异，同一个人在不同的年龄、地点、时期会有不同的表现。人的需要随着各种变化而改变，人与人的关系也会改变。这方面的理论主要有超 Y 理论与权变理论。

超 Y 理论的含义如下：

(1) 人的需要是多种多样的，这些需要随着人的发展和生活条件的变化而改变。每个人的需要各不相同，需要的层次也因人而异。

(2) 人在同一时间内有各种需要和动机，这些需要和动机会相互作用并结合为统一的整体，形成错综复杂的动机模式。

(3) 人在组织中的工作和生活条件是不断变化的，因而会产生新的需要和动机。

(4) 一个人在不同单位或同一单位的不同部门工作，会产生不同的需要。

(5) 由于人的需要不同、能力各异，对不同的管理方式会有不同的反应，因此没有适合于任何组织、任何时间、任何个人的统一的管理方式。

权变理论主张，主管人员应根据具体的情况灵活采取不同的管理措施，要因人因事而异，不能千篇一律。

现实世界中的人千差万别，并非上述几种类型能够全部概括。过分依赖关于人性的某种假设是危险的。我们要认识到，人们在现实中所采取的各种管理方式的背后其实都隐含着这样或那样的人性假设。了解各种假设的特点及其局限性，有助于提高管理有效性。

17.2 主要激励理论

人的行为模式是对人类行为过程的简要描述，根据对这一过程着眼点的不同，可以将激励理论分为内容型、过程型和行为修正型三种类型。内容型激励理论关注构成过程起点的人的需要，过程型激励理论着重于需要导致行为的过程本身，而行为修正型理论主要考察这一过程的终点，即人的行为。下面介绍一些主要的激励理论。

17.2.1 马斯洛的需要层次理论

亚伯拉罕·马斯洛提出需要层次理论（the hierarchy of needs theory），认为人类的需要以层次的形式出现，由低级需要开始逐级向上发展到高级需要。他断定，当一组需要得到满足时，这组需要就不再成为激励因素。他将人的需要分为生理的需要、安全的需要、社交的需要、自尊与受人尊重的需要以及自我实现的需要五个层次，如图 17—2 所示。

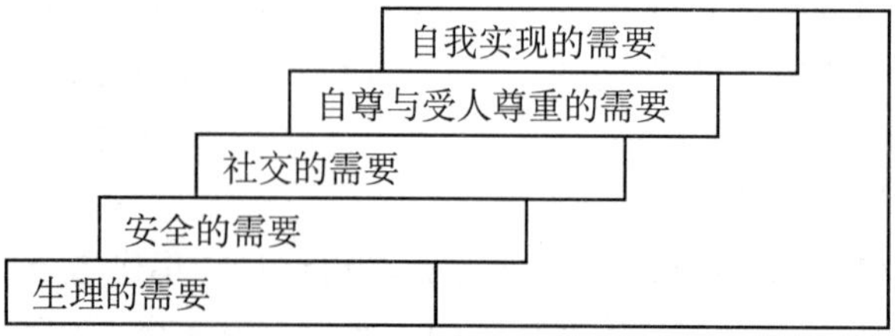

图 17—2 马斯洛的需要层次理论

该理论的要点不只是说人的需要分成五个层次，而且指出这五个层次的需要是由低到高逐级满足的，只有当较低级的需要基本满足之后，才会产生较高级的需要。人们尚未得到满足的较低级的需要叫做主导需要，主导需要决定着人的行为。

需要指出的是，马斯洛并未说过人非得在某一层次的需要获得百分之百的满足之后，才会产生下一个层次的需要。事实上，人的各项基本需要有的部分满足，有的部分不满足，是常有的事。在人的需要层次中，较低层次的需要得到一定程度的满足之后，便会产生较高层次的需要。

17.2.2 赫茨伯格的双因素理论

20世纪50年代后期，美国心理学家赫茨伯格（F. Hertzberg）和他在匹兹堡的心理学研究所的研究人员通过一项研究提出了“双因素理论”（two factor theory）。研究表明，组织的政策和管理、监督、工作环境、人际关系、薪金、地位、职业稳定性以及个人生活所需等因素，如果得到满足就没有不满，得不到满足则会产生不满，赫茨伯格把这类因素统称为“保健”（hygiene）因素。另一方面，成就、赏识（认可）、艰巨的工作、晋升和工作中的成长、责任感等因素，如果得到满足则感到满意，得不到满足则没有满意感（但不是不满），他把这类因素统称为“激励”（motivator）因素（见表17—1）。赫茨伯格认为，只有靠激励因素来调动员工的积极性，才能提高生产效率。

表17—1 保健因素与激励因素

保健因素（环境）	激励因素（工作本身）
薪金	艰巨的工作
地位	赏识（认可）
职业稳定性	晋升
工作环境	工作中的成长
组织的政策和管理	责任感
人际关系	成就
⋮	⋮

17.2.3 三种需要理论

美国管理学家戴维·C. 麦克莱兰（David C. McClelland）提出的激励理论认为，在工作中对人们形成激励的基本需要有三种，即成就、权力与归属。

（1）成就需要。指达到标准、追求卓越、争取成功的需要。成就需要强烈的人愿意接受挑战，给自己树立具有一定难度的（但不是不能达到的）目标；对待风险采取一种现实主义的态度，愿意承担所做工作的个人责任；对正在进行的工作希望得到明确迅速的反馈；一般喜欢表现自己。

（2）权力需要。即影响他人以某种方式行动的需要。具有较高权力需要的人对施加影响和控制表现出极大的兴趣，一般寻求领导者的地位。他们十分健谈，好争辩，直率，头脑冷静，善于提出要求，喜欢演讲，并且爱教训人。

(3) 归属需要。指建立友好和亲密的人际关系的愿望。人们希望从友谊中得到快乐，并设法避免因被某个团体拒之门外而带来的痛苦。归属感强烈的人重视维持一种融洽的社会关系，与周围的人保持亲密关系和相互谅解，随时准备安慰和帮助危难中的伙伴。

麦克莱兰的研究表明，管理者的成就需要比较强烈。他认为，成就需要可以通过培养来提高。一个组织的成败与组织具有高成就需要的人数有关。该理论告诉我们，驱动人们去努力工作的因素不是只有通常人们所认为的“钱”和“权”。成就、归属方面的需要也是驱使人们努力工作的重要因素。

17.2.4 期望理论

期望理论（expectancy theory of motivation）是美国心理学家弗鲁姆（V. H. Vroom）提出来的。期望理论的基本观点是：人们在预期他们的行动有助于达到某个目标的情况下，才会被激励去做某些事情。弗鲁姆认为，任何时候，一个人从事某一行动的动力，等于他的行动的全部结果（积极的或消极的）的期望值与他预期这种结果达到所要求目标的程度的乘积。换言之，弗鲁姆认为，激励是一个人某一行动的期望值和他认为达到其目标的概率之乘积。用公式可表示为：

动力＝效价×期望值

式中，动力是一个人所受激励的程度；效价是一个人对某一结果的偏好程度；期望值是某一特别行动导致一个预期结果的概率。

从这个公式可以看出，当一个人对达到某一目标漠不关心时，效价是零；当一个人不想达到这一目标时，效价就是负的，结果当然是毫无动力。同样，期望值如果是零或负值，一个人也就无任何动力去达到某一目标。因此，为了激励员工，主管人员应当一方面提高员工对某一结果的偏好程度，另一方面帮助员工提高其期望值，亦即结果实现的概率。

17.2.5 公平理论

公平理论是由美国心理学家 J. 斯泰西·亚当斯（J. Stacey Adams）于 1976 年提出的。该理论研究的是奖励与满足的关系问题，侧重研究工资报酬分配的合理性、公平性对员工积极性的影响。

亚当斯的公平理论指出，员工的工作动机不仅受其绝对报酬的影响，而且受到相对报酬的影响，即一个人不仅关心自己收入的绝对值（自己的实际收入），而且关心自己收入的相对值（自己收入与他人收入的比例）。每个人会不自觉地把自己付出的劳动和所得报酬与他人付出的劳动和报酬进行比较。当他发现自己的收支比例与他人的收支比例相等，或者现在的收支比例与过去的收支比例相等时，便认为是应该的、正常的，因而会心情舒畅并努力工作。但当他发现不相等时，就会产生不公平感，会满腔怨气。

当人们感到不公平时，会采取相应的行为来对付或消除这种不公平。这些行为包括：改变自己的付出或所得，改变他人的付出或所得，曲解自己或他人的付出或所得，选择其他参照对象来进行比较，或者干脆一走了之。人们旨在调整不公平的这些行为，对生产率、产品质量、缺勤率、离职率等具有显著影响。

17.2.6 强化理论

强化理论是由美国心理学家斯金纳（B. F. Skinner）提出来的。该理论认为，行为是结果的函数，行为的原因来自外部。当人们因采取某种行为而受到奖励时，他们就很可能重复这种行为；当某种行为没有受到奖励或者受到惩罚时，重复的可能性就非常小。

与前述几种激励理论不同，强化理论不考虑需要、期望、公平这些因素，只关注人们采取某种行为会带来什么后果。具体来说，可以采用正强化、负强化、自然消退和惩罚这四种方式来对人们的行为进行修正。

（1）正强化。即奖励那些所希望的行为以使其重复出现。

（2）负强化。也称规避，指人们为了避免不合意或不希望的结果而努力克服某种行为的情况。

（3）自然消退。这是一种冷处理，指通过对不希望发生的行为采取置之不理的态度，使其逐渐减少和不再出现。

（4）惩罚。即对不希望的行为采取惩罚措施，使之不再出现。

根据强化理论，一旦人们做出预期的行为，就应当给予强化。对预期行为的强化告诉人们该行为是重要的。中止对某一行为的强化会使人们认为该行为不再重要。当人们采取某种理想的行为而受到奖励时，他们最有可能重复这种行为。奖励越是紧接着理想行为，对行为的强化就越有效果。如果某种行为没有受到奖励或是受到惩罚，这种行为再次重复的可能性就会大大降低。

在实践中，管理者应当把重点放在积极强化而不是惩罚上。对于不期望的行为，采取自然消退的做法有时比惩罚更有效。因为尽管惩罚措施消除不良行为的速度要快于自然消退，但其效果只是暂时的，而且常常伴随着负面作用，如冲突、缺勤或辞职等。

第18章 团 队

在快速变化的市场经济形势下，团队活动日益成为各类组织越来越普遍的工作方式。本章介绍团队的概念和类型，团队形成的条件和团队发展的技巧，以及团队绩效评估和奖励的方法，以帮助读者掌握建设并管理高绩效团队的技能。

18.1 团队的含义和类型

18.1.1 团队的概念

团队是指完成相互依存的任务、实现共同使命的一群人。组织中的团队多种多样，如开发新产品的设计团队、解决特殊问题的过程改进团队。有些团队是长期存在的，例如，定期碰面以评价目标、活动和绩效的部门团队。今天的许多团队理念都可以追溯到20世纪六七十年代发端于日本的“品管圈”（quality circle）和员工参与运动。“品管圈”简称QC小组，是指在同一工作现场自主开展质量管理活动的小团体，在我国称为质量管理小组。它在企业质量管理中所发挥的巨大作用，使得这种做法迅速传播开来，形成世界性的QC小组热潮。QC小组运动对于整个世界的企业管理产生了巨大的影响。

几年前一项对全美476家大公司的调查表明，有7%的员工是在团队中工作的。估计全美有800万～900万人以团队方式工作。该调查还发现，受调查公司的半数以上打算在不久的将来大幅增加这种工作团队的组织方式。团队如此受人们青睐的原因有：它能塑造团结精神，使管理层有时间进行战略性思考，提高决策的速度，发挥员工队伍的集体智慧，提高绩效等。

当今组织之所以越来越需要团队，与团队在组织中所发挥的作用日益重要有直接关系。例如，问题的复杂程度超出个人和部门的能力范围，解决复杂问题需要多种技巧，因此团队解决方式更有效。其次，团队合作能使团队成员满意，通过参与和决策提高员工士气和主人翁精神。最后，规模巨大的组织为了保持对环境的适应性和灵活性，也需要团队合作等。

团队在组织知识创造中发挥着重要作用。我们知道，组织无法超越个人创造知识，组织知识创造是个人创造的知识在团队内、团队间相互作用，然后扩展到整个组织并形成组织的知识网络的过程。美国管理大师彼得·圣吉在《第五项修炼》中指出：如果一个团队能够真正凝聚成一体，由此带来的体验将是一个人职业生涯中的亮点。

18.1.2　团队给组织和个人带来的好处

团队给组织带来的好处有：协同过程设计或问题解决；客观分析困难和机会；促进跨职能部门的沟通和理解；提高质量和劳动生产率；带来更大的创新机会；减少运营成本；增加对组织使命的承诺；对变化做出更灵活的反应；降低人员流动率及缺勤率等。

团队给个人带来的好处包括：提高个人的问题解决技能；提高个人的交往能力；加深个人对业务过程的理解；培养未来领导者的新技能；提高个人的工作生活质量；增加员工的满足感和认同感；使员工感觉参与团队完成的事情远远大于个人所能等。

18.1.3　团队的类型

企业采用团队时有多种选择，如项目团队、过程团队、水平型组织等。

1. 临时性的团队——项目团队

项目团队是过去几十年大多数组织中最常见的团队类型。通常，项目团队是为了某个特定的业务目标，在一段特定的时间内组建的跨职能团队。

许多组织早就认识到，跨职能团队对于实现特定的目标是非常有效的。项目团队的成员来自不同的职能部门，企业提供充分的资源支持他们实现预定的业务目标。团队成员可以是专职，也可以是兼职，即一部分时间在团队工作，一部分时间在原部门工作。大多数情况下，经过一段特定时间或完成预定任务后，项目团队解散，成员回到原部门。这样的团队实例如常见的新产品开发团队、质量改进团队、问题解决团队等。

项目团队非常普遍，成为一些工程技术公司的常规运作方式。在其他行业中，如咨询业和律师事务所等，也有广泛的应用。许多公司经常依赖项目团队来激发创造性。IBM公司第一台个人电脑的开发便是由一个非常成功的项目团队完成的。

项目团队也有其不足之处。由于它是临时性的，一旦团队解散，在执行项目过程中形成的关于过程的知识就会“丢失”。为了克服这一不足，组织可以采取多种方式，如编制过程文件，使项目团队成员参与后续的团队，分派关键雇员在涉及同一过程的多个项目团队中工作，等等。

2. 永久性团队与职能构造并存——过程团队

一些组织为了强调在过程整合和过程学习中所要求的知识，采取在原有的职能结构上创建永久性团队的方式。

在职能结构上叠加永久性团队的做法大大增加了公司组织结构的复杂性，使职能结构和团队结构之间很容易出现目标不一致和冲突。如何有效地界定过程团队与职能部门的职责与分工，是这种方式面临的一大挑战。

3. 永久性团队取代职能构造——水平型组织

为了实现进一步的整合，一些组织采取以过程团队取代职能部门的做法，从而导致所谓“水平型组织”的出现。水平型组织具有如下特点：工作主要围绕少数业务流程或工作流来组织，把雇员的活动与供应商和顾客的需求和能力以一种同时能改善三者绩效的方式联系在一起。工作和团队管理更多由团队而不是个人负责，这些团队具有真正的管理职责。那些掌握多项工作、具有团队技能和持续改进能力的员工会得到晋升。

下列原则通常被看作形成水平型组织的核心：组织围绕过程而不是职能任务来构造；根据过程目标来设定业绩目标和确立考评制度；管理者以教练的角色提供全方位的领导，以此取代日常的控制和管理。要实现这些原则，必须从整体上对组织的结构和制度加以变革。实践中，很少有哪个公司算得上纯粹的水平型组织。过程团队很难完全取代职能等级制，因为职能部门决定了职能性技能和知识的发展，而这些技能和知识是所有组织不可或缺的。

4. 知识—过程模式

知识—过程模式主张职能部门和跨职能的过程团队都有存在的价值，承认一个组织具有双重需要：一是创造知识的需要；二是在顾客导向的过程中运用这些知识为顾客创造价值的需要。职能部门负责知识的开发，而过程团队负责为顾客创造价值。

知识—过程模式不同于前述的在职能结构上叠加过程团队的方式，在这一叠加方式中，控制资源和执行任务的职责留给了职能部门。与此相对照，知识—过程模式下的过程团队负责创造价值，而职能部门几乎变成“学校”。它有两方面的职责：其一是总结当前的知识，寻求新知识并把这些知识传授给所有员工；其二是为在价值创造过程中运用这些知识提供准则和最佳实践。

知识—过程模式在不同的领域出现。例如，本田公司通过学习—应用—学习的循环来不断提高其工程师的水平。本田的工程师交替在工程职能部门和开发团队中工作，他们在工程职能部门训练复杂的工程技能，在开发团队把所获得的知识用于创造价值的过程。许多咨询公司和软件公司也采用这样的模式，雇员大部分时间在跨职能团队工作，唯一的目标是为顾客提供价值。他们定期或根据需要回到知识中心去学习新知识，提升自己的技能，为开始另一个跨职能团队的工作打好基础。

几十年来，组织对团队的重视不断升温。企业试图通过创建过程团队来克服职能结构的一些缺点，以更好地满足顾客的要求。向过程团队演变面临几方面的挑战。首先，必须了解顾客真正需要的是什么，哪些因素对于顾客是重要的，哪些是无关紧要的；其次，企业必须真正理解为顾客创造价值的组织过程，有些情况下必须对现有的过程进行重新设计或从零开始设计新的过程；再次，必须重新设计组织的结构和制度，重新审视业绩考评和奖励制度，使组织的各项制度支持组织过程的整合；最后，必须在组织的所有层面发动文化的变革，使每个成员理解和接受新的组织理念并按其要求的方式行事。

18.2 团队的条件和发展技巧

18.2.1 团队形成的支持条件

为了保证团队的形成和发展，需要一定的外部支持条件，包括指导委员会、团队推进者等，还要对团队结构、领导和成员等有一定的认识和了解。

1. 指导委员会

每个团队都应该理解自己的目标、目标与组织战略计划的联系，以及该目标如何支持组织战略计划。如果一个过程改进团队没有被赋予清晰的使命和目标，该团队将会一事无成。了解团队是否清楚自身目标的一种方法是提问："如何进行评估以确定该目标已经实现?"为此，团队不仅要有关键人物（如团队领导、成员和推进者）和实施项目的时机，而且要有定义项目使命或目标的书面章程，即经团队和管理者同意的正式文件，它使团队的工作合法化，有利于提供团队所需的支持。

高层管理者的关键作用是识别机会并决定优先次序，促使团队从事那些对组织最有价值的活动，并对组织绩效改进承担最终责任。为了实施这一过程，往往成立一个指导委员会指导和跟踪团队工作。指导委员会的另一个作用是确保管理者和团队成员在团队理念的方方面面得到培训，包括团队变迁、项目管理、过程设计和改进的方法体系、活性化、管理组织变革、领导的特质和转变过程，以及如何激励。

2. 团队的结构、领导和成员

如何构建一个团队取决于过程的范围。跨职能团队最常用于过程改进，因为它覆盖了过程所包括的所有工作职能范围。每个团队都需要一个领导，成员的个性特点和多样性会影响团队的发展和绩效，这些都应该在团队组成时予以考虑。

团队领导负责协调会议，包括安排会议地点，制定议程，指导团队按议程行事（包括会后任务的评估），并向指导委员会汇报进展情况。团队领导需要协调团队改进建议的实施，并且对过程的结果负责。团队领导者必须具备熟练的组织技能，面对各种不同的选择时，应当是坚定不移的、富有同情心的和敏锐的。

团队成员是那些改进过程涉及的人员，也可能包括内部或外部的顾客和供应者。在改进过程中技术专家和外来者的参与，有助于提供其他知识、客观性或创造性。

3. 团队推进者

团队推进者具有协助团队有效工作的职责。推进者提问并鼓励某一群体从不同的角度观察他们所从事的工作。更重要的是，团队推进者应当理解质量管理理论，特别是了解群体中个人和社会心理的影响作用。推进者还要掌握团队改进的技术，例如，进行过程规划，制定数据收集策略，运用有关的分析工具，以及制定实施改进建议的项目计划。

18.2.2 团队建设的技巧

为了保证团队健康发展，需要一定的技巧，如团队建设、团队推进和团队领导等。这里首先介绍团队建设技巧，后面部分介绍团队推进和团队领导的技巧。

在团队形成和发展过程中有两项重要工作：任务型工作和维护型工作。任务型工作关注团队并使其向目标前进，而维护型工作协助维护团队成员的关系。

任务型工作的内容有：使团队目标文件化并进行评估；制定每次团队会议的议程并遵守议程，如果出现需要解决的其他问题，可以修改议程，或是将新的问题列入下次会议的议程；确定并遵循适合特殊项目的技术过程（如团队解决问题的步骤和模型）；使用因地制宜的决策技术（如协商、咨询）；确定行动项目、职责和时机，并保持团队成员的责任感等。

维护型工作的内容在某种程度上比较容易定义，并且影响团队的绩效。外来者可能仅看到与会议目标相关的任务的重要性，但对团队成员来说，相互交往可能同等重要。团队发展的理论和实践涉及各个学科领域，如社会学、心理学、人类学、组织发展学和政治学。虽然团队可能具备特定的目标和议程，但由于团队成员的个性、生活以及个人所属组织中正式和非正式群体的意见等不同，他们对事物的看法是不同的，维护型工作就是要减少由此产生的各种问题。

通常采用规范和角色来预防问题出现。可以在团队首次会议中定义一系列行为期望（规范），或实施对组织中所有团队都适用的一套规范。以下是规范举例说明：

（1）“准时参加会议”。强调会议时间需要有效利用，等待某个人到会是在浪费他人的时间。

（2）“至少 4/5 的团队成员必须参加会议”。认识到假期、商务旅行和其他事件可能阻碍一些团队成员参加某个特殊的会议，同时，确保不能仅由很小比例的团队成员召开会议并进行决策。

（3）“禁止无关的话题”。确保成员完全投入并倾听别人正在讲述的内容；确保每个人的观点都能得到传达和考虑。

（4）“遵守议程”。虽然团队在某种程度上以任务为导向，但这强调了团队会议并不是个人发牢骚的场所，而且强调了团队具有重要的使命。

（5）“全员参与”。这清楚地表明所有人都被要求发挥积极的作用，尽管个人的技能和活动可能有所不同。

让团队成员发挥各自的作用有助于员工积极参与和减少时间浪费。团队成员轮流扮演的两种常见角色是记录员和计时员。记录员负责按照会议时间记录团队会议内容，并适当归类。计时员按照议程把握会议进展情况。

让团队成员更多参与和协作的另一种方法是，在更小的群体中活动。例如，如果团队为了获取一些数据，让两个团队成员合作，这就给他们提供了一次建立紧密工作关系的机会，并且这种关系在整个团队中能够延续下去。

在实施重大项目时应通过协商来决策。虽然耗时，但能够达成全面一致的结果。它允许团队求同存异，并做出大家可接受的决定。协商意味着取得全体成员的支持，而为了实现协商，必须允许全体成员各抒己见，同时要求全体成员客观地听取他人的意见。

在团队建设中可能会出现一些冲突或问题。冲突的解决方案应当体现团队的最佳利益。团队成员应采取非评判性的态度倾听团队的讨论和新观点。可以通过定期畅谈或反馈来了解群体感受。彼得·斯科尔特斯（Peter Scholtes）研究并指出了团队中经常发生的10个冲突或问题，以下是他指出的问题以及解决措施：

- 问题：活动开始或结束时的困境或难题。

  措施：按照项目计划和书面陈述的目标重新指导团队。
- 问题：团队成员试图利用其在组织中的职位影响团队。

  措施：私下谈话；阐明组织角色带来的影响以及协商一致的必要性，并要求协作和忍让。
- 问题：参与者言论过多。

  措施：组织会议，鼓励每个人参与（例如，让成员写下其选择，然后在会议中进行讨论，一次只有一人发言）。
- 问题：参与者很少说话。

  措施：通过使用一些惯用语，如“老王，你对此有什么看法”，进行积极的引导，或将任务分配给个人并让所有的成员汇报。
- 问题：将选择当作事实而不加质疑地接受，使选择听起来像是事实。

  措施：询问这是选择还是事实，要求证据支持。
- 问题：在问题解决前急于得到解决方案。

  措施：提醒该群体急于求成的成本。
- 问题：试图解释他人的动机。

  措施：让此人进行澄清。
- 问题：忽视或嘲笑他人的价值观或陈述的观点。

  措施：强调倾听和理解的必要性，支持不受重视的人。
- 问题：偏题或离题使讨论主题不明确。

  措施：提醒成员议程时间，将讨论拉回正轨。
- 问题：涉及私人事件的冲突。

  措施：要求私下解决此类冲突，支持基本规则。

团队协作的一项重要技能是在会议期间或结束时提供建设性反馈的能力。反馈有两种类型：激励型反馈和指导型反馈。激励型反馈必须是建设性的，即详细、清楚、适时地描述会议中实际发生的事情。指导型或纠正型反馈则详细地陈述需要做出的改进。让团队在会议结束时（或召开某个特别会议时）进行自我评价，有助于团队所有成员进一步发展团队技能，也有助于他们为团队进步承担更多的责任。

18.2.3 团队推进的技巧

推进者可以帮助一个团队进行管理和维护。推进者在团队推进过程中发挥的作用包括：克服困境；协助制定计划并向各管理层次提供后续工作；客观评价团队进步；识别任何阻碍成功的机会和改进绩效的机会等。推进者的一些具体职责包括：创建公正公平的环境；确保问题得到全面检测和讨论；提供目标框架；保持关注使命；协调组织中多种不同的观点；管理阻力；确保团队的每个成员均有机会参与讨论和决策；分散破坏性行为；通过言行了解思想观念等。

为了履行其责任，推进者通常采取的技巧或行动包括：鼓励被动的参与者发言；帮助解决团队成员间的冲突；向领导者或团队成员提供反馈；确保基本规则（达成一致的群体规范）得到遵守；确保成员倾听或理解他人；使每个人的理解和感受具有合法地位；阐明现状；核实成员是否达成一致；关注会议议程或讨论的议题；就收集或分析数据的方法提出意见；确保协商；定期总结成果等。

在以团队为基础的方法下，受过良好训练的推进者是一项有价值的资产。正式的培训和丰富的经验有助于创造最佳结果。推进者应在下述各方面进行培训：会议过程推进、冲突解决、培训和指导技能、在群体环境中与人交往的技能、基本的行为管理技能、质量管理理论和实践、因地制宜地运用质量工具。当团队变得更有经验、更能胜任时，推进者就不再那么必要了。从另一方面看，如果团队的绩效一直依赖推进者，说明推进者没有有效完成帮助团队发展的任务。

18.2.4 团队领导的技巧

领导是保持有效利用资源的手段。虽然整个团队过程由指导委员会管理，但每个具体的团队都拥有一个发起人和团队领导者，以确保团队成功。

发起人是与特殊的团队项目有重大利益关系的人。发起人必须位于管理高层并能够解决团队面临的任何困难。在持续改进过程的早期，发起人可以是指导委员会的一员。发起人的职责一般包括：通过活动的授权，促使团队努力；确立团队的目标和范围；协调整体策略；帮助挑选团队领导、推进者和成员；为所需的额外资源进行谈判等。

团队的领导者对团队的日常工作负责，其职责一般包括：组织和管理团队会议；与发起人共同制定和监控项目计划；保持努力的方向；向发起人和指导委员会提供最新情况；处理群体变迁问题；担当团队和组织其他部门的联络人；帮助解决问题；承担行政管理职务并保管团队记录。

团队领导者要为团队做贡献。在与团队任务和维护活动相关的领域，领导者具有和推进者一样的职责。团队的成长既是每个团队成员的责任，也是组织的责任，如图 18—1 所示，两者必须共同创造使团队卓有成效的团队文化。

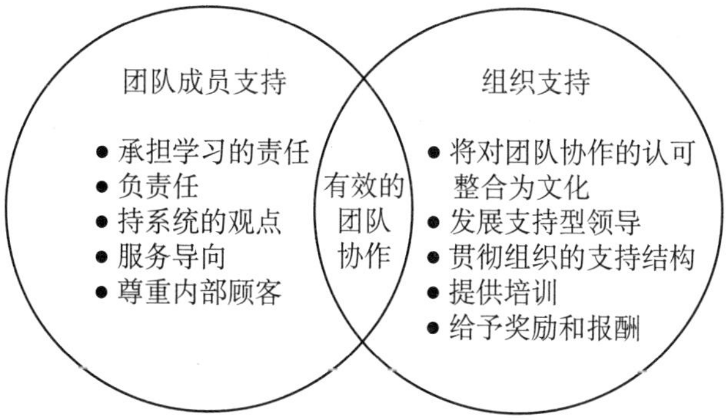

图 18—1　有效团队协作的支持要素

18.3　团队的绩效评估和奖励

18.3.1　团队绩效评估

如果团队没有取得进展，那么团队成员和高层管理者会很快灰心丧气。组织应当持续地跟踪进展以识别问题，如人们不参加会议、其他部门不提供必要的支持或缺少特殊的技术知识。长期项目需要更为复杂的项目管理技能和过程。团队绩效评估提供了进展反馈，有助于促进必要的变革并激发改进。向管理者反馈团队实现目标的进度同样很重要。

项目的客观测量指标可以包含以下数据：过程绩效的变化（如毛利的增长、顾客等待时间的减少）、资源利用（如投入项目的人次或时间、花费的资金），以及项目计划的时机选择。团队也可以采用内部导向的测量指标，如团队成员总的会议出勤率、团队满意度以及维持积极群体变迁的效果。团队应当进行自我评价，并向发起人和指导委员会汇报测量结果。

团队进行自我评价的一种方式是制定基于有效团队方针的标准，该方针已纳入团队培训材料，或者建立在团队行为规范一览表的基础上。这样，问题及评分范围的一览表可在会议结束时用于监控团队的表现情况。评价标准随着时间的推移而变化。从培训提供者和组织发展材料中获取的标准工具也可以充分运用。

调查问卷或访谈可用于外部人员，如内部和外部顾客、其他团队或管理者，也可用于获取与下列内容相关的测量指标，如关系建设、团队进步的效果以及效率。学习经验一览表有助于团队了解所获得的额外利益，这种一览表可以和他人共享以促进全组织范围内的学习。

18.3.2　团队的奖励和表彰

团队和个人一样，应表彰它们的成效，以鼓励在未来取得进步和成功。在刚开始采用团队过程的组织中，这可能是维持动力最重要的因素。有关团队奖励和表彰的做法如下：

(1) 在团队汇报时，管理者应给予支持性评论并提出有帮助的建议。

(2) 在公司简讯和布告栏以及相关刊物上发表成果，进行公开表彰。

(3) 进行绩效评估，以反映员工的进步以及作为团队成员的贡献。

(4) 颁发证书、徽章等奖励。

(5) 给予分红，或将节约的成本或增加的收入分发给团队成员。

(6) 给予奖金或其他物质奖励。

评估（奖励/表彰）什么以及如何评估需要慎重考虑。公平地进行奖励和表彰意味着规定标准绩效的定义和数值。忽视某些成就、奖励/表彰低于标准的成绩以及给予错误的权重，都会导致团队成员沮丧、失望和不满。

非经济形式的表彰大量用于奖励团队。例如，通过在组织报纸和/或社区报纸上发表文章，在大会上公开表扬，发放证书、文化衫、徽章和其他低成本的物品进行公开奖励。用一个奖励标准表彰整个团队可能没有让团队成员在一定的价值范围内选择自己的奖励更为有效。连续的优异表现可以通过晋升或团队成员偏爱的职位来进行奖励。

一些组织制定了技能报酬计划，而不是关注奖励绩效。随着员工通过阶梯发展项目取得进步，他们的报酬按照预先设立的水平增加。这更适用于自我指导团队。除了外部表彰，团队成员和领导在实现重大里程碑式跨越时给予内部表彰是很重要的。表彰的对象也可以是作出巨大贡献的个人，或是团队外部给予支持的人员。

正式表彰团队努力的形式包括高层管理者举行典礼表彰作出重大贡献（例如，杰出的项目成果和/或取得重大进步的组织学习）的团队。表彰也可能包括象征性的奖励（通常不是建立在物质基础上）。奖励团队绩效有可能涉及修改绩效评估标准，以纳入新的理想行为，而表现优秀者有可能获得物质奖励或更好的工作机会。

18.4 高效团队的特征

团队并不能自动地提高质量和生产率。在管理措施、方法等方面没有给予支持是团队不能发挥其潜能的主要原因。例如，薪酬体系通常支持个人绩效，导致人们往往对共同利益不感兴趣。一个高效的团队有如下特征，如图 18—2 所示。

1. 清晰的目标

高效团队对所要达成的目标有清晰的了解，并坚信这一目标具有重大的意义和价值。这种目标激励团队成员把个人目标升华到群体目标中去。在高效团队中，成员愿意为团队目标做出承诺，清楚地知道团队希望他们做什么以及怎样工作以达成目标。

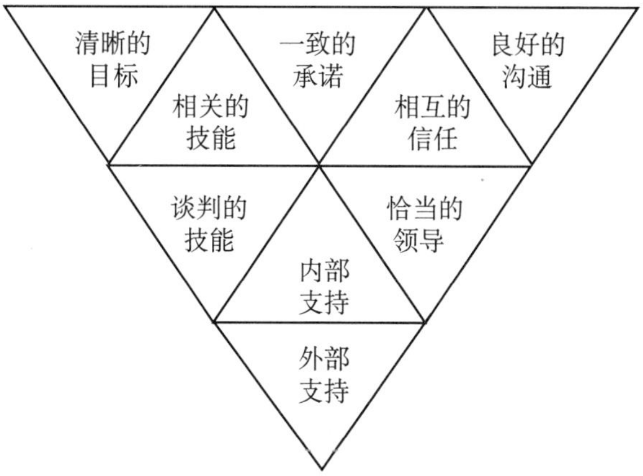

图 18—2 高效团队的特征

2. 相关的技能

高效团队是由一群有能力的成员组成的。他们不但具备实现目标所必需的技能，而且具有良好的品质，能够出色地完成任务。其中，合作尤其重要，但常常被人们忽视。具有精湛技能的人不一定有处理人际关系的高超技巧，高效团队的成员往往兼而有之。

3. 相互的信任

团队成员对其他成员的品德和能力都确信不疑。组织文化和管理层的行为对形成相互信任的群体内气氛至关重要。如果组织崇尚开放、诚实、协作的办事原则，同时鼓励员工的参与和自主性，就比较容易形成信任的环境。

4. 一致的承诺

高效团队成员对团队表现出高度忠诚，对群体目标有奉献精神，愿意为实现这一目标发挥自己的最大潜能。对成功团队的研究发现，团队成员对其所在群体具有认同感，他们把自己归属于该群体看成是自我的一个重要方面。

5. 良好的沟通

群体成员通过畅通的渠道交流信息，包括各种言语和非言语信息。管理层与团队成员之间健康的信息反馈是良好沟通的重要特征，有助于管理者了解团队成员的行动，从而消除误解。

6. 谈判的技能

在以个体为基础进行工作设计时，员工的角色由工作说明、工作纪律、工作程序及其他一些正式文件明确规定。但对于高效团队来说，其成员的角色灵活多变，总在不断地进行调整，这就要求成员具备充分的谈判技能。由于团队中的问题和关系时常变换，团队成员必须能应付这种情况。

7. 恰当的领导

有效的领导者能够让团队跟随自己渡过最艰难的时期，因为他能为团队指明方向。他能够向团队成员阐明变革的可能性，鼓舞团队成员的信心，帮助他们更充分地了解自己的潜力。

8. 内部支持和外部支持

高效团队的最后一个条件是它的支持环境。从内部条件来看，团队应拥有一个合理的结构，包括适当的培训，一套易于理解的用以评估员工总体绩效的测量系统，以及一个起支持作用的人力资源管理系统。恰当的结构应支持并强化成员行为以取得高绩效。从外部条件来看，管理层应该给团队提供完成任务所必需的各种资源。

第 19 章 项目管理

在组织运营过程中，以项目方式开展的活动数量与日俱增。项目化运作成为实现组织目标的重要管理形式。项目管理在组织管理中的地位和作用日益突出。本章首先介绍项目、项目管理的相关概念及特点，而后基于管理的一般过程，介绍项目管理的过程、常用工具和方法。

19.1 项目及项目管理概述

理解项目与项目管理的含义，是思考和掌握项目管理过程和方法的基础。

19.1.1 项目的含义

项日的实例随处可见，比如，修一条高速公路，建 座堤坝、 幢大楼，造一艘轮船，组织一次会议，主持一场宴会或婚礼，设计开发一个新产品等。

项目是为了实现特定目标而实施的一次性任务。显然，项目是一个特定的活动过程，是一系列活动的集合。各项活动整合起来，实现其共同目标——创造有价值的输出，即项目产品或服务。项目输出通常具有唯一性或一次性的特点。项目目标的实现受到特定的时间、资源、成本的约束。

19.1.2 项目的类型

人们根据实施项目管理的需要，将项目划分为各种类型。习惯上，人们将项目分为工程项目和非工程项目。工程项目是为了特定的目标，应用科技手段，通过一群人的有组织活动将某个（或某些）实体（自然的或人造的）转化为具有预期使用价值的人造产品的过程。除此之外的项目为非工程项目。工程项目通常特指建设工程项目，即为某种特定目的而投资建设，含有一定建筑或建筑安装工程的项目。

从行业角度看，有建筑项目、制造项目、农业项目、医疗项目、金融项目、电子项目、纺织项目、交通项目等。从活动的属性看，有研制项目、技术改造项目、引进项目、风险投资项目、产品开发项目、外包项目等。从完成的可能性看，有高不确定性项目、低不确定性项目等。

一个组织要实现其使命和长期目标，需要设计一个很好的项目组合（project portfolio)，通过完成一系列项目来实现目标。从项目产品创新和过程创新的角度看，项目组合中包括研发型项目、突破型项目、平台型项目、派生型项目等。

19.1.3 项目的特征

项目作为一次性任务有以下特征或属性：

(1) 明确的目标。项目有其期望的结果或产品。项目的目标可以从工作范围、进度计划和成本等方面来界定。如一年之内在规定的位置架设一座符合要求的公路桥梁。

(2) 独特的任务。项目的实施是一次性的，有许多不重复的任务须按顺序完成。有的项目只实施一次，如修建一座大桥。有的项目，如开发一种新产品，则因其特定的需求而具有独一无二的活动。

(3) 特定的客户。每个项目都有明确指定的、接受项目成果的组织或个人，即项目的客户。客户是提出要求、提供必要的资金，以达成项目目标的一个或多个组织或个人。

(4) 限定的资源。每个项目的资源都是有限的，包括人力、组织、设备、原材料和工具等。

(5) 限定的时间或特定的生命周期。项目有明确规定的开始日期和完成日期，有起点和终点，具有明显的开始、结束标志，是一次性任务。任何项目都会经历项目概念、项目开发、项目实施、项目结束这样的过程，该过程称为项目的生命周期。

(6) 面临不确定性。上述特点决定了项目运用有限的资源在规定的时间内达成预定目标时面临更大的风险，与一个组织的持续运营相比，项目具有更大的不确定性。

综合起来，一个成功的项目需要明确的目标、要求和工作范围，合理的进度计划，必需的资源，在一定的成本约束下实施，最终满足客户要求。

19.1.4 项目的利益相关方

项目的利益相关方是指积极参与项目或其利益受到项目成果影响的组织或个人。利益相关方是影响项目成功的重要因素。项目管理团队必须明确项目利益相关方，识别并确定其需要和期望，通过有效的管理保证项目实施，满足或超越其期望，确保相关方满意和项目成功。项目利益相关方通常包括：

(1) 项目团队或项目经理。管理项目的组织机构或个人。

(2) 项目客户。接受项目成果的组织或个人。客户可能是多层次的，如项目产品的购买者、消费者等。

(3) 项目承约方。承接项目、满足客户需求的组织或个人。

(4) 项目发起人。以现金或实物方式为项目提供资金来源的项目实施组织内部或外部的团体或个人。

(5) 项目实施组织的内部参与者。组织内部与项目有关的人员或部门，包括高层管理人员、相关职能部门等。

(6) 项目分包方。为项目实施组织提供产品和服务的组织或个人。

(7) 项目供应商。为项目提供原材料、设备、工具等物资设备的组织或个人。

(8) 其他受项目结果影响的组织或个人，如社区、公众等。

由于不同的利益相关方对项目的期望和要求不同，他们之间的利益有可能发生矛盾。项目经理需要很好地协调各个相关方的利益冲突，确保项目成功。

19.1.5 项目管理的含义和特点

项目管理是项目管理者为了实现项目目标，运用系统的理论、工具和方法，对项目活动及其资源进行计划、组织、协调、控制的活动。

随着项目管理实践的发展，项目管理这种针对一次性任务进行的管理活动已经发展成为一种系统化的管理方式，即项目化管理。相对于传统的以组织日常运作过程和资源为管理对象的、追求组织生存与持续发展的管理方式，项目管理是一种由临时性组织（或团队）实施的面向对象（object oriented）的、面向任务的管理方式。其特点体现在：

(1) 项目管理的对象是项目或项目化的活动过程。项目管理是针对项目的特点实施的一种管理方式。随着科技的飞速发展和外部环境的快速变化，传统运作业务的生命周期越来越短，呈现出项目化的趋势，可利用项目管理的思想和方法进行有效管理。

(2) 项目管理基于系统工程的思想展开。项目管理把项目视为一个系统或者一个有完整生命周期的过程，按照系统论中“整体—分解—整合”“要素—结构—功能”的原理，在分解的基础上进行整合，以达成最终结果。

(3) 项目管理组织具有临时性、柔性和扁平化的特点。项目组织是临时性的团队式组织，项目结束时，项目组织的使命也就完成了。项目组织打破传统的企业组织形式，采用矩阵式结构、团队式工作，实现企业组织结构的扁平化，并根据项目生命周期适时调整组织的配置，增强组织柔性，以保障组织高效、经济运行。

(4) 项目管理采用目标管理的方式。鉴于项目管理涉及专业领域的广泛性，及其面向对象、面向任务的特点，通常由项目经理与各领域专家在任务分解的基础上分工合作，完成项目的计划、实施与控制，这使得目标管理的方式特别适合项目管理。

(5) 项目管理强调运用技术工具和方法。项目管理更接近活动的实施和操作者，要求更加精细和具体，强调基于先进的管理理论和方法，采用先进高效的手段和工具管理各项活动，实现项目目标。

19.1.6 项目管理的职能领域

从项目管理涉及的知识领域和组织的职能分工来看，项目管理职能可以概括为九大领域（见表19—1)。每个领域都基于相应的专业知识，按照特定的流程，对相应的资源或要素进行计划、实施与控制。

表19—1　　项目管理的职能领域

职能领域	主要工作
范围管理	明确完成项目必须做的工作，确保项目成功和满足要求，主要包括项目的启动、范围界定、子项目细分、范围核实和范围变化控制。
时间管理	明确定义项目活动，优化作业进度，确保按时完成项目，包括项目活动定义、活动排序、活动时间估计、进度控制。
成本管理	规划财务资源，保证在预算内完成项目，包括项目资源规划、成本计划、成本预算和成本控制。
质量管理	明确项目需求，管理项目活动，确保项目达到既定的要求，主要包括项目质量规划、质量保证和质量控制。
人力资源管理	获取和开发人力资源，创造环境和条件最大限度地调动项目人员的积极性，包括组织规划、人员组织、团队建设等。
信息管理	有效地收集、处理、传送、存储及利用项目信息资源，保证项目决策、监控与实施，包括识别信息资源、畅通渠道、充分利用信息技术和能力、掌握和报告项目实施情况、优化项目决策和项目知识管理等。
项目风险管理	识别和分析项目风险，避免项目损失和失败，包括风险识别、风险分析、风险对策研究与控制。
项目采购管理	综合考虑质量、成本、时效，从项目实施组织外获取项目所需物资和服务，保证项目实施，包括采购计划、采购招标、供应商和货源选择、合同管理和收尾。
项目综合管理	整合项目活动和资源，确保众多的项目要素协调一致，包括项目开发计划、项目实施计划、全程变更控制。

19.2　项目管理过程

项目管理总体上是一个计划、组织、领导与控制的过程。人们为了便于项目实施和总结项目知识，基于项目生命周期将项目管理概括为项目构思、项目启动、项目计划、项目实施与控制和项目结束五个基本过程。项目构思是项目产生和确立的概念化过程。项目启动和结束是项目管理特有的阶段。项目的计划、实施与控制是项目管理的核心过程，是保证项目成功的关键。

19.2.1　项目构思

项目构思是组织识别项目机会、策划项目方案、认证和评价项目方案可行性、做出选择与决策的过程。项目构思活动始于某种需求或创意，终于做出是否开发项目的决策。项目构思的目标是定义和确定项目的目标，制定项目章程。主要工作包括项目机会研究、项目方案策划、项目可行性研究、项目评估与决策等。项目构思运用许多定性定量的分析、评价与决策方法选择和确定可行的项目，再通过项目章程使其合法化并付诸实施。

1. 机会研究

机会研究通常分为一般机会研究和具体项目机会研究。

（1）一般机会研究是项目机会选择的最初阶段，是投资者通过收集大量信息并进行分析比较，从错综复杂的环境中识别组织的发展机会，形成确切的项目开发方向或投资意向的过程。一般机会研究是一种全方位的信息扫描与机会搜索过程。它通过收集、整理和分析大量信息数据，运用要素分层法开展地区研究、部门研究和资源研究，识别项目开发机会，形成一般机会研究报告，向决策者建议项目发展方向和投资领域。

（2）具体项目机会研究是针对组织的项目发展方向和投资领域，运用SWOT工具做进一步的行业层面的调查研究，包括市场研究、项目外部环境分析、项目承办者优势和劣势分析，寻找项目发展的机会和问题，再选择将问题转化为机会的途径，将项目发展方向和投资领域转变成项目提案或项目建议，并形成项目机会研究报告或项目建议书。

2. 方案策划

方案策划是组织针对选定的投资意向，考虑拥有的资源和面临的环境，经过总体设计和谋划，形成具有指导性的、可实施的项目总体方案或总体设计方案的过程。项目方案策划的一般过程是：

（1）项目功能与目标分析。分析项目拟达成的目标，包括总体目标、分目标，确定项目的技术指标、经济指标等。

（2）总体方案构思。在明确项目目标和功能的前提下，通过创新思维形成项目构思和设想。

（3）总体方案规划。经过系统策划，把项目构思和设想变为总体方案，包括项目总体布置、项目结构或构成、重要资源和基础设施需求等。

（4）子方案功能设计。确定各个子方案的功能、标准、技术指标，以及拟购置的设备、拟建立的设施等。

（5）评价并选择总体方案。在方案总体策划和功能设计的基础上，对多个方案进行粗略的技术、经济等方面的研究、评价和论证，运用方案比选的方法优选总体方案。

3. 可行性研究

可行性研究是在项目决策之前系统全面地调查研究项目的技术、经济情况，详细比较论证各个可能的项目方案，评价和预测项目的经济效益和社会效益的一种分析过程和方法。可行性研究的内容因项目规模、复杂程度、专业领域的不同而有所区别。重大项目的可行性研究内容通常包括：

（1）项目的必要性和意义；

（2）市场需求预测和项目规模；

(3) 资源及资源利用分析；
(4) 项目实施条件分析；
(5) 关键技术及其实现途径的分析论证；
(6) 总体方案设计与技术选择；
(7) 环境影响评价与保护措施；
(8) 企业组织与人力资源配置；
(9) 实施进度计划；
(10) 投资估算、成本估算和融资方案；
(11) 财务评价；
(12) 国民经济评价与社会效果评价。

可行性研究需要运用多种工具进行细致的分析和科学计算，可以由项目实施组织自行完成，也可以委托专业机构完成。经过可行性研究，最终形成可行性研究报告、项目申请报告或资金申请报告等，为项目决策者、项目资金提供者以及项目谈判等提供依据，为项目的确立与成功实施提供保证。

4. 项目评估与决策

项目评估是在项目可行性研究的基础上，由第三方（国家、银行或有关机构）根据有关政策、法规、方法、技术参数等，对拟实施重大项目的必要性、实施条件、产品市场需求、技术路线、经济效益和社会效益等进行全面评价、分析和论证，以判断项目是否可行的评价过程。项目评估是项目投资前进行项目决策的重要环节。

项目评估的目的是审查项目可行性研究的可靠性、真实性和客观性，最终成果是项目评估报告，为银行的贷款决策或行政主管部门的审批（核准）决策提供科学依据。项目评估的内容通常包括：
(1) 项目与项目实施组织的评估；
(2) 项目实施的必要性评估；
(3) 项目方案的合理性评估；
(4) 项目实施条件的评估；
(5) 项目标准评估；
(6) 项目的财务效益评估；
(7) 国民经济效益和社会效益评估；
(8) 项目风险评估。

19.2.2 项目启动

启动阶段是正式认可一个新项目的存在，或者认可开展现有项目的下一阶段工作的过程。项目启动的目的是在项目正式开始时，要求成员尽快落实责任，集中资源和时间开展项目工作。项目启动就是根据项目启动的标准评估和选择项目，并通过启动会议明确项目开发和实施过程，确定和公布项目进程、资源、产品和服务，明确项目成果的过程。

1. 明确项目要求

项目启动时的首要任务是明确项目要求。明确项目要求的主要依据包括项目成果说明书、组织的战略计划、项目选择准则和历史资料。

(1) 项目成果（产品）说明书。它阐明项目工作完成后，所生产的产品或服务的特征，记录产品或服务与企业需要和目标之间的关系。

(2) 组织的战略计划。所有项目都应该服从组织的战略目标，执行组织的战略计划。这是项目选择时考虑的重要因素。

(3) 项目选择准则。项目选择准则通常是通过项目交付物和项目管理范围来界定的。通用的选择准则有项目投资回报率、市场份额、公众形象、社会责任等。

(4) 历史资料。历史资料包括以前项目选择决策结果和项目执行结果。这些结果信息是项目选择的重要依据。

2. 选择项目

项目启动的核心是项目选择。在项目启动会议上，项目实施组织和项目团队依据项目选择准则，综合项目的影响因素和制约条件，对项目的相关因素做出评估和假定，并在项目成果说明书和项目描述中作出规定和说明。

项目制约因素是那些限制和约束项目管理团队的选择余地的资源和条件。项目假设条件则是指为了制定计划而合理假定的某些前提条件或因素。假设条件通常包含一定的风险，必须具有科学性、真实性和可衡量性。组织通常需要确认或界定风险水平。

通常运用利润测量法、规划法、专家评审法优选项目及其实施方法。

3. 描述项目

项目描述是对项目背景、项目目标、项目交付物、项目如何执行、项目实施计划等所作的一个概要性说明。项目的前期论证和启动最终要形成关于项目的完整描述，以明确说明项目名称、项目目标、项目交付物、项目的前提假设、参考标准、项目约束、所需资源、重大里程碑等内容。

项目背景即项目实施的内外部环境，包括如下几个方面的内容：

(1) 项目设想；

(2) 项目环境的构成及分析；

(3) 项目发起人的情况；

(4) 项目的利益相关者分析；

(5) 项目方针和市场方向；

(6) 项目的支持政策；

(7) 项目的具体介绍等。

项目目标是指实施项目所要达到的结果。项目目标可分为成果性目标和约束性目标。成果性目标是关于项目交付物即产品和服务的目标；约束性目标主要是时间、费用、质量三个方面的目标。目标确定的结果形成项目目标文件，详细描述项目的具体指标、目标值和时限等。

项目交付物是项目中产生的产品、货物或服务，由图表、计划、文字和样本来描述。它不仅包括项目结束后最终的产品或服务，还包括项目成功实施所要求的作业程序等。交付物的描述应该和项目需求和目标保持一致。如果项目交付物没有被适当地定义，而且系统范围的扩大和缩小没有文件说明，项目就很可能失去控制。

4. 颁布项目章程，选派项目主管

项目章程是正式认可项目存在的文件。它可以单独成文，也可以用诸如企业需求说明书、产品说明书、项目任务书和项目描述表来代替。项目章程通常由项目团队以外的组织高层管理者在综合分析项目以及项目所需条件后颁发，它赋予项目经理运用组织资源从事项目活动的权力。它在项目启动过程中建立，并在项目启动会议上正式宣布。

项目启动时，需要选派项目主管。项目主管应该具备从事相关项目管理的能力和经验，通常在项目计划开始之前指派到位。

19.2.3 项目计划

项目计划是对未来项目活动路线的安排。它是在预测项目未来环境条件的基础上，依据项目目标、相关的标准和要求，运用决策与优化的工具和方法，选择项目实施方案的决策过程。它的输出结果是项目活动的各项具体计划，包括范围规划、范围界定、活动定义、质量计划、组织规划、采购规划、活动排序、活动持续时间估计、进度安排、资源计划、费用估计和费用预算等。项目计划通常借助程序、指南、说明书、作业手册来描述。

1. 项目范围规划

项目范围规划就是确定项目范围，明确项目的交付成果，制定项目范围管理计划，记载如何确定、核实与控制项目范围，以及如何定义工作分解结构（WBS）的计划。

项目范围是项目活动和交付物的总和。项目必须交付项目范围内描述的所有内容。范围内不包括的工作不应该在项目中开展。

范围的确定是逐渐进行的，从最初项目最终交付物的概念，到在项目过程中关于交付物越来越细化的描述，逐步深入。范围的确定通常基于各领域专家的知识和评价，使用各种样板、表格、标准，比如 WBS 样板、范围管理计划样板与项目范围变更控制表格。

范围规划的依据包括：

（1）成果说明书。它是任务委托者在项目结束时要求项目团队交付的成果。

（2）项目许可证。它是正式承认某项目存在的一种文件。它可以是一个特别的文件形式，也可以用其他文件替代，如企业需求说明书、产品说明书等，其中记载了项目目标。

（3）环境因素。这些因素涉及组织文化、基础设施、工具、人力资源、人事方针、市场状况等。

（4）组织过程资产。它是能够影响项目范围管理方式的正式和非正式的方针、程序和指导原则等。

范围规划的结果包括：

（1）初步范围说明书。包括项目合理性说明、项目成果的简要描述、可交付成果清单、项目目标实现程度的预测等。

（2）辅助性细节。包括对项目的假设条件及制约因素的描述。

（3）范围管理计划。它是项目管理团队确定、记载、核实、管理和控制项目范围的指南。其中说明了项目范围如何管理，如何变更；如何评价项目范围变化的可能性、频率和幅度；如何识别范围变更及其种类等。

2. 项目范围界定

范围界定就是把项目的初步范围说明书细化成详细的项目范围说明书，以此为依据，把项目的主要可交付成果划分为较小的更易管理的单元并形成工作分解结构的过程。

项目范围界定是在利益相关者分析、项目成果分析、成本效益分析、项目方案识别、工作结构分解的基础上进行的。项目范围界定的主要依据包括：组织过程资产、项目许可证、范围说明书、范围管理计划以及经批准的变更请求。经批准的变更请求可能会改变项目范围、项目质量、费用估算或项目进度。范围变更通常在项目进程中进行识别并批准。

项目范围界定是在项目规划的基础上对项目范围的进一步具体化。项目范围界定形成关于项目的说明性文件，明确项目目标、产品范围、项目要求、项目边界、项目可交付成果，确定产品验收准则，识别项目制约因素、项目假设、资金限制以及项目风险，初步确定项目组织、进度里程碑、费用估算、项目配置管理要求、技术要求以及批准要求，建立工作分解结构，确定项目的全部范围。经过项目范围界定，形成项目范围说明书、工作分解结构、项目范围管理计划，并说明相关的变更事项。

（1）项目范围说明书。项目范围说明书详细地说明项目的可交付成果和为提交这些可交付成果必须开展的工作。它是评价变更请求或附加工作是否超出项目边界的基准。项目范围说明书的内容如表19—2所示。

表 19—2 项目范围说明书的内容

项目	内容及用途
1. 项目目标	项目结果指标及费用、进度和质量指标的测量值。
2. 产品范围	说明项目创造的产品、服务或成果的特征。
3. 项目要求	说明项目可交付成果为满足合同、标准、技术规定、说明书或其他正式强制性文件的要求而必须具备的条件或能力。它反映了利益相关者的需要、愿望和期望的结果。
4. 项目边界	明确哪些事项属于项目内容，哪些不包括在项目之内。
5. 项目可交付成果	由项目产品、服务或成果组成的结果，也包括附带结果，如项目管理报告和文件。
6. 产品验收准则	确定验收已完工产品的程序和原则。
7. 项目制约因素	与项目范围相关的、限制项目团队选择的具体因素。
8. 项目假设	与项目范围有关的具体项目假设，以及当其不成立时可能的影响和后果。
9. 项目组织	识别项目团队的成员和利益相关者。
10. 项目风险	识别项目可能存在的风险。
11. 进度里程碑	确定项目实施的重要时间段和成果标志。
12. 资金限制	说明项目资金上的所有限制。
13. 费用估算	在成本收益分析的基础上，大致估计项目费用。
14. 项目配置管理要求	说明项目实施的配置管理和变更控制水平。
15. 项目技术规定说明书	说明项目应遵守的技术规范。
16. 批准要求	说明适用于项目目标、可交付成果、文件和工作等事项的批准要求。

(2) 工作分解结构。工作分解结构（work breakdown structure，WBS）确定了项目的整个范围，并将其有条理地组织在一起。WBS 细化了项目范围说明书规定的工作，有助于利益相关者理解项目的可交付成果，具体内容详见 19.3 节。

3. 项目质量计划

项目质量是项目的一组特性满足相关方要求的程度。项目质量体现在两个方面：一是项目范围内各阶段、子项目、项目工作单元的工作质量；二是项目最终产品的质量。项目是根据顾客的要求实施的，不同的顾客有不同的质量要求，其意图反映在项目合同中，所以，项目合同是进行项目质量管理的主要依据。

项目质量计划规定了项目质量体系中组织结构、责任、方法、步骤及资源等内容，为项目质量控制、质量改进规定了目标、标准和途径。项目质量计划的关键是在项目的计划期内确保项目完成，同时处理与组织的其他项目计划之间的关系。

制定项目质量计划，是根据项目范围、项目要求和项目质量方针，确定质量目标，分析影响因素，识别、优化和选择项目活动方案的过程。在这个过程中，在满足项目质量目标的前提下，应选择最佳方案，高效运用项目资源，以提高产出、降低成本。项目质量计划经常采用的技术和方法有成本效益分析、水平对比法、流程图、试验设计等。

项目质量计划工作的成果包括质量管理计划、程序和作业指南、质量检查表格以及其他项目活动的输入等。

4. 项目组织规划

项目组织规划是确定项目角色、职责、相互关系并制定人员配备计划的过程。项目角色可以是个人或小组，来自项目组织的内部或外部。

项目组织规划是基于人力资源管理实践、组织理论和利益相关者分析，了解现有组织参与项目的方式，了解各类专业技术人员、管理人员和项目团队成员之间的交互作用方式，界定项目角色和职责的过程。其主要依据是组织目标、组织过程资产和项目管理计划。此外，项目组织的文化环境和结构形式，也是制约项目组织规划的条件。

项目组织规划根据工作分解结构、人员的专业能力，设计项目组织角色，分配责任和权限，建立沟通渠道，形成组织结构。该过程可以概括为：

(1) 确定角色和资源，建立组织分解结构（organization breakdown structure，OBS）。

(2) 建立组织结构，确定项目责权关系，包括形成职责分配矩阵（responsibility assignment matrix，RAM），说明工作与项目团队成员之间的联系——有责（responsible）、负责（accountable）、征询意见（consult）和报告（inform）关系，形成组织结构图和岗位描述。

(3) 明确项目外部沟通要求。

项目组织规划的成果包括：项目任务和责任的分派方案、项目人员配备计划和项目组织结构图。

5. 项目采购规划

项目采购是为完成某一特定项目，从项目系统外部获得产品和服务（统称代理）的采办过程。项目采购管理涉及采购规划、采购招标、合同管理、合同收尾等过程。采购规划是指项目中整个采购工作的总体安排，包括是否采购、采购什么、由谁采购、采购方式如何、何时采购、怎样相互衔接以及组织协调等。

采购规划的制定要考虑项目的需要，选择最经济、高效的采购方式。其主要依据有：项目范围说明书、项目最终成果说明、工作分解结构、采购所需资源、市场状况、项目计划要求（包括项目进度计划、活动费用估算、质量管理计划、合同管理计划、与风险相关的信息）等。

项目采购规划通常由具有专门知识或经过训练的单位和个人来完成。项目组织可以聘请采购专家作顾问，甚至邀请他们直接参加采购过程。采购规划的输出结果包括：采购管理计划、采购要求说明、自制或外购决策、采购变更请求的处理方法。

6. 项目活动排序

活动排序是在活动定义的基础上进行的。活动定义指依据工作分解结构、项目范围说明书，识别达成项目可交付成果所必需的各项活动。定义项目活动通常是基于组织的项目经验和数据积累，按照行业标准、商业模板库、企业标准与惯例（知识经验库）等，由粗到细地分解项目工作。通过项目活动定义列出活动清单和详细的说明资料，更新和细化工作分解结构。

活动排序涉及各工作之间相互关系的识别和说明。工作的先后依赖关系有两种：一种是工作之间本身存在的无法改变的逻辑关系；另一种是人为确定的两项工作可先可后的组织关系。一般来说，应首先分析确定工作之间存在的逻辑关系，再确定各工作之间的组织关系。项目活动排序的工具是网络图（见19.3节）。应用样板网络图，可以大大简化活动排序。活动排序通常需要以下六个步骤：

（1）列出项目工作清单；

（2）描述项目工作特性；

（3）确定强制性逻辑关系；

（4）确定组织关系；

（5）确定外部制约关系；

（6）分析限制因素和假设条件。

活动排序确定以后，则形成描述项目各活动排序的项目网络图以及活动列表。项目网络图是表示项目工作相互关系的图形，包括整个项目的详细工作流程。活动列表包括对项目各项工作的详细说明，是对项目工作的简要描述。

7. 活动持续时间估计

活动持续时间估计是制定项目计划的基础工作，需要估计各个事项、各项工作以及完成整个项目任务所需要的时间。单项活动持续时间的估计，影响到整个项目的完工时间。活动持续时间的估计力求客观、准确。

活动持续时间估计的依据有工作详细列表、项目约束和限制条件、资源需求、资源能力要求、历史项目工作资料等。

估计活动持续时间的方法，一是基于专家知识和经验进行估计；二是进行类比估计，即用以前类似的实际项目的工作时间来推测当前项目各工作的时间；三是单一时间估计法，即在关键路径法（CPM）中，估计一个最可能工作完成时间；四是三个时间值估计法，即在计划评审技术（PERT）中，估计工作完成的乐观时间、悲观时间和最可能时间。

活动持续时间估计的结果包括各项活动持续时间的估计值、基本的估计假设，以及更新的工作列表。

8. 项目进度安排

项目进度安排是根据项目的工作分解结构、活动排序、工作时间估计，安排项目各项工作开始和结束时间的活动。安排时间进度时，项目主管组织有关职能部门参加，明确各部门的工作和要求，各职能部门可拟定本部门的项目进度计划。项目进度安排目前多采用网络计划技术，这种技术有助于明确反映项目各工作之间的关系，有利于项目执行过程中各工作之间的协调与控制。

项目进度安排是运用时间管理技术，优化项目活动安排，以加快进度、降低资源使用的过程。主要方法一是运用CPM和PERT进行工作时间的优化分析，计算项目工作最早和最迟时间、开始和完成时间。二是运用费用交换和并行处理的方式，缩短持续时间，调配资源，寻求压缩进度所需追加的最低费用，或者确定费用限额，保证最大限度地压缩工期，寻求工期和费用的最佳结合点。三是运用模拟方法，建立项目活动的模型，设定不同的情境，确定最佳进度方案或时间安排。四是启发式资源分配方法，在项目执行过程中，根据需求合理地安排和使用各种资源。目前进度安排的许多工作可以利用项目管理软件完成。

安排进度时依据的信息和条件包括：项目网络图、活动持续时间估计、资源需求、可用资源描述、日历以及各种假设条件和限制因素等。

经过项目进度安排生成的结果包括：

（1）项目进度。利用项目网络图、条形图（甘特图）、里程碑事件图、时间坐标网络图等，反映项目工作之间的逻辑关系、工作的持续时间及其进度。

（2）细节说明。说明项目进度的细节，包括假设条件和限制因素。

（3）进度管理计划。

（4）资源需求更新要求等。

9. 项目资源计划

项目资源计划用于决定项目每项工作的资源（人、设备、材料）种类及其数量，是依据项目资源需求优化资源配置的过程。

项目资源计划是综合考虑目标和限制因素，运用人们的决策与规划能力，确定资源计划方案的过程。资源计划工作依据工作分解结构，明确项目各工作所需资源；依据项目工作进度计划，确定每一项工作何时需要何种资源；参照历史信息，确定类似工作使用资源的需求；根据项目范围界定中关于项目工作的说明和项目目标，决定项目资源需求的总体框架；利用资源安排描述表明何种资源（人、设备及材料）由谁获得，具体的数量描述和资源水平是决定资源配置水平的依据。另外，组织战略要求项目资源计划必须考虑人员组织、设备的租赁和购买策略，从而做出资源决策。

项目管理者利用专家的知识和经验，借助数学分析模型，包括资源分配模型和资源均衡模型，制定多种资源需求计划，进行选择确认，形成项目资源计划方案，并利用项目资源负荷图对各种资源的需求量和时间加以描述，如图19—1所示。

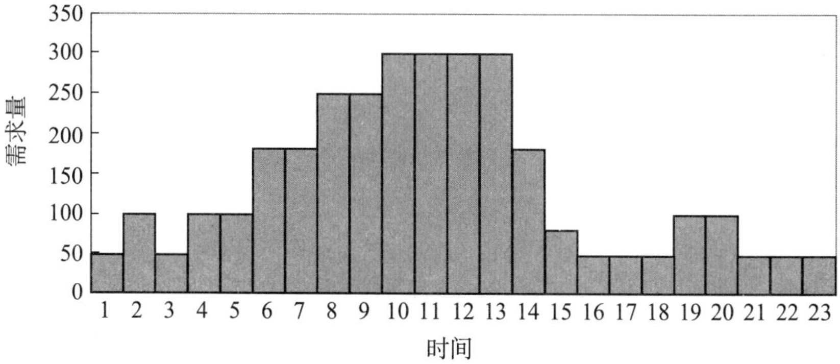

图19—1　项目资源负荷图

10. 项目费用估计

项目费用估计是指预估完成项目各项工作所需资源（人、材料、设备等）的费用的工作。当项目在一定的约束条件下实施时，在一定的工作质量水平下，估计资源的费用是一项重要的项目计划工作。

在费用估计过程中，通常需要权衡费用与工期，进行费用交换。费用估计的方法主要有类比估计法、参数模型分析法、逐项工作估计法。类比估计法通过与已执行类似项目进行类比，估计当期项目的费用；参数模型分析法通过建立项目费用数学模型进行优化和计算，获得费用估计值；逐项工作估计法通过估计各个独立工作的费用，估计整个项目的总费用。

费用估计的依据包括工作分解结构、资源需求计划、资源价格、工作持续时间、可参照的历史信息和会计表格。

经过估计，可形成项目活动费用估算值及其支持细节，明示各项费用，并说明项目费用估算过程、详细的数量和类型，提供清晰、专业、完整的资料。

11. 项目费用预算

项目费用预算赋予每项独立工作以费用，建立度量项目执行过程的费用基线。费用预算包括直接人工费用预算、辅助服务费用预算和采购物品费用预算。

项目费用预算的依据是项目费用估计、工作分解结构和项目进度，其方法与估计方法类似。

项目费用预算的主要结果是建立费用基线。它将作为测量和监控项目实施过程中费用支出的依据，通常的费用曲线走向随时间变化呈 S 形。项目预算结果可以用费用负荷图和费用累积曲线（见图 19—2）来说明。

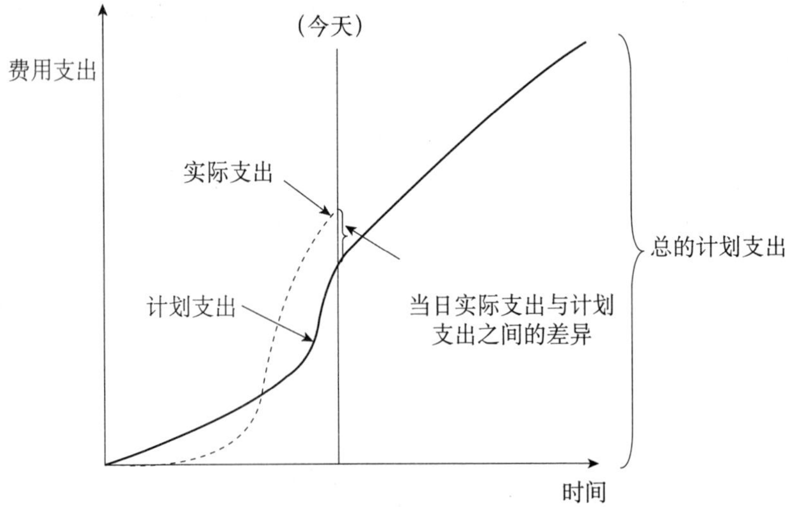

图 19—2 费用累积曲线

项目计划工作是一项综合性管理活动。它运用系统工程方法，综合考虑组织内部和外部的因素，以项目整体有序化为目标，以项目时间、成本、质量、范围、采购等各个领域计划的协调与整合为主要内容，按照项目目标平衡各类具体计划，保障项目在不断变化的环境下顺利实施。

19.2.4 项目实施与控制

项目实施阶段始于项目计划获准执行，终于任务完成，取得预期的、可交付的项目成果。这是项目生命周期中涉及工作内容最多、时间最长、资源耗费最多的环节，其交付物是项目最终成果。

项目实施与控制工作，一是调配资源，以完成项目的各项活动，实现项目目标，达成项目成果；二是实施控制，以对执行过程实施动态控制，采取措施保证项目时间、费用、质量目标的实现。项目实施与控制的常用工具和方法有网络计划技术、挣值法、质量控制技术和方法、激励理论、甘特图、里程碑图、责任矩阵、资源费用曲线、资源负荷图等。

1. 项目采购招标

项目采购招标是项目组织根据采购规划，采用招投标或类似方式，选择外部供应商或承包商，从项目实施组织外部获取资源的过程。招投标是由招投标双方经过要约、承诺、择优选定，最终形成协议和合同关系的过程，是平等主体之间的一种交易方式，是法人之间达成的具有约束力的法律行为。招投标的基本原则是公开、公平、公正、诚实守信，以保证其具有平等性、竞争性、开放性。

招投标活动包括：

（1）招标准备，组建招标工作班子，编制招标文件和标底，拟定并发布招标公告，进行资格预审等；

（2）投标准备，选择和跟踪投标项目，编制投标文件，确定报价，支付投标保证金；

（3）开标评标，组织评标委员会进行开标和评标；

（4）授标签约。

2. 项目合同管理

合同是作为平等主体的自然人、法人、其他组织之间设立、变更、终止民事权利义务关系的，相互间有约束力的协议。合同有许多类型，适用于不同的目的和要求。项目合同管理是管理与项目供应商或承包商的关系，保证供应商或承包商的产品或服务满足合同要求的过程。在有多个承包商参与的大项目中，合同管理的一个重要方面就是管理与多家承包商之间的联系。

合同关系的法律性质要求项目管理团队必须清醒地意识到在管理的同时所采取各种行动的法律后果。合同管理的依据有合同条款、产品或服务结果、变更请求、供应商或承包商单据。

合同管理的方法包括：利用合同变更控制系统，保证按照规定和程序修改合同；利用进度报告，掌握有关供应商或承包商为实现合同目标的工作效率；依靠承包商付款系统向承包商付款；根据合同条款和条件，进行合同收尾；利用合同档案管理系统，管理合同文件和记录。项目合同管理工作的输出包括供应商或承包商函件、合同变更、承包商的付款请求等。

3. 项目质量保证

项目质量保证是所有项目计划、项目工作得以实施和达到质量要求的基础，它贯穿项目实施的全过程，为项目质量体系的正常运转提供可靠的保障。ISO 9000系列标准的实施为项目质量保证提供了系统化的方法。

项目质量保证的方法是制定有效的质量计划，建立质量保证大纲，落实质量责任，实施质量审核，启动质量改进，以保证项目质量符合规定要求；保证项目设计、实施与组织过程符合规定要求；保证质量体系有效运行并不断完善，提高质量管理水平。

项目质量保证工作的结果，一是建立项目质量保证体系或质量保证大纲，说明项目质量指标、质量责任、工作目标、质量控制点和特殊控制要求、控制措施和方法、完成标志和评价标准、项目质量评审等；二是实施质量改进，增加项目有效性和效率，以提高项目投资者的利益。

4. 项目质量控制

项目质量控制是监督项目实施结果并与质量标准进行比较，发现偏差，制定和实施纠正措施和预防措施的过程。质量控制贯穿项目实施的全过程。项目质量控制的结果包括产品结果（交付产品和服务）和管理结果（如实施的费用和进度）。质量控制通常由项目参与各方组织实施。项目管理者观测关键控制点，监控项目活动结果，必要时采取纠正措施。

项目质量控制的依据是项目质量计划、工作程序和作业指南。有效的项目质量控制依赖于项目管理者掌握SPC及检验、测量、分析、评价和改进的知识。

项目质量控制的输出结果包括：改进措施、预防措施、请求的变更、缺陷补救、接受与拒收结果的决定、检查记录等。

5. 项目质量验收

项目质量验收是基于项目质量计划的范围、指标要求、采购合同中的质量条款，按照相关的质量检验评定标准，对项目质量进行评定和办理验收交接手续的过程。质量验收是控制最终质量的重要手段，也是项目验收的重要内容。在整个项目生命周期内，质量验收按照范围、准则与要求分阶段进行。

项目质量验收的结果是质量验收评定报告和项目验收技术资料。项目质量评定报告详细评定项目各组成部分的质量等级；综合项目质量检验结果；对项目质量给出最终的评价；对于质量不合格的项目，提出问题并限期再验收。

6. 生产要素管理

生产要素管理就是对人力、材料、机械设备、技术、资金等生产要素的配置和使用进行的计划与控制，目的在于节约活劳动和物化劳动。

项目生产要素管理的内容包括：

（1）编制生产要素计划，优化配置，合理安排投入量、投入时间、投入步骤，满足项目实施的需要；

（2）优化组合生产要素，有效形成生产力；

（3）通过有效的项目物流管理，优化生产要素的选择、供应、运输、储存、使用等环节，满足项目的需要，减少费用；

（4）随着项目实施过程的变化，调整生产要素的配置和组合，使其合理流动，达到动态平衡；

（5）实施对生产要素投入、使用与产出的核算，分析使用效果，合理使用资源，节约生产要素；

（6）实施现场管理与环境保护，做到规范现场、文明生产、安全作业、不损害公众利益、不污染环境。

常用的生产要素优化配置方法有：网络优化方法、优选方法、单位成本法、技术经济比较法、动态平衡法、生产要素管理评价、现场管理与监督、ABC分类法、价值工程等。

项目生产要素管理的成果包括编制生产要素配置计划、生产要素供应计划，确认最低生产要素成本、项目交付成果、现场与环境管理体系等。

7. 项目进展报告

项目进展报告是针对项目或任务的执行状况和发展趋势，收集数据并做出判断，提交和报告项目进展信息的活动。项目进展报告反映项目进度、费用、质量等方面的情况与未来的发展趋势。

进展报告的工作，一是收集项目信息；二是进行日常报告或例外报告，说明项目进展状况、近期趋势、预算情况、可能的困难与危机、表彰与认可事项等。常见的进展报告有项目关键点检查报告、项目执行状态报告、任务完成报告、重大突发性事件报告、项目变更申请报告、项目进度报告、项目管理报告。

8. 项目范围控制

项目范围控制关注对造成项目范围变更的因素施加影响，并控制其变更造成的后果，确保所有请求的变更与推荐的纠正措施在项目变更控制系统中完成。项目范围控制利用项目控制系统，按照项目范围变更处理程序实施。

项目范围控制的作用体现在：

（1）合理调整项目范围，并在范围变更时保证有计划地调整成本、进度、质量或项目其他目标；

（2）采取纠偏行动，将实施纳入正常轨道，并总结经验教训，作为项目实施组织的历史资料。

项目范围控制的依据是项目范围说明书、工作分解结构、项目范围管理计划、批准的变更请求。项目范围控制的结果涉及更新项目范围说明书、工作分解结构、范围基准、项目管理计划，提出变更请求和纠正措施等。

9. 项目进度控制

项目进度控制就是利用项目变更控制系统，持续测量和监控项目工作进度，发现偏差并采取必要措施，以保证项目按时、按质在预算范围在完成，确保项目目标的实现。项目管理软件、可视化图表（包括网络图、里程碑图、甘特图、费用成本曲线、资源负荷图、项目成本记录、工作绩效图等），是项目进度控制的有效工具。

项目进度控制的依据是项目进度计划、进度基准、进展报告、变更请求以及进度管理计划。项目进度控制的结果包括更新项目进度表、进度基准，衡量工作绩效、请求的变更以及纠正措施。

10. 项目费用控制

项目费用控制是为了保证各项工作在其预算范围内完成，而对项目支出进行控制，防止超支的活动。费用控制的基础是费用预算，其基本方法是：各部门定期上报其费用，由费用控制部门进行费用审核，保证支出的合法性，将费用与预算相比较，分析是否超支，并采取相应的措施加以弥补。

费用控制关注的是影响费用的各种因素，以确定费用是否改变，以及预测和调整发生的改变。内容包括：利用费用控制系统，监控费用执行情况，确定与计划的偏差；预测费用变化，计算和跟踪计划费用、实际费用和预测费用的改变，分析原因，同时考虑与范围控制、进度控制、质量控制等保持协调。挣值分析法是费用控制的主要工具。

费用控制的依据有费用预算曲线、项目执行报告和请求的变更。费用控制可能的结果包括修订费用估计、更新预算、提出纠正措施等。

11. 综合变更控制

综合变更控制是为了使项目朝着有益的方向发展，变动和调整某些因素，从而改变项目范围、计划、目标、交付物等的过程。

综合变更控制利用项目变更控制系统，按照项目变更处理程序，基于项目进展情况和专家知识，阐明变更起因，保证各方均同意变更；同时，确认变更已经发生，进行同步管理。综合变更控制过程贯穿项目始终。综合变更控制的要求是：维护绩效指标的完整性；确保交付产品或服务范围的变更反映在项目范围界定之中；综合协调跨领域的变更。

综合变更控制的依据有：项目计划、请求的变更、工作绩效信息、推荐的预防措施、推荐的纠正措施、推荐的缺陷补救方法、可交付成果。综合变更控制的可能结果包括项目计划更新、纠正措施、项目管理的经验教训等。

12. 项目范围确认

项目范围确认是核实项目范围，确认项目成果，确保各项结果满足相关方要求的活动。如果项目提前终止，则项目范围确认过程需要查明并记载项目工作完成的水平和程度。范围确认借助测量、考察和试验，核实项目或项目阶段是否按规定完成，记载已完成并经过验收的可交付成果。

项目范围确认的依据包括项目范围说明书、工作分解结构、项目范围管理计划、可交付成果、说明项目成果的文档。项目范围确认的结果包括经过验收的可交付成果、请求的变更、推荐的纠正措施等。

19.2.5 项目结束

项目结束是项目成果完成后进行交接并结束项目的过程。项目结束交付的是项目最终成果和项目验收报告。项目结束阶段始于各项任务结束、交付项目成果，终于项目成果最终移交或完成项目清算，并解散项目团队。项目结束阶段的工作包括：项目资料验收、项目交接或清算、项目费用决算、项目审计、项目后评价等。

1. 项目资料验收

项目资料是项目整个生命周期的详细记录，是项目成果的重要展示形式。项目资料既是项目评价和验收的标准，也是项目交接、维护和项目后评价的重要原始凭证。资料验收是指交验方将整理好的真实的项目资料交给接收方，并进行确认和签字的过程。

项目资料验收的依据有采购合同中关于资料的要求，国家关于项目资料档案的法规、政策性规定和要求，国际惯例等。

项目资料验收的过程是：

(1) 交验方按合同条款中关于资料验收的范围及清单进行自检；

(2) 验收的组织方按合同资料清单或相关法规的要求，分项逐一验收、清点、立卷、归档；

(3) 对验收不合格或有缺损的资料，通知相关单位采取措施，修改或补充；

(4) 对项目资料验收报告进行确认和签字。

项目资料验收的范围涉及项目生命周期各阶段的计划、报告、记录、图表等各种资料。项目资料验收完成后，应建立项目资料档案，编制项目资料验收报告。

2. 项目交接或清算

项目交接是指全部合同收尾以后，在项目监管部门或社会第三方中介组织的协助下，项目业主与全部项目参与方之间进行项目所有权移交的过程。项目清算是项目结束的另一种结果和方式。如果由于各种各样的原因，项目在得到最终可交付物之前终止了，这时就需要进行项目清算。项目交接是正常的项目结束过程；项目清算是非正常的项目终止过程。项目清算的主体即项目清算的召集人是项目业主。

当项目成果移交、资料移交和项目款项结清后，项目移交方和接收方在项目移交报告上签字，形成项目移交报告。项目验收、交接后，在预定的期限内，由项目经理组织原项目人员主动对交付使用的竣工项目进行回访，听取项目业主对项目质量、功能的意见和建议；记录项目运行中出现的质量问题，及时采取措施加以解决；总结、确认项目实施过程中的新思想、新工艺、新材料、新技术、新设备等，进一步完善推广。

项目清算主要以合同为依据。项目业主依据合同中的有关条款，成立由各方联合参加的项目清算工作小组，依合同条款，协商确认责任、估算损失、拟定索赔方案等。协商成功后形成项目清算报告，各个合同相关方联合签字生效；协商不成则按合同的约定提起仲裁或诉讼。

3. 项目费用决算

决算是以实物量和货币为单位，综合反映项目实际投入和投资效益，核定交付使用财产和固定资产价值的文件。项目费用决算是确定从项目开始到项目结束交付使用为止的全部费用的过程。

项目费用决算的依据主要是合同、合同的变更。决算的内容包括项目生命周期各个阶段支付的全部费用。项目费用决算的结果形成项目决算书，经项目各参与方共同签字后作为项目验收的核心文件。决算书中的文字说明部分包括工程概况，设计概算，实施计划和执行情况，各项技术经济指标的完成情况，项目的成本和投资效益分析，项目实施的主要经验、存在的问题以及解决方案等。决算报表包括项目概况表、财务决算表、交付使用财产总表、交付使用财产明细表等。

4. 项目审计

项目审计是审计机构依据国家法规和财务制度，企业的经营方针、管理标准和规章制度，对项目活动进行审核检查，判断其是否合法、合理和有效的一种活动。

项目审计的任务是：检查、审核项目活动是否符合相关规章制度的规定；检查、审核项目活动是否符合国家政策、法律、法规和条例，有无违法和营私舞弊行为等；检查、审核项目活动是否合理；检查、审核项目效益；检查、审核各类项目报告、报表等资料是否真实和公允。

项目审计的过程分为审计准备、实施、报告结果和资料归纳四个阶段。审计范围包括项目整个生命周期中的所有活动。内容涉及项目质量审计、费用审计、合同审计等；时间上包括项目前期审计、项目实施期审计、项目结束审计。不同的审计类型有其典型的审计范围和内容。费用审计是项目审计的主要内容之一，它贯穿项目的全过程，审查成本估计、费用预算、费用项目、费用报告等是否合法、合规。

5. 项目后评价

项目后评价是项目竣工投产并营运一段时间以后，对立项决策、设计、施工、生产营运等全过程进行系统评价的一项技术经济活动。利用项目后评价，可以达到肯定成绩、总结经验、研究问题、吸取教训、提出建议、改进工作、不断提高项目决策水平和实施效果的目的。

项目后评价以实际情况为基础，采用定性和定量相结合的方法，进行全面、客观、负责、公正的系统评价。项目后评价的结果需要反馈给决策部门，作为新项目立项和评估的基础以及调整投资计划和政策的依据；反馈给实施部门和生产部门，用于改进工作，提高效率，这是后评价的最终目标。

项目后评价有现场考评和非现场考评两种形式。现场考评是后评价工作组到现场采取勘察、问询、复核等方式，核实项目的有关情况，并对所掌握的相关信息资料进行分类、整理、归纳、分析和评价。非现场考评是后评价工作组根据项目单位提交的项目后评价自评报告和其他相关资料进行综合分析，提出评价意见。

项目后评价的结果是形成项目后评价报告。该报告要反映真实情况，文字准确、简练，报告结论、建议要与问题分析相联系，并把评价结果与未来规划和政策的制定、修改联系起来。内容包括项目概况、评价内容、主要变化和问题、原因分析、结论和建议、基础数据和评价方法说明，以及经验教训总结等。

19.3 项目管理的常用方法与工具

项目管理方法与工具是人们在项目管理实践中总结的用于项目策划、实施与控制的有效途径和手段。正是这些工具和方法将项目管理思想与项目实践活动联系起来，保证项目按既定的目标和方向展开。科学地运用工具和方法，可以极大地增强人们管理项目的能力。项目管理的工具和方法有20多种，如表19—3所示。这些方法用于项目管理生命周期的不同阶段和项目管理的各个专业领域。本节在概述各种工具的基础上，重点介绍工作分解结构、网络计划技术、挣值法和关键链分析。

表19—3　项目管理的工具和方法

适用管理领域	常用工具和方法	主要用途
范围管理	1. 工作分解结构（WBS）	见19.3.1。
时间管理	2. 网络计划技术（PERT）	见19.3.2。
	3. 甘特图	甘特图是一种用来展示计划进度和/或实际进度的工具和方法。甘特图是一个平面图，纵轴表示工作任务，一般在图的左方自上而下排列；横轴表示时间。用线条和横道（柱形）显示每个工作组合的进度。甘特图也称为横道图、条形图和柱状图。
	4. 里程碑图	里程碑图是以项目中间产品或项目可交付成果为依据，显示项目为达到最终目标必须经过的条件或状态，描述在每一阶段要达到什么状态的计划工具。

续前表

适用管理领域	常用工具和方法	主要用途
费用管理	5. 项目融资	项目融资是以项目组织为融资主体，以项目未来收益和项目形成的资产为基础，由参与项目的各方分担风险的具有追索权性质的特定融资方式。主要融资方式有融资租赁、BOT（build-operation-transfer）、PPP（public-private-partnership）及其他衍生方式。
	6. 资源费用曲线	资源费用曲线是一种以时间为横坐标，以累计资源费用（或工时、工作百分比等）为纵坐标，反映资源费用累计投入量的曲线图，也称为累计资源费用曲线。它是一种计划和控制工具。
	7. 资源负荷图	资源负荷图是一种反映特定资源在项目生命周期中的分布状况的工具。它以条形图的方式直观地显示资源在时间上的分布情况，反映某个时点某种资源的计划情况和实际消耗情况。它是一种资源计划和控制工具。
质量管理	8. 质量控制方法	包括常用质量控制工具和方法、SPC 等。
	9. 质量技术文件	包括质量大纲、质量计划、质量成本分析、技术文件、工艺文件、试验文件等。
	10. 标杆管理	标杆管理（benchmarking）是对照公认的领先组织或最强的竞争对手持续地对本组织的产品、服务、过程等关键成功因素进行衡量、分析和改进的结构化的过程。
人力资源管理	11. 责任矩阵	责任矩阵是一种将工作分解结构与项目组织结构建立关联的结构。它是把分解的工作任务落实到项目有关部门和人员，并明确显示他们的组织关系、任务和地位的方法和工具。
	12. 激励理论	包括组织行为学中涉及的需要层次理论、X 理论与 Y 理论、双因素理论、期望理论和公平理论等。
信息管理	13. 沟通方式	组织沟通的手段和方法，如语言沟通（口头沟通、书面沟通）、非语言沟通（肢体语言沟通、副语言沟通、物体操纵沟通）、正式沟通（上行沟通、下行沟通、平等沟通）与非正式沟通等。
风险管理	14. 模拟技术	模拟技术根据所研究系统的特性，建立其结构与功能模型，通过模拟间接研究该系统。
	15. 不确定性分析	项目的不确定性分析是通过计算和分析各种不确定因素的变化，判断其对项目目标影响程度的方法。其中，盈亏平衡分析指找出项目收益与成本平衡时某一因素的临界值，从而判断该项目对不确定性因素变化的承受能力，以及在盈亏平衡点处各因素之间的关系；敏感性分析是考察与项目有关的一个或多个主要因素发生变化时对项目目标，特别是经济效益的影响程度；概率分析通过分析各种不确定因素随机变化对项目目标评价指标的影响大小及其概率分布，判断项目的风险，为项目决策者提供依据。

续前表

适用管理领域	常用工具和方法	主要用途
综合管理	16. 挣值法	见19.3.3。
	17. 并行工程	并行工程是一种用来综合、协调产品设计及其相关过程（制造和保障过程）的系统方法。研制人员运用这种方法，可以一开始就考虑从方案设计直到废弃的产品生命周期的所有要素，包括质量、费用、进度和用户要求。在项目管理中应用并行工程，有利于对项目工期以及费用进行优化。
项目机会与可行性研究	18. 要素分层法	要素分层法是在项目机会研究中，对杂乱无章的影响因素按照机会、威胁、优势、劣势等维度进行分层，以支持项目判断和决策的方法。
	19. 方案比较法	方案比较法是基于多维指标，按照项目需求、费用、价格、时间等可比因素，对多个方法进行比较、分析和综合评价的方法。
	20. SWOT分析法	在制定组织战略及研究项目机会时，分析组织或投资者面临的内部和外部环境，判断优势（Strengths）、劣势（Weakness）、机会（Opportunities）、威胁（Threats）。
	21. 资金时间价值	资金时间价值是指随着时间的推移资金所具有的增值能力，即不同时点上数额相等的资金，其价值不一定相等。基于资金时间价值对项目（方案）进行分析和评价，通过资金等值计算，考虑资金现值、资金终值、年金及其系数，计算项目的经济指标，对项目的经济效果进行评价。
	22. 评价指标体系	用于项目（方案）经济评价的指标体系，包括动态指标和静态指标，如投资回收期、资产负债率、流动比率、速动比率、投资利润率、投资利税率、资本利润率、动态投资回收期、借款偿还期、净现值、净现值率、内部收益率等。
	23. 项目财务评价	项目财务评价是从项目或企业的微观角度，依据现行财税制度和有关法规，研究、分析和预测项目在计算期内的经济效益，据此评价拟建项目（方案）的财务可行性的经济评价方法。
	24. 项目国民经济评价	项目国民经济评价是从宏观角度出发，按照合理配置资源的原则，采用影子价格、影子汇率、社会贴现率、贸易费用率、影子工资等工具或通用参数，考察重大项目的社会资源耗费、社会贡献，评价项目经济合理性，从而决定项目取舍的方法。
	25. 关键链分析	见19.3.4。
	26. 项目环境影响评价	项目环境影响评价是在确定项目实施方案的过程中，调查环境条件，对项目活动可能的环境影响因素加以识别和分析，研究提出治理和保护环境的措施，制定防止和减少环境影响的行动方案，并选择环境优化方案的方法。
	27. 有无比较法	有无比较法将有项目时的成本（效益）与无项目时的成本（效益）进行比较，求得两者差额，即增量成本（效益）。该方法比传统的前后比较法更能准确地反映项目的真实成本（效益）。

19.3.1 工作分解结构

工作分解结构（WBS）是一种项目范围管理方法，用于在项目全范围内分解和定义各层次工作组合。它按照项目发展的关系和特定的原则，系统地逐层分解项目工作。在WBS中，结构层次越往下，则项目构成的定义越详细。逐层分解项目或项目可交付成果的过程是分派角色和职责的过程，分解的详细水平由项目管理要求决定。WBS定义了项目的全部范围，形成层次清晰的项目实施的依据。

1. 分解思路

分解项目工作，编制WBS图，形成项目工作结构的思路有三个：一是基于组织职能（系统）进行系统分解的结构，如图19—3（a）所示；二是基于项目成果进行系统分解的结构，如图19—3（b）所示；三是基于项目工作过程进行分解的结构，如图19—3（c）所示。

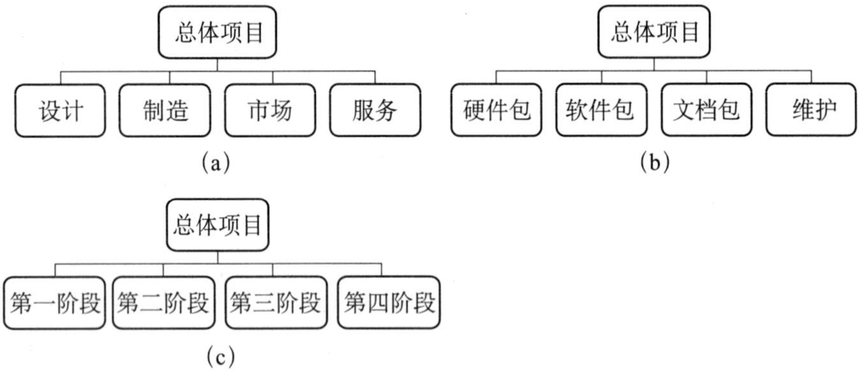

图19—3 项目工作分解思路

2. WBS的成果

常用的WBS的表达形式有层次结构图和锯齿列表（如图19—4所示）。WBS的过程形成两个成果：一是工作结构分解图；二是WBS词典，用于详细说明每项工作、完成工作的方法及其要求，包括编码、工作组合内容、成本预算、时间安排、质量标准或要求、责任人、部门或外部单位、资源配置情况、其他属性等。图19—5是一个树型结构的工作分解结构示意图。

3. WBS的注意事项

WBS是一个需要综合考虑各种工作关系的十分细致的过程，需要注意的事项有：

（1）将项目产品结构划分、项目阶段划分以及项目组织责任划分有机地结合起来。

（2）WBS中的工作组合包括管理活动和分包商的活动。

（3）决定WBS详细程度和层次的因素，一是项目小组或个人的责任和能力；

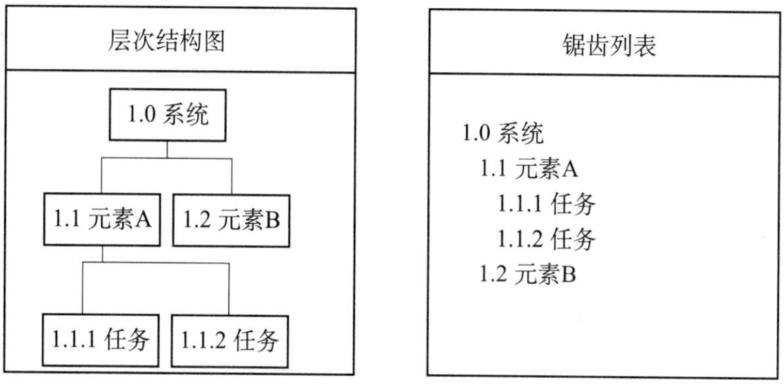

图 19—4　WBS 的表达形式

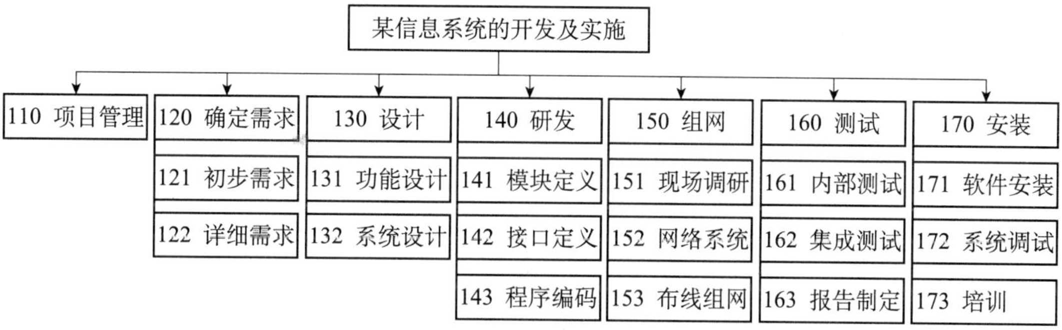

图 19—5　树型结构的工作分解结构示意图

二是项目控制能力与业绩测量水平。

（4）WBS 的每个分支的分解层次不一定相同。

（5）最底层的工作组合要便于完整地分派给一个项目组织单位或个人，工作组合之间界面清楚，以减少协调工作量。

（6）最底层的工作组合要具体，以便明确任务、目标和责任，利于监督和业绩考核。

（7）分解后的任务应该独立、可管理、可定量、可分派。

19.3.2　网络计划技术

网络计划的工具是网络图，它是将所有项目工作按照先后次序关系排列形成的图。网络计划能够直观地反映项目各项工作（或活动）之间的相互关系，使项目计划系统化，为项目计划的定量分析和优化奠定基础。基于网络图制定项目计划的方法有计划评审技术（program evaluation and review technique，PERT）和关键路径法（critical path method，CPM）。基于网络图制定项目计划，是项目计划与控制的重要途径。

CPM 适合项目活动时间已知的情形。它可以确定项目各工作最早、最迟开始时间和结束时间，通过最早、最迟时间之间的差额（松弛时间），分析每项工作的时间紧迫程度以及重要程度。松弛时间为零的工作通常称为关键工作。CPM 的目标是确定关键工作，给予重点关注，以保证项目按期完成。

PERT 是一种在工作前后逻辑关系及活动时间不确定的情况下使用的网络计划工具。其形式与 CPM 基本相同，只是在工作持续时间方面，CPM 仅需要一个确定的工作时间，而 PERT 需要估计工作的三个时间值，包括乐观时间 a、最可能时间 m 及悲观时间 b，然后按照 β 分布计算工作的期望时间 t。

PERT 使项目管理人员根据计划执行信息，监控计划实施状态并实施科学预测，以最短的工期、最少的资源、最好的流程、最低的成本来完成项目目标。

1. 网络图的要素

在网络计划方法中，用箭头和圆圈来表示一项计划中各工作之间的关系，称为网络计划图，简称网络图或网络。网络图由工作、节点、路径三个要素组成。

(1) 工作（活动、工序、作业）。指一项项目作业或任务。在一个项目中，任何可以定义名称、独立存在、需要一定时间或资源完成的活动或任务都视为一项工作。在网络图中用箭线表示工作（也可以用圆圈表示），箭线所指方向表示工作的前进方向，箭线的尾端表示工作的开始，箭头表示工作的结束，从箭尾到箭头表示一项工作的作业过程。

(2) 节点（事项、事件）。在特定的时点完成一项或一系列工作。每一项工作都有开始和结束时刻。一项工作若只有一项紧前工作，那么这项紧前工作的结束时刻也就是该工作的开始时刻；一项工作若有数项紧前工作，则要待紧前工作全部结束才有可能开始做这项工作。这种紧前工作结束和紧后工作开始的标志称为节点。在网络图中，事项一般用圆圈表示，通常用数字标出顺序。

(3) 路径。指从项目开始到结束的一系列相互连接的活动。路径从网络图的起始事项开始，顺着箭线方向，连续不断地到达终止事项，中间是由一系列首尾相连的节点和箭线组成的通路。

2. 网络图的编制方法

经过 WBS 确定项目工作及其相互关系后，就可以绘制网络图。常用的绘制网络图的方法有三种：

(1) 顺推法（或前进法）。从起始事项开始，首先确定由起始事项开始的工作，然后根据已知的工作衔接关系，确定每项工作直接的后续工作，把工作依次由前排到后，一直排到终止事项为止。

(2) 逆推法（或后退法）。从终止事项开始，首先确定直接进入终止事项的工作，然后根据已知的工作衔接关系，确定每项工作直接的先行工作，把各项工作依次由后排到前，一直排到起始事项为止。

(3) 重点作业法。从最重要的工作排起，考虑哪些工作要放在它的前面，哪些工作要放在它的后面，按各工作的相互关系来安排。

网络图通常有单代号网络图和双代号网络图两种形式，分别如图 19—6 和图 19—7 所示。单代号网络图是用节点表示工作、箭线表示工作顺序的项目网络图。双代号网络图是用箭线表示工作、节点表示工作顺序的网络图。双代号网络图一般仅使用结束到开始的关系表示方法，为了表示所有工作之间的逻辑关系，往往需要引入虚工作。

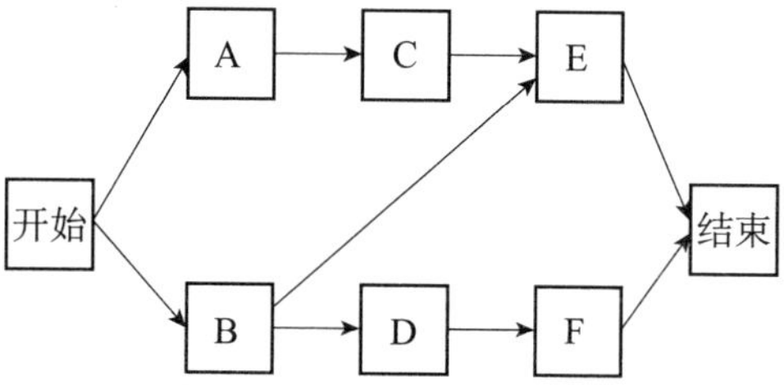

图 19—6　单代号网络图

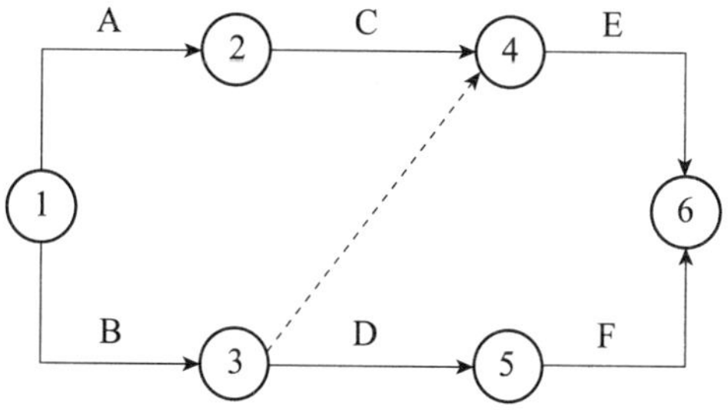

图 19—7　双代号网络图

3. 网络计划参数的计算

网络计划中的时间参数可归纳为节点参数、工作参数、路径参数三类。可以利用网络图计算各工作的时间参数，包括工作最早开始时间、工作最迟开始时间、工作最早结束时间、工作最迟结束时间及工作总时差等，如表 19—4 所示。

网络计划参数的计算可以利用图表分析和计算机软件来完成。在计算方法上，可以按节点计算法，先计算节点参数，再计算其他参数；也可以按工作计算法，先从工作的最早开始时间算起，然后计算工作的其他参数和路径参数，而不计算节点参数。

4. 关键路径的确定

关键路径（critical path）是该路径上的工作发生延误会导致整个项目延误的那条路径。确定关键路径的方法有三种：

（1）根据关键工作确定。首先确定关键工作。由关键工作所组成的路径就是关键路径。

（2）根据关键节点确定。关键节点是指最早时间与最迟时间相等，或者最迟时间与最早时间的差值等于计划工期与计算工期的差值的节点。关键路径上的节点一定是关键节点，但关键节点不一定在关键路径上。

（3）根据自由时差确定。若从起始节点开始，沿着箭头的方向到终止节点为止，所有工作的自由时差都最小，则该线路是关键路径，否则就是非关键路径。

表 19—4 网络计划的参数

类别	参数		定义
节点参数	节点最早时间（ET_i）		第 i 节点的内向工作已完成，外向工作可以开始的最早时刻，即以第 i 节点为开始节点的各项工作的最早开始时间。
	节点最迟时间（LT_i）		在不影响总工期的前提下，以第 i 节点为完成节点的各项工作的最迟完成时间。
工作参数	工作的基本参数（D_{i-j}）		工作 $i-j$ 持续时间。
	最早时间	工作最早开始时间（ES_{i-j}）	紧前工作已全部完成，工作 $i-j$ 可能开始的最早时刻。$ES_{i-j}=ET_i$。
		工作最早完成时间（EF_{i-j}）	紧前工作完成后，工作 $i-j$ 可能完成的最早时刻。$EF_{i-j}=ES_{i-j}+D_{i-j}$。
	最迟时间	工作最迟开始时间（LS_{i-j}）	在不影响整个项目按期完成的前提下，工作 $i-j$ 必须开始的最迟时刻。
		工作最迟完成时间（LF_{i-j}）	在不影响整个项目按期完成的前提下，工作 $i-j$ 必须完成的最迟时刻。$LF_{i-j}=LS_{i-j}+D_{i-j}$。
	松弛时间	工作总松弛时间（TF_{i-j}）	在不影响总工期的前提下，工作 $i-j$ 可以利用的自由时间。$TF_{i-j}=LS_{i-j}-ES_{i-j}$。
		工作松弛时间（FF_{i-j}）	在不影响其紧后工作最早开始的前提下，工作 $i-j$ 可以利用的自由时间。若工作 $i-j$ 的最早时间为 ES_{i-j}，其紧后工作 $i-j$ 的最早时间为 ES_{j-k}，则 $FF_{i-j}=ES_{i-k}-D_{i-j}-ES_{i-j}=ES_{j-k}-EF_{i-j}$。
路径参数	计算工期（T_c）		根据时间参数计算得到的工期。计算工期也等于最大路径。
	计划工期		按要求工期（T_r）和计算工期确定的作为实施目标的工期。

5. 网络计划的优化

网络计划的优化就是综合考虑项目进度、时间目标及可用资源，采取措施寻求项目计划方案的过程。网络计划优化包括时间优化、资源优化和费用优化。

(1) 网络计划的时间优化。时间优化指在人力、物力、财力等资源不受限制的情况下，寻求完成一个工程或一项任务的最短项目周期。主要措施包括：

1）缩短关键工作周期；

2）调整串联工作为平行工作；

3）调整串联工作为交替工作；

4）调整富余路径上的资源用于关键路径；

5）从计划外增加资源来缩短工期；

6）优化工作之间的组织关系，缩短关键路径长度。

（2）网络计划的资源优化。资源优化就是解决网络计划中因资源需求的高峰和低谷引起的资源供需矛盾，实现资源均衡利用的方法。资源优化通常有两种途径：一是在工期一定的条件下，合理调整网络计划中的某些工作，实现资源的均衡利用，即工期固定的资源均衡。二是在资源有限的情况下，合理安排各工作的进度，力求使网络计划总工期最短，即有限资源的合理分配。在资源限定下，合理安排进度是数学规划问题。常用的资源分配的规则有“最小的最晚开始时间”“最小的最晚结束时间”“最小的最早结束时间”“最小总松弛时间”等。

（3）网络计划的费用优化。项目总费用中，除了直接费用（如直接劳动力、原材料和设备使用费用等），还包括间接费用（如管理费用、利息等）。通常情况下，间接费用与工期有关，它随着项目完成工期的缩短而降低。网络计划的费用优化就是根据工期与费用的关系，设计最佳工期—费用组合，寻求以最少的直接费用去缩短工期，或找出总费用最少的最优工期的方法。

19.3.3 挣值法

在项目实施过程中，项目费用控制与项目进度控制必须有机结合才能实现有效控制。挣值法正是基于这一要求而设计的。

挣值法是一种分析目标（如项目进度和费用）实施与目标期望之间差异的方法，又称为偏差分析法。它通过测算和比较已完成工作的预算费用、已完成工作的实际费用、计划完成工作的预算费用，了解计划实施进度和费用的偏差，判断项目预算和进度计划的执行情况。所谓挣值即已完成工作的预算费用。应用挣值法进行评价需要计算相关费用和指标，绘制评价曲线，而后分析并提出项目实施建议。挣值法的相关计算如表19—5所示。

表19—5　　挣值法的相关计算

	参数名称	定义	计算方法	备注
费用参数计算	计划完成工作的预算费用（Planned Value，PV）	到某一时刻（检查时间）为止，计划完成的工作按预算标准所需的资金总额，又称“（累计）计划投资额”	PV＝计划工作量×预算价格	PV由合同确定
	已完成工作的实际费用（Actual Cost，AC）	到某一时刻为止，已完成的工作实际花费的资金总额，又称“累计消耗投资额”	AC＝已完成工作量×实际价格	
	已完成工作的预算费用（Earned Value，EV）	到某一时刻为止，已完成的工作以预算为标准所需的资金总额，又称“已完成投资额”	EV＝已完成工作量×预算价格	该金额就是项目承担者完成工作所挣得的价值，故称挣值

续前表

	参数名称	定义	计算方法	备注
评价指标计算	费用偏差（Cost Variance，CV）	CV=EV−AC	当 CV<0 时，项目费用超支，反之则为费用节支	
	进度偏差（Schedule Variance，SV）	SV=EV−PV	当 SV<0 时，项目进度延误，反之则为进度提前	
	费用绩效指数（Cost Performance Index，CPI）	CPI=EV/AC	当 CPI<1 时，项目处于超支状态，反之则为节支状态	
	进度绩效指数（Schedule Performance Index，SPI）	SPI=EV/PV	当 SPI<1 时，项目进度延误，反之则为进度提前	

将三个费用参数逐个描在“费用—时间”坐标系中，形成三条曲线，同时标出相关评价指标，构成挣值法评价曲线，如图 19—8 所示。

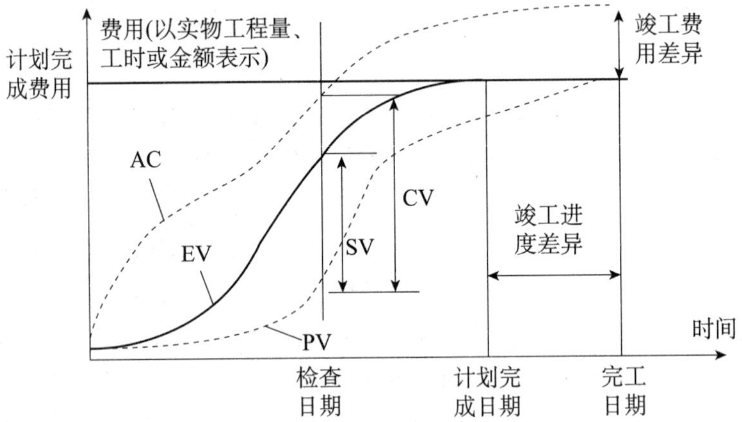

图 19—8　挣值法评价曲线

其中，若 CV<0，SV<0，则表明项目执行效果不佳，即费用超支、进度延误，应采取相应的补救措施。最理想的状态是 PV，AC，EV 三条曲线靠得很近、平稳上升，表示项目按预定计划目标前进。如果三条曲线的离散度不断增加，则预示可能发生关系到项目成败的重大问题。

19.3.4　关键链分析

关键链分析或者约束理论（theory of constraints，TOC）是以色列的伊莱·戈德拉特（Eli Goldratt）博士于 20 世纪 80 年代针对制造过程在资源、库存计划与控制方面存在的问题开发的一种系统观察和分析过程流的方法。它的主要内容是通盘考虑影响生产能力的人员、设备、机构、物料、工具等约束因素，识别过程中的瓶颈，平衡生产系统中的工作流。其中，瓶颈是指其生产能力小于需求的资源，是系统中限制产销率的约束条件。它是生产过程中产品流变窄的作业点。瓶颈资源可能是机器、稀有资源、高技能的劳动力或专业化的工具等。

进行 TOC，首先应识别项目中的瓶颈区；优先对瓶颈区排程，使之得到充分利用，再对非瓶颈区排程，以保持瓶颈区满负荷而不致出现等待，非瓶颈工作区应服从瓶颈工作区。而后，补强瓶颈区，节省瓶颈区时间，同时防止产生新的瓶颈区。

1. TOC的计划原则

TOC有其独特的计划原则，包括：

（1）在整个生产中寻求的是工作流平衡而非产能平衡；

（2）在一个紧密相连、顺次相依的系统中，波动是彼此叠加的而不是平均的；

（3）非瓶颈的利用率取决于系统中的其他约束，如瓶颈；

（4）某个工作站的利用（当物料尚不需要时进行的生产）与增值是不同的；

（5）瓶颈上损失1小时就等于整个系统损失1小时；

（6）非瓶颈上节约1小时是没有意义的，因为瓶颈主宰着系统的产销率和在制品库存；

（7）传送批量无须与加工批量相同；

（8）加工批量应该是可变的而不是固定的；

（9）应当在考虑所有约束的前提下制定排程计划。

2. TOC的控制方式

利用TOC控制项目进程，需要设置一系列控制点。如果项目实施中存在一个瓶颈区，那么最佳的控制点就是瓶颈，因为这个控制点决定了其他项目活动的节奏，该控制点被形象地称为“鼓”。使用瓶颈作为控制点，是为了确保该瓶颈的上游过程不会过量生产，避免在瓶颈工作区产生不能处理的过量库存。如果系统中不存在瓶颈工序，那么鼓的最佳位置是次瓶颈资源（CCR）。如果既没有瓶颈，也没有次瓶颈资源，那么控制点的位置可以任意选择。当然，一般来讲，最好的位置是物流分叉点。针对瓶颈资源，在项目实施与控制中可以做两件事情：

（1）在瓶颈工作区的前面设置缓冲库存，以确保瓶颈总有工作可做。瓶颈区前面的缓冲库存实际上相当于一个缓冲器，它确保工作区总是有工作做。

（2）把缓冲器的工作完成情况反馈给上游的工作区，以便上游工作区按需求进行生产，防止库存增加。这种反馈称为“绳”。

TOC方法很好地将准时制（JIT）与企业资源计划（ERP）结合起来，是一种有效的过程控制方式，具有很大的应用价值。

第20章 培 训

在我们生活的这个时代，由于科学技术的迅猛发展和互联网的普及，知识的产生和传播速度都远快于其他任何时期，传统的以学习文化知识和专业技能为主的学历教育在人的职业生涯中只能起到基础作用，人们工作中需要的大量知识、技能依靠在工作中继续学习来获得。创建学习型组织、终生学习已成为组织和个人发展的关键成功因素，培训在其中扮演着非常重要的角色，是每一个管理者必须承担的职责。本章主要讨论培训的含义及其价值、培训需求识别的方法、培训的策划与实施以及培训效果评价的方法，为质量经理成为胜任的培训管理者或培训师提供帮助。

20.1 培训及其价值

20.1.1 培训和教育

教育培训泛指提供和开发知识、技术和行为以满足要求的过程。在实际工作中，“培训”和“教育”这两个词经常混用，其实，它们的含义不尽相同。

教育可看作获取知识和信息的过程。教育的目的是扩充知识基础，让人获得某些观念或思考方法，使人在思维的深度、广度和对事物的理解力方面达到新的水平。培训则是有针对性的培养和训练，目标是形成或加强技能。培训关注学习者应用所学技术获得预期结果（例如，正确地进行审核）的能力。

在日常运作水平上，教育是致力于介绍新的概念和原理，例如顾客满意的概念及其对质量的影响、过程方法的原理、统计的概念、企业质量方针的内容等，以帮助人们转变观念的学习过程。培训则指致力于使员工掌握新的技术、技巧，或者使个体达到岗位要求的学习过程，涉及团队领导和促进技巧的学习、过程能力指数的计算及分析、QC成果的评价、质量管理体系的审核或某种质量工具的运用等。

企业质量竞争力的形成，既需要员工具备与时俱进的质量观念、质量意识、自我学习能力以及对企业质量文化的深刻理解和认同，也需要员工掌握质量管理的技术方法，具有创造质量、保证质量并实施持续改进的能力。全面质量管理对人的素质的要求中，既有通过教育可以达到的，也有必须经过培训才能完成的，质量教育和质量培训对组织来说都是不可缺失的。

教育和培训既有区别也有联系。通常，教育过程并不包含很多的培训，而一个培训项目却必不可少地会应用一些潜在的理论和原理，因而包括一些教育的过程。区分质量教育和质量培训的概念，并不是要在实践过程中将其截然分开，而是帮助管理者更加深刻地认识质量教育培训的内涵，在设计和实施培训时注意采取不同的方式，提高教育培训的有效性和效率。

20.1.2 培训对企业的价值

在企业运作的诸多因素中，人是最重要、最活跃的因素，员工的知识、态度、能力、经验直接影响产品质量的好坏与服务水平的高低，而培训是保持员工素质与工作岗位要求相匹配的关键环节。日本著名的质量管理专家石川馨先生把日本企业实施全面质量管理获得成功的原因归于两方面，其一是竞争，其二就是广泛而深入的培训。教育培训是质量管理的重要支柱之一。

教育培训对于企业的重要价值体现在：

（1）提高员工的质量意识和技能，保持企业竞争力。经济全球化和信息技术的发展缩短了科学发现与应用之间的时间差，由此带来产品及生产、服务方式的不断变化，必须不断提升员工的质量意识、业务知识和工作技能水平，以适应这种变化。此外，全面质量管理强调授权、团队工作、预防为主、快速反应，这些都要求员工具有相应的知识和能力，因而需要进行广泛的员工技能培训，使企业在激烈的竞争中立于不败之地。

（2）统一目标方向，建立企业沟通交流的平台。在激烈竞争的环境里，企业必须以系统的方式运作，形成整体力量以快速应对顾客及市场的需求。培训不仅可以提高员工的技能水平，还能帮助企业和员工建立共同的理想、目标、价值观与行为规范，打造企业沟通交流的平台，提高企业的工作效率和协调一致性。

（3）营造和谐氛围，促进个人发展。以人为本是现代社会文明进步的标志，同时，人的发展也会对组织和社会的发展起推动作用。企业及其管理者在员工学习和培训方面的投入和支持，可以让员工感受到尊重和个人成长的喜悦，从而激发员工的工作积极性，发挥他们的潜能，实现组织与员工的共同发展。随着知识工作的重要性日益突出，员工继续教育和培训的需求会越来越凸显，能否将组织的学习与个人发展很好地结合起来，常常是世界级优秀企业区别于一般企业的一个重要标志。

企业质量教育培训主要针对员工的质量意识和与质量相关技能的培养。员工意识不到位，推行质量管理往往会遇到很多阻力；不掌握相应的质量管理方法和工具，员工分析、解决问题的能力就会受到制约，他们所承担的质量职能就难以很好地落实。有效的质量教育培训可为组织带来如下直接效果：

- 产品和服务质量的提高；
- 顾客满意度的提高；

- 浪费及返工、返修的减少；
- 生产效率的改善；
- 员工队伍稳定性的增强，工作积极性、创造性的提高；
- 企业具有更易沟通的工作环境和更强的应变能力。

20.1.3 培训的局限性

质量教育培训具有多方面的作用，但质量经理必须清楚，教育培训并不能解决所有的质量问题。

一般来说，质量教育能够改善员工对质量的认知水平和行为态度，质量培训能够弥补员工质量知识和技能的不足。但很多时候，问题发生在系统或机制上——系统驱动行为，机制引导行为。因此，为了达到满意的质量和不浪费在培训上的投资，在决定培训之前，首先应找出问题的原因。有些问题的发生可能是策划不正确、资源不足、目标不恰当或反馈激励机制不够造成的，这就需要改进决策或弥补工作中的不足，例如，改变资源配置方式、制定合适的目标、提供更及时的反馈等。只有针对那些由于员工认知水平和质量知识水平不够引起的问题，质量方面的教育或培训才能发挥作用。

20.1.4 培训管理的流程

国际标准化组织于 1999 年发布了 ISO 10015《质量管理　培训指南》国际标准，我国于 2001 年等同采用，发布了 GB/T 19025—2001，该标准作为 ISO 9000 族标准的组成部分，为质量培训系统的开发、实施、保持、改进提供了指南。

根据该标准，组织选择、实施培训一般包括四个阶段的活动：确定培训需求，设计和策划培训，提供培训，评价培训效果，如图 20—1 所示。

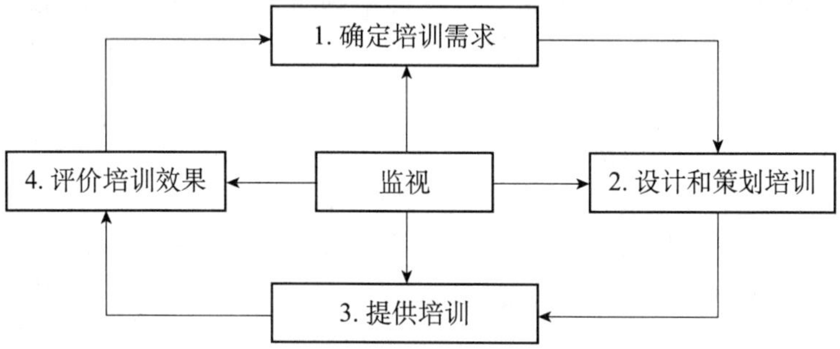

图 20—1　培训管理的流程

20.2 培训需求识别

培训需求的确定是有效培训的前提，有效的培训管理从识别培训需求开始。

20.2.1 培训需求的来源

培训是通过对人的知识、技术和行为能力的开发、培养，以满足组织需要和个体发展要求的过程。因此，培训的需要可能源于组织人力资源的整体水平与战略方向和目标的差距，也可能源于员工个体知识能力水平与岗位需要的差距，以及员工个人发展的要求。故可以从宏观和微观两个层次识别培训需求。

从组织的宏观层次看，质量教育应与组织发展战略对人员意识、知识的潜在需要相联系。组织的高层管理者应该重视培训项目在完成组织战略目标方面的作用，在战略目标中包括培训的计划和预算，并通过系统的机制把相关的培训目标与组织各层次的工作相结合，通过提升全员的质量能力增加企业在竞争中获胜的机会。

从微观层次看，质量培训应针对人员现有能力和岗位要求的差距进行。首先要明确现有岗位的工作任务、目标和对人员知识能力的要求，评价员工实际绩效水平和知识能力水平，确定绩效的差距是不是由于知识技能缺乏造成的，或者岗位未来发展是否有新的知识技能需要，如果有，根据二者之间的能力差距制定可行的培训计划，计划中的每一项培训应适合特定的需求或发展目标。此外，员工个人发展要求也是培训需求的来源。

例如，如果降低成本是组织战略中的一项措施，培训计划就应该有相应的课程安排。如果在质量管理体系的内外审中发现内审员的能力有欠缺，内审技能训练应在培训计划中有所体现。培训需要可来自组织战略和过程的变化、新技术应用、人员转岗、特定任务、质量体系中采取纠正和预防措施的需要、影响组织生产和服务提供的法规、标准的变化、顾客新的要求、员工个人发展和职业生涯设计等。

根据全面质量管理的理念，企业有关质量方面的教育培训应覆盖全体员工，上至最高管理者，下至每个基层员工。但这种覆盖全员的培训应分类、分层进行，因为不同的人有不同的培训需要。就质量培训而言，他们的一般需求如下：

（1）针对高层管理者进行先进的质量经营理念和质量原理的培训。高层管理者是实施全面质量管理的关键人物。他们不一定了解质量技术方法的细节，但应认识到质量的重要性并熟悉质量管理的基本原则和原理，掌握发挥领导作用所需的广泛的概念。对高层管理者的培训主题包括：质量的含义、质量的有效领导、质量的任务和职责、奖励和认可、团队过程、战略性质量计划活动、顾客满意和忠诚、标杆分析、业务过程质量、供应商战略等。许多成功的公司都是先让高层管理者学习，然后自上而下把知识在整个组织传达。培训是加深管理层对质量管理的了解的好办法。高层管理者适用的学习方式是短期教育、论坛或讨论会。

（2）针对中基层管理者进行系统的质量管理理论和技术方法的培训。中基层管理人员往往承担着质量概念和方法应用方面“破冰”的使命，是各种质量活动最初的尝试者。对他们的培训既包含概念和战略层面的内容，也包含战术层面的内容，他们必须掌握质量管理的实施方法和必要的工具。例如，作为质量主管或质量经理，应具备全面系统的质量管理知识，以便做好质量的领导和组织协调工作。这些知识包括：领导和管理的基本原理、战略制定和展开、以顾客为关注焦点的方法、各种质量管理体系和质量改进模式、常用质量管理工具、供应商管理、质量教育培训等。针对中基层管理者简单地实施培训是不够的，为使获得的知识技能得到有效应用，跟踪活动非常重要。必须给管理者提供应用新技能的环境使他们学以致用。培训必须不断加强并进行定期评估，以保证概念得到理解，技能得到实践。

（3）针对质量管理人员和相关岗位进行专门的质量管理技术和方法的培训。除通用的质量基本概念和实施方法，质量教育培训应针对不同类型的岗位，偏重质量管理实践，其中包括胜任工作的岗位技能和专项的质量技术方法。对研发人员和质量工程师，可进行质量功能展开、失效模式与后果分析等培训；对质量经理或营销、财务人员，可进行顾客满意测量、质量成本分析等培训。企业应制定政策，积极鼓励管理人员参加各种质量专业职业资格考试，由此促进其学习和掌握系统的质量专业知识和技能。在日本，对技术人员的质量培训的学时最多，因为要系统地应用统计方法，培训一般长达 30 天左右。

培训需求识别是培训工作的首要环节，确定培训需求应综合考虑以上各方面，并给予适当的评审确认，而不是简单地汇总部门提出的培训要求。

20.2.2 识别培训需求的方法

以上所述是组织各层面质量教育培训的一般需求。在制定培训计划时，还需根据每一个组织特定时刻的特定情况确定具体的培训需求，这里简要介绍一些实用的识别培训需求的方法。

1. 文件分析法

文件分析法通过查阅各种文件信息，结合以往的培训经历、记录和效果，分析培训需求。值得关注的文件资料包括：企业经营方针与目标，企业各项工作及部门职责说明，企业人力资源计划，员工及部门绩效评估报告，历年培训计划及实施记录，竞争对手或者同行的培训计划，外部培训信息等。根据这些文件寻找差距，探究原因，确定是否存在培训需求。

2. 问卷调查法

采用问卷方式了解培训需求，是最常用的方法之一。使用这种方法注意不要走形式，要设计好问卷，并对员工进行适当的宣传和培训，避免问题不清晰、过繁、过简或员工盲目填写导致问卷调查结果失真。

3. 实地访谈法

通过对关键人物的访谈，了解员工的培训需要。这些关键人物可以是高层领导、各个部门主管、专家小组等。实地访谈需要注意事先确定访谈的人员，提前确认访谈内容，对于同一问题要收集不同部门、不同人员的意见，以便做出准确判断。

4. 小组讨论法

小组讨论法类似头脑风暴法，可以用于进行工作分析、群体问题分析、目标确认等，适合探讨培训能力需求及相关的课程规范等。小组讨论法在组织中可以结合各个部门的会议进行。

5. 个案（事件）研究法

个案（事件）研究法可用于对绩效不好的部门或者人员进行追踪，找出问题的原因及关键要素，也可用于对绩效好的部门或人员进行跟踪，找出成功的关键要素和方法。该方法的主旨是从个案中找出课程内容，发现培训需求或有价值的知识经验，通过培训让大家学习和分享。

识别培训需求还有许多其他方法，如现场观察法（多用于技能类培训需求分析）、专家指导法（多用于战略分析及大型项目分析）、创意思考法（用于新兴培训课题研究）、测试验证法（用于个人成员需求分析）等，这些方法不仅可以用于培训项目计划的制定，也可以用于每个培训项目实施前的调查分析。

20.3 培训的策划与实施

一旦培训需求确定，就要开始设计和策划培训，并做相应的课程准备。

20.3.1 培训的设计策划

培训的设计策划指在综合考虑培训目标、培训资源及培训的制约条件的基础上，对培训内容、培训方式、培训提供者、培训时机和培训资料、培训结果评价及过程监督准则进行设计和策划的过程。

培训的制约条件主要包括：组织的制度、人力资源方针、财务、培训时间和周期要求、培训对象的态度和水平、提供培训的内外部资源情况等。培训内容由培训目标决定，也受受训人员层次和已有知识经验的影响，一般由管理者和培训教师共同确定。

培训的方式有参加外部公开培训、专题讲座、研讨等，也可以采用组织内部培训的方式，如专项技能训练、师傅带徒弟、工作辅导、自学、远程学习等，这些方法各有优势和局限性。在选择培训方式或方式的组合时，应考虑的因素包括：时间和地点、设备、费用、培训目标、学员的基本情况、培训持续的时间和实施的顺序，以及评估和注册的形式等。除了正式安排的培训，学习型组织积累和分享知识的方式可以不拘一格，如改进成果交流、互相学习、日常工作中的沟通等，学习随时可以发生。此外，学习和实践交替进行是应用质量管理工具的有效方法，目前流行的六西格玛黑带、绿带培训就是采用这种方法的实例。

能力和技能培训应选择适宜的时机，一般是距离应用的时间越近越好。培训资料可以是组织自己的，也可以选择外部的教材、案例。同样，培训教师的选择应考虑培训目标、培训制约条件和培训资源，选择外部或组织内部人员。让管理者承担培训任务也是一种很有效的方式，摩托罗拉公司和 IBM 公司就是让受过训练的经理讲授全面质量管理的课程。这样做的好处是，经理通过讲课可以系统地学习、深化相关知识，下级在有权威的领导的授课中可以分享很多实践和个人经验。

为了确保质量教育培训按要求实施，提高培训的有效性，提供过程有效的证据，ISO 10015 建议组织制定形成文件的程序，由胜任的人员对培训四个阶段的所有过程进行监督。如果发现问题，应采取纠正、预防措施，改进培训过程；如果确认培训取得了预期的效果，应及时更新学习者的能力记录，以便正确地选拔、任用人员。

责任落实是质量教育培训有效实施的保障。一般情况下，组织的最高管理层应制定质量教育培训的方针和目标，培训的组织实施可以由人力资源或类似的职能部门负责，质量专业人员则要发挥专业特长，与责任部门密切合作，做好培训需求识别和培训策划、实施、改进工作。

20.3.2 培训目标的确定

培训目标是培训的出发点和归宿，是对受训者达到的学习成果或最终行为的明确阐述。目标使培训有了明确的方向，并给培训任务是否完成提供了测量和评价的标准。明确、适宜的教学目标能激发学员的学习动机，集中学员的注意力，使教学过程获得大家的信任和合作，从而提高培训过程的效率。

培训目标的设立有赖于培训需求分析。培训任务的总目标是宏观的、比较抽象的。要达到培训目标，还要明确一系列有关知识、技能、态度、行为的具体目标，才能为培训课程设计提供依据。一般来说，一个有效的培训目标体系可以分为三个层次，即培训课程目标、培训终极目标或表现目标、培训从属目标或行为目标。

培训课程目标是指一门课程的总体目的或收益，对应于岗位的目标或业务结果。例如，质量管理体系内审员培训的课程目标可定义为：使学员熟悉质量管理体系内部审核的过程，掌握内部审核的基本技能，能够从事质量管理体系的内部审核工作。

培训终极目标或表现目标是指学员获得的知识和能力，描述经过培训以后学员将会做什么，要达到什么标准，这些目标是评价培训结果的依据。培训终极目标要结合培训课程和学员已有的水平和基础，实事求是地设定。衡量培训结果要基于足够或充分的表现而不是最佳表现。仍以内审员培训为例，终极目标包括内审计划的制定、检查表的编制、不合格报告的编写、审核提问、抽样调查技巧等。经过培训的内审员只能初步掌握这些知识技能，培训后还要在有经验的内审员指导下参与审核工作，以逐步具备独立进行内审工作的能力。

培训从属目标或行为目标描述了导致终极目标实现的学习步骤或学习要点，它们从属于终极目标，导致终极目标的实现，是培训教师课程准备工作的一部分，也是培训课程设计的直接依据。这些目标不针对整个培训课程，而关注特定的教学单元，围绕可观察的行为，比终极目标更注重细节和短期教学效果，是针对局部内容的具体教学活动安排。例如，内审员培训的教学活动包括讲解内部审核的流程、编写检查表、不符合报告案例分析等。

培训目标的三个层次互相衔接，将组织的培训需求转化为具体的教学目标，为培训课程设计提供依据。

20.3.3 培训课程的准备

如果让质量经理承担培训授课任务，就要站在培训教师的角度精心设计教学的过程，包括培训内容的准备、培训方法的选择、培训资料的编制等，备课就是这些工作的统称。

培训内容准备是备课最基础、最主要的工作。培训教师要在培训课程目标和终极目标之下，设计具体的从属目标，即学习的步骤和要点，然后围绕这些要点组织教学内容。一般来说，教师备课时要查阅、学习远远多于教学大纲的内容，所谓要给学生“一杯水”，教师要准备“一桶水”。可以将这些内容分为“必需的”“应该的”和“可能有用的”三个类别：“必需的”内容是指教学大纲或从属目标中明确的知识技能要点；“应该的”内容是指那些对于大多数学员学习掌握“必需的”内容有重大帮助的说明、案例、习题等；“可能有用的”内容则是那些有利于激发学员动机、调动学员注意力或调节课堂气氛的生动有趣的故事、案例或游戏，或是针对个别学员特定情况的案例、信息等。教师要按照知识的内在逻辑和学员学习的规律，将这些内容按一定顺序加以组织，并以生动有趣的方式展现给学员，同时保持适当的灵活性。

培训能否有效地达到目标，除了培训内容，培训方法的选择也是至关重要的。培训方法是将培训内容的要点有效传递给学员所采用的方法。培训教师通常可以选用的教学方法有讲授、小组讨论、案例分析、视听技术、游戏或角色扮演等，相对于启发思维、传授知识、掌握技能等教学目标，这些方法各有优势，在教学中可以灵活选用。

1. 讲授法

讲授法是培训师通过语言表达，系统地向受训者传授知识的方法。它要求培训师具有丰富的知识和经验，讲课具有系统性、条理性，语言表达清晰、准确，同时注意理论联系实际，使学员易于理解。讲授法运用方便，可以同时对多人进行培训，常用于概念和系统的知识培训，经济高效，培训师容易掌握和控制学习进度，是培训中应用最为广泛、有效的教学方法。其缺点是信息传递以单向为主，学员参与度低，容易产生疲劳，同时，学习效果易受培训师讲授水平的影响。

2. 小组讨论法

小组讨论法是指多位学员一起就某一主题或学习内容进行交流沟通，以求得共识或获得解决问题的途径。小组讨论法强调学员的参与，有助于激发学习兴趣。讨论过程中，信息可以多向传递，大家互相启发、取长补短，有利于学员开阔思路，加深对知识的理解。这种方法适用于管理人员激发思维、改变态度的培训，一般不适用于系统地掌握知识和技能的场合。小组讨论法对培训教师的要求较高，课题选择和学员自身的水平都会影响讨论效果。

3. 案例分析法

案例分析法为参加培训的学员提供特定情境的书面描述，让学员分析和评价，提出解决问题的建议和方案。通常由学员组成小组来完成对案例的分析，随后各组发表对问题的看法或解决方案，集体研讨，最后由培训师引导分析，直至达成共识。这种方法能引导学员将所学知识运用到实际场景，有利于提高他们解决实际问题的能力，使其养成积极参与和团队协作的习惯。案例分析法是现代管理培训中常用的教学方法，但案例准备耗时较长，对培训师和学员的要求都比较高。

4. 视听技术法

视听技术法就是利用现代视听技术（如投影、录像、动画、网络等）进行培训的方法。视听教材直观、生动，可反复使用，容易留下深刻印象，可以在一定程度上照顾学员的个性差异。使用视听技术要注意选择适宜的资料，引导学员思考或发现，避免喧宾夺主，忽视主题。视听设备和教材成本较高，耗时较长，学员处于单向接收状态，一般只作为培训的辅助手段。

5. 角色扮演法

角色扮演法指在一个模拟的工作环境中，指定参加者扮演某种角色，借助角色的演练来理解角色的内容，模拟处理工作问题，从而提高处理各种问题的能力。角色扮演法比较适用于训练态度仪容和言谈举止等。使用角色扮演法要求教师准备好材料以及一些必要的场景工具，确保每一事项均能代表培训计划中所教导的行为。为了激励表演者的士气，在演出开始之前及结束之后，全体学员应鼓掌表示感谢。演出结束，教师针对各表演者存在的问题进行分析和评论。角色扮演法和授课法、讨论法结合使用，才能产生更好的效果。

备课的结果应形成教案，为实施培训做好准备。教案的形式或详略程度取决于课程的特点、教师对内容的熟悉程度和教学能力。常见的教案形式有讲稿式、大纲式、卡片式、句子式、关键词式等。现代培训中，教师通常还需制作 PPT 文件，为学员提供与教学过程一致的可视化资料。

20.3.4 培训提供

培训提供即质量教育培训的具体实施过程。管理者要为培训实施提供必要的支持，例如，培训前要向培训提供者简要介绍有关信息（目标、学员情况、设施等），向学员简要介绍培训的性质和目标，介绍培训双方相识等；培训中要为培训双方提供有关工具、设备、文件、软件和食宿安排，为学员提供恰当和充分的机会以应用获得的能力，对培训者和受训人员双方的业绩予以反馈等；培训后应及时收集信息并向管理者和参与培训工作的人员反馈，以不断改进培训工作。

培训教师是培训提供的重要角色，在培训过程中发挥主导作用。除做好课程准备，教师在培训中要注意成人学习的特点，随时观察学员的学习状态和掌握知识技能的情况，根据学员反馈及时调整和改进教学过程。

一般来说，成人学习具有如下特点：

(1) 成人学习通常具有明确的目的，要求学以致用。成人学习主要是为了提高自己的适应能力和履行职责的能力，所以在学习中表现出以解决当前问题为核心，追求学习的有用性和实效性，这是成人学习的出发点。

(2) 成人具有丰富多样且颇具个性化的经验。成人都有一定的工作和生活经历，成人学习动机的形成及学习内容的选择在很大程度上以自己的知识经验为依据。经验既可以是重要的学习资源，也可能对接受新事物造成一定的障碍。不同的人具有不同的学习特点、学习方式、学习目的，这种差异有时非常明显。

(3) 成人具有独立、自我导向和自我控制的特性。成人具有一定的自我意识和自律水平，希望获得平等、尊重、参与的感受，但又有一种害怕失败、害怕考试的心态，常常流露出焦虑感。

(4) 成人具有极大的学习潜力，可以极富效率地进行终生学习。成人虽然在机械记忆、感知能力方面与青少年相比有所下降，但在意义记忆、抽象逻辑思维能力方面却有相对优势。有专家估计，成人大脑未利用的潜能高达90%，如果允许成人按照自己的速度进行学习，其学习效果会和青少年相同。

根据成人学习的特点，培训师在实施培训时应该遵循如下原则：

(1) 培训中注重实际问题，密切联系学员的目标与需求，从而使受训者认同学习目标，产生“我要学”的强烈愿望。

(2) 理论和实践相结合，通过案例、描述、类比、模拟实际工作场景、小组活动等方式充分发掘并鼓励学员分享已有的知识和经验，理解、掌握教学内容。

(3) 尊重学员，把学员当做学习的主体。与学员一起设定适宜的学习目标，在培训中多运用调动参与性的方法，允许学员发表不同的意见及论点，让他们有平等、受尊重的感受。

(4) 及时反馈，激励学习。按由易到难的顺序安排学习，为培训提供一个不具评价性、不具威胁性的环境，同时，对学员的各种反应给予积极及时的反馈，使他们有成就感。

(5) 注意强化，增进学员的理解和记忆。例如，利用白板纸、招贴画、学习资料以及多媒体投影等可视化手段，调动学员参与学习活动，将讲授、展示和体验等结合在一起，加强培训效果。同时，考虑运用多样化的形式进行重复或复习，帮助学员巩固学习效果。

培训活动是教师和学员互动的过程，学员是学习的主体，教师在培训提供过程中要发挥引导作用，紧紧围绕课程目标，关注学员在与课程目标相关的态度、知识、技能、行为习惯等方面的变化和提高，以高度的责任心和职业意识有效推进学习过程。

20.4 培训效果评价

培训效果评价的主要目的是衡量组织目标和培训目标是否实现，投资效益如何。它着眼于培训的有效性和效率。为了不断改进培训效果，还要对培训过程进行评价。

20.4.1 培训效果评价的内容

根据组织的目标和一次培训的具体目标，以及培训过程改进的需要，培训效果评价的内容包括：

（1）接受培训的人员对培训的反应。每个接受培训的人都会对培训做出直接的反应，比如，注意力是否集中，情绪是否愉悦，能否与教学过程融合互动等。结合所有人员的总体反应，可以得出对培训效果的基本认识。

（2）对学习过程的评价。主要是对培训提供的内容、学习方式、所用资源、达到的效果等进行评价，了解培训过程的各方面是否达到学员的要求。

（3）对学员知识、技能掌握程度的评价。培训目的是通过知识、技能的传递实现的，因此，培训效果评价最重要的方面，就是评价培训终极目标的达成情况，即对学员知识、技能要点掌握程度进行评价。

（4）对培训导致学员行为变化的评价。培训的目的是提高能力，并实现工作效果或效率的改善。这些改善是通过行为表现出来的。因此，评价培训的效果就要看接受培训的人是否在工作行为上发生变化，如工作态度有无改变、改变的程度如何、维持时间多久、工作效率有无提高、提高程度如何等。

20.4.2 培训效果评价的方法

基于以上评价内容，评价培训效果的方法大致有以下几种：

（1）观察或课堂连续评价。通过教师或培训管理者观察学员在学习过程中的表现，记录学员出勤、回答问题的情况，参与互动的积极性、频次和水平，评价培训过程的效果。

（2）学员自我评价。即学员通过学习对自己的收获进行的评价，通常采用培训总结、询问等方式获得。

（3）培训者训后评价。即培训之后对学员态度、知识、技能方面变化程度的评价。常用的评价方式有考试、考核、问卷调查等。教师可通过考试试卷、论文题目、实际操作技能等评定培训的成效。

（4）学员满意度调查。通过问卷调查，了解学员对培训目标、培训内容、培训教师、培训方式、培训时间、场地、设备、资料等方面的满意情况，找出培训的优势和改进空间。

（5）训后跟踪评价。培训结束后一段时间，可以向学员的上级或下级调查了解学员的工作表现，评定培训的成效。比如，学员回到工作岗位后，是否解决了培训计划中预期需要解决的问题，或达到了培训计划所规定的要求，在工作上是否表现出更好的理解和认同、更强的工作能力等。

（6）工作绩效评价。基于长期考虑和培训的总体目标，可结合组织工作阶段性评价，如半年考核、年度考核等，评价学员培训后的工作效果和效率改进程度。比如，受过培训的员工是否达到工作标准，是否较以前绩效水平有所提高等。

第 21 章　供应链管理

随着组织的过程管理由内部管理拓展到供应链管理，质量管理的任务也延伸到整个供应链。

对于许多公司而言，采购成本占销售额的60%以上，采购物料引发的产品质量问题往往占所有质量问题的一半以上。越来越多的公司不断地将非核心竞争力的产品、服务和过程外包，而公司准时化生产、削减库存计划的实施有赖于外购外协产品和服务的质量。为实现顾客满意、生产率、利润和整体业务成功的目标，供应链管理愈发重要。

本章首先对供应链管理进行概述性的介绍，然后以供应链管理中的供应商管理为重点，具体阐述供应商管理的策划、实施、评价和改进全过程，重点介绍供应商质量管理的方法。

21.1　供应链管理概述

21.1.1　供应链管理的含义和框架

1. 供应链管理的含义

20 世纪 90 年代，传统的采购与物流管理逐步发展成为广义的、具有战略意义的供应链管理（supply chain management，SCM），形成供应链管理体系，成为全球化时代企业竞争优势的一个重要来源。

在《朱兰质量手册》(第五版）第 21 章“供应商关系”中，将“在特定货品和服务的开发、采购、生产、提供和消费过程中由所有的供应商和所有的最终用户所实施的任务、活动、事项、过程及交互作用”定义为供应链，对这一供应链的协调、整合和监控称为“供应链管理”，并提出“供应链所延伸到的企业包括某一产品或服务的最终用户、最初的供应商或分销商、最初的制造商，以及给这些最初制造商和分销商提供货品和服务的多重供应商”。图 21—1 展示了制造业的典型供应链。

全球供应链论坛（Global Supply Chain Forum，GSCF）对供应链管理给出这样的定义：供应链管理是对从最终用户到原始供应商的关键业务流程的整合。

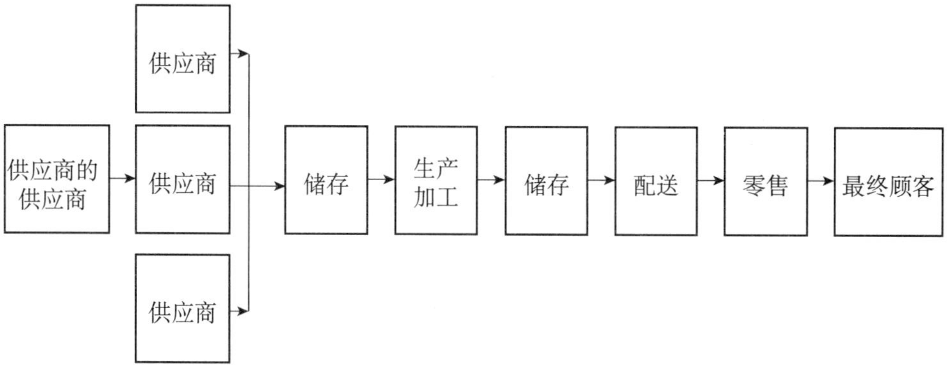

图 21—1　制造业的典型供应链

这些流程为客户以及其他利益相关者提供能够创造价值的产品、服务和信息。图21—2体现了持这种观点的供应链管理，它描述了一个简化的供应链网络结构、信息流和产品流，并整合了公司内各职能部门以及供应链上其他公司的供应链流程。这些流程包括以客户关系管理、供应商关系管理为主的八种跨部门、跨公司的供应链流程。

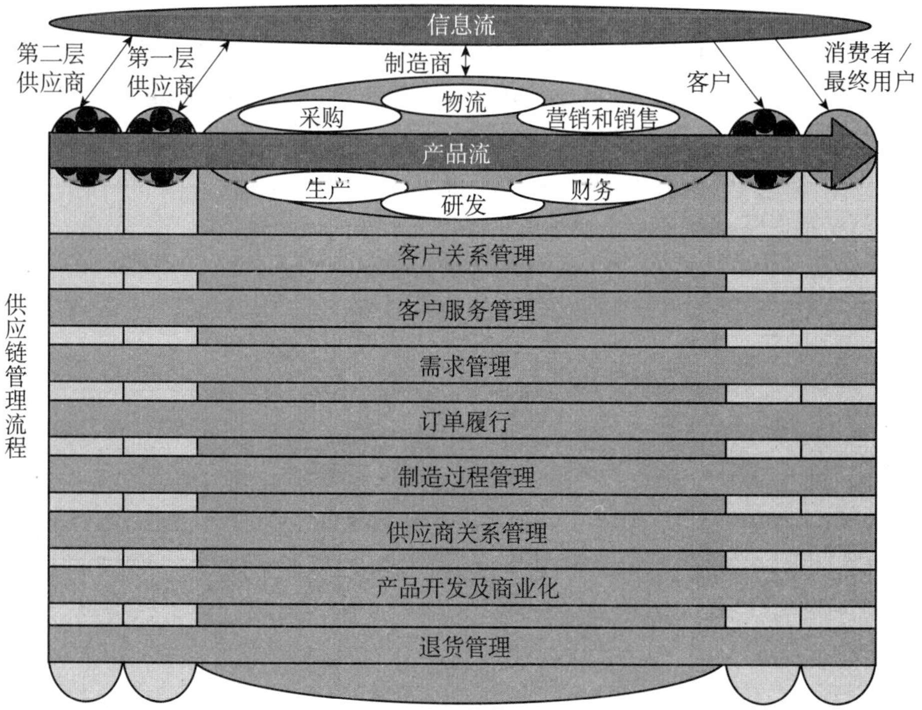

图 21—2　供应链管理：在供应链上整合和管理业务流程

2. 供应链管理的框架

图21—3揭示了供应链管理的内在关联性，以及设计和实施供应链管理时必须经过的几个步骤。该框架包括三个密切相关的基本组成部分：供应链网络结

构、供应链管理流程和供应链管理组元。

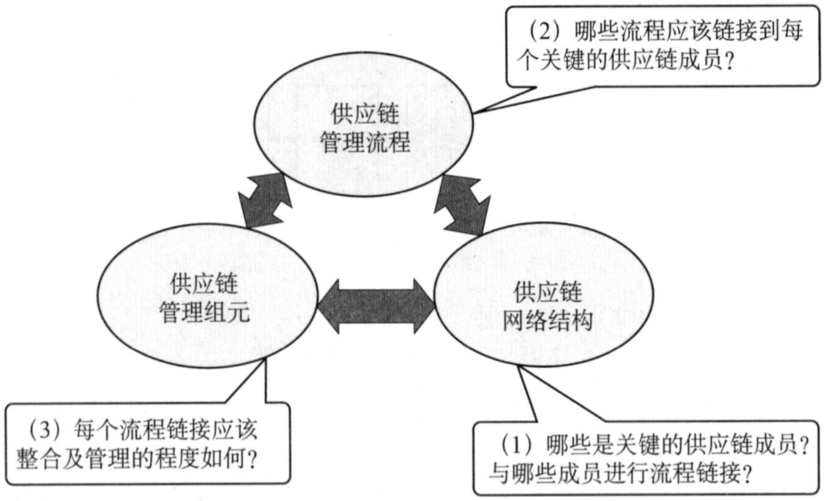

图 21—3 供应链管理：组成部分及重要决定

供应链网络结构由成员公司及它们之间的链接组成（见图 21—4)，它像是一棵根部被拔出来的大树，问题是这些树杈和树根中有多少需要管理。在大多数情况下，如果对供应链上所有成员公司的所有流程进行整合及管理，即便有可能，也会产生负面效果。关键是要决定哪些成员对企业及其供应链至关重要，针对这些成员公司给予不同的关注和资源。一个公司可能由于以下原因而被认为是关键成员：采购数量或销售数量、采购材料/配件的重要性、创新能力、与市场联系的紧密程度。

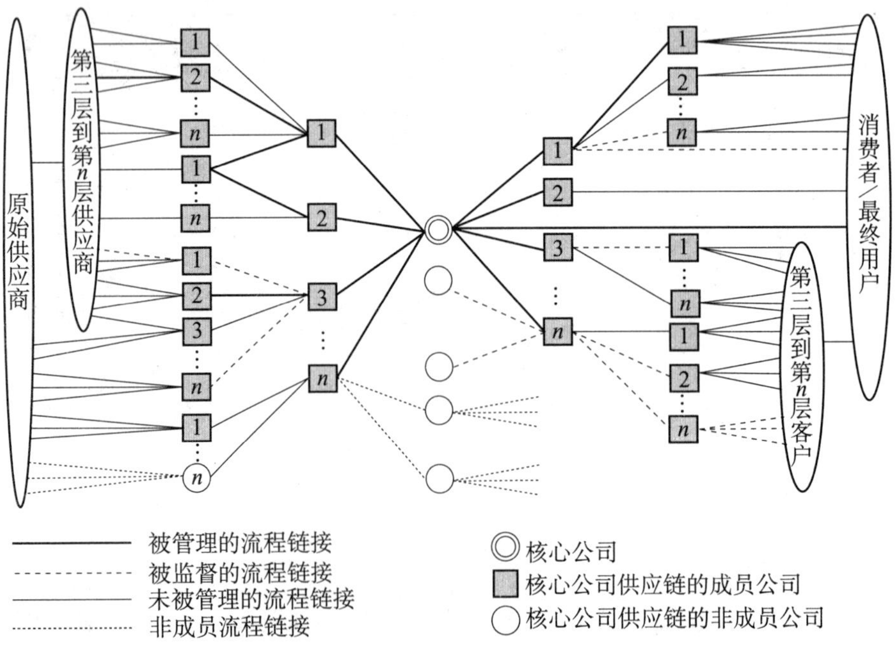

图 21—4 供应链网络结构和公司间业务流程类型

要实施供应链流程管理，就要以客户关系管理、供应商关系管理流程来协调其余流程，决定每一流程如何与供应链成员链接，包括被管理的流程链接、被监督的流程链接、未被管理的流程链接以及非成员流程链接，并将业务流程与战略对接。

供应链管理组元是供应链管理涉及的主要方面，包括：

（1）运营计划与控制。供应链上联合计划的程度与供应链的成功关系极大。

（2）工序/活动结构。表明企业将如何执行各项任务和活动，在供应链上如何整合。

（3）组织结构。既可代表单个企业，也可代表整个供应链。

（4）产品流结构。在整个供应链上采购、制造和分销的网络结构。供应商应承担更多的库存。

（5）信息流结构。影响供应链管理的整体效率，很可能先被整合。

（6）管理方法。包括企业的管理哲学和管理技能。

（7）权力及领导力结构。通常有1～2个处于领袖地位的公司进行流程的标准化，影响供应链发展的方向。

（8）风险回报结构。对风险和回报的预期将会影响供应链成员的长期使命感。

（9）文化及态度。供应链成员文化兼容的重要性不容低估。不同企业文化的融合、企业文化与个人态度的融合困难而又必要。

上述前五个为实体及技术管理组元，较易理解；后四个为管理及行为管理组元，不易理解和实施。成功的供应链管理建立在对供应链管理的每一组元及其相互依赖关系的理解基础之上。

如图21—5所示，实施供应链管理需要从侧重企业内部职能转变为侧重跨职能、跨企业的供应链流程，克服各职能部门之间的隔阂，采取业务流程的方法（即过程方法）来进行供应链管理。

企业的供应链管理一般从传统的采购和物流管理出发，通过建立企业资源规划（ERP）信息化平台，实现内部跨职能整合，以及对与供应商、顾客的链接的内部供应链管理，最终转化为全面、高度整合的供应链管理体系，与关键的供应链成员企业建立长期合作伙伴和战略联盟关系，提高整个供应链的效率和效益。

21.1.2 物流管理简介

物流管理是供应链管理的起源和基础之一，也是供应链管理的一个重要组成部分。

1. 物流和物流管理的概念

由美国物流管理协会更名的美国供应链管理专业协会（Council of Supply Chain Management Professional，CSCMP）对物流的定义是："物流是供应链管理中的一部分。该部分用来计划、实施和控制如何在原始供应商和最终消费者之间低成本、高效率地完成货物、服务及相关信息正向/反向的移动及储存，以便

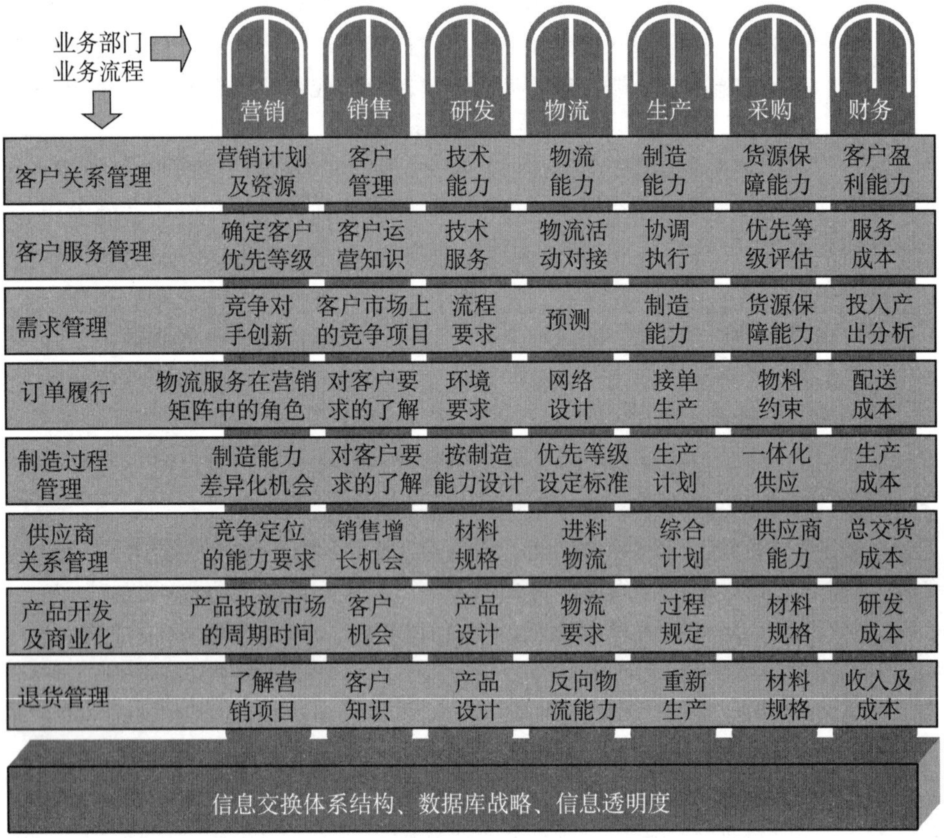

图 21—5　职能部门参与供应链管理流程

更好地满足客户需求。”

GB/T 18354—2006《物流术语》将物流定义为：“物流是指物品从供应地向接收地的实体流动过程。根据实际需要，将运输、储存、装卸、包装、流通加工、配送、信息处理等基本功能有机结合”；将物流管理定义为：“为达到既定的目标，对物流的全过程进行计划、组织、协调与控制。”

物流作为社会流通系统的组成部分，包括物的流通和信息的流通两个同步子系统。通常，信息流牵引着物流，物流可以根据供应链网络中传输的信息，按照计划的安排在供应链中流动。从企业运作的层次看，从实物配送开始，到整合物资管理，再到整合信息管理，通过功能的逐步整合形成物流的概念，涵盖采购物流、生产物流和销售物流，它是采购、生产、销售的桥梁和纽带。

物流活动最直接的价值表现在将制造产品和创造价值的活动与使用产品的消费活动有机结合起来，通过物品的有效流动，实现产品由产地向消费地的转移，从而创造时间价值和空间价值。当然，物流活动还包含通过服务产生的附加价值。

物流管理的战略目标可归纳为：缩短物流管道，减少周转时间和存货；增加管道透明度，掌握管道的实时信息；物流作业在整个供应链中实现系统化、集成化。

物流管理的重点在于通过实施物流成本管理、物流时间管理和物流绩效管理，有效地控制和优化设施地点、库存和交通运输三个物流因素，将静态的设施地点和库存、动态的交通运输转化成为具有最大增值能力的物流系统。其中，在交通运输方面有铁路运输、公路运输、水路运输、航空运输和管道运输五种基本方式，需要对运输距离、运输环节、运输工具、运输时间、运输费用、运输规模六个要素进行综合优化。

物流管理的重点内容分述如下：

（1）物流成本管理的措施包括：

- 加强物流成本的计算，树立物流总成本观念，即考虑整个流通过程中物流成本的降低。
- 科学管理和降低库存，减少隐性成本。
- 通过集成化、效率化的配送，适应高频段、小批量的配送方式，降低物流成本。
- 采用一贯制（运输工具的标准化和有机衔接）和物流外包（即第三方物流）降低物流成本。
- 削减退货成本。
- 借助物流信息系统，通过供应链整合管理实现物流一体化，控制和降低物流成本。

（2）物流时间管理的途径包括：

- 通过合理选址，缩短运输距离（如配送中心靠近客户）。
- 通过第三方物流，提高运输速度（如需改变运输方式，则需要权衡时间和成本）。
- 推行精益生产，缩短库存存放时间、加工等待时间。
- 实施供应链流程的无缝连接，缩短物流各环节的等待及交接时间。

（3）物流绩效管理是指对物流全过程绩效的管理，包括以下内容：

- 物流对象的质量管理。数量保护、质量保护和灾害预防，降低货物损失率及破损率等。
- 物流服务绩效管理。降低物流成本、库存水平，提高库存周转率、交货及时率、订单满足率等，提高顾客满意度。
- 物流作业绩效管理。物流各环节、各工种、各岗位的具体工作质量管理。
- 物流工程绩效管理。包括网络工程系统和技术工程系统两方面的绩效管理，是物流绩效管理的基础。

2. 库存管理

在供应链体系中，供应链成员企业始终根据来自下游企业的信息预测市场需求，并向上游企业订货。市场出现的微小需求波动都会给它们带来计划的不确定性，使其向上游企业订货量的波动大于向下游企业销售量的波动。这种波动会沿着供应链向上游不断扩大，称为“长鞭效应”（见图21—6）。

供应链成员由于以下原因需要设立库存：

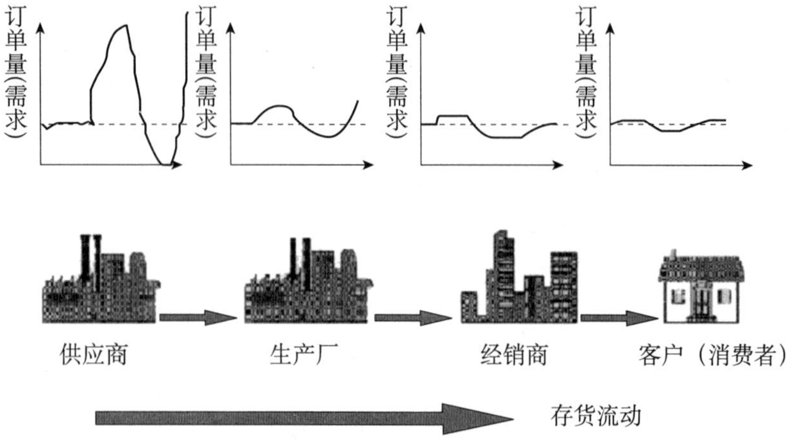

图 21—6　长鞭效应

- 应对计划的不确定性和需求的变化（长鞭效应）；
- 更好地为顾客配送和服务；
- 增加订货批量，获得较高的折扣等；
- 考虑到供应商交货不及时和各种质量问题。

然而，库存会带来挤占资金、空间和人力资源以及变质、损坏等一系列问题，控制和减少库存水平成为当务之急。传统的库存管理模式已经不能适应竞争日益激烈的环境，亟须在供应链管理的框架下实现新的突破、变革，运用精益思想实现准时化生产（just in time，JIT），使货物恰好在需要的时候到达，不多也不少，不早也不迟，朝零库存的理想目标努力。

传统上，各成员的库存管理各自为政，库存控制策略也是相互封闭的，只能实行订单驱动的推测型库存策略。在供应链管理的框架内，上游成员能够分享下游成员所掌握的与需求相关的更多信息，合作伙伴得到的信息不再仅仅是客户的订货，还包括客户的需求预测、库存量和库存策略，这有助于减轻长鞭效应。

基于供应链管理框架的创新的库存方法有：

（1）联合库存管理（joint managed inventory，JMI）。供应链伙伴成员同时参与，共同制定库存计划，从相互之间的供需协调出发考虑问题，提高供应链的同步程度，从而有效解决长鞭效应问题。为了发挥 JMI 的作用，供需双方应从双赢的立场出发，建立供需协调管理机制，明确各自的目标和责任，建立合作的渠道。

（2）供应商管理库存（vendor managed inventory，VMI）。一种供应链战略伙伴之间的合作策略，即在一个共同的协议下由供应商管理库存（也就是供应链下游企业放弃库存管理权，由供应链上游企业管理库存），供应商对客户的货物需求点进行监视，确定何时补充以及补充数量（而不是被动地等待订单）。双方交换真实信息，以实现最小库存、最低缺货率和无缝流程连接，不断监督协议执行情况并修正协议内容，使库存管理得到持续的改进，供应链系统得到集成、优化。对于客户而言，该方法转移了库存成本和风险，简化了采购流程，企业可以放开手脚进行核心业务的开发；对于供应商而言，该方法能够减少需求预测的次数及其不确定性，降低物流成本，缩短交货周期，改善服务水平。

沃尔玛和宝洁的合作就是这种联盟的典范。沃尔玛的库存情况和销售情况通过电子数据交换（electronic data interchange，EDI）方式直接通知宝洁的区域物流中心，双方建立了自动发货和产品类别组合改善系统。联盟使沃尔玛的库存周转率增加了两倍，成本下降，并从宝洁的营业促销中获利。宝洁也大大提高了产品周转率，实现当天生产产品当天上市、任何时间任何地点价格相同，提高了顾客满意度和忠诚度。

当前，VMI 常常由第三方物流承担。作为供应商和用户企业的中介，第三方物流企业参与 VMI 库存管理能起到整合资源、降低成本、提高服务水平和降低风险的作用。

在现代物流管理中，还常常在供应商与制造商之间建立转运中心，在制造商与销售商之间建立配送中心，主要承担产品的运输和中转任务，包括集货、分拣、配装、配送等活动，以降低供应链的运输成本，加快物流周转速度。

（3）协同式供应链库存（collaborative planning，forecasting & replenishment，CPFR）。在 VMI 基础上，应用一系列处理技术和模型，实现覆盖整个供应链的合作，通过共同管理业务过程和共享信息，降低下游企业的库存量并增加上游企业的销售量，改进伙伴关系。该方法代表库存技术的发展方向。

21.2 供应商管理的策划和实施

21.2.1 战略性采购与供应商管理战略

1. 由传统采购到战略性采购

第二次世界大战后，随着对产品和服务的需求日益膨胀，生产运作被视为组织的战略性过程。采购则被视为一种参谋辅助角色，其使命就是确保供应商适时、适价、不中断地供应所要求的产品和服务，这里的“适价”通常理解为最低价格。评价供应商绩效最重要的标准是可用性和低价格，价格往往成为选用供应商的决定性因素。与供应商谈判被看作采购部门的主要增值活动，产生的往往是一种对抗性的关系，主要着眼于短期的行为。人们很少去识别、计算、分析并降低频频更换供应商以及供应商质量问题所带来的损失，如供应商选择和沟通的成本、不合格品处理及重复检验的费用、导致后续加工装配停工待料和质量问题的损失，以及顾客不满、投诉和流失等。事实上，正如戴明所言：“无人能看出不满的顾客给企业的未来所带来的损失。”在这种对抗性氛围盛行之时，通过共同合作来分析问题的根本原因几乎是不可能的。以最低价格采购所付出的代价变成一般管理费用的组成部分，并且被管理部门作为经营活动的一项成本。如果需要采取措施，或许就会想到更换供应商，从而导致更多的隐性成本。

20 世纪 70 年代后期和 80 年代初期，美国企业界终于认识到质量对于长期成功是至关重要的这一现实，质量成为选择供应商的一个关键标准。随着采购部门开始关注供应商质量，戴明 14 点中的第 4 点“不要只是根据价格来做生意”的做法便成了采购产品和服务的基本思路。供应商关系开始从对手之间的对抗演化为合作伙伴的协助，双方携手努力以实现共同的顾客（即最终用户）满意。由此，采购角色演变为：在整个供应链中，促进最终用户所需产品和服务的取得和提供所要求的任务、活动、事项和过程。采购管理放弃以往的交易绩效管理的角色，向供应商管理/供应管理和供应链管理演变，向具有深远意义的战略性采购转变，如表 21—1 所示。

表 21—1　　采购过程的传统观点与战略观点的对比

采购过程的各个方面	传统观点	战略观点
供应商与买主间的关系	对抗、竞争、没有信任	合作、伙伴关系、以信任为基础
关系的时间长度	短期	长期，不限定
关于质量的标准	符合规格	适用性
质量保证	验收检查	不需要进厂检验
与供应商的沟通	很少，正式，注重订单、合同、法律观点	频繁，注重计划、意见和问题解决方案的交流
存货估价	一项资产	一项负债
供应商基数	多家供应商，成堆管理	较少供应商，谨慎选择和管理
供应商与最终用户间的界面	不赞成	必需的
采购战略	管理交易，排除障碍	管理过程及关系
采购业务计划	独立于最终用户单位的经营计划	与最终用户单位的业务计划整合在一起
供应商的地理范围	有益于促进举债经营	有利于解决问题和持续改进
采购决策的着眼点	价格	总的占有成本
采购成功的关键	谈判的能力	识别机会和合作解决问题的能力

表 21—1 中，总占有成本有时也称为生命周期成本或总系统成本，是有关某一产品或服务的获取、安装、运转、维护、报废等所有成本的总和。战略性采购聚焦于质量和总占有成本。以较低的总占有成本提供较高质量水平的产品和服务，意味着产生较高的价值，创造出显著的竞争优势。

在我国，许多企业仍然处于传统采购向战略性采购转型的阶段，通过开展供应商管理，优化供应链任重而道远。

2. 供应链优化和质量的融入

战略性采购致力于供应链绩效的整体优化。供应链优化是对供应链绩效所进行的动态的管理和持续的、可测量的改进，从而为有关各方创造价值。相关要求可作如下解释：

- 动态的：供应链优化不是一个事件，而是一个进行中的过程。
- 可测量的：供应链优化的成果是具体收益。
- 改进：供应链优化的基础是持续的改进。

● 有关各方：供应链优化要求有关各方参与，从而共享收益。整个供应链都必须考虑在内，包括最终用户和供应商以及间接的供应商、制造商、分销商，也包括组织内各部门和人员。

今天，质量已经融入供应链管理之中。供应链优化以质量为中心，其目标是通过在供应链中联合创造价值来增进顾客满意。供应链优化为以下六个领域创造价值：

（1）质量改进。不断降低产品波动，提升质量水平和质量管理能力，实现可测量的成果。

（2）周期时间的缩减。持续减少关键决策的制定和实施以及完成各种过程所需的时间。

（3）不良质量成本的缩减。持续测量和降低因不良质量所导致的预防、检验和故障方面的成本。

（4）总占有成本的降低。采购决策的制定要依据包括购前、购置、运行和处置成本在内的总占有成本，而不是只考虑价格。通过确认和消除构成总占有成本的要素来持续管理动态的采购过程。

（5）技术/创新。通过联合计划和开发，持续辨识创新的机会，开展技术和管理创新。

（6）风险共担。持续地辨识和共同应对供应链上的风险。

供应商管理应当由采购供应、质量管理、质量检验、产品研发、工艺、生产等部门人员组成的一个跨职能团队推动。质量部门及质量经理在其中承担重要的角色。很多公司的质量机构设立了供应商质量管理经理、主管或工程师的职位，质量检验工程师努力将检验活动前移至供应商源头，以强化质量预防和过程控制，减少质量检验。这些熟悉业务知识、具有质量管理系统的视野、掌握质量方法和工具的质量专业人员，将与采购供应、生产、技术专业人员一起致力于公司的供应商管理和供应链优化工作。

3. 供应商管理战略和目标

要实施战略性采购和供应商管理，首先应当制定供应商管理战略和目标。而要制定供应商管理战略和目标，首先要确立在供应商管理方面的使命、愿景和价值观，并与公司使命、愿景和价值观保持一致。

美国AT&T公司在1995年宣布：

● 使命：在全球范围内提供构成竞争优势的专业的采购服务。

● 愿景：成为卓越采购的典范。

要实现采购职能向这种战略性采购的成功转变，组织中的每一位成员都必须接受一套有关采购的新的信念。在实现这一转变的过程中，组织的最高管理层必须积极地提倡以下价值观：

> 采购已成为我们组织的一个关键战略过程，训练有素的专业人员与我们的最终用户和供应商共同工作，在一个合作性的解决问题的环境当中，推动提高质量和持续改进活动。

确立这样的使命、愿景和价值观后，组织应当制定供应商管理战略和目标。以下是某公司的供应商管理战略的要点：

- 根据公司“十一五”发展战略，制定供应商管理战略，以确保产品质量、降低成本和提高产品的市场竞争力；
- 与关键供应商建立长期合作伙伴和联盟关系；
- 联合开展六西格玛改进项目，加快本土化进程，实行原材料联合采购，以提高质量、降低成本；
- 推行供应商 SPC 和“进货免检快速通道”工程，以及“绿色采购”社会责任工程；
- 遵守集团供应管理的原则，保护商业和技术机密；
- 与先进企业交流供应商管理信息和进行标杆对比；
- 掌握市场情况，包括市场价格和竞争对手的价格，以更好地实施供应资源开发，提高竞争力；
- 确定供应商管理战略方案和年度目标（见表 21—2），制定具体措施以实现目标。

表 21—2　某公司 2008—2010 年供应商管理战略方案和目标

供应商管理战略方案	2008 年目标	2009 年目标	2010 年目标
与关键供应商建立战略伙伴关系，联合开展六西格玛改进项目，加快本土化进程，实行原材料联合采购	进货批合格率 98.0% 准时交付率 96.5% 采购节约 9 000 万元	进货批合格率 98.5% 准时交付率 97.5% 采购节约 10 000 万元	进货批合格率 98.8% 准时交付率 98.0% 采购节约 11 000 万元
推行 SPC 和“进货免检快速通道”工程	推行 SPC 物料数量 100 种，免检 30 种	推行 SPC 物料数量 150 种，免检 40 种	推行 SPC 物料数量 200 种，免检 50 种
实施“绿色采购”社会责任工程	9 家通过 ISO 14001 认证，5 家通过 GB/T 28001 认证	12 家通过 ISO 14001 认证，7 家通过 GB/T 28001 认证	16 家通过 ISO 14001 认证，10 家通过 GB/T 28001 认证

21.2.2　供应商选择

供应商选择是实施供应商管理的基础。如果供应商选择不当，无论后续的监控方法多么先进、改进过程如何努力，都无法达到应有的效果。

供应商评估和选择由采购供应、质量、技术等部门组成的跨职能团队实施。一般来说，其实施流程包括：

1. 界定所采购产品和服务的要求

首先要了解、界定所采购产品和服务的要求，包括技术、质量、价位、交付周期、供货数量和时间表等方面的要求，为供应商选择做好准备。

2. 决定供应源策略，搜索潜在的供应商并初步筛选

供应源策略关系到是采用单一供应商还是采用双供应商或多供应商，是本地

化还是全球化，是分散采购还是集中采购，是零件采购、模块化采购还是委托生产（OEM）、委托设计和生产（ODM）等问题。供应源策略通常是供应商管理战略的内容之一。

戴明14点中还提到：“要立足于长期的忠诚和信任，最终做到一种物品只同一个供应商打交道。”多供应商的竞争可带来高质量、低成本、更好的服务和更低的由于突发事件而导致供应中断的风险，而单一供应商具有规模采购的价格优势，有利于建立紧密的合作伙伴关系，更好地控制和改进质量，推行准时制生产、供应商控制库存等。在推行供应链管理的过程中，许多公司正在从多供应商转换为单一供应商或2～3个供应商（可缓解对单一供应商过度依赖所带来的风险），具体操作要根据实际情况决定。

本地化有着降低物流成本和缩短交货周期的优势，便于沟通和建立紧密的合作伙伴关系，推行准时制生产和供应商控制库存等。而全球化的供应网络则有着更宽阔的视野，在技术、质量、价格诸方面有更大的供应资源开发和筛选机会。

决定供应源策略后，在业内搜索潜在的供应商，并根据供应商品牌、能力及意愿等因素进行初步筛选。

3. 决定供应商调查、评估和选择的方法

针对初步筛选出的潜在供应商（一般不少于2家）进行调查、评估和选择。

如果被调查对象是企业的老供应商，现在要扩大供货品种，则可查询企业对该供应商的评估资料和以往的供货记录。如果被调查对象是准备合作的新供应商，应当使用调查表进行调查，内容包括：企业概况、企业文化、组织结构、主要顾客、产品类别及其产能和供货周期、设计能力及参与开发的意愿、主要生产和检测设备、质量检测能力、过程稳定性和过程能力指数、库存管理、体系认证情况、财务状况、电子商务能力，遵守环保、安全等法规的情况，以及长期合作、持续改进方面的意愿和计划等。

在调查后，应当针对不同的产品和服务类别，采用不同的评估和选择方法。

（1）对于较成熟、标准化程度较高的外购产品，进行询价和成本分析，实施样品检测。首先考虑产品的技术性能、技术参数和标准是否满足技术部门提出的要求，而后根据供应商保证产品质量的能力、产品价格和其他供货条款来评估、选择。

（2）对于非标准化的外协产品，由供应、质量、技术等部门对供应商进行现场考察评估（可基于上述供应商调查表的内容采用定性或定量评估）或审核，根据其生产设备能力及关键工艺、产品质量保证能力、产品报价的竞争力及环境影响等因素初步选择，在对样品、小批试生产产品进行检测后确定。其中，现场评估的广度和深度以及参与的部门，依所采购产品和服务的关键/风险程度而定，如对关键产品和服务的供应商可按照ISO 9001，ISO/TS 16949等质量管理体系标准进行评估，或企业基于上述标准增删审核标准，进行第二方审核。

（3）对于非生产物品和相关服务，由相关部门对质量、价格等综合评估后选择确定。

选择供应商的决策方法可以是协商谈判选择法（供应商竞争程度小、技术较复杂、采购时间紧迫)、招标法(采购量大、供应商竞争激烈)、基于质量和价格的优选法(技术含量高的产品质量权重较大,一般大宗商品价格权重较大;供大于求时价格权重较大,供求平衡时质量权重较大,供不应求时在确保质量的前提下可适当提高价格)等。

4. 达成协议和合格评定

与已确定的供应商达成商务协议(包括价格、产能、交付期、运输交付、付款、保密、违约责任等)和技术质量协议(包括技术要求、管理体系、过程控制、检验和试验、不合格品处理、质量责任以及合作伙伴关系等)。

有的企业直接将选择的供应商列为合格供应商;有的企业先列为试用供应商,经一定批次、数量或时间的试用后,根据其供应绩效确定是否转为合格供应商。在纳入供应商管理系统后,应对供应商进行动态的评价,包括质量审核、绩效测评和水平认证等。

21.2.3 供应商沟通

供应商沟通贯穿供应商管理的全过程,包括供应商选择过程、订单履行过程、售后服务和投诉处理过程,以及供应商绩效考核、认证和改进过程。越是关键的供应商,沟通频次越多,沟通内容的广度和深度越高。

1. 供应商沟通的内容

供应商沟通的主要内容包括:

(1)组织的使命、愿景、价值观和道德规范,组织的战略和战略目标,供应商管理战略和对采购品种、数量的预测。

(2)产品的用途和性能要求,所供应的物料、零部件在其中的作用。

(3)对供应商产品和服务问题及绩效的反馈。

(4)对供应商的多方面要求,如:

- 报价要求。应包含哪些信息,何时递交等。
- 产品技术要求。必须满足的产品规范及其关键程度,以及可靠性、安全性和维修性要求。
- 过程要求。必须满足的和生产/交付产品或服务过程有关的专门要求,如工艺要求、过程能力要求。
- 产品验证和可追溯性要求。供应商必须进行的检验和试验及所需提供的数据和信息,必要时召回的产品批次。
- 管理体系要求。包括 ISO 9001,ISO 14001 及 GB/T 28001 等管理体系的实施和认证要求。
- 交付要求。如何安排交货,如何在装运过程中保护产品,使用何种运输方式,最小和/或最大批量。
- 订单要求。订购公司所需产品的数量及交货日期。
- 服务要求。对所采购产品在装配、使用过程中的要求。

● 改进措施要求。当产品发生质量问题、发现不合格项、绩效测评未达标或趋势不良时，供应商如何快速反应，调查影响范围、严重程度和原因，采取纠正和预防措施，进行改进和创新。

2. 供应商沟通的渠道

(1) 供应商大会、业务洽谈、调度会议、供需双方互访和交叉培训；
(2) 公司、供应商或第三方组织提供的产品说明书、标准、图纸和样本；
(3) 详尽的报价单、书面合同、协议、订单；
(4) 供应商质量保证手册、例行和紧急报告程序；
(5) 网络、邮件、电话、传真以及其他沟通方式。

21.2.4 供应商关系

1. 两种典型的关系模式

在企业和供应商关系中，存在两种典型的模式：传统的竞争关系（或简单的买卖关系）；合作伙伴关系（或互利共赢关系）。

在图21—7中，纵坐标为“采购商品的重要性”，是对某种商品对企业重要性的综合评价，横坐标为“每类商品的花费情况”，结果出现四种情况。

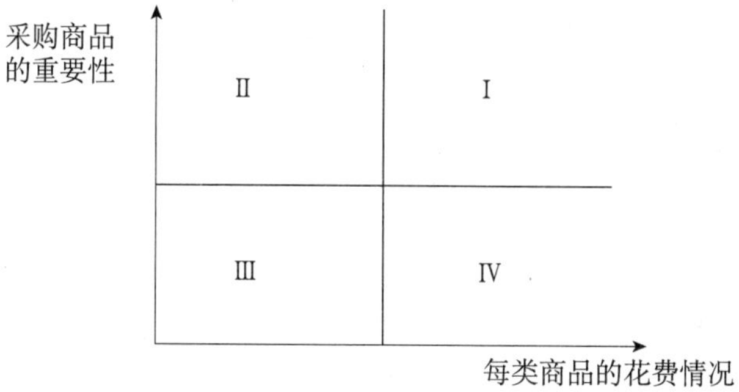

图21—7 采购商品的分类

(1) 象限Ⅰ（高重要性/高花费）。这一象限是战略性采购大有作为的象限，是供应商管理的重点，关注在供应链上创造价值。可通过与供应商合作改进质量、缩短周期时间及减少不良质量成本来获取价值，最大限度地减少总占有成本的构成因素的影响，辨识技术创新和风险共担的机会。

(2) 象限Ⅱ（高重要性/低花费）。这一象限包括高级工程设备和某些加工材料，其单价很高，但因购买频次低所以总成本较低，将其作为供应商管理重点的价值不大，应避免过度专门化和非标准化。

(3) 象限Ⅲ（低重要性/低花费）。低战略价值和低成本的商品，如办公用品、图书杂志和饮食服务等，不创造竞争优势，但会带来大量的非增值性交易。可考虑采购外包、自动配送之类的机制，以减少资源投入。

(4) 象限Ⅳ（低重要性/高花费）。比象限Ⅲ具有更高的战略价值，其低复杂性和常规性决定了它不会作为供应商管理的重点，其高花费的特点使之成为供应部门持续管理的主要对象。可应用物资需求计划（MRP）信息系统、电子商务、集中采购、供应商数量缩减以及直接根据供应协议领用等方法，减少交易活动和存货等总占用成本。

象限Ⅰ的供应商为关键供应商（或称为战略供应商），供应商关系属于典型的合作伙伴关系。象限Ⅲ的供应商为一般供应商，供应商关系属于传统的竞争关系。而象限Ⅱ和Ⅳ的供应商可视为重要供应商：对于象限Ⅱ，与供应商合作的价值不大，更倾向于传统的竞争关系，但在质量方面需要多加关注；对于象限Ⅳ，可缩减供应流，订立集中采购的长期合作协议。

对供应商进行帕累托分析表明，供应商管理80%的利益是通过关注20%的关键供应商来实现的。关键供应商不是简单地按采购额排列的前几名供应商，还应考虑其重要性（或称为风险/关键程度），从采购额、质量特性、技术复杂性、供应链复杂性及垄断性等诸方面综合评价。

2. 建立合作伙伴关系的方法

与关键供应商的合作伙伴关系管理是供应商关系管理的重点。成功的合作伙伴关系应具有互利互赢、共同发展、相互信赖、开放和坦诚的沟通、互相帮助、亲密合作等特征。典型的方法包括：

（1）高层互访，订立实施长期合作伙伴或战略联盟协议；

（2）建立合资公司；

（3）集中采购，缩减供应源，采用单一供应商，实施更多的外包（如部件组装乃至整机代工）；

（4）联合设计新产品，联合攻关（如联合开展QCC、六西格玛活动），联合采购，共享成果；

（5）分享组织文化和战略以及各类知识（如技术专长、管理经验等），共同履行社会责任，给予技术、管理、人员和财务等方面的双向支持（例如，组成跨公司的质量经理团队、质量工程师团队）；

（6）基于供应链流程实现无缝连接，包括SPC和进货免检、准时制、自动补充库存、供应商管理库存、电子商务、对顾客的快速服务等；

（7）实施供应商绩效测评、考核和激励，第二方质量审核、认证以及卓越绩效评价，帮助供应商提高管理水平和质量保证能力；

（8）建立供应质量链管理平台，包括质量信息共享、质量链协同工作和质量链综合管理机制。

21.2.5 供应商质量控制

1. 产品开发设计质量控制

可根据需要，邀请供应商参与产品开发设计，让其负责某一外包加工部件或零件的设计，或对产品设计进行工艺性评审，鼓励供应商提出降低成本、提高质量和可靠性、改善可加工性的建议。同时，对供应商进行培训，使之明确质量要求，在质量控制、检验等方面达成一致。企业应要求供应商按照统一要求和方法，如QFD、FMEA做好产品开发设计以及设计验证、评审和确认等工作，确保设计质量。

2. 样品试制和试生产质量控制

试制分两类：一类是产品设计阶段的样品试制，旨在设计验证，应进行全数的全尺寸测量和功能试验；另一类是在产品试批量生产和批量生产阶段，选择供应商时要求提交样件、样批或试生产批，旨在验证产品质量和批量生产能力，对样件应进行全尺寸测量和功能试验，对样批应测评其过程稳定性和能力，如按汽车工业生产件批准程序（PPAP）确定企业是否具备批量生产满足顾客要求的产品的能力。

3. 批生产质量控制

基于不断改进供应商的经营管理水平、系统管理能力和过程控制能力，使供应商质量控制由检验把关向源头预防延伸，最终朝着进货免检和准时制生产的目标努力。

（1）进货检验。一般来说，可在检查供应商提供的最终检验和试验报告的基础上，按照GB/T 2828.1—2012《计数抽样检验程序　第一部分：按接收质量限（AQL）检索的逐批检验抽样计划》或其抽样检验标准和产品实际，实施统计抽样检验，并注意运用转移规则。

（2）驻厂检验与监督。为了促进供应商源头过程控制，减少检验工作量并整合供应商检验资源，为实施准时制生产和供应商管理库存等创造条件，可实施驻厂检验与监督。

（3）统计过程控制与免检。实施统计过程控制，确保产品质量稳定受控并具有足够的过程能力，是供应商质量最根本的源头控制方法。进货免检应当建立在管理体系健全、放宽检验、没有质量问题所导致的生产不正常或客户投诉的基础上，一般应使关键特性的过程能力指数$C_{pk}\geqslant 1.33$或过程绩效指数$P_{pk}\geqslant 1.67$。

在供应商试制和批生产过程中，均应要求供应商制定工艺规程和控制计划。控制计划应列出用于制造过程控制的方法，包括监视对关键/重要特性所采取的控制；在过程变得不稳定或不具备能力时，启动规定的反应计划，如表21—3所示。

表21—3　　控制计划示例

零件/过程编号	过程名称/操作描述	机器、装置、夹具、工装	特性			关键/重要特性	方法					反应控制
			编号	产品	过程		产品/过程规范/公差	评价/测量技术	样本		控制方法	
									容量	频率		
3	注塑成型	机器编号1-5	18	外观		B	无伤痕	目测	100%	连续	100%检查	通知工长
		机器编号1-5	19	安装孔位置			“X”孔位	＃10夹具	首件	每小时	检查单	调整/再检查
						A	25±1mm		5件	每小时	$\overline{X}$-R图	隔离并调整

21.2.6 供应商绩效的测评和奖惩

供应商绩效测评用于持续监测和评价供应商的绩效，并促进改进。

1. 供应商绩效目标的制定

供应商绩效目标应支持供应商管理战略目标。绩效目标的类别、权重及数值，反映了企业对供应商管理的聚焦点和平衡点。通常定位高端产品和服务的企业在质量方面的权重较高，管理成熟度较高的企业会考虑社会责任方面的适当权重。绩效目标的类别及指标通常包括：

(1) 质量。进货批合格率、缺陷率、顾客投诉、推行统计过程控制的零部件数、C_{pk}、P_{pk}、免检零部件数、质量审核和评审得分、产品满意度、通过质量管理体系认证等。

(2) 价格。降价百分比、价格指数（与市场或竞争对手比较）、付款条件、不良质量成本等。

(3) 交付。交付准时率、交付周期、缺货率、返工返修及时率等。

(4) 服务。合作态度指数、投诉解决及时率、改进措施及时率、服务满意度等。

(5) 社会责任。环境安全及劳动法规遵守情况、公益支持指标、通过环境安全管理体系和社会责任认证等。

某公司的供应商绩效目标、指标及评价准则如图 21—8 所示。

1. 质量（50 分）
1.1 实物质量（30 分）
1.1.1 进货批合格率：每低于目标值 1%扣 2 分，扣完为止（下同）
1.1.2 投诉扣分：公司内每次扣 1 分，最终顾客现场每次扣 2 分；不及时回馈/不积极改进，加扣1～5 分
1.1.3 事故扣分：公司内每次扣 10 分，最终顾客现场每次扣 20 分
1.1.4 免检加分：每免检 1 种零部件，加 0.5 分
1.2 体系质量（20 分）
1.2.1 质量管理体系：12 分（另有评价细则）
1.2.2 环境安全管理体系：8 分（另有评价细则）
2. 交付（20 分）
2.1 交付准时率（16 分）：每低于目标值 1%扣 2 分
2.2 交付周期改进率（4 分）：每低于目标值 1%扣 2 分
3. 价格（20 分）
3.1 价格指数：14 分（另有评价细则）
3.2 付款条件：6 分（另有评价细则）
4. 服务（10 分）：按“服务质量、合作态度、快速反应”加权评分

图 21—8 某公司的供应商绩效目标、指标及评价准则

2. 供应商绩效的测量、反馈、考核和奖惩

一般而言，进货批合格率等质量指标、准时交付率等交付指标可按月测量、

分析和评价，其他指标可按季、半年或年测量、分析和评价，并向供应商反馈。可在有关供应商管理网页上公布排名，以此要求并促进供应商改进。图 21—9 为美国某公司的供应商绩效报表。

ABC 公司供应商绩效报表

2000 年第四季度

供方：美国 ABC 公司

类别	额定分	实际得分
产品质量	30	25
交付	30	30
质量体系	20	15
纠正措施	20	20
合计	100	90

过去三个季度的绩效：80，80，85

所有供应商的平均得分：88

最佳供应商的绩效：95

供应商绩效分级：

优秀合作伙伴　　95～100

可接受的合作伙伴　　80～94

不能接受的合作伙伴　　＜80

图 21—9　美国某公司的供应商绩效报表

根据绩效测量结果，实施供应商绩效考核和奖惩，包括以下方面的内容：

（1）实行供应商绩效分级，评审最佳供应商、优秀供应商，予以表彰，进行经验分享。

（2）激励绩优供应商，如增加订单（对于双供应源或多供应源情况）、新品开发的机会、优惠的付款条件及财务支持、更多的培训、知识分享及技术和管理支持、缔结战略联盟等。

（3）淘汰低绩效供应商，或降为试用级，或逐步降低采购量，直至停止某一产品的采购。

（4）索赔由于批合格率过低带来的重复检验、应急挑选及返工返修的费用，对由于供应商质量问题和事故导致的产品费用要求赔偿，对擅自更改原材料和工艺以及违反保密协议、知识产权协议等行为追究责任。

21.2.7　供应商审核、评审与认证

1. 供应商审核和评审

由于资源的有限性，供应商审核和评审主要针对关键供应商开展。对供应商的第二方审核包括体系审核、过程审核和产品审核，有关审核的方法参见本书第四部分“质量管理体系”。企业应当制定第二方审核方案（也可结合内部审核一

并制定)，对年度内所需的审核进行统筹安排。

体系审核主要是质量管理体系审核，审核标准可以是 ISO 9001 或行业质量管理体系标准（如汽车业的 ISO/TS 16949)，或企业自行制定的第二方审核标准（这类标准通常基于 ISO 9001 进行修改，聚焦于供应商过程控制和质量检测，在辨识不合格项的同时对所审核要素进行定量评分）。对于环境因素显著、安全风险较高的供应商，还需要实施环境安全管理体系审核；为提高效率，可将质量、环境安全管理体系结合起来审核。

过程审核针对关键、特殊过程进行；产品审核针对关键、重要产品进行。二者可单独进行，也可结合进行，或结合体系审核进行。

为了评估供应商的经营管理成熟度，帮助供应商提高整体管理素质和水平，增进供应商伙伴关系，企业可以优选部分关键供应商，应用卓越绩效评价准则或 ISO 9004 附录 A“自我评价工具”等开展评审。

2. 供应商认证

认证（certification）指对某一客体、人或组织某些特征的证实和确认，供应商认证是对供应商能力、水平和绩效的证实和确认，可以仅进行合格认定，也可以进行分级认定（如合格、良好、优秀）。

供应商认证的类型包括：

- 选择合格供应商；
- 评估供应商绩效；
- 针对某一物料的免检确认；
- 供应商审核；
- 供应商成熟度认证。

供应商成熟度认证一般是针对欲建立或已建立长期伙伴关系或战略联盟的关键供应商进行的，内容可参考卓越绩效评价准则或 ISO 9004 附录 A。

供应商认证可以由顾客进行，也可以委托第三方进行（如汽车工业的 ISO/TS 16949 认证）。

认证过程涉及以下步骤：

- 确定认证标准及实施过程；
- 选定需要认证的供应商；
- 依据规定的标准评估所选定的供应商；
- 报告评估的结果，授予相应的认证证书；
- 持续监督供应商的表现，按规定的周期进行监督审核和复评。

21.2.8 供应商绩效的改进

供应商绩效改进是供应商管理中最具挑战性的部分。唯有不断推动和帮助供应商坚持不懈地进行绩效改进，才能从根本上提高供应商的整体素质和能力。

顾客关心供应商的健康成长，因为需要它们稳定地提供优质的产品和满意的服务。当供应商的产品和服务存在问题或质量水平不高、过程不稳定、能力不足、管理体系不健全时，应当给予反馈，督促其改进并跟踪验证。表21—4显示了供应商绩效改进的对象和途径。

表21—4　　供应商改进的对象和途径

改进的对象	改进的途径
产品和服务	(1) 问题解决：快速反应，紧急纠正，并查明原因，采取纠正措施，防止问题再次发生。同时，举一反三，预防类似问题发生。 (2) 水平提升：通过识别、确定顾客需求，并与以往水平、竞争对手和标杆比较，确定改进重点，组织技术攻关和管理改进，提高产品性能、可靠性和服务水平。
过程	开展QC小组、六西格玛管理、流程优化、标杆对比、精益生产等改进活动，实施员工培训、生产和检测设备改进、工艺改进等措施，持续提高过程能力，改进质量、效率、环境和安全，降低不良质量成本，实现零缺陷和免检的目标。
体系	建立和完善质量、环境安全等管理体系，推行TQM，导入卓越绩效模式，全面提高经营管理水平，共同走向长期成功。

21.3　供应商管理的评价和改进

21.3.1　供应商管理的自我评价

1. 供应商管理的总体绩效测量、分析和评价

企业应当基于供应商管理战略目标和关键绩效指标，以及对各供应商绩效的测评，建立企业供应商管理的总体绩效测量、分析和评价系统。供应商管理的绩效涉及以下方面：供应商质量、成本和交期以及社会责任结果；供应商关系建立、供应商绩效改进成果及与供应商管理相关资源方面的成果，比如，供应商管理人员的学习与成长，关键检测设备和信息化软硬件的水平、数量和投入等。

2. 供应商管理过程和结果的成熟度评价

工业企业可应用《工业企业供应商管理评价准则》国家标准，采用与卓越绩效评价方法一致的评价要素和评分指南，对供应商管理的过程与绩效结果进行整体、系统的成熟度评价，以识别优势和机会，驱动改进和创新，使供应商管理更好地支撑企业的使命、愿景和战略。该标准旨在评价企业供应商管理的成熟度，而不是评价供应商的能力，主要用于各类工业企业，为企业实施供应商管理提供系统框架，以及自我评价和第二、第三方评价的准则。服务企业也可参考应用。

下面对《工业企业供应商管理评价准则》国家标准的管理原则、框架图和主要内容及条款分值进行介绍。

(1) 六项管理原则。

1) 战略视野。供应商管理是企业战略性、高增值并能造就竞争优势的关键过程，要在高层领导的推进下，确定与企业使命、愿景、价值观和战略协调一致的供应商管理理念和战略，并配置资源，促进关键供应商关系由传统的买卖关系向互利合作的伙伴关系转化。

2) 诚信、沟通和尊重。企业与供应商应基于诚信等道德准则，相互沟通、理解和尊重，构筑合作伙伴关系的基础。

3) 责任共担和互利共赢。企业与供应商要在责任和风险共担的机制基础上形成互利合作关系，致力于使最终顾客满意，并打造绿色供应链，为所有相关方创造价值。

4) 关注生命周期成本。企业应从购前、购中、购后直至最终处置的全生命周期出发，使采购产品或服务的总成本最小化，而非仅仅关注价格。

5) 供应链优化和持续改进。企业应基于完整的供应链系统，联合供应商、企业和顾客的各相关部门，基于数据和事实，在实物质量、周期时间和生命周期成本等方面进行改进和创新，创建更优、更快、更精益、更友好的供应链。

6) 跨职能的系统管理。供应商管理涉及企业内多职能相互协调的工作，必须厘清所有过程，建立工作体系，以跨职能的方式进行系统管理。

(2) 框架图。供应商管理评价准则框架图如图21—10所示。企业应在供应商管理原则的指导下，以“4.1供应商管理的领导和战略”为驱动，实施“4.2供应商管理的运作”，开展“4.3供应商管理的评价和改进”，进而达成“4.4供应商管理的结果”。4.1至4.3构成供应商管理的PDCA过程循环，包含11个“过程”类评分条款；4.4是其输出，包含3个“结果”类评分条款。框架图显示，企业的供应商管理是一个系统工程，需要通过卓越的过程达成卓越的结果；基于对结果的测量、分析和评价，推动过程的持续改进。

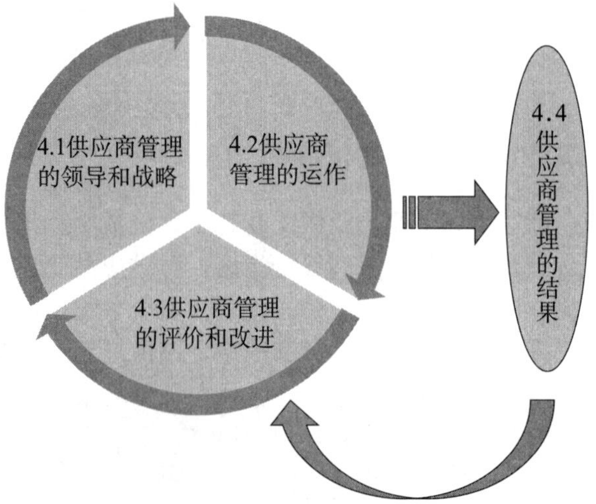

图21—10 供应商管理评价准则框架图

（3）主要内容及条款分值（见表21—5）。

表21—5　　供应商管理评分条款及其分值

类目条款	评分条款	类目分值	评分条款分值
4.1　供应商管理的领导和战略		210	
	4.1.1　领导作用		70
	4.1.2　战略		80
	4.1.3　资源配置		60
4.2　供应商管理的运作		410	
	4.2.1　运作策划		50
	4.2.2　供应资源开发		50
	4.2.3　供应商关系管理		50
	4.2.4　采购过程控制		120
	4.2.5　供应商绩效的评价和改进		90
	4.2.6　变更和风险控制		50
4.3　供应商管理的评价和改进		120	
	4.3.1　供应商管理的自我评价		60
	4.3.2　供应商管理的改进		60
4.4　供应商管理的结果		260	
	4.4.1　质量、成本和交期结果		160
	4.4.2　社会责任结果		50
	4.4.3　供应商关系、改进及资源结果		50
合计		1 000	1 000

21.3.2　供应商管理的改进

企业应当基于对供应商管理的系统评价，实施过程和方法等方面的持续改进，包括应用、创新适用的供应商管理方法，如供应商源头质量控制、供应质量链管理、集成供应链管理、供应商电子商务平台、供应链质量成本管理、供应链精益管理、供应链六西格玛管理、供应商平衡计分卡、供应商满意度测评、准时化生产方式、供应商管理库存和社会责任评价等。企业应当超越传统采购和检验，立足供应链源头管理，在实践中不断改进和创新供应商合作伙伴关系模式，致力于与供应商长期合作、互利共赢。

第六部分 质量管理工具

第 22 章 统计技术基础

质量管理基于数据和事实，必须用统计的观点和方法来实施。本章介绍基本统计知识、数据采集的抽样方法、对采集到的数据进行简单定量分析以及统计推断等，以帮助质量经理掌握质量技术。

22.1 基本统计的应用

22.1.1 随机变量的概念

从产品中获得的数据，如长度、重量、密度、电阻等，在不同的条件下由于偶然因素的影响，其取值具有不确定性和随机性，但这些取值落在某个范围内的概率是一定的，此种变量称为随机变量（random variable）。

例如，随机抛掷一枚质地均匀的硬币，可能的结果有正面朝上和反面朝上两种。若定义 X 为抛掷一枚硬币时正面朝上的次数，则 X 为随机变量，即当正面朝上时，X 取值 1；当反面朝上时，X 取值 0。

$$X=\begin{cases}1, & \text{如果正面朝上}\\ 0, & \text{如果反面朝上}\end{cases}$$

虽在抛掷硬币前不知结果如何，但可知正面朝上的概率为 0.5，反面朝上的概率为 0.5。即

$$P(X=1)=0.5;\ P(X=0)=0.5$$

22.1.2 计数型数据和离散随机变量

在质量管理过程中，计数型数据常常出现，诸如 1 000 件产品中的不合格品数，某种产品的瑕疵或气泡等的数目，某一时期内工厂发生事故的次数等，其测量值为 0，1，2，3，…这样的离散值。这些数据一般符合离散随机变量的定义。

如果随机变量 X 的取值是有穷尽的或者是可数无穷尽的值，即

$$X=\{x_1,\ x_2,\ x_3,\ \cdots\}$$

则称 X 为离散随机变量（discrete random variable）。

然而，要全面了解一个随机变量，不但要知道它取哪些值，而且要知道它取

这些值的规律，即要掌握它的概率分布（probability distribution）。离散分布一般用概率分布函数（probability distribution function）来描述，以表示离散随机变量在各特定取值上的概率。就投硬币来说，其概率分布函数可以表示如下：

$$f(x)=\begin{cases}\frac{1}{2}, & x\in\{0,1\}\\ 0, & x\notin\{0,1\}\end{cases}$$

其意义为 x 值取 0 和 1 的概率各为 1/2，取其他任何值的概率均为 0。注意函数的所有值必须非负，且总和为 1。概率分布函数如图 22—1 所示。

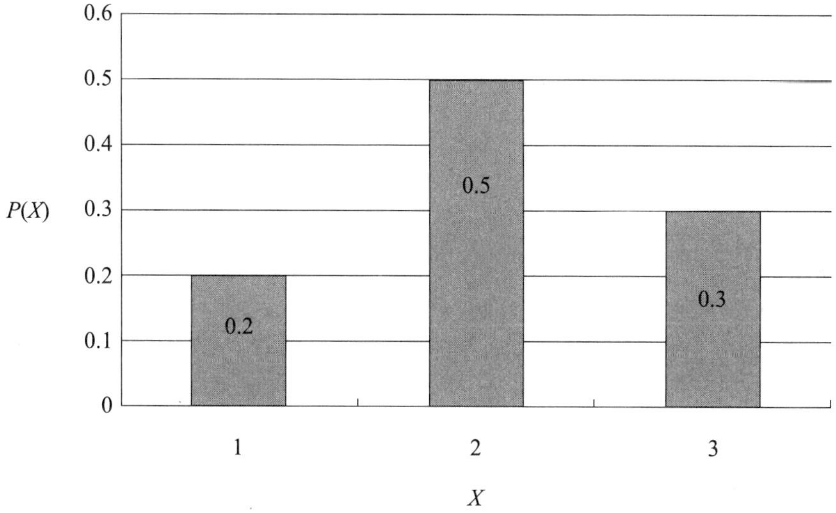

图 22—1　概率分布函数的示例

概率分布函数可用以定义任何离散随机变量，包括常见的伯努利分布、二项分布、超几何分布和泊松分布等。下面分别加以介绍。

1. 伯努利分布

假设有 N 个球，其中 M 个黑球，$N-M$ 个红球。在 N 个球中随机抽出 1 个，观察其是否为黑球。一次这样的试验，结果只有两种可能，可以表达成“是或否”“成功或失败”，这种试验称作伯努利试验（Bernoulli trial）。即对于一个随机变量 X 而言，有

$$\begin{cases}P(X=1)=p\\ P(X=0)=1-p\end{cases}$$

式中，$X=1$ 表示“成功”；$X=0$ 表示“失败”。符合此概率分布的随机变量即服从伯努利分布（Bernoulli distribution）。伯努利试验的应用非常普遍，例如：

- 抛硬币。抛出正面的概率为 0.5，没有抛出正面的概率为 0.5。
- 掷色子。掷出六点的概率为 1/6，没有掷出六点的概率为 5/6。
- 实施就业调查。随机选择一个大学生并了解这个大学生是否已经找到工作。

一个伯努利过程（Bernoulli process）是由重复出现的独立同分布伯努利试验组成的，例如抛硬币 10 次。

2. 二项分布

抛硬币 10 次，硬币正面朝上的次数是多少？某命中率稳定的球员定点投篮 20 次，能投进多少个球？这些数据都符合二项分布模型。

二项分布（binomial distribution）是一种离散型概率分布。它描述 n 次独立的伯努利试验的成功次数，此伯努利试验的成功概率为 p。一个变量 X 如果服从次数为 n、成功概率为 p 的二项分布，则记作 X：$B(n，p)$。一般用二项分布来计算概率的前提是，每次抽出样品后再放回，并且只能有两种试验结果，比如黑球或红球、正品或次品等。二项分布的概率分布函数如下：

$$f(k;n,p)=P(X=k)=\binom{n}{k}p^k\ (1-p)^{n-k}，\ k=0,1,2,\cdots,n$$

式中，

$$\binom{n}{k}=\frac{n!}{k!\ (n-k)!}$$

通俗地说，从不合格品率为 p 的无限总体中抽取 n 个样本时，其中含有 k 个不合格品的概率 $P(X=k)$ 为：

$$P(X=k)=\binom{n}{k}p^k\ (1-p)^{n-k}=\frac{n!}{k!\ (n-k!)}p^k\ (1-p)^{n-k}$$

如果绘制二项分布的图形，会发现在 $p=0.5$ 时二项分布的图像具有对称性，而当 p 取其他值时是非对称的（见图 22—2）。

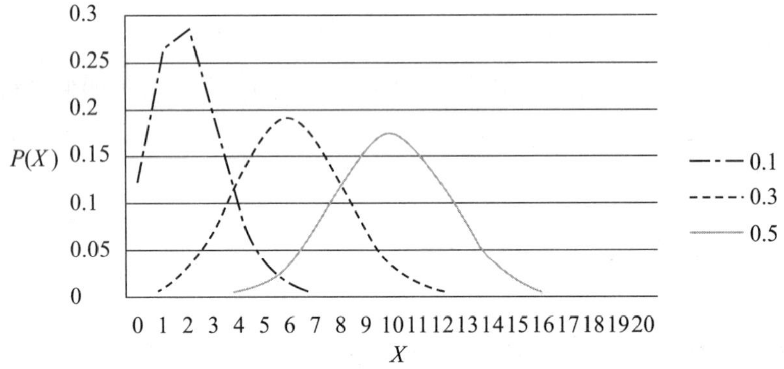

图 22—2　不同 p 值所对应的二项分布（$N=20$）

当 $n=1$ 时，二项分布还原为伯努利分布，即伯努利分布是二项分布的特殊形式；当 $n\geqslant 2$ 时，二项分布描述的是伯努利过程中试验成功的情况，例如抛硬币 10 次，硬币正面朝上 5 次的概率。

3. 超几何分布

作为离散概率分布的超几何分布（hypergeometric distribution）一般指在抽样试验时抽出的样品不再放回的分布情况。

假设有 N 个球，其中 M 个黑球，$N-M$ 个红球。超几何分布描述了在 N 个球中抽出 n 个球（抽出的球不放回）恰好有 k 个黑球的概率。

$$f(k; N, m, n)=\frac{\binom{m}{k}\binom{N-m}{n-k}}{\binom{N}{n}}$$

上式可如此理解：$\binom{N}{n}$表示所有从 N 个样本中抽出 n 个样本可能的组合数。$\binom{m}{k}$表示从 m 个不合格样本中恰好抽出 k 个不合格样本可能的组合数。因为剩下来的抽出的（$n-k$）个样本都是合格的，而合格的样本总共有（$N-m$）个，所以剩下的抽法有$\binom{N-m}{n-k}$种。

与二项分布不同的是，在超几何分布中，特别强调的是抽出的样品在下一次抽取前不再放回，但是如果抽取的次数 n 和总样品数 N 相比很小（大约 $n/N\leqslant 0.05$），这时计算二项分布和超几何分布没有显著区别，而人们更愿意采用二项分布的方法，因为在数学计算上二项分布要简单一些。

若 $n=1$，超几何分布将还原为伯努利分布。

4. 泊松分布

产品的气泡、黑板的擦痕、工厂每月的事故等问题时有发生。泊松分布实际上是以很少发生的现象为对象的分布，用于描述一定面积或时间内发生的事件。

在服务质量管理或者系统的日常维护中，泊松分布也很常见。如在一定时间内到达某一服务设施的人数、电话交换机接到呼叫的次数、汽车站台的候车人数、机器出现的故障数、自然灾害发生的次数等。这时泊松分布用于描述单位时间内随机事件发生的次数，其概率分布函数为：

$$P(X=k)=\frac{e^{-\lambda}\lambda^k}{k!}, k=0, 1, 2, \cdots$$

式中，参数 λ 是单位时间内随机事件发生的平均次数；e 为自然对数的底。

泊松分布也可以看作二项分布的一种极限情况。例如，液晶显示屏通过显示屏上的电极控制液晶分子状态来达到显示目的。每个液晶分子出现问题（黑点）的概率 p 很小（可达百万分之一的数量级甚至更低），而一块液晶显示屏的液晶分子数 n 很大（高达百万数量级甚至更高），这时液晶屏上出现问题的液晶分子服从泊松分布。故泊松分布又称为罕有事件分布。在一块液晶显示屏上，k 个液晶分子出现问题的概率依照泊松分布可表示为：

$$f(n,k,p)=\frac{(n\cdot p)^k e^{-n\cdot p}}{k!}$$

可以注意到，$\lambda=n\cdot p$。泊松分布的概率分布函数如图 22—3 所示。

22.1.3 计量型数据与连续随机变量

产品重量是计量型质量特性数据，对正常工作状态下生产的产品进行检测得到该批产品的重量数据，绘制如图 22—4（a）所示的直方图。随着数据的增

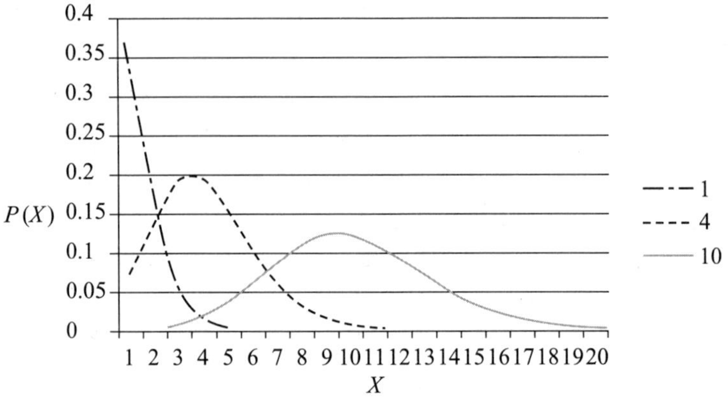

图 22—3　泊松分布的概率分布函数

加，直方图的组距逐渐减小，相对频数分布逐渐趋近于一条平滑的频数分布曲线，如图 22—4（b）所示。当测量值为产品的直径、浓度、过程加工温度和时间等连续量时，其分布也是连续的，称为连续分布。

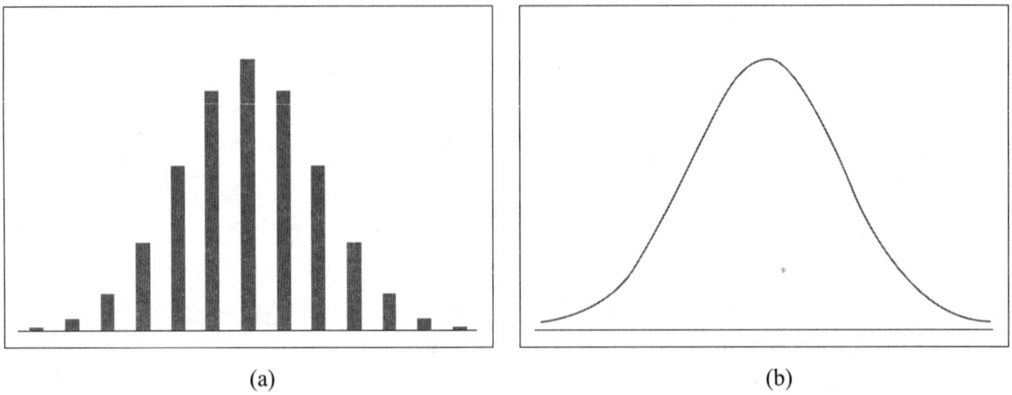

图 22—4　连续分布

如果 X 由全部实数或落在某区间内的实数组成，$X=\{x \mid a\leqslant x\leqslant b\}(-\infty<a<b<\infty)$，则称 X 为连续随机变量（continuous random variable）。连续随机变量的值是不可数且无穷尽的。

与利用概率分布函数描述离散随机变量不同，连续随机变量一般用概率密度函数（probability density function）来描述。X 是累积分布函数 F 的连续随机变量，该分布函数的一阶导数

$$f(x)=\frac{\mathrm{d}F(x)}{\mathrm{d}x}$$

称为 X 的概率密度函数。

正态分布和指数分布都属于连续分布，其中，正态分布无论在统计理论上还是在实际应用中都具有极其重要的地位和意义。

累积分布函数（cumulative distribution function）能完整地描述一个随机变量 X 的概率分布。对于离散随机变量，累积分布函数可以和概率分布函数互相推导；对于连续随机变量，累积分布函数可以和概率密度函数互相推导。对于所

有实数 x，累积分布函数为：

$$F(x)=P(X\leqslant x)$$

随机变量分类及其表示方式如图 22—5 所示。

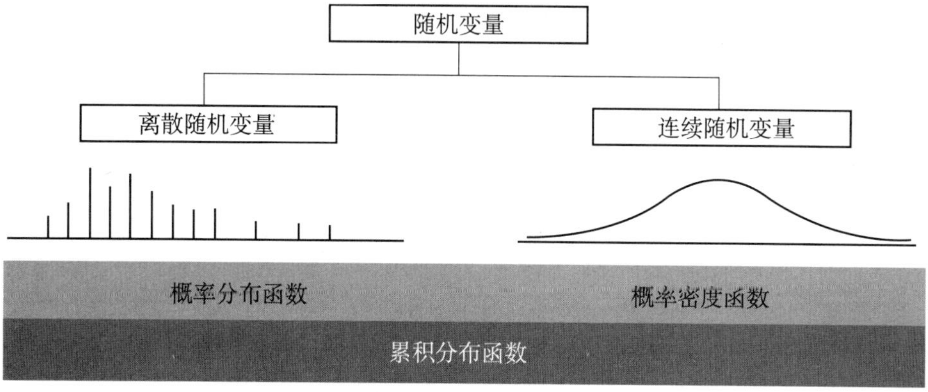

图 22—5　随机变量分类及其表示方式

1. 正态分布

正态分布是以均值为中心、左右对称的钟形分布，记为 $N(\mu,\ \sigma^2)$，其概率密度函数为：

$$f(x)=\frac{1}{\sigma\sqrt{2\pi}}\mathrm{e}^{\left[-\frac{1}{2}\left(\frac{x-\mu}{\sigma}\right)^2\right]}$$

式中，μ 是均值；σ 是标准差；π 是圆周率；e 为自然对数的底。正态分布又称为高斯分布，其密度函数的曲线呈对称钟形，因此又称为钟形曲线。不同均值和标准差的正态分布曲线如图 22—6 所示。

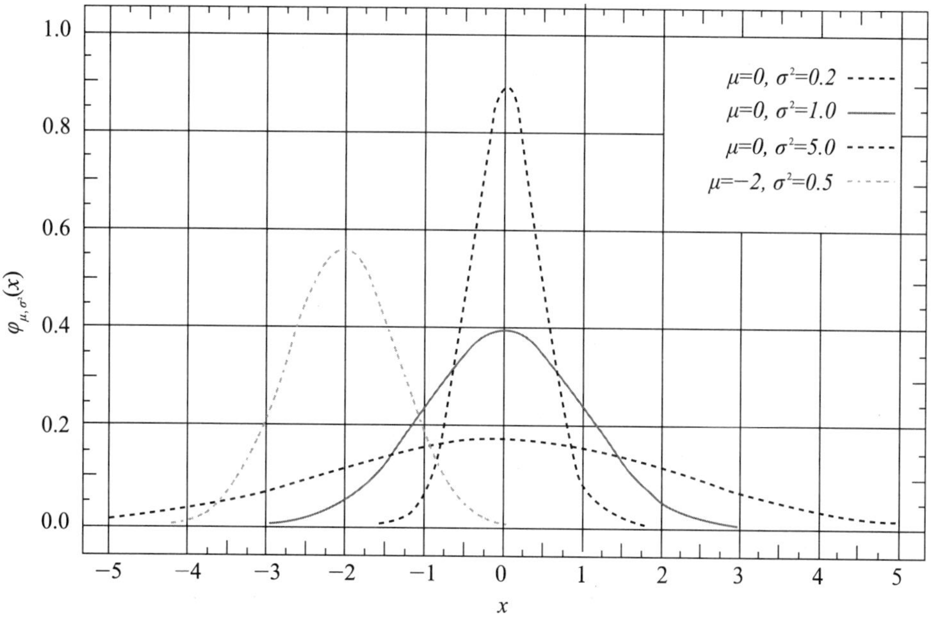

图 22—6　不同均值和标准差的正态分布曲线

产品直径、重量等计量型数据经常服从正态分布。即使观测值的真实分布偏离正态分布，当抽取的样本数 n 大于 4 时，样本均值的分布也往往近似正态分布。

在正态分布中，以 μ 为中心，落在 $\pm 1\sigma$ 范围内的概率为 68.3%，落在 $\pm 2\sigma$ 范围内的概率为 95.4%，落在 $\pm 3\sigma$ 范围内的概率为 99.7%（见图 22—7）。在实际工作中，为方便计算，经常将普通形式的正态分布 $N(\mu, \sigma^2)$ 变换为标准正态分布 $N(0, 1)$，而标准正态分布的累积分布函数值可以查表获得。将普通正态分布变换为标准正态分布的方法是：

$$z=\frac{x-\mu}{\sigma}$$

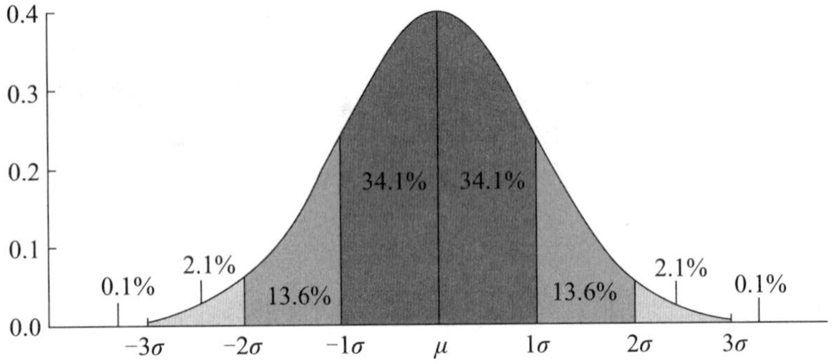

图 22—7　不同标准差范围内对应的概率

2. 正态分布和二项分布

如果试验次数 n 值非常大，而单次试验的成功概率 p 值又不是很小，则正态分布可以近似地代替二项分布。一个粗略使用正态分布的近似规则是：

$$np(1-p)\geqslant 9$$

从二项分布中获得 μ 和 σ 值的方法是：

期望值：$\mu=np$

标准差：$\sigma=\sqrt{np(1-p)}$

如果 $\sigma\geqslant 3$，则必须采用近似修正的有关方法，此处不再赘述。

22.2　数据抽样方法

在质量管理中，抽样是获得数据的主要的、直接的手段，是进行统计分析的重要准备工作。在前述对基本统计概念的讨论中，已经提到不同的抽样方法会导致不同的分布。虽然数据也可以通过间接的手段获得，例如从统计部门获得的二手数据，它们具有收集方便、数据采集快、采集成本低等优点，但对一个特定问题而言，二手资料的主要缺点是数据与问题的相关性不够。而在质量管理中，一般需要有针对性的数据，才能回答质量经理所要解决的具体问题。对于数据的直接来源，无论是通过调查方法还是通过试验方法获得数据，抽样都是必不可少的。

22.2.1 抽样的意义

在统计学中，抽样（sampling）是从目标总体（population）（或称为母体）中抽取一部分个体作为样本（sample）的行为。构成总体的个体数称为总体的大小，一般用 N 表示，样本的大小用 n 来表示，以区别于总体。获取数据的目的是通过样本了解总体的状况，从而对生产过程或被检批作出处置。因此，获得真正能够代表总体的样本的抽样方法是十分重要的。即使是用相同原材料、相同设备生产的产品，其质量特性、不合格品的数量在某种程度上也有所不同。如果从具有波动的总体中有意抽取那些质量好的产品作为样本，将无法了解总体的真实状况。

总体、样本和数据的关系如图22—8所示。

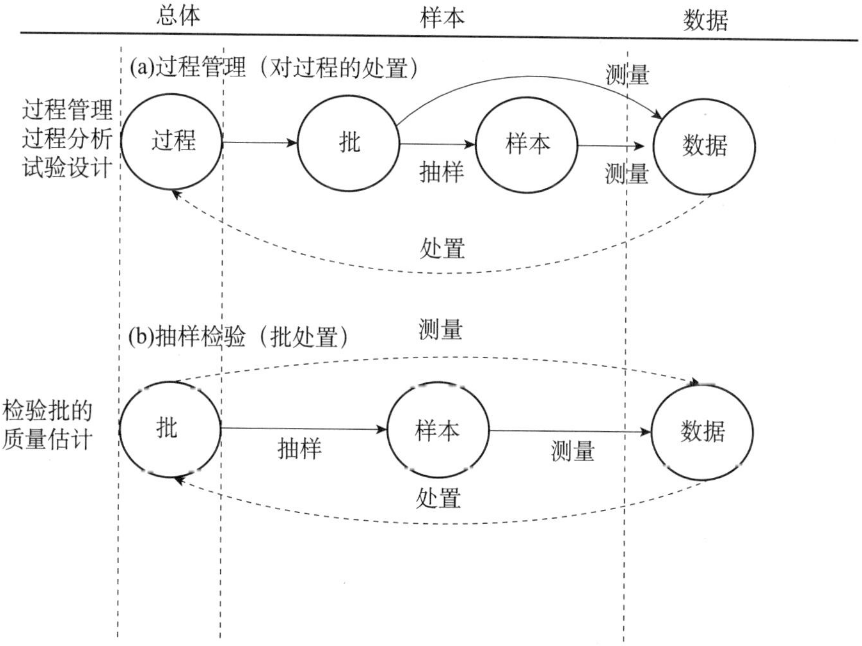

图22—8　总体、样本与数据的关系

在质量管理中，与抽样检验相对的一个概念是全数检验，指对每个产品都进行检查，又称为逐个检验。需要进行全数检验的情况有：

（1）当不合格产品会导致重大事故时。例如，汽车的制动系统这样关系到生命安全的产品必须全检。

（2）当全数检验易于进行时。例如，电灯泡的通电试验，其检验过程简单，与检验费用相比，检测的效果很显著，推荐全检。

（3）产品数量少、检验费用较低时，可以全检。

需要进行抽样检验的情况有：

（1）物理上不可能检查总体中所有的个体。例如，石油等具有连续性的液体作为一个整体是不可分割的，要检查其质量只能抽样。

（2）抽取和检查总体中所有个体的成本过高。例如，要了解一个鱼塘中鱼的成长情况，如果逐个打捞、称重并放回，则成本过高，得不偿失。

(3) 抽取和检查总体中所有个体需要的时间过长。例如，1949 年以来中国只进行过五次人口普查，期间人口数据的更新以全国 1%的人口抽样调查代替。

(4) 某些检查或测试具有损害被抽检对象的特性。例如，海关对货物进行拆封检验，往往会对货物造成不可逆的损害，所以会控制抽检比例。

为了保证获得准确客观的抽样结果，必须树立正确抽样的理念：

- 禁止产品生产者进行抽样；
- 抽样时负责人必须到场；
- 必须使与抽样有关的人员真正了解抽样的目的与重要性；
- 抽样必须在其对象（批）的移动中进行，应避免在静止状态下进行抽样。

22.2.2 随机抽样和非随机抽样

1. 随机抽样

随机抽样（random sampling）又称概率抽样（probability sampling），是指严格按照随机原则来抽取样本，要求总体中每个被抽样的个体（sampling unit）都有同等的机会被抽取。随机抽样所抽取的样本称为随机样本，这类样本具有较好的代表性。

随机抽样有下面几个特点：

(1) 抽样时按照一定的概率采用随机原则抽取样本。所谓随机原则就是在抽取样本时排除主观上有意识地抽取个体，使每一个体都有一定的机会被抽中。需要注意的是，随机不等于随便，随机有严格的科学含义，可以用给定的概率来描述，通过一定的随机化程序抽取样本个体；而随便则带有人为的主观因素。

(2) 每一个体被抽中的概率是已知的，或是可以计算出来的。

(3) 当用样本对总体目标量进行估计时，要考虑到每一样本个体被抽中的概率。也就是说，估计量不仅与样本个体的观测值有关，也与其入样概率有关。

需要提及的是，概率抽样与等概率抽样是两个不同的概念。概率抽样指的是总体中的每一个体都有一定的非零概率被抽中，个体之间被抽中的概率可以相等，也可以不等。若是前者，则为等概率抽样；若是后者，则称为不等概率抽样。

2. 常见的随机抽样法

假设某工厂生产一批啤酒 1 000 箱，每箱 24 瓶。现在要对这些啤酒进行抽样，初定样本数为 240 瓶啤酒，有哪些可行的方法?

(1) 简单随机抽样 。一种最简单的方法就是对这 24 000 瓶啤酒进行一一编号，然后生成 240 个不重复的随机数，抽取随机数所对应的啤酒即可，这种方法叫做简单随机抽样。进行随机抽样需要有抽样框（sampling frame），抽样框又称为抽样范围，指的是抽样过程中所使用的所有抽样个体的名单。抽样框不仅提供备选个体的名单以供抽选，它还是计算个体入样概率的依据。简单随机抽样（simple random sampling），也称纯随机抽样，就是从包括总体 N 个个体的抽样框中随机地、一个个地抽取 n 个个体作为样本，每一个体入样的概率是相等的。它是最基本的概率抽样形式，也是其他几种随机抽样方法的基础。

（2）等距随机抽样。在对这 24 000 瓶啤酒进行一一编号后，首先生成 1～100 间的一个随机数，然后从这个随机数开始，每隔 100 瓶就抽取一瓶，这叫做等距随机抽样。等距随机抽样（isometric random sampling）也称系统随机抽样（systematic random sampling），是指按照一定的间隔，从根据一定顺序排列起来的总体中抽取样本的一种方法。具体做法是：首先将总体各个体按照一定的顺序排列起来，编上序号；然后用总体个体数 N 除以样本个体数 n 得出抽样间隔 k；最后采取简单随机抽样的方式在第一个抽样间隔内随机抽取一个个体作为第一个样品，再依次按抽样间隔做等距抽样，直到抽取最后一个样品为止。

等距随机抽样的主要优点是操作简便，如果有辅助信息，对总体内的个体进行有组织的排列，可以有效提高估计的精度。

（3）分层随机抽样。假设这 24 000 瓶啤酒有 8 000 瓶来自 A 生产线，16 000 瓶来自 B 生产线，则对来自不同生产线的啤酒分别编号，并从 A 生产线生产的啤酒中随机抽取 80 瓶，从 B 生产线生产的啤酒中随机抽取 160 瓶，这种方法叫做分层随机抽样。分层随机抽样（stratified random sampling）也称类型随机抽样，具体做法是：首先将调查对象的总体按照一定的标准分成不同的层，然后根据各层的个体数与总体个体数的比例确定从各层中抽取样本的数量，最后按照随机原则从各层中抽取样本。

分层抽样有许多优点，例如，这种抽样方法保证了样本中包含具有各种特征的抽样个体，样本的结构与总体的结构比较相近，可以有效提高估计的精度；当层的划分有利于抽样进行时，分层抽样可以帮助降低抽样成本；分层抽样既可以对总体参数进行估计，也可以对各层的目标量进行估计，等等。

（4）整群随机抽样。不对啤酒直接编号，而是对啤酒箱进行编号，随机抽取 10 箱啤酒进行检验，这叫做整群随机抽样。将总体中若干个体合并为组，这样的组称为群。抽样时直接抽取群，然后对中选群中的所有个体实施调查，这样的抽样方法称为整群随机抽样（cluster random sampling）。具体做法是：先将各群编码，随机抽取群的编码，然后对所抽样本群或组实施调查。因此，整群抽样的个体不是单一的，而是成群成组的。凡是被抽到的群或组，其中所有的成员都是被调查的对象。这些群或组可以是一箱产品、一条流水线，甚至是整个工厂的产品。

与简单随机抽样相比，整群随机抽样的特点在于：抽取样本时只需要群的抽样框，而不必要求包含所有个体的抽样框，这就大大简化了编制抽样框的工作量。其次，由于群通常由那些地理位置邻近或隶属于同一系统的个体所构成，因此抽样的地点相对集中，从而节省了抽样费用。整群随机抽样的主要缺陷是估计的精度较差，因为同一群内的个体或多或少有些相似，在样本量相同的条件下，整群随机抽样的误差通常比较大。一般说来，要得到与简单随机抽样相同的精度，采用整群随机抽样需要增加抽样个体，即增加待抽取的群数或组数。

（5）多段随机抽样。假设这 24 000 瓶啤酒中有 8 000 瓶来自 A 生产线，16 000瓶来自 B 生产线。来自 A 生产线的有 4 000 瓶 H 牌啤酒，4 000 瓶 I 牌啤酒；来自B生产线的有10 000瓶J牌啤酒，6 000瓶K牌啤酒。这时可以抽取80瓶A生产线生产的啤酒，其中从H牌啤酒中随机抽取40瓶，从I牌啤酒中随机抽取40瓶；另外抽取160瓶B生产线生产的啤酒，其中从J牌啤酒中随机抽取100瓶，从K牌啤酒中随机抽取60瓶。这种方法叫做多段随机抽样。

多段随机抽样（multi-stage random sampling）又称阶段随机抽样（stage random sampling），是一种分阶段从调查对象的总体中抽取样本进行调查的方法。多段随机抽样具有整群随机抽样的优点，保证了样本相对集中，从而节约了调查费用；不需要包含所有低阶段抽样个体的抽样框；由于实行再抽样，使抽样在更广的范围内展开。但其缺点也是明显的，即每增加一个抽样阶段，就会增加一份估计误差。

总的来说，随机抽样最主要的优点是，可以依据调查结果，计算所分析特性的波动，从而得到对总体特性进行推断的可靠程度。从另一方面讲，也可以按照要求的精确度，计算必要的样本个体数目。所有这些都为统计推断提供了有力的依据，所以，统计分析的理论基础是随机样本，即样本是采用随机抽样方式得到的。

3. 非随机抽样

在实际的质量管理过程中，还有一类抽样方法，即非随机抽样（non-random sampling）或非概率抽样（non-probability sampling）。这个概念是相对于随机抽样而言的，它不是严格按照随机原则抽取样本，而是根据质量管理者的主观经验和判断，结合研究目的对数据的要求来选择样本。

与随机抽样相比，虽然非随机抽样的代表性差，提供的资料信息较零散，难以根据样本调查的结论对总体做出准确的推断，但是，由于它简便易行，并能通过对样本的调查大致了解总体的某些情况，因而对管理工作很有启发性。非随机抽样适用于那些总体难以具体界定，以及不需要准确推断总体情况的调查。常用的非随机抽样的方法主要有以下几种：

（1）方便抽样。方便抽样（convenience sampling），也称偶遇抽样，是指调查者将自己在特定场合下偶然遇到的对象作为样本。如在某农产品公司，检查人员可以偶尔从一些柳条筐中选择橙子，以得到橙子的样本；或者随意选择现场加工人员，检查其是否符合卫生作业条件。

方便抽样的最大特点是容易实施，调查成本低，但这种抽样方式也有明显的缺点。例如，样本个体的确定带有随意性，无法代表有明确意义的总体，将方便抽样得到的样本调查结果推广到总体没有任何统计意义。因此，如果研究的目的是对总体有关的参数进行推断，那么使用方便样本是不合适的。但在质量管理中，使用方便样本有助于产生一些想法或建立假设，对研究内容形成初步认识。

（2）判断抽样。判断抽样（judgement sampling），又称立意抽样或主观抽样，是指调查人员根据经验判断和对研究对象的了解，有目的地选择一些个体作为样本。实施时根据不同的目的有重点抽样、典型抽样、代表抽样等方式。

1）重点抽样是从调查对象的全部个体中选择少数重点个体，对其实施调查。这些重点个体的数量虽然不多，但在总体中占有重要地位。例如，要了解全国钢铁企业的生产状况，可以选择产量较大的几个钢铁企业，如宝钢、鞍钢、首钢等，对这些重点个体进行调查，就可以了解钢铁产量的大致情况及产量变化的基本走势。

2）典型抽样是从总体中选择若干典型个体进行深入调研，目的是通过典型个体来描述或揭示所研究问题的本质和规律，因此，选择的典型个体应该具有有助于研究问题的本质的特征。

3）代表抽样通过分析选择具有代表性的个体作为样本，在某种程度上也有典型抽样的含义。例如，某电脑生产企业欲了解消费者对其商务电脑的需求，可以调查一些商务人士，因为他们购买电脑的数量较大，并对商务电脑的功能和质量有更高的要求，通过他们可以了解消费者购买商务电脑时的意向。

判断抽样是主观抽样，样本的好坏取决于调研者的判断、经验、专业程度和创造性。这种方式的抽样成本比较低，也容易操作，但由于样本是人为确定的，没有依据随机原则，因而调查结果不能用于对总体有关参数进行估计。

（3）配额抽样。配额抽样（quota sampling）也称定额抽样，是指调查人员将调查总体按一定标志分类或分层，确定各类（层）个体的样本数，在配额内依据主观判断选取样本。

配额抽样和分层随机抽样既有相似之处，也有很大区别。配额抽样和分层随机抽样有相似的地方，都是事先对总体中所有个体按其属性、特征进行分类，这些属性、特征称为控制特性。例如市场调查中消费者的性别、年龄、收入、职业、文化程度等。然后，按各个控制特性分配样本数额。但它与分层抽样又有区别，分层抽样是按随机原则在层内抽选样本，而配额抽样则是由调查人员在配额内通过主观判断选定样本。

配额抽样有两种：独立控制配额抽样和相互控制配额抽样。如在消费者需求调查中，按年龄特征分别规定不同年龄段的样本数目，就属于独立控制配额抽样。人们通常对消费者的年龄、性别、收入分别进行配额抽样而不考虑三个控制特性的交叉关系。相互控制配额抽样是在按各类控制特性独立分配样本数额的基础上，采用交叉控制设定样本的具体数额的抽样方式。

配额抽样适用于设计调查者对总体特征有一定的了解而样本数较多的情况。实际上，配额抽样属于先分层（事先确定每层的样本量）再判断（在每层中以判断抽样的方法选取抽样个体），费用不高，易于实施，能满足总体比例的要求。配额抽样的缺点是容易掩盖不可忽略的偏差。

（4）滚雪球抽样。滚雪球抽样（snowball sampling）以少量样本为基础，逐渐扩大样本的规模，直至找出足够的样本。此法适用于对调查总体不甚清楚的情况，常用于探索性的实地研究，特别适合对小群体关系的研究。例如，我们要了解某人经常交往的社会圈子，就可以通过这个人提供的线索找到更多与他有关联的人。具体做法是，先找到一个或几个符合研究目的的对象，然后根据这些对象所提供的线索寻找其他相关的对象，依次进行，直至达到研究目的。

滚雪球抽样的主要优点是容易找到那些属于特定群体的被调查者，调查的成本比较低。它适合对特定群体进行研究资料的搜集。但滚雪球抽样法所选择的样本有时有很大的随意性和特殊性，因而代表性不高。

（5）重复抽样和非重复抽样。重复抽样（sampling with replacement），又称为有放回抽样，其抽样过程为：从总体 N 个个体中要随机抽取一个样本量为 n 的样本，每次从总体中抽取一个个体，将它看作一次试验，连续进行 n 次试验构成一个样本。每次抽出一个个体把结果登记下来再放回，重新参加下一次的抽选，因此重复抽样的样本是由 n 次相互独立的连续试验所组成的。每次试验都是在完全相同的条件下进行的，每个个体中选或不中选的机会完全一样。

与重复抽样相对应的是非重复抽样（sampling without replacement），又称为无放回抽样，其抽样过程为：从总体 N 个个体中要抽取一个样本量为 n 的样本，每次从总体中抽取一个个体，连续进行 n 次抽选，构成一个样本，每次抽选的个体不再放回。非重复抽样的样本由 n 次连续抽选的结果组成，实质上等于一次同时从总体中抽取 n 个个体组成一个样本。连续 n 次抽选的结果不是相互独立的，第一次抽选的结果会影响下一次抽样，每抽一个个体，总体的个体数就减少一个。因此，每次抽取时个体中选或下次中选的机会不同。

22.3 数据的基本整理方法

为了充分发挥数据的作用，通常要对数据做一定的整理，绘制成图表，以便进行分析。例如，关于食品的含水量与重量的数据，为了解其分布情况、随时间的变化情况以及相互关系，可以将数据绘制成图表，包括散点图、直方图和排列图等。若要分析数据的波动，了解其分布情况，除了可以借助图形显示，也可以计算数据的均值、方差等。本节将阐述一些借助常用图表整理数据的方法，以及数据的均值和方差等的计算方法。

22.3.1 散点图

1. 散点图的含义

某个面包加工厂需要确定食品坯料的重量，以保证制造出标定重量的产品，这时就需要确定产品重量和食品坯料的关系。散点图（scatter diagram）是表示两个变量之间关系的图，又称相关图，用于分析两个测定值之间的相关关系，具有直观简便的优点。可利用散点图对数据的相关性进行直观的观察，不但可以得到定性的结论，而且可以通过观察剔除异常数据，从而提高估算的准确性。

观察散点图主要是看点的散布状态，概略地估计两因素之间有无相关关系，从而得到两个变量的基本关系，为质量控制服务。

散点图的绘制步骤如下：

（1）收集成对数据。例如，食品坯料重量 x 与产品重量 y 一一对应的数据。

（2）确定散点图的坐标轴与刻度。当数据的一方为原因（x），另一方为结果

(y) 时，用横轴表示原因，纵轴表示结果。

(3) 数据打点。

(4) 标明数据的出处。在图的空白处或下部注明获取数据的时间、数据量、目的和记录者等。

2. 图形示例和解释

典型的散点图如图 22—9 所示。

(1) x 增大时，y 呈线性增加，x 与 y 之间强正相关 [图 (a)]；

(2) x 增大时，y 呈现增加趋势，x 与 y 之间正相关 [图 (b)]；

(3) x 与 y 之间的关系不明显，x 与 y 之间不相关 [图 (c)]；

(4) y 随 x 的增大呈现下降趋势，x 与 y 之间负相关 [图 (d)]；

(5) y 随 x 的增大呈线性下降，x 与 y 之间强负相关 [图 (e)]；

(6) y 随 x 的增大呈现曲线变化 [图 (f)]。

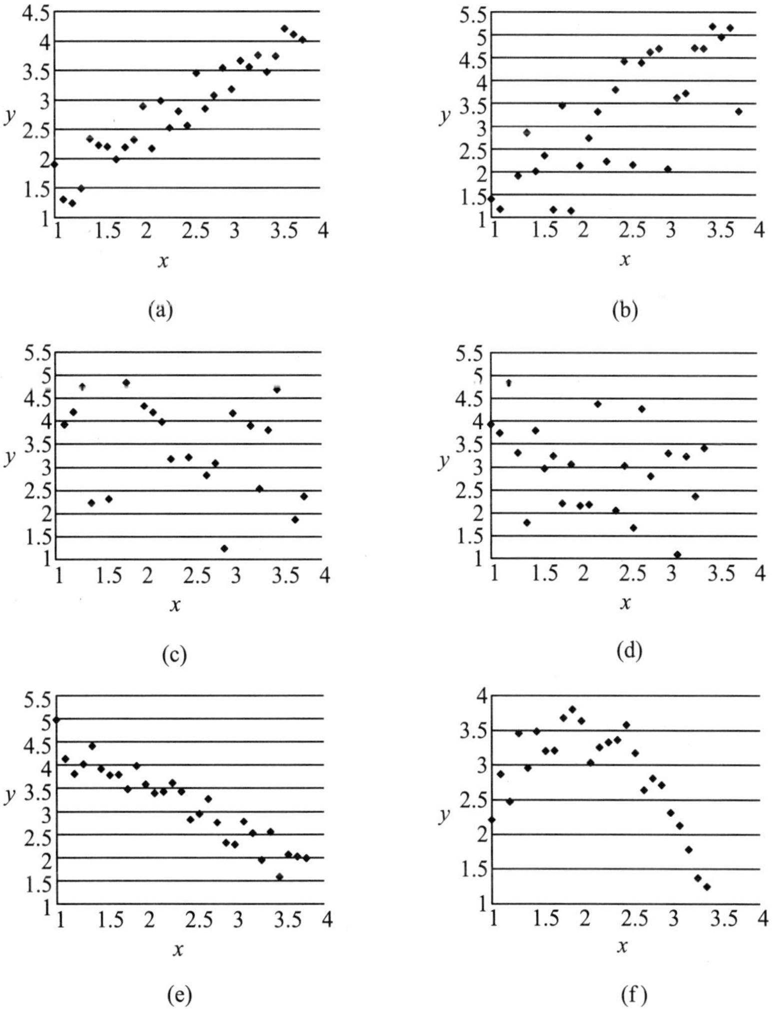

图 22—9　不同类型的散点图

22.3.2 直方图

1. 直方图的含义

了解100个苹果的含水量或重量的频数分布，可以采用直方图。直方图(histogram) 又称柱状图、质量分布图，根据收集来的数据，绘制以组距为底边、以频数为高度的一系列矩形图。直方图适用于观察数据的分布状态、与规格标准的关系等。

作直方图的目的是通过观察图的形状，判断数据的分布情况，并将其与规格相比，分析数据的质量。

2. 直方图的绘制方法

（1）找出数据的最大值和最小值。数据的数量 n 应在100以上，若数据量不够，至少应大于50。

（2）将数据分成若干组。分组数量在6～20之间较为适宜，可参照经验即 n 的平方根。

（3）计算组距的宽度。用组数去除最大值和最小值之差，得到组距的宽度。

（4）计算各组的界限。各组的界限可以从第一组开始依次计算，第一组的下限为最小值减去组距的一半，第一组的上限为其下限加上组距。第二组的下限为第一组的上限，第二组的下限加上组距就是第二组的上限，依此类推。

（5）统计各组数据出现的频数，作频数分布表。

（6）作直方图。以组距为底长，以频数为高，作各组的矩形图。

3. 使用直方图来观察和分析数据

作直方图的目的是研究数据的分布情况，因此在画出直方图后要对它进行观察和分析。在正常生产条件下，如果所得到的直方图不是标准形状，或者虽是标准形状，但其分布范围不合理，就要分析原因，采取相应措施。

（1）了解分布的状况。如果数据是从稳态过程中获取的，一般情况下，重量、尺寸等计量值的分布呈现中间高、左右对称的钟形曲线（正态分布）。对于直方图某些轻微的参差不齐，不必太注意。常见的一些直方图如图22—10所示。

1）正态分布［图（a)］，是理想的图形。

2）双峰形分布［图（b)］。如果两台设备生产的产品其均值不等，那么，把这两台设备的样本数据混杂在一起，易于呈现双峰形分布。故而需按机器进行分层，重新绘制直方图。

3）陡壁形分布［图（c)］。如果前道工序实施全数检查，将不符合标准的加以剔除，那么此工序的数据就容易出现这种分布。

4）孤岛形分布［图（d)］。当工序出现异常或测量有误时，容易出现孤岛形分布。

5）锯齿形分布［图（e)］。当直方的宽度不是测量单位的整数倍，或用带偶

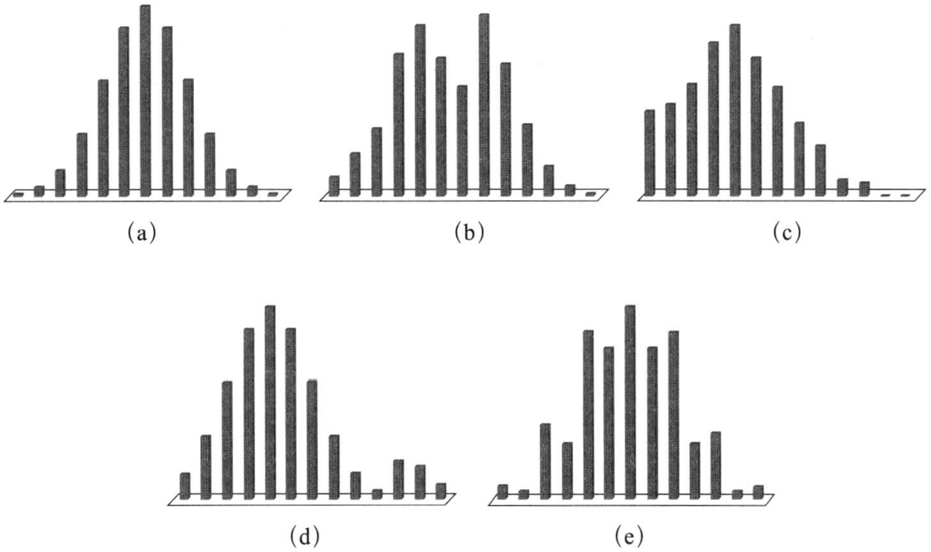

图 22—10　不同类型的直方图

数刻度的测量仪器读取奇数值，数值的读取有倾向时，易出现锯齿形分布。

(2) 观察与规格标准的关系。可以运用直方图考察生产的质量状况。将直方图与公差、容差或规格范围相比较，看直方图中的矩形是否都落在要求的范围内，为生产质量的提升提供依据。

22.3.3　排列图

1. 排列图的含义

对关于不合格品、瑕疵等质量原因以及成本、安全等问题的数据，根据内容、原因进行分层，按其发生的状况由大到小用直方表示的图称为排列图。排列图，又称帕累托图（Pareto diagram），是找出影响产品质量主要因素的一种简单有效的图表方法。利用排列图容易知道这些项目的顺序，以及特定项目在质量问题中所占的比率，据此判断改进的重点。排列图是确定重点问题不可缺少的方法。排列图的产生过程如下：

(1) 1897 年，意大利经济学家帕累托分析社会经济结构，发现 80%的财富掌握在 20%的人手里，后被称为“帕累托法则”。

(2) 1907 年，美国经济学家劳伦兹使用累积分配曲线描绘了帕累托法则，被称为“劳伦兹曲线”。

(3) 1930 年，美国质量泰斗朱兰博士将劳伦兹曲线应用到品质管理上。

(4) 20 世纪 60 年代，日本质量大师石川馨在推行质量圈时使用了排列图法，使其成为质量管理的七种基本工具之一。

排列图的制作和使用步骤如下：

- 收集数据；
- 把分类好的数据汇总，由多到少进行排序，并计算累计百分比；

- 绘制横轴与纵轴刻度；
- 绘制柱状图；
- 绘制累计曲线；
- 记入必要事项；
- 分析排列图。

2. 排列图的绘制

排列图是根据“关键的少数和次要的多数”这一原理制作的，也就是将影响产品质量的众多影响因素按其对质量影响程度的大小，用直方图顺序排列，从而找出主要因素。

排列图由两个纵坐标和一个横坐标，若干个直方和一条折线构成。左侧纵坐标表示不合格品出现的频数（出现次数或金额等），右侧纵坐标表示不合格品出现的累计频率（用百分比表示），横坐标表示影响质量的各种因素，按影响大小顺序排列，直方高度表示相应因素的影响程度（即出现频率为多少），折线表示累计频率（也称帕累托曲线）。

通常，累计百分比将影响因素分为三类：0%～80%为A类因素，即主要因素；80%～90%为B类因素，即次要因素；90%～100%为C类因素，即一般因素。由于A类因素占80%，故此类因素解决了，大部分质量问题就得到了解决。

对某一时期内照相机镜头不合格品按项目进行整理，结果如表22—1所示。

表22—1　　计算表

不合格项目	件数	比率（%）	累计件数	累计比率（%）
擦痕	56	50.9	56	50.9
破边	25	22.7	81	73.6
厚度	19	17.3	100	90.9
烧痕	5	4.5	105	95.4
材料	2	1.8	107	97.2
其他	3	2.8	110	100.0
合计	110	100	110	100.0

根据表22—1，得出排列图如图22—11所示。

3. 排列图的使用

排列图明确地显示出改进的重点。仍以照相机镜头为例，由排列图可知，如果能够采取措施消除排在第一位的擦痕，就可以减少50.9%的不合格项目。如果致力于消除排在第四位的烧痕，不合格数目的减少不到5%，改进效果甚微。

选定的项目采取各种改进措施后是否收到实效，其程度如何，被采取措施项目的直方位置发生了什么变化，不合格品的数量是否减少等，可通过比较采取措施前后一定期间内数据的排列图来了解。

排列图是发现问题、确认改进效果的有效方法，可用以：

- 作为减少不良产品的依据；

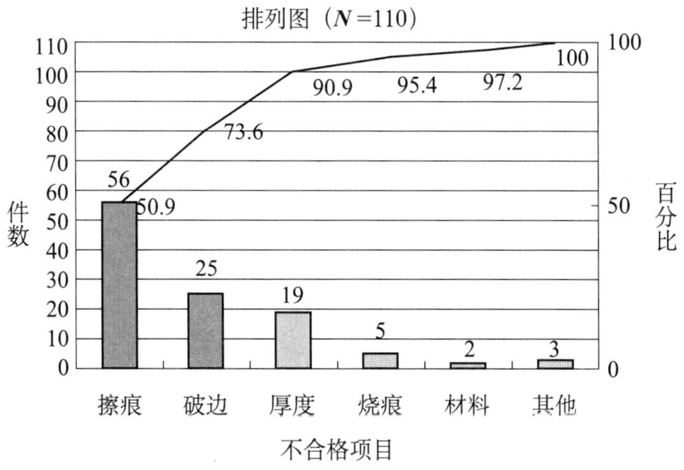

图 22—11　不合格项目的排列图

- 确定改善的目标；
- 确认改善效果；
- 发现现场的重要问题；
- 整理报表或记录；
- 对不同条件加以评价。

4. 绘制排列图的注意事项

（1）当一个产品具有两个不合格项目，并分别计入所属项目时，各不合格项目之和将大于实际不合格品数。

（2）假设项目A的返工成本是每个10元，项目B造成的废品损失是每个100元。A有50件，B有20件，对哪个项目采取措施更为重要？这时需要分析以损失金额为对象绘制排列图是否效果更好。

（3）需要从不合格项目、生产工序、设备、作业者等角度观察不合格品，并采取对策。按负责部门、原因进行分类易于采取对策。例如，对排列图第一项的内容进一步分解可使问题具体化。

（4）排列图的第一个不合格项目基本上是重点解决对象。这样的项目经常在技术上有较大难度，需要其他部门、技术人员协助，花费较长时间才能解决，因此，可由单一部门负责。易于解决、见效快的项目即使处于靠后的位置也应积极采取行动。

（5）对于包括排列图在内的各种图，都应想办法减少整理数据所花费的时间。例如，把不合格品分成擦痕、破边等项目，或者灵活运用检查表等，使绘制排列图简便易行。

22.3.4　数据特征的定量分析

在直方图中可以发现，产品的重量、尺寸、温度、原料成分等数据的分布有以下特性：

- 分布是否具有集中位置；
- 分布中心周围的波动大小；
- 分布是否左右对称；
- 分布是平缓还是尖陡。

利用直方图等可以大致知晓这些特性。现在我们来讨论对这些特性的定量描述。我们往往用中心值表示分布的位置，用分布的幅度表示波动。

1. 分布位置的定量分析

分布位置的表示方法，除了经常使用的平均值，还有数据按大小顺序排列时位于中间的中位数。

(1) 均值 ($\bar{x}$)。若 5 个产品的尺寸分别为 5.2mm，5.5mm，5.1mm，5.3mm，5.4mm，则均值 $\bar{x}$ 为数据之和除以数据的个数，即

$$\bar{x}=\frac{5.2+5.5+5.1+5.3+5.4}{5}=5.30\text{mm}$$

n 个数据 x_1，x_2，…，x_n 的均值 $\bar{x}$ 的一般表达式为：

$$\bar{x}=\frac{x_1+x_2+\cdots+x_n}{n}$$

或

$$\bar{x}=\frac{\sum_{i=1}^{n}x_i}{n}$$

式中，n 为样本量；$i=1$，2，3，…，n；$\sum_{i=1}^{n}x_i$ 表示从 $i=1$ 到 n 对 x_i 进行求和。

(2) 中位数 (M_e)。把数据按大小进行排列，处于正中间的数就是中位数。当数据的个数为奇数时取正中间的数，为偶数时取中间两个数的平均值作为中位数。例如，5.2，5.5，5.1，5.3，5.4 按从小到大的顺序排列为 5.1，5.2，5.3，5.4，5.5，中位数是 5.3。当数据为 5.2，5.5，5.1，5.3 时，中位数是 5.2 与 5.3 的平均值 5.25。中位数的优点是，即使数据中有异常值存在，与均值相比所受的影响较小。

(3) 众数 (M_o)。直方图中最大频数所对应的数值称为众数。众数有时会有两个以上。

2. 分布波动的定量分析

定量表示波动的量有很多种，经常使用的有平方和、方差、标准差和极差。它们具有相同的特征，即

- 永远非负；
- 当不存在波动时为 0；
- 当数据聚集在均值周围时数值较小，反之则较大。

(1) 离差平方和 (S)。离差平方和是离差的平方之和。所谓离差是指测量值 x_i 与其均值 $\bar{x}$ 的差 $(x_i-\bar{x})$。离差平方和的计算公式为：

$$S=\sum_{i=1}^{n}(x_i-\bar{x})^2$$

离差平方和是计算方差和标准差的基础，在众多的统计方法中使用。

(2) 方差（s^2 或 V）。离差平方和 S 的值随着数据量的增加而增大，而方差是一个与数据量无关的数，用来表示对波动的测度。方差的公式为：

$$s^2=\frac{S}{n-1}=\frac{\sum_{i=1}^{n}(x_i-\bar{x})^2}{n-1}$$

另外，S/n 称为样本偏差，以区别上面的无偏方差。在阅读统计书籍时，需要注意方差是如何定义的。

(3) 标准差（s 或$\sqrt{V}$）。平方和、方差都是数据平方的形式，不便于与平均值、离差进行比较。方差的平方根称为标准差，也用于表示对波动的测度。标准差的计算公式为：

$$s=\sqrt{\frac{S}{n-1}}$$

(4) 极差（R）。极差是样本数据中最大值 L 与最小值 S 之差，即

$$R=L-S$$

极差是表示波动的最简单方法，一般在数据量小于 10 时使用。使用极差时一般需要注明数据的个数。以前述的数据为例，$n=5$，$R=5.5-5.1=0.4$mm。

22.4 数据的统计推断

工厂每天从生产的产品中抽取一些，记录其尺寸、重量或水分等质量特性。这项工作不仅是为了了解样品的特性，更希望通过这些样品的观测值来了解所生产全部产品的整体水平，诸如当天批次质量特性的均值和波动状态等，以判断质量是否处于稳定状态。虽然通过观察图表可以获得直观的印象，可以计算样品的均值和标准差等数据特征值，但这些印象和特征值可靠吗？对我们的工作有什么指导意义？要进行深入分析，还需要应用统计推断，它包括假设检验和回归分析等。

22.4.1 假设检验

假设检验亦称显著性检验（test of statistical significance），是用来判断样本与样本、样本与总体假定的差异由抽样误差引起还是由本质差别造成的统计推断方法。其基本原理是先对总体的特征作出某种假设，然后通过样本数据的统计推理，对此假设应该被拒绝还是接受作出推断。

质量管理者经常遇到需要对两者进行比较的情况，如采购原材料的验证，抽样所得的数据在目标值两边波动，有时波动很大，如何判定这批原料是否达到了规定要求？先后做了两次实验，得到两组数据，你想知道在这两次实验中合格率有无显著变化，该怎么做呢？这时假设检验可以用来比较你的数据，告诉你两者

是否相等，同时也可以告诉你，在你做出这样的结论时你所承担的风险。假设检验先假设两者相等，即 $\mu=\mu_0$，然后用统计方法来计算验证你的假设是否正确。常用的总体参数假设检验有 Z 检验和 T 检验。

1. 假设检验的基本思想

假设检验的基本思想是小概率反证法。小概率思想是指小概率事件（$P<0.01$ 或 $P<0.05$）在一次试验中基本上不会发生。反证法思想是先提出假设（检验假设 H_0），再用适当的统计方法确定假设成立的可能性大小，如可能性小，则认为假设不成立；若可能性大，则不能认为假设不成立。

假设检验的接受域和拒绝域如图 22—12 所示。

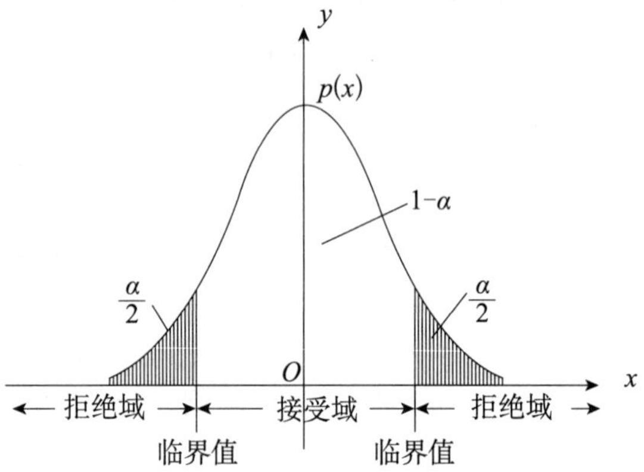

图 22—12　正态分布的原假设接受域和拒绝域

2. 假设检验的基本步骤

步骤 1：提出原假设（null hypothesis，记为 H_0）和备择假设（alternative hypothesis，记为 H_1）。

H_0：样本与总体之间（或样本与样本之间）的差异是由抽样误差引起的；

H_1：样本与总体之间（或样本与样本之间）存在本质差异；

预先设定显著性水平，即当假设 H_0 为真，却被错误拒绝的概率，记作 α，通常取 $\alpha=0.05$ 或 $\alpha=0.01$。

步骤 2：选定统计方法，根据样本观察值按相应的公式计算出统计量的数值，如 χ^2 值、t 值等。根据待解决问题的类型和特点，分别选用 Z 检验、T 检验、秩和检验、卡方检验等。

步骤 3：根据统计量的数值及其分布，确定检验假设 H_0 成立的可能性 P 并判断结果。若 $P>\alpha$，结论为：对于显著性水平 α，不拒绝 H_0，即认为差异很可能是由于抽样误差造成的；若 $P\leqslant\alpha$，结论为：对于显著性水平 α，拒绝 H_0，接受 H_1，即认为此差异不大，可能仅由抽样误差所致，很可能存在本质差异。

3. 假设检验应注意的问题

(1) 进行假设检验之前，应注意资料本身是否具有可比性。

（2）当差异有统计意义时，应注意这样的差异在实际应用中有无意义。

（3）根据资料类型和特点，选用正确的假设检验方法。

（4）根据专业及经验，确定是选用单侧检验还是双侧检验。

（5）当检验结果为拒绝假设 H_0 时，应注意有发生Ⅰ类错误的可能性，即错误地拒绝了本身成立的 H_0，发生这种错误的可能性预先是知道的，即显著性水平；当检验结果为不拒绝假设 H_0 时，应注意有发生Ⅱ类错误的可能性，即错误地接受了本身并不成立的 H_0，发生这种错误的可能性预先是不知道的，而与样本量和Ⅰ类错误的概率有关。

（6）结论不能绝对化，应注意无论接受还是拒绝假设 H_0，都有判断错误的可能性。

（7）报告结论时，应注意说明所用的统计量、单侧还是双侧检验以及 P 值的确切范围。

4. 常见的总体均值检验

根据不同的检验内容和条件，需要采用不同的检验统计量。在均值检验中，用到的检验统计量主要是 Z 统计量和 t 统计量。选择哪种统计量进行检验，需要考虑一些因素，包括样本量 n 和总体标准差 σ 是否已知。

（1）样本量。样本量是选择检验统计量时考虑的一个因素。由抽样分布理论可知，在大样本条件下，如果总体为正态分布，则样本统计量服从正态分布；如果总体为非正态分布，则样本统计量渐近服从正态分布。所以在大样本情况下，可以把样本统计量视为正态分布，使用 Z 统计量。当总体标准差 σ 已知时，Z 统计量为：

$$Z=\frac{\bar{x}-\mu_0}{\sigma/\sqrt{n}}$$

实践中当总体标准差 σ 未知时，可以用样本标准差 s 代替，即

$$Z=\frac{\bar{x}-\mu_0}{s/\sqrt{n}}$$

当样本量较小时，情况有些复杂。在假设总体为正态分布的前提下，要看我们是否掌握总体标准差 σ 的信息。

双侧检验下，如果 $|Z|$ 大于 $Z_{1-\alpha/2}$，则拒绝原假设。可以注意到 $-Z_{\alpha/2}=Z_{1-\alpha/2}$。

（2）总体标准差。在小样本情况下，如果总体为正态分布且总体标准差已知，样本统计量服从正态分布，则可以采用 Z 统计量。如果总体为正态分布但总体标准差未知，进行检验所依赖的信息有所减少，这时只能使用样本标准差，而样本统计量服从 t 分布，所以应该采用 t 统计量。与正态分布相比，t 分布更为扁平，在相同概率条件下，t 分布的临界点向两边扩展，临界点与中心的距离更远，这意味着推断的精度下降，这是总体信息 σ 未知所要付出的代价。

t 统计量的计算公式为：

$$t=\frac{\bar{x}-\mu_0}{s/\sqrt{n}}$$

t 统计量的自由度 v 为 $n-1$。双侧检验下，如果 $|t|$ 大于 $t_{1-\alpha/2}(v)$，则拒绝原假设。可以注意到 $-t_{\alpha/2}(v)=t_{1-\alpha/2}(v)$。

均值检验统计量的选择标准如图 22—13 所示。

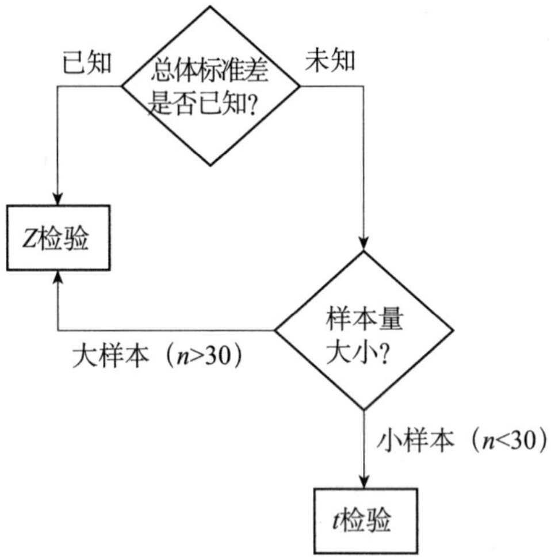

图 22—13　均值检验统计量的选择标准

5. Z 检验示例

比如，奶酪的成型装箱以前是手工作业，产品的平均重量为 252.0g，标准差为 0.9g，比较稳定。最近改成机器自动成型，抽取 20 个样本，其平均重量为 251.52g。如果标准差不变，那么自动化后的产品重量与以往的平均重量是否存在差异？

（1）建立假设，确定显著性水平。

H_0：$\mu=\mu_0$（自动化后产品重量总体均值 μ 与手工操作的总体均值 μ_0 相同）

H_1：$\mu\neq\mu_0$（μ 与 μ_0 不同）

$\alpha=0.05$

（2）计算自动化后产品重量的平均值。

$n=20$，$\bar{x}=251.52\text{g}$

（3）计算 Z 值。

$$Z=\frac{\bar{x}-\mu_0}{\sigma/\sqrt{n}}=\frac{251.52-252.0}{0.9/\sqrt{20}}=-2.385$$

（4）查表得到显著性水平 5%（双侧概率）的临界值，与 Z 值进行比较。

$|Z|=2.385>Z_{1-\alpha/2}=Z_{0.975}=1.96$

在显著性水平 5%的条件下拒绝原假设，即可以说，自动化后产品重量的总体均值与手工操作时产品重量的总体均值不同。由于 $\bar{x}<\mu_0$，可以得到自动化后产品重量下降的结论。

6. t 检验示例

延续上面的例子，假设不知道自动化后的标准差是否和原来相同，应该如何判断自动化后的产品重量与以往的平均重量是否存在差异。自动化后的奶酪重量如表22—2所示。

表22—2 自动化后的奶酪重量 单位：g

序号	1	2	3	4	5	6	7	8	9	10
重量	252.9	252.3	251.5	250.4	251.3	252.2	251.7	251.9	252.9	252.0
序号	11	12	13	14	15	16	17	18	19	20
重量	250.5	251.4	252.2	251.3	250.2	251.3	250.5	251.7	250.9	251.3

(1) 建立假设，确定显著性水平。

H_0：$\mu=\mu_0$（自动化后产品重量总体均值 μ 与手工操作的总体均值 μ_0 相同）

H_1：$\mu\neq\mu_0$（μ 与 μ_0 不同）

$\alpha=0.05$

(2) 计算自动化后产品重量的平均值。

$\bar{x}=251.52\text{g}$

$s=0.776\text{g}$

$n=20$

(3) 利用公式计算 t 值。

$$t=\frac{\bar{x}-\mu_0}{s/\sqrt{n}}=\frac{251.52-252.0}{0.776/\sqrt{20}}=-2.766$$

(4) 查表得到显著性水平5%（双侧概率）的临界值，与 t 值进行比较。

$|t|=2.776>t_{1-\alpha/2}(v)=t_{0.975}(19)=2.093$

在显著性水平5%的条件下拒绝原假设，即可以说，自动化后产品重量的总体均值与手工操作时产品重量的总体均值不同。由于 $\bar{x}<\mu_0$，可以得到自动化后产品重量下降的结论。

22.4.2 相关分析和回归分析

1. 相关和回归

生产和研究部门通过分析产品的质量特性与制造条件之间的关系，以便对生产过程进行改进，实现管理标准化。此时，相对应的两组以上观测值之间的关系常常成为研究的对象。

在两种具有对应关系的观测值 x 与 y 之间，当 y 随 x 的变化而变化时，称两者相关。利用统计方法判定有无相关称为相关分析（correlation analysis）。分析两组观测值 x 和 y 之间的关系时，首先绘制散点图，观察是否相关和相关程度，以及有无异常值等。当 x 和 y 都是服从正态分布的计量值时，通过计算相关系数来判断 x 与 y 的相关程度，可用回归方程来定量描述 x 与 y 的关系。

相关系数 r 的表达式如下：

$$r=\frac{S_{xy}}{\sqrt{S_{xx}S_{yy}}}$$

式中，$S_{xy}=\sum(x-\bar{x})(y-\bar{y})$；$S_{xx}=\sum(x-\bar{x})^2$；$S_{yy}=\sum(y-\bar{y})^2$。

回归分析（regression analysis）是一种利用统计学对数据进行分析的方法，以判断两组数据之间是否存在一种特定关系。回归分析的目的在于了解两个或多个变量之间是否相关、相关方向与强度，并建立数学模型以便通过观察特定变量来预测研究者所感兴趣的变量。回归分析有多种类型。依据自变量（又称解释变量）的个数，可分为一元回归分析和多元回归分析。依据自变量和因变量（又称被解释变量）之间的关系，可分为线性回归和非线性回归。

2. 回归方程

在一个面包房中，面坯重量 x 与面包重量 y 之间的相关程度可用相关系数来表示。为了减少产品重量的波动，必须进行解析。例如，当原料的重量为某一数值时，其成品的重量是多少？为了把产品重量的波动控制在一定范围内，要知道必须把原料的重量控制在什么范围内。利用这种关系，通过调整原料的重量来修正产品的重量。除了原料的重量，也可以研究烤制温度、烤制时间等因素对成品重量的影响程度。这样的定量描述产品重量随原料重量变化的关系式，称为回归方程。图 22—14 给出了一个回归方程的示例。

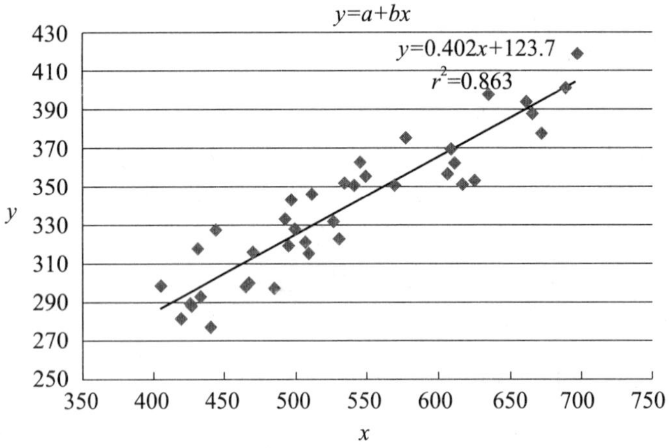

图 22—14　回归方程示例

3. 回归分析的步骤

步骤 1：确定自变量和因变量。

明确预测的具体目标，确定因变量。如果预测的具体目标是下一年度的销售量，那么销售量就是因变量 Y。通过调查市场和查阅资料，寻找预测目标的相关影响因素，即自变量，并从中选出主要的影响因素。

步骤 2：建立回归预测模型。

依据自变量和因变量的历史统计资料进行计算，在此基础上建立回归分析方程，即回归分析预测模型。

步骤 3：进行相关分析。

回归分析是对具有因果关系的影响因素（自变量）和预测对象（因变量）所进行的数理统计分析。只有当自变量与因变量确实存在某种关系时，建立的回归方程才有意义。因此，作为自变量的影响因素与作为因变量的预测对象是否相关、相关程度如何、对这种相关程度的把握有多大，就成为进行回归分析必须解决的问题。进行相关分析，一般要计算相关系数，以相关系数的大小来判断自变量和因变量的相关程度。

步骤 4：检验回归模型，计算预测误差。

回归模型可否用于实际预测，取决于对回归模型的检验和对预测误差的计算。只有进行各种检验，且预测误差较小，才能利用回归方程进行预测。

步骤 5：计算并确定预测值。

利用回归模型计算预测值，并对预测值进行综合分析，以确定最后的预测值。

第23章 非量化质量工具

质量工具中，有很多并不需要基于收集的数据进行定量分析。本章将质量领域常用的一些非量化质量工具进行汇总，对流程图、因果图、检查表、头脑风暴法、亲和图、树图、PDPC图、关联图、矩阵图等九种工具进行简单介绍。

23.1 流程图

23.1.1 概述

流程图（flowchart），又名过程流程图（process flowchart）、服务流程图，是将一个过程（如管理和服务过程、制造过程、质量改进过程等）的步骤用图的形式表示出来的一种工具。流程图按其演变顺序依次分为：概略流程图、自上而下流程图、细节流程图、多层次流程图。

其适用场合为：

- 对过程进行更好的解释；
- 研究过程中产生的问题并加以改进；
- 记录过程；
- 设计新的过程。

其使用步骤为：

(1) 判别过程的开始和结束。

(2) 找出过程中发生的所有步骤。

(3) 画出流程草图。

(4) 与过程涉及的所有相关人员一起检查流程草图。

(5) 根据评审结果改进流程草图。

(6) 注明正式流程图形成的日期，以供将来使用和参考。

23.1.2 应用实例

1. 概略流程图

概略流程图（macro flowchart）又名高水平流程图（high-level flowchart）

或高水平过程图（high-level process map），一般用于描述过程的主要步骤。图23—1是一个交付订货的过程。

图23—1　概略流程图示例

应注意：概略流程图的步骤尽量简洁，并且在图中使用名词；概略流程图不能显示决定、延误、循环等步骤。

2. 自上而下流程图

自上而下流程图（top-down flowchart）展示了一个过程或项目的最重要步骤以及第一层子步骤，主要用于分析主要步骤以及每一步骤的关键活动（见图23—2）。这是用流程图来表示过程最有效的方法，可以减少资源浪费并降低过程复杂性。

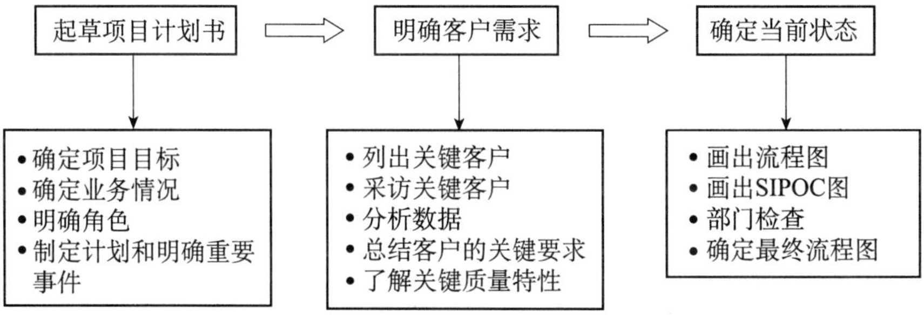

图23—2　自上而下流程图示例

3. 细节流程图

细节流程图又称过程图（process chart）、微观图（micro map）和标志流程图（symbolic flowchart）。细节流程图能够显示行动、决定、延误、循环以及输入和输出等过程运行所需要的细节信息（见图23—3）。

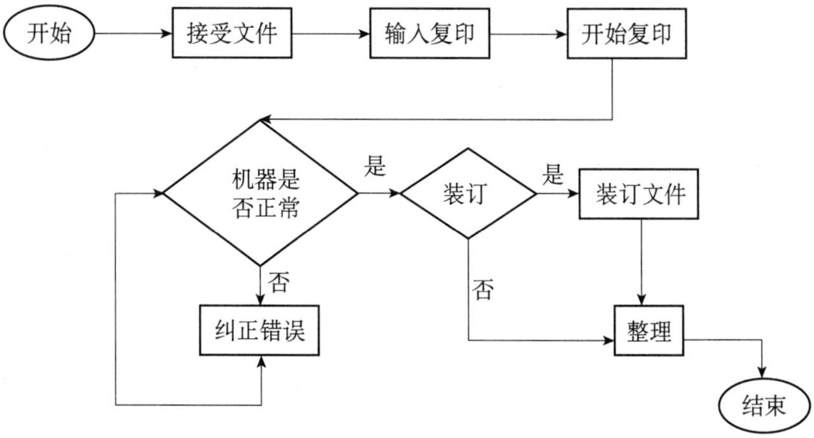

图23—3　细节流程图示例

23.2 因果图

23.2.1 概述

因果图（cause-and-effect diagram）又称石川图、特性要因图、树枝图、鱼刺图等。它是揭示质量特性及其潜在原因，即表达和分析因果关系的一种图表。

其适用场合为：

- 表达因果关系；
- 分析因果关系，识别症状，分析原因，以采取措施解决问题。

其使用步骤为：

(1) 简明扼要地确定结果，即确定需要解决的质量问题。

(2) 确定产生结果的主要原因类别，如人员、设备、材料、方法、环境等。

(3) 开始画图，把“结果”画在右边的矩形框中，把各类主要原因放在左边，作为“结果”的输入（见图 23—4）。

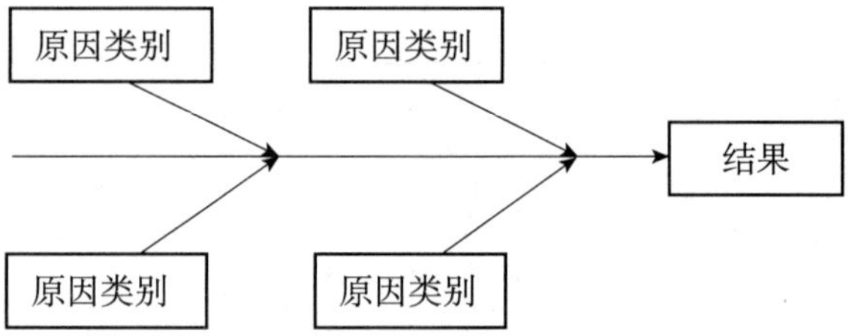

图 23—4　一层因果图示例

(4) 寻找下一层次的原因，画在相应的主枝上，继续一层层地展开下去。一张完整的因果图至少有两层，一般应展开到可采取措施为止（见图 23—5）。

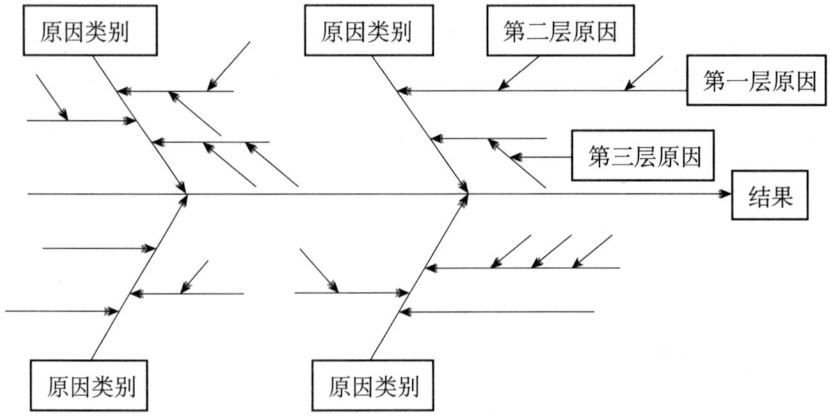

图 23—5　多层因果图示例

(5) 从最末一层的原因中选取少量（一般为 3～5 个）对结果有较大影响的原因（一般称为“要因”），并对它们做进一步研究。

23.2.2 应用实例

图 23—6 是某制药厂盐酸林可霉素成品色级不合格的因果图，图中框出来的末端因素是要因。

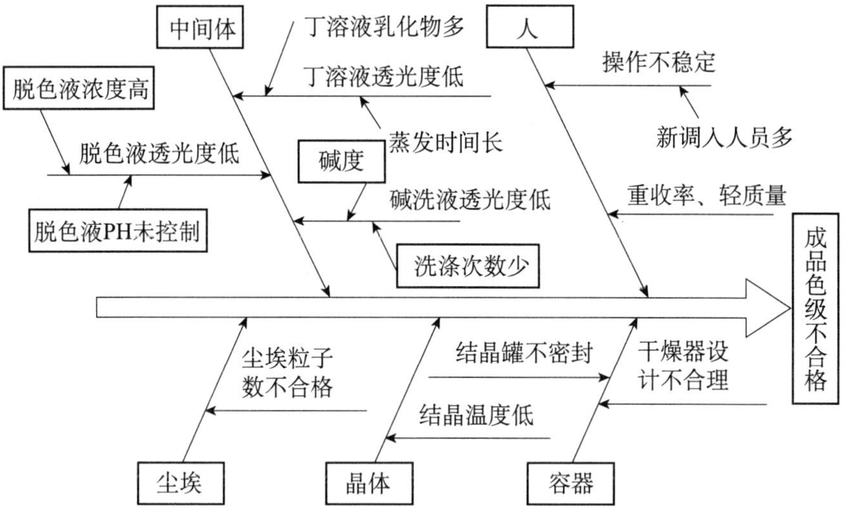

图 23—6　完整因果图示例

23.3 检查表

23.3.1 概述

检查表（check sheet）是为收集和分析数据提前准备的表格。

其适用场合为：

- 重复观察和收集数据；
- 收集频数或特征的数据；
- 收集生产过程的数据。

其使用步骤为：

（1）确定观察的对象。

（2）确定收集数据的初始时间以及时间长度。

（3）设计表格。要使数据能够使用“√”或“×”等类似符号简单记录下来，在分析数据时不必重新复制。

（4）用短时间的数据来测试检查表，确保它能够收集合适的数据。

（5）开始记录数据。

23.3.2 应用实例

某卷烟生产过程中的成品外观质量存在一些问题。为进一步了解成品不合格情况，设计检查表如表 23—1 所示。

表 23—1 检查表示例

批次	成品量（箱）	样品数（只）	不合格品数	外观不合格项目								
				切口	贴口	空松	短烟	过紧	钢印	油点	软腰	表面
1	10	500	3	1					1			1
2	10	500	3			2	1					
3	10	500	2		1					1		
⋮	⋮	⋮	⋮	⋮	⋮	⋮	⋮	⋮	⋮	⋮	⋮	⋮
250	10	500	2			1		1				
总计	2 500	125 000	990	80	297	458	35	28	10	15	12	55

调查者： 调查日期：
调查现场：

23.4 头脑风暴法

23.4.1 概述

头脑风暴法（brainstorming）又称畅谈法和集思法，是采用会议的方式，引导各个参与者围绕中心议题广开思路，畅所欲言地发表独立见解的一种集体思维方式。头脑风暴法能够在短时间内产生大量的观点，其演变得到的几种头脑风暴法参见应用实例。

其适用场合为：

- 寻找多种解决方案；
- 寻找创新方案；
- 全组人员参与讨论。

其使用步骤为：

（1）令全体成员明白头脑风暴法的规则：

1）领导同与会者是平等的；

2）没有愚蠢的观点，只有想不到的观点；

3）鼓励结合、修改或扩展其他人的观点，但不允许评论或批驳别人的观点；

4）任何观点都将被记录下来。

（2）明确会议将讨论的主题或问题。

（3）让所有人用 1～2 分钟思考这个主题或问题。

（4）要求每个小组成员大声说出自己的观点，同时毫无遗漏地记录下来。

（5）会议持续到无人发表观点为止。

（6）将所有观点重复一遍，使每个组员回忆起所有观点的内容。

（7）对各种见解进行评价、论证，最后按问题进行归纳。

23.4.2 应用实例

1. 循环头脑风暴法

循环头脑风暴法（round robin brainstorming）适用于某个或某些小组成员

的观点会影响和限制其他小组成员的观点的情形。此时，在步骤（4）中，让小组成员轮流说出观点，循环进行，如果无观点则跳过。但是如果在一个不存在这个问题的小组中使用该方法，将会限制创造力的发挥或导致不耐烦的情绪。

2. 疯狂头脑风暴法

疯狂头脑风暴法（wildest idea brainstorming）适用于观点已穷尽，需再次激发时。此时，在步骤（4）中，只允许产生疯狂的、不现实的观点；在步骤（7）中讨论能否将这些观点加以修改，使其变成可实现的。

3. 双重逆转法

双重逆转法（double reversal）适用于观点已穷尽，需再次激发时。在步骤（3）中让所有成员逆向思考所需讨论的问题；在步骤（7）中把每一个观点逆转过来陈述，在另一张纸上写下逆转后的陈述和新产生的观点。

例如，学校的老师们用头脑风暴法解决如下问题："如何鼓励家长更多参与到孩子的教育中?"该问题的相反问题为："如何阻止家长参与到孩子的教育中?"以下是他们的一些观点，以及逆转过后得到的新观点（见表23—2）。

表23—2　双重逆转法示例

观点	逆转过后的新观点
● 将学校大门紧闭	● 将学校大门敞开 ● 学校开放晚上和周末的活动 ● 对外开放学校的图书馆
● 老师看起来难以接近	● 老师随和，容易接触 ● 将老师的资料和背景和家长们分享
● 从来不告诉家长孩子们在学什么	● 经常与家长交流孩子们的学习情况 ● 提前告诉家长孩子们将要学习的课程信息
● 从不与家长交流	● 经常和家长交流 ● 提供老师的电子邮件

4. 星爆法

星爆法（starbursting）适用于头脑风暴法产生的观点有潜在问题或需要缩小这些观点的考虑范围的情况。在头脑风暴法的最后，让小组成员大声说出需要解决的问题，记录下来以待解决。

5. 施瑞特法

施瑞特法（Charette procedure）适用于一个大团体需要针对某一问题的许多方面产生新观点的情况。其实施步骤如下：

（1）将开会的所有人员分成5～8人的小组，并为每个小组指定一名组长，组长负责记录观点。

（2）给每个组长分配一个议题，也可将同一个议题分配给多个组长。

(3) 每个小组采用头脑风暴法进行问题的讨论(最好有一个总的时间限制)。
(4) 每个小组交换组长进行新的讨论。
(5) 重复步骤(3)和(4)直至所有组都讨论过每个议题。
(6) 所有人员集中讨论并最终确定产生的所有观点。

23.5 亲和图

23.5.1 概述

亲和图(affinity diagram)又称为A型图、近似图,它把收集到的大量有关某一主题的意见、观点、想法和问题,按它们之间的相互亲近关系加以归类和汇总。

其适用场合为:

- 事实或观点处于混乱状态;
- 问题看起来太大、太复杂而无法掌握。

其常用场合为:

- 整理头脑风暴的大量观点;
- 绘制树图和情景挂板。

其使用步骤为:

(1) 将每个观点写在不同的卡片上。
(2) 将卡片随机放在一起。
(3) 把有关联的卡片归在一组,若有卡片属于多个组,则需制作多张相同的卡片。
(4) 找出一张能代表该组内容的主卡片,放在该组的最上面。
(5) 可将一些组作为超级组。
(6) 讨论亲和图的形状。
(7) 画出亲和图。

23.5.2 应用实例

某制造小组使用亲和图建立它的潜在绩效指标列表。表23—3是小组成员头脑风暴后所形成的观点列表。图23—7是其亲和图示例。

表23—3　　头脑风暴后的观点列表

可能的绩效测量指标			
纯度 微量金属的质量分数 维修成本 紧急作业数 产量 环境事故 物料成本 加班成本	能力利用率 泵密封失效的次数 黏度 C_{pk}值 安全性 从上次损失到现在的天数 返修或拒收的百分率 停工小时数	开工率 可记录的OSHA次数 回头客数 顾客抱怨 加班时间/总时间 每生产1磅的成本 原材料利用 清洁得分	生产率 公用设施费用 水 颜色 服务 周转时间 工作时间/工人数 浪费

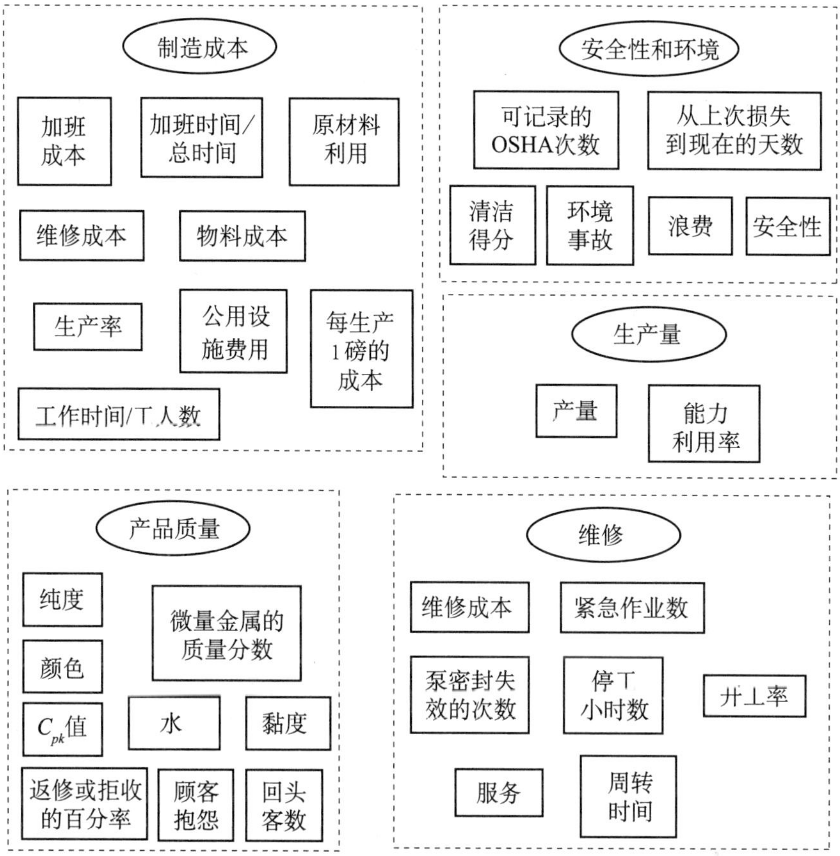

图 23—7　亲和图示例

23.6　树图

23.6.1　概述

树图（tree diagram）又称为系统图，是表示某个问题与其组成要素之间的关系，从而明确问题重点，寻求达到目的所应采取的最适当的手段和措施的一种图形。树图通常用来将主要类别分解成越来越详细的层次。

其适用场合为：

- 方针目标实施项目的展开；
- 对过程进行详细分析；
- 探究问题的根本原因；
- 评估方案。

其使用步骤为：

（1）给出项目的目标、方案、计划、困难或研究的内容。

（2）通过提问向下一层次展开，针对不同的任务类型采用不同的提问方式，如：

1）对于一个目标、行动方案或一项任务分解工作，可以提问：“如何达成目标?”

2）对于根本原因分析，可以提问：“是由什么引起的?”

（3）进行必要性和充分性检验。确定某层中的所有项目对于上一层项目都是必要的，同时确认该层项目能够充分支持上一层项目。

（4）将产生的新想法作为下一层的新主题，实施步骤（2）和（3）。不断进行分解直至得到基本元素，即可执行的、不可再分的具体行动方案或根本原因。

（5）对整张图进行充分性和必要性分析。

23.6.2 应用实例

树图如图 23—8 所示，与在项目管理中所用到的工作分解结构相似。

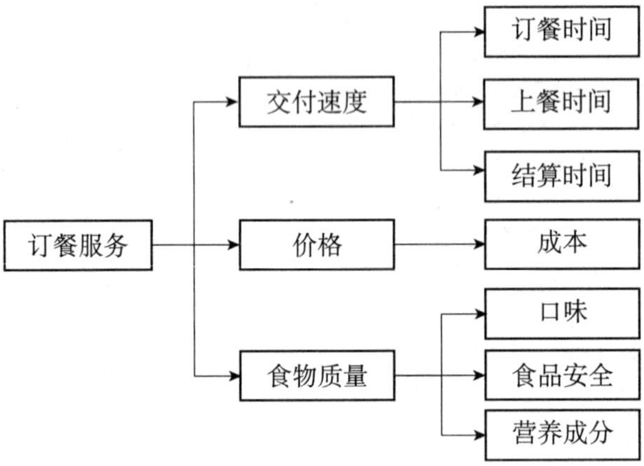

图 23—8 树图示例

23.7 PDPC 图

23.7.1 概述

PDPC 图即过程决策程序图（process decision program chart），可系统地确定一个项目在发展过程中会产生什么错误，制定对策来预防这些问题。通过使用 PDPC 图，可以制定计划以避免这些问题，或者在问题真正产生时做出最合适的反应。

其适用场合为：

- 执行计划之前；
- 计划庞大复杂；
- 计划必须如期完成；
- 项目的失败成本较高。

其使用步骤为：

（1）绘制所提议计划的树图，最好是树图的高层图。首先给出目标，第二层次是主要活动，第三层次是完成主要活动的具体工作。

(2) 对于第三层次的每个项目，用头脑风暴法分析将会出现的问题。

(3) 检查所有的潜在问题，并剔除不可能发生的情况。将问题列在第四层。

(4) 对于每个潜在问题，利用头脑风暴法产生可能的对策，将对策列在第五层。

(5) 确定每个对策的实际可操作性，使用诸如成本、所需时间、执行难度、有效性这些标准。不具可操作性的对策标上"×"，可操作的对策标上"√"。

23.7.2 应用实例

图23—9是一个PDPC图，当过程是新的时——这意味着没有失效类型和频率的以往数据——它是非常有用的工具。

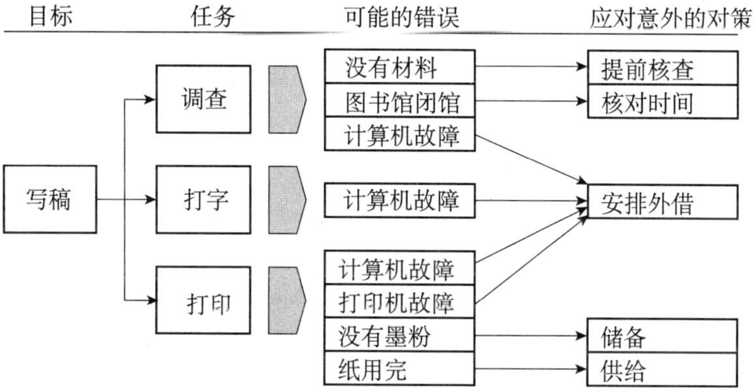

图23—9 PDPC图示例

23.8 关联图

23.8.1 概述

关联图（relations diagram）又称相关图和网络图，是表示原因和结果之间相互关系的一种图。关联图可以帮助工作团队分析一个复杂问题的不同方面的内在联系。

其适用场合为：

- 理解各种想法之间的联系或因果关系；
- 分析一个复杂问题的各种原因。

其常用场合为：

- 确定各种因素中影响最大的；
- 在创建亲和图、因果图或树图之后，更加全面地揭示各想法之间的关系；
- 贯彻一个复杂的计划。

其使用步骤为：

(1) 明确关联图所要揭示的问题。

(2) 围绕这个问题展开头脑风暴，并把各个观点记录在卡片上。如果在头脑风暴法之前已经使用了其他工具，例如亲和图、树图，那么可以从图中最后一个分支得到一些观点，可以把这些观点作为头脑风暴法的补充。

(3) 让这个卡片靠近与之最相关的卡片。

(4) 不断重复上述三个步骤直至所有卡片的观点都摆上工作台。

(5) 在有关联的观点之间画出箭头，箭头指向受影响的观点。

(6) 分析关联图：

1) 计算每个观点的输入和输出箭头个数。

2) 记录主要是输出箭头的观点，即基本原因。

3) 记录主要是输入箭头的观点，即最终结果。

4) 检查输入、输出箭头都少的观点，判断其是不是关键观点——箭头的个数只是一个指标，不是绝对标准。最后，将关键观点用粗实线框起来。

23.8.2 应用实例

一个计算机支持小组正在计划一个重点项目：更新大型计算机。小组画出了关联图（见图 23—10），以便对项目涉及的一组因素进行分类。画完所有箭头后，关键想法便可以确定下来。“新软件”有一个箭头输入、六个箭头输出；“安装新主机”有一个箭头输入，四个箭头输出；“服务中断”有三个箭头输入，小组将它们确认为关键想法。

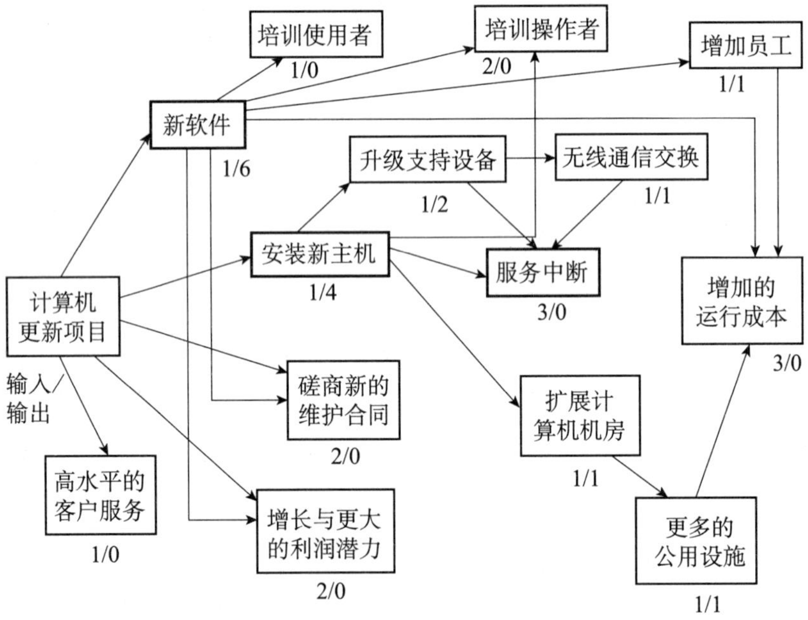

图 23—10 关联图示例

23.9 矩阵图

23.9.1 概述

矩阵图（matrix diagram）又称矩阵（matrix）和矩阵表（matrix chart），适

用范围很广。矩阵图可以表示几组信息间的关系，同时提供更多相关性的信息，如强度、不同个体的角色或测量方式。分别有六种不同形状的矩阵：L型、T型、Y型、X型、C型和屋顶型。

其适用场合为：

- 理解不同数据间的关系；
- 表达不同数据间的关系。

其常用场合为：

- 给一组人分配任务（可称为责任矩阵）；
- 将客户要求与过程因素相联系（可称为关键质量矩阵）；
- 区分哪些问题影响哪些产品；
- 寻找因果关系；
- 寻找将要同时执行的两个计划间的补充和冲突关系。

前述六种矩阵适用的不同场合如表23—4所示。

表23—4　　各种矩阵表的适用场合

矩阵	组数	关系
L型	2	A←→B（或A←→A）
T型	3	B←→A←→C；但不能B←→C
Y型	3	A←→B←→C←→A
C型	3	3个同时相关（3维）
X型	4	A←→B←→C←→D←→A，但不能A←→C或B←→D
屋顶型	1	A←→A和A←→B

其使用步骤为：

(1) 确定需要比较的组以及需要分析的信息。

(2) 选择适合的矩阵形式。

(3) 画矩阵网格线。

(4) 沿矩阵各轴列出说明（可将矩阵各轴显示成阴影以强调矩阵的名称）。

(5) 确定在矩阵中表达信息的符号（见表23—5），注明图例的含义。

(6) 组间逐项比较，在交叉项上标注合适的符号。

(7) 分析矩阵。

表23—5　　符号表

◎ 强相关 ○ 中等相关 △ 弱相关或潜在相关 　不相关	＋ 正相关 0　中性相关 － 负相关
S 供方 C 顾客 D 雇员 O 雇主	↑ 左边的项影响上边的项 ← 上边的项影响左边的项 箭头一般放在表示关系强弱的符号旁边

23.9.2 应用实例

1. L 型矩阵

L 型矩阵用于两组信息间的比较（或与自身的比较），即 A←→B（或 A←→A）。

表 23—6 是总结客户需求的 L 型矩阵，显示了每个外部客户对产品规格、包装选择和运送方式的要求。在表格中填写数字化的公差范围，并用符号说明包装和运送方式的选择。这样构成倒置的 L 型矩阵，它是最基本、最常见的矩阵形式。

应注意：L 型矩阵最常用，但不一定最适合。使用时，应结合各组数据及它们之间的可能关系和其他矩阵形式，考虑是否其他形式的矩阵更能清楚地表现数据的含义。

表 23—6　L 型矩阵（客户需求）

项目	顾客 C	顾客 M	顾客 R	顾客 T
纯度（%）	>99.2	>99.2	>99.4	>99.0
微量金属（10^{-6}）	<5	—	<10	<25
水（10^{-6}）	<10	<5	<10	—
黏度（cP）	20～35	20～30	10～50	15～35
颜色	<10	<10	<15	<10
塑料膜		√		
卡车	√			√
有轨车			√	

2. T 型矩阵

T 型矩阵用于三组信息间的比较。A 组可以分别和 B 组和 C 组进行比较，但是 B 组与 C 组之间不能相互比较，即可以 B←→A←→C，但不能 B←→C。

图 23—11 是表示四种产品模型与它们的生产地点和顾客的关系的 T 型矩阵。可以通过从不同的角度研究矩阵来获得不同的信息。例如，集中研究产品模型 1，在得克萨斯州的工厂大批量生产，在亚拉巴马州小规模生产；时代公司是产品模型 1 的主要客户，艾罗公司只购买少量产品。如果集中研究顾客行为，会发现只有一个顾客——艾罗公司购买所有四种产品，齐格公司只购买一种，时代公司大批量购买产品模型 1 和 4，相比之下，里尔公司是不太重要的客户。从图 23—11 中只能得到产品模型和生产地点的关系以及产品模型和顾客的关系，不能得到生产地点和顾客的关系。

3. Y 型矩阵

Y 型矩阵用于三组信息间的比较，即 A←→B←→C←→A。

生产地点	得克萨斯州工厂	●		○	○
	密西西比州工厂		●		○
	亚拉巴马州工厂	○			●
	阿肯色州工厂		○	●	
产品模型	大批量	产品模型1	产品模型2	产品模型3	产品模型4
顾客	齐格公司		●		
	艾罗公司	○	○	○	●
	里尔公司			○	
	时代公司	●			●

图 23—11　T 型矩阵示例（生产地点—产品模型—顾客）

4. C 型矩阵

C 型矩阵用于在三维空间中同时比较三组信息。

5. X 型矩阵

X 型矩阵用于四组信息间的比较，四组信息是循环比较，即 A←→B←→C←→D←→A，但不能 A←→C 或 B←→D。

图 23—12 将图 23—11 中的 T 型矩阵加入运输公司进行拓展。矩阵的每一个轴和相邻的两轴相联系，但与对面的轴没有联系。例如，产品模型与生产地点以及顾客相联系，但与运输公司无联系。我们可以看到红线公司和万向公司并不是重要的运输公司，它们只向里尔公司提供服务；产品模型 3 的顾客是里尔公司和艾罗公司，里尔公司的购买数量不多；每个模型都有一个主要生产地和一个小规模生产地点，但产品模型 4 例外，它有两个小规模生产地点。

生产地点

运输公司（左）　产品模型（右）

○		●	○	得克萨斯州工厂	●		○	○
	○	●	●	密西西比州工厂		●		○
		●	●	阿拉巴马州工厂	○			●
○	○		○	阿肯色州工厂		○	●	
红线公司	万向公司	环球公司	南方公司		产品模型1	产品模型2	产品模型3	产品模型4
		●	○	齐格公司		●		
			●	艾罗公司	○	○	●	●
○	○			里尔公司			○	○
		●		时代公司	●			●

顾客

图 23—12　X 型矩阵示例（生产地点—运输公司—顾客—产品模型）

6. 屋顶型矩阵

屋顶型矩阵用于与自身比较，通常与L型或T型矩阵一起运用，即A←→A或A←→B。屋顶型矩阵常用于质量屋，组成“屋”的“顶”。质量屋是质量功能展开的核心，是产品开发中连接用户需求与产品属性的经典工具（参见24.2节）。

第 24 章 集成化质量工具

本章介绍一些复杂的质量管理工具，包括质量成本、质量功能展开、失效模式与后果分析、可靠性工程、试验设计、测量系统分析、统计过程控制和精益生产等，这些工具方法往往集成了若干量化的统计技术和非量化的质量工具，支持和促进质量管理体系的持续改进和有效运行。

24.1 质量成本

质量成本（cost of quality，COQ）是全面质量管理活动的经济表现，是衡量质量管理体系有效性的一个重要因素。通过质量成本进行核算和分析，可以找到降低成本的途径，促进经济效益的提高，进而监督和指导质量管理活动正常进行。因此，若要进行全面质量管理和财务成本管理，必须研究质量成本问题。

24.1.1 质量成本的基本概念

质量成本的概念是 20 世纪 50 年代由美国质量管理大师朱兰和菲根堡姆等人提出的。质量成本又称为质量费用，是企业总成本的一部分，指为了确保和保证满意的质量而支出的费用，以及没有获得满意的质量而导致的有形和无形的损失。定义中："为了确保和保证满意的质量而支出的费用"包括预防成本和鉴定成本；"没有获得满意的质量而导致的有形和无形的损失"则包括内部故障成本和外部故障成本。质量成本的构成随后解释。

在理解质量成本概念时，应注意以下几点：

（1）质量成本是客观存在的，在实际生产过程中总是要发生。

（2）质量成本不仅针对产品生产过程中的符合性质量，而且基于适用性质量和大质量概念，除了不符合的成本，还包括过程低效率和失去实现销售收入的机会等方面的成本。

（3）质量成本是各过程中与没有把事情第一次做对、做精益有着密切联系的费用。

（4）质量成本并不包括研发、制造和服务过程中与质量有关的全部费用，只是其中的部分费用。

24.1.2 质量成本的构成

质量成本可以分为四类：预防成本、鉴定成本、内部故障成本和外部故障成本，其结构如图24—1所示。

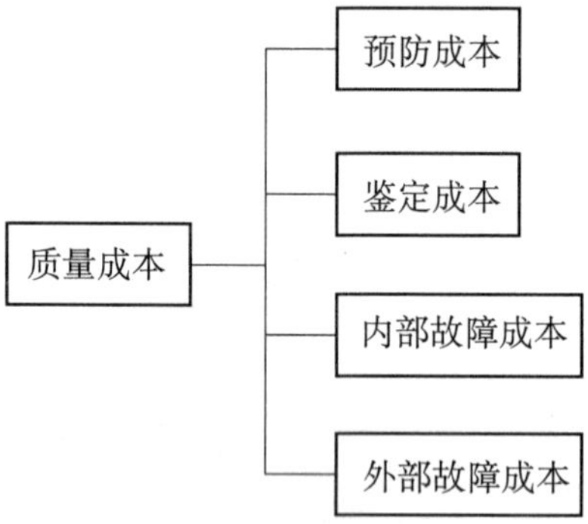

图24—1 质量成本的构成

（1）预防成本。是指为了使损失成本和鉴定成本保持最低而发生的成本。主要包括：质量策划费用、新产品评审费用、工序能力控制及研究费用、质量管理体系的研究和管理费用、供应商评价费用、顾客调查费用、培训费用以及质量管理人员的费用等。

（2）鉴定成本。是为了评定质量满足要求的程度而发生的成本，包括测量、实验、检验、测评以及数据分析等鉴定活动所花的费用。其目的主要是发现并解决问题，确保采购产品、中间产品、产成品符合质量标准并满足顾客要求，减少废次品流向市场。主要包括：外购材料及外协外购件的实验和检验费、计量仪器仪表的校准和维护费、工序检验费、质量审核费用、顾客满意度测评费用以及其他鉴定费用等。

（3）内部故障成本。又称为内部损失成本，是指交付前发现的，因未能满足顾客要求以及尽管满足要求但过程效率低而产生的不良成本。主要包括：报废损失、返工返修损失、降级使用损失、停工损失、质量事故分析及处理费，以及尽管生产合格产品但过程低效率的损失，如流程烦琐、设计和工艺更改等非增值费用，库存过多、设备能力过剩等不够精益的浪费，以及支持性过程的差错等。

（4）外部故障成本。又称为外部损失成本，是指交付后发现的，因未能满足顾客要求以及失去销售机会而产生的不良成本。主要包括：顾客投诉处理费、退货损失、赔偿损失、产品售后服务费，以及因质量问题失去现有合同和新顾客、新合同等。

24.1.3 质量成本各要素之间的关系

所谓质量成本的构成，指的是预防成本、鉴定成本、内部故障成本和外部故障成本在质量总成本中所占的比例。一般来说，企业在推行质量成本管理的初期，注重通过增加预防和鉴定成本来降低内外部故障成本，随着质量水平和经营管理成熟度的提升，将着力于通过增加预防成本来降低鉴定成本和故障成本。

质量成本管理的目标是把总质量成本降到最低水平，这一水平由总损失成本、鉴定成本和预防成本决定。20 世纪 50 年代，朱兰和格里纳（Gryna）给出如图 24—2 所示的最优质量成本的传统模型。图中，横坐标代表用产品合格率表示的质量水平，从左到右，质量水平逐渐提高；纵坐标表示为达到相应的质量水平所需支付的质量成本，自下而上逐渐增加。图中的三条曲线分别表示鉴定和预防成本、损失成本以及质量成本总额的变化。从图中可以看出，损失成本随着质量水平趋于完美而不断下降，而鉴定和预防成本则不断增加。从图中还可以看出，存在一个最优质量水平，在这一水平上，损失成本、鉴定成本和预防成本之和达到最小值。所以，当时人们认为超越最优质量水平的质量改进会导致质量成本总额的增加。

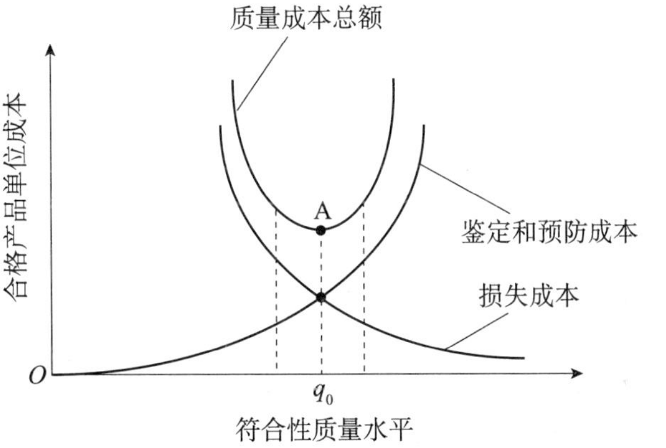

图 24—2　最优质量成本的传统模型

后来，朱兰意识到在很多情况下，最优质量成本的传统模型存在缺陷。传统的质量成本基于狭义质量和符合性质量，在故障成本方面收集范围过窄，而且忽视了三个方面的隐藏成本：一是非生产过程的过程质量故障损失；二是尽管生产合格产品但过程低效率的损失，这种低效率来自过高的资源消耗和非增值的过程步骤等；三是由于不良质量而导致的销售损失，包括因质量问题以及产能不足而导致的顾客流失等。这导致人们对故障成本的估计过低，以至于认为在低于100％合格水平的某处存在一个适宜的质量成本。当将三个方面的隐藏成本分别加入内部、外部故障成本后，可以得出如图 24—3 所示的现代质量成本模型。同时，随着技术和管理水平的提升，以及六西格玛管理等方法的推进，很多时候，质量水平可以很经济地达到近乎完美，最优质量成本的现代模型就考虑到零缺陷率的可能性。

当鉴定和预防成本为零时，表示企业对质量不加任何控制，此时的质量水平显然是最低的，于是质量损失成本最高，质量成本总额也就最高。随着鉴定和预防成本的增加，质量水平逐渐提高，质量损失成本也就逐渐降低，而且，质量损失成本降低的速度超过了鉴定和预防成本增加的速度，质量成本总额逐渐降低，

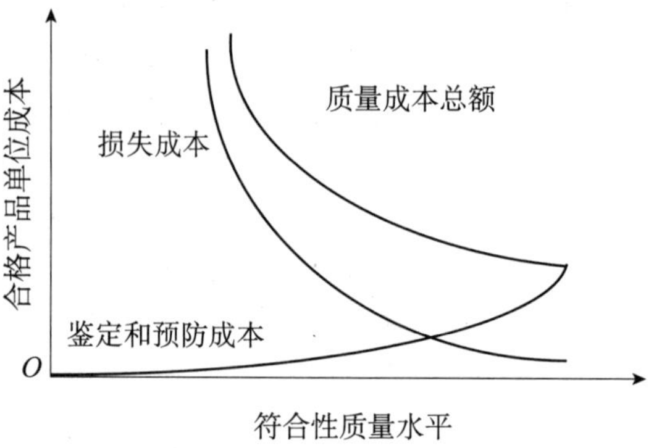

图 24—3　最优质量成本的现代模型

质量成本总额曲线呈下降趋势。

最优质量成本的现代模型告诉我们，质量水平越高，质量成本总额越小。完美无缺是我们对未来的向往，但这并不意味着它是所有情况下最经济的目标。然而，产业界面临着日益增加的实现完美的压力，展望未来，实现100%符合的趋势将会扩展到越来越多的产品和服务。从长远和总体的角度看，质量水平越高，质量成本越低，即“质量是免费的”。

24.1.4　质量成本分析

质量成本分析是质量成本管理的重点环节之一。质量成本分析即通过质量成本核算和分析，找出质量问题和管理上的薄弱环节，提出改进的措施并向各级领导提供资料信息和建议，以便对存在的质量问题作出正确的处理与决策。

企业对核算的质量成本进行分析时要注意两点：一是围绕质量指标体系进行分析，以反映质量管理的有效性和规律性；二是应用正确的分析方法找出产生质量损失的主要原因，围绕重点问题找出改进的地方，制定措施予以解决。

为了进行质量成本分析，一般应建立质量成本指标体系。企业内部的质量成本指标一般可分为三类：

(1) 为了理解质量总成本在企业各项成本中的比重或者与其他项目的比例关系，可以采用基数比例指标来反映质量成本占各种基数的比例。基数主要有总产值、销售额、产品总成本等。

(2) 为了理解质量成本的内部组成结构，可以采用结构比例指标以反映质量成本各主要项目占质量总成本的比例。

(3) 为了理解质量管理的效益，可以采用质量效益指标以反映质量成本增加而使总成本降低的比例，即投入产出比。

1. 基数比例指标

(1) 质量成本率（每100元产品总成本中的质量成本含量）：

$$质量成本率=\frac{质量总成本}{产品总成本}\times 100\%$$

(2) 销售质量成本率（每100元销售额中的质量成本含量）：

$$销售质量成本率=\frac{质量总成本}{销售额}\times100\%$$

（3）产值质量成本率（每100元总产值中的质量成本含量）：

$$产值质量成本率=\frac{质量总成本}{总产值}\times100\%$$

（4）销售外部损失成本率（每100元销售总额中的外部损失含量）：

$$销售外部损失成本率=\frac{外部损失成本}{销售总额}\times100\%$$

2. 结构比例指标

（1）$预防成本占质量总成本的比例=\frac{预防成本}{质量总成本}\times100\%$

（2）$鉴定成本占质量总成本的比例=\frac{鉴定成本}{质量总成本}\times100\%$

（3）$内部损失成本占质量总成本的比例=\frac{内部损失成本}{质量总成本}\times100\%$

（4）$外部损失成本占质量总成本的比例=\frac{外部损失成本}{质量总成本}\times100\%$

3. 质量效益指标

一般认为，通过增加质量的预防和鉴定成本，能够减少质量的内部和外部损失成本。可以用下式作为质量效益指标：

$$\alpha=\frac{一定时期内质量内外部损失的减少量}{一定时期内质量预防和鉴定成本的增加量}$$

如果 $\alpha>1$，则表示增加质量预防和鉴定成本的投入是有效的，能够帮助减少总成本；如果 $\alpha<1$，则表示这些投入是无效的。

此外，还可采用质量成本趋势分析法，以了解质量成本在一定时间内的变动趋势；也可以用质量成本特性曲线分析法，找出产品不合格率的适宜水平或质量成本的适宜区域。这些分析方法的共性是通过投入产出比分析来反映质量成本的效益。

通过以上对基数比例指标、结构比例指标和质量效益指标的分析，可以了解质量成本占企业成本的比重、质量成本的内部组成结构，以及投入产出比，从而为确定最佳质量成本提供决策依据。

4. 质量成本报告

质量成本报告是质量管理部门和财务部门对上一期质量成本管理活动或某一典型事件进行调查、分析、建议的书面材料，它是一定时期质量成本管理活动的总结性文件。其目的是为企业领导和各有关职能部门提供质量成本信息，以便评价质量成本管理的效果以及质量管理体系的适用性和有效性，确定目前的质量工作重点以及质量成本的目标。

质量成本报告一般包括如下内容：

（1）质量成本、质量成本二级科目以及质量成本三级科目的统计、核算；

(2) 质量成本计划的执行情况以及与基期或前期的对比分析；
(3) 质量成本趋势分析；
(4) 质量成本指标分析；
(5) 分析并找出影响质量成本的关键因素，提出相应的改进措施；
(6) 得出对典型事件的分析结果；
(7) 对质量成本管理中存在的问题及取得的成果给出文字说明；
(8) 对质量管理和质量保证体系的有效性作出评价。

企业在编写质量成本报告时，应依据报送对象、报告形式以及要达到的目的等，确定相应的质量成本报告内容，其详简程度应有所不同。

24.1.5 不良质量成本

不良质量成本（cost of poor quality，COPQ）是在质量成本基础上，为聚焦改进机会而产生的非增值的预防和鉴定成本及内外部损失成本。如果说不良质量成本是“矿中黄金”，那么降低不良质量成本就意味着“挖掘金矿”，一般企业的“黄金量”高达销售额的25%～40%，挖到的就是赚取的额外利润（见图24—4）。“挖掘金矿”的方法包括合理化建议和技术革新、QCC与精益六西格玛管理等。

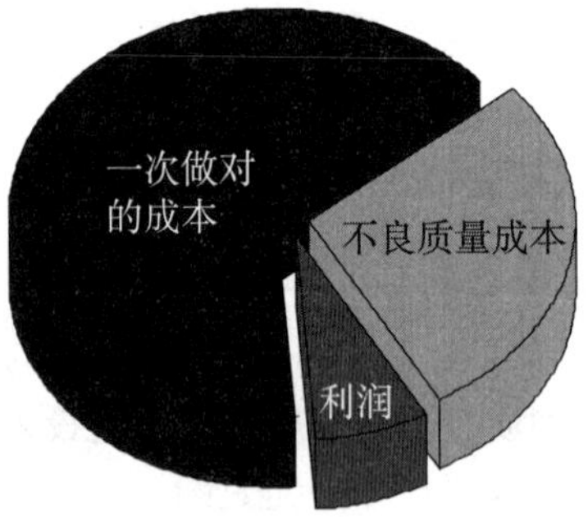

图24—4 降低不良质量成本就是增加利润

24.2 质量功能展开

24.2.1 基本定义

质量功能展开（quality function deployment，QFD）是质量展开（quality deployment，QD）与狭义的质量功能展开（又称质量职能展开）的总称。

赤尾洋二将质量展开定义为：“将顾客的需求转换成代用质量特性，进而确定产品的设计质量（标准），再将这些设计质量系统地（关联地）展开到各个功能部件的质量、零件的质量或服务项目的质量上，以及制造工序各要素或服务过程各要素的相互关系上”，使产品或服务事前就形成质量保证，符合顾客要求。它是一种系统化的技术方法。

水野滋博士将狭义的质量功能展开定义为“将形成质量保证的职能或业务，按照目的、手段系统地详细展开”，通过企业管理职能的展开实施质量保证活动，确保顾客的需求得到满足。它是一种系统化的管理方法。

质量展开与质量功能展开的概念如图 24—5 所示。这里将图 24—5 中的下半部分称为“职能展开”。显然，以企业管理职能为中心的质量职能展开是非常重要的。但论及质量系统，不仅组织程序的集合很必要，明确质量本身的集合也是必要的，即图 24—5 的上半部分也很重要，因为产品整体的质量保证建立在产品各个零部件质量都得到保证的基础上。此处将图 24—5 的上半部分称为“质量展开”。

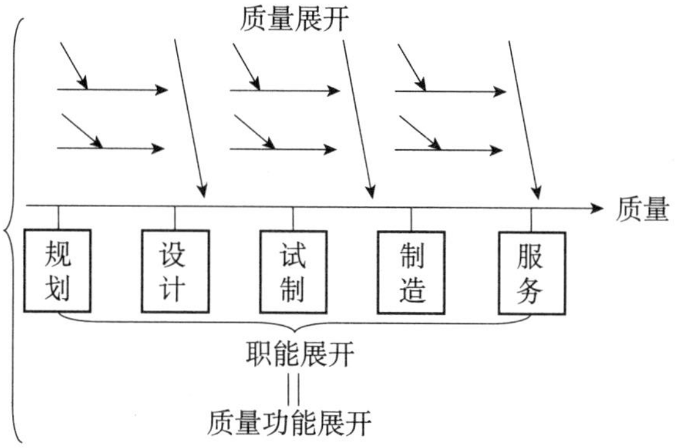

图 24—5　质量展开与质量功能展开

24.2.2　基本原理

大藤正将 QFD 的原理归纳为“展开的原理”“细分化与统合化的原理”“多元化与可视化的原理”“全体化与部分化的原理”，赤尾洋二教授又追加了“变换的原理”和“面向重点的原理”。

(1) 展开的原理。质量功能展开的形式包括在各种展开表中可以见到的树状展开以及从用户需求到生产现场的全体展开。前者是在质量需求展开表、质量要素展开表及功能展开表中，系统地展开成一次水平、二次水平、三次水平等，越是层次低的抽象度越高，随着展开深入变得具体化。后者从把握用户质量需求开始，朝规划质量、设计质量、功能质量、零部件质量、生产工序管理点方向，由上游向下游展开。

(2) 细分化与统合化的原理。整体的质量由各个质量要素构成，各质量要素对应的消费者的要求强度不同，若质量不进行细化，其实际状态就不明确。但仅靠细化，质量整体形象并不清楚，因此应像三次、二次、一次水平一样进行统合化，并用展开表进行归纳。各质量要素的层次水平和权重合计等能具体确定整体质量水平。对以前比较模糊的服务质量等可以进行同样的评价。

(3) 多元化与可视化的原理。QFD 由各种展开表构成，这可以称为多元化。以往质量要素没有在企业高度进行体系化，而是依赖于设计者个人的经验，缺乏客观性。通过可视化不仅可以进行相互交流，而且使经营者作出客观的质量决策成为可能。

(4) 全体化与部分化的原理。质量的集合是膨大的，通过将其展开为一次、二次、三次水平等，全体化和部分化就可以自由进行。例如，到二次水平展开为止能把握整体的概要，利用计算机将其中一部分进一步展开成三次、四次水平，并平衡部分最佳与整体最佳的关系。

(5) 变换的原理。能使膨大的质量集合得以展开的就是这个原理。质量表是一种从顾客的世界向技术的世界变换，并进一步向子系统、零部件、生产和质量信息等不同侧面变换的过程。在两种侧面的变换中，关系矩阵起着重要的作用。

(6) 面向重点的原理。正因为展开容易导致质量集合膨大，所以这个原理显得更加重要。质量需求展开表注重网罗性，重点事项并不明确，为此，要通过了解顾客的关心度并比较本公司与其他公司，选定战略重点项目。利用各种展开表将重要度向下游变换，也就是说，不是笼统地，而是将质量信息的重点经过膨大的质量体系系统地向生产阶段传达。

24.2.3 质量屋

QFD以研究顾客需求为起点，通过市场研究，将顾客对产品的需求和偏好加以定义并进行分类。顾客需求信息可用特定的矩阵形式表示出来，这一矩阵称为质量屋。质量屋又称质量表，是将用户的产品质量需求与产品设计质量特性相联系的一种规范化表格。质量屋的基本结构包括顾客需求、质量特性、关系矩阵、竞争分析、相关矩阵和技术评估，如图24—6所示。

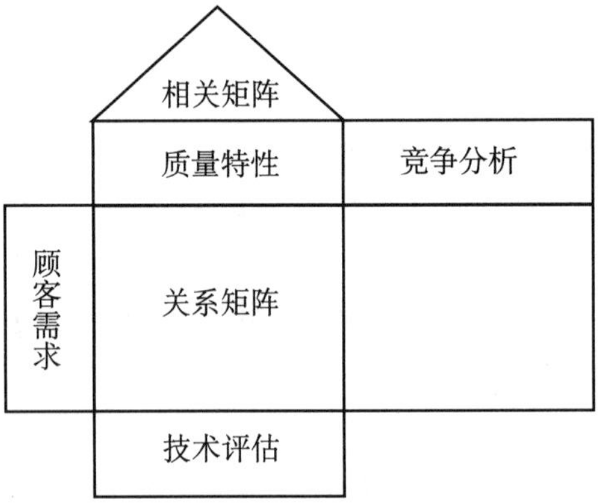

图24—6 质量屋

(1) 顾客需求。将各项顾客需求分别填入表中，并采用专家评分等方法给予各项顾客需求恰当的权重，以反映其重要程度。

(2) 质量特性。质量特性是用来实现产品功能、满足顾客需求的手段，一般由专家根据顾客需求分析推演而来。质量特性可以是一个产品的特性或技术指标，也可以是产品的零件特性或技术指标，或者是一个零件的关键工序及属性等。

(3) 关系矩阵。关系矩阵是顾客需求和质量特性之间相关程度的矩阵，用于描述各质量特性对顾客需求的贡献和影响程度。

(4) 竞争分析。竞争分析是站在顾客的角度，对本企业的产品和市场上其他竞争者的产品在满足顾客需求方面进行评估，以反映企业产品的市场竞争力，在此基础上提出质量改进目标。

(5) 相关矩阵。相关矩阵是反映各质量特性之间相互影响关系的表格。根据影响程度的大小，一般用相应的符号表示相关的强弱程度。

(6) 技术评估。即对各质量特性进行技术评估，确定各质量特性的重要程度和目标值。技术评估一般指在比较同行业产品质量特性的基础上，确定各质量特性的权重和设计质量。

24.2.4 QFD瀑布式分解模型

调查和分析顾客需求对于实施QFD至关重要。在了解顾客需求之后，需要采用科学、实用的工具和方法，将顾客需求一步步地分解展开，转换成产品的质量特性。瀑布式分解模型就是描述这种展开方式的基本模型，如图24—7所示。

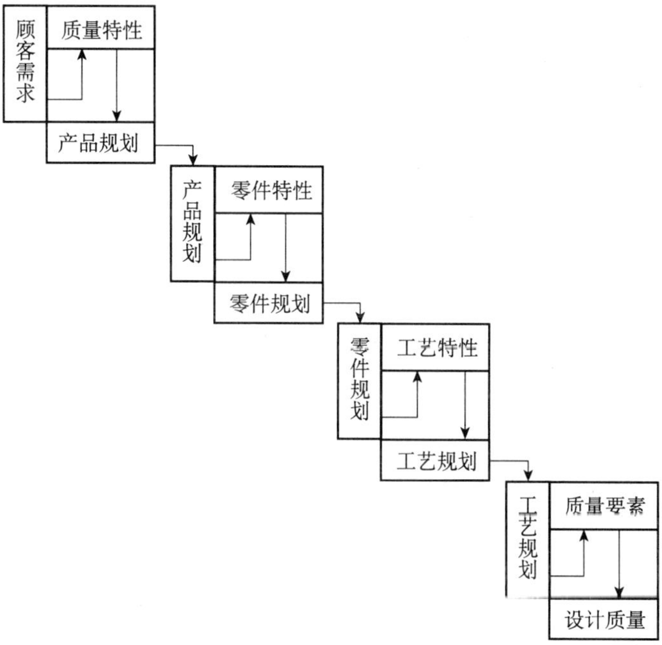

图24—7 典型的瀑布式分解模型

典型的QFD瀑布式分解模型由四个阶段和四个质量屋组成，它们分别将质量特性、零件特性、工艺特性和质量要素转换成产品规划、零件规划、工艺规划和最终的设计质量。首先，将顾客需求通过质量屋转换成质量特性，将顾客需求体现在指导产品设计的技术需求中，形成产品规划。其次，将产品规划转换成零件特性，形成零部件生产的零件规划。再次，将零件规划转换成工艺特性，形成零部件生产的工艺规划。最后，根据工艺规划确定生产过程中的质量要素，从而形成产品的最终设计质量。这样，采用四个质量屋，将顾客需求类似于瀑布一样分解到整个产品开发过程中。

采用QFD瀑布式分解模型，可以一步步地将顾客需求分解和配置到产品开发的各个过程中。但是，针对具体的产品和实例，没有固定的分解模式，可以根据不同的目的，按照不同的路线，采用不同的分解方法。

24.2.5 QFD的效果

在2003年第25届美国质量管理协会年会上，乔治·R. 佩瑞对QFD的有效性做了如下总结。

(1) 有形的效益，包括：

- 大大减少研制时间。
- 有效减少后期的设计更改。
- 在开发设计阶段就开始降低成本。
- 提高设计可靠性。
- 降低企业的管理成本。

(2) 无形的效益，包括：

- 使顾客更加满意。
- 健全企业质量保证活动。
- 建立 QFD 数据库：
  - 可用于同一系列或类似的其他产品。
  - 有助于开发、设计和生产工序中各种技能、技术诀窍的积累。
- 改进产品规划的基础。

(3) 积累的价值，包括：

- 强化当前的研制过程，从而能够：
  - 在市场和经营需求的基础上尽早明确目标。
  - 同时注意产品和工艺。
  - 使主要问题一目了然，以优化资源分配。
  - 改进部门间的协作与联系。
  - 提高企业开发设计人员的水平。
- 有效地生产用户真正需要的产品，从而能够：
  - 更好地满足顾客需求。
  - 使产品更具竞争优势。

24.3 失效模式与后果分析

失效模式与后果分析（FMEA）在 20 世纪 40 年代最早应用于美国的军队，然后在航空和自动化行业进一步发展和应用。目前，国内外的航天航空、汽车、电子等行业都大力推广这种简单易行、效果良好的方法，并采取强制性的措施加以推广。

24.3.1 FMEA 的定义

FMEA 按照一定的格式有步骤地分析每一个部件、单元（或每一种功能）可能产生的失效（故障）模式，每一种失效模式对系统（设备）的影响及失效的严重程度，是一种分析失效因果关系的方法。它使用 FMEA 表格和评分准则作为工具，以此来查找潜在缺陷并分析后果。

众所周知，产品质量好坏的根源是设计，因此把好设计的质量关是重点。使用 FMEA，能在设计阶段发现产品设计的不足或者存在的隐患，及时采取措施加以克服。使用 FMEA 的目的是采用预防的方法来提高设计质量。

24.3.2 FMEA 方法的分类

FMEA 有多种分类方法，其中最常见的是将 FMEA 分为设计 FMEA（DFMEA）和过程 FMEA（PFMEA），也有学者将 FMEA 分为硬件法 FMEA 和功能法 FMEA。

1. 硬件法和功能法

当产品按设计图纸及其他工程设计资料加以确定时，一般采用硬件法。这种分析方法适用于从零件级开始分析质量问题，再扩展到部件级、产品级、系统级，即自下而上进行。硬件法 FMEA 是较为严格的。

当产品处在研发初期，设计图纸尚未形成时，一般采用功能法进行 FMEA 分析。这种方法认为产品应具备若干功能，而功能可按输出的质量特性加以分类，质量特性按一定的技术指标进行度量。使用功能法时，将输出的质量特性一一列出，并对其失效进行分析。采用功能法时，一般自上而下进行分析，即从约定层次向下分析，也可从产品的任一层次开始朝任一方向进行。

2. DFMEA 和 PFMEA

FMEA 还可以划分为设计 FMEA（DFMEA）和过程 FMEA（PFMEA）。DFMEA 适用于产品设计阶段的失效模式与后果分析，而 PFMEA 则适用于工艺设计和生产制造过程的失效模式与后果分析。

24.3.3 使用 FMEA 的时机

FMEA 应用时一定要注意时机，必须在产品/过程的设计和开发结束之前完成。总的来说，下面三种情况需要进行 FMEA 分析：

1. 新设计、新技术或新过程

（1）在新产品设计时要做完整的设计 FMEA 分析。

（2）在引入新技术时要做全部的新技术 FMEA 分析。

（3）在设计新的制造过程时要做完整的过程 FMEA 分析。

2. 对现有设计或过程的修改（假设现有设计或过程已有一个 FMEA）

（1）对现有的产品设计做修改时，要对修改的部分以及修改所产生的影响做 FMEA 分析。

（2）对现有的制造过程做修改时，要对修改的过程做 FMEA 分析。

3. 新的环境、地点或应用

当现有的设计或过程应用在一个新的环境或地点时，应在新环境或地点对现有设计或过程的影响进行分析。

FMEA是一份动态文件，它不是一劳永逸的，须随着产品或过程的更改不断修订。FMEA是对设计过程中所用技术和经验的总结，一份好的FMEA文件能给后续的产品设计或过程设计提供借鉴。

24.3.4 FMEA的一般程序

1. 建立产品的框图或过程的流程图

（1）收集分析产品（或系统，下同）的技术规范，明确产品的任务阶段及工作方式，产品的结构及功能描述，产品的工作环境及任务时间等。

（2）根据需要建立产品的功能框图。在产品研制初期采用功能法开展FMEA分析，当分析的产品较复杂时，建立产品的功能框图以表示产品及各功能单元的工作情况和相互关系，以及产品和每个指定层次的逻辑顺序。

（3）DFMEA框图。进行DFMEA前，应把产品分割成具有独立功能的部件，按照完成任务和满足顾客需求的程度，建立用于DFMEA的框图。根据需要，DFMEA框图可以包括原材料、机器设备、环境条件、人员、计算机等和产品失效模式与后果分析有关的要素，这是DFMEA框图与可靠性框图的不同之处。

（4）过程流程图。由于大量过程一般都是成熟的过程，为了突出重点，在进行PFMEA前，应建立过程流程/风险评估图，列出所有的工序，进行风险评估，选择高风险的工序进行PFMEA。

2. 填写FMEA表格

DFMEA是以设计工程师为主的团队分析产品每个潜在的失效模式，并确定其发生原因和机理的一种分析技术，通过填写DFMEA表格来完成；而PFMEA则是以制造主管工程师为主的团队分析过程每个潜在的失效模式，并确定其发生原因和机理的一种分析技术，通过填写PFMEA表格来完成。

在分析产品的某一失效模式时，一般只考虑该模式对产品的影响，但如果几个失效模式同时发生的概率不能忽略不计，还应考虑这几个失效模式同时发生的情况，作为一个新的失效模式来处理。

用来分析失效模式的常用方法是计算风险顺序数（risk priority number，RPN）。RPN是事件发生的频率、严重程度和检测等级三者的乘积，其数值越大，潜在问题越严重，用来衡量可能的工艺缺陷，以便采取预防措施减少关键的工艺变化，使工艺更加可靠。

计算RPN需要以下三个参数：

（1）严重度S。指失效模式对顾客的影响，一般分1～10级，从无失效后果到严重危害后果。

（2）发生的频度O。指具体的失效起因或机理发生的频度，分1～10级，从几乎不可能发生失效到发生失效几乎无法避免。

（3）不可探测度D。指失效的起因或机理不可探测的程度，分1～10级，从几乎肯定能探测到几乎不可能探测。

从上面的定义来看，RPN 最坏的情况是 1 000，最好的情况是 1。

如果发现严重度 $S\geqslant 8$ 的失效模式，必须采取更改设计和工艺的措施，以消除这些失效模式或降低其发生的概率。对于 RPN，应规定某一临界值 C，当某一失效模式的失效原因的 $RPN\geqslant C$ 时，应采取纠正或补偿措施。C 的取值应根据组织的具体要求来定，例如，可定为 120 以上。

DFMEA 和 PFMEA 分析应形成按技术责任制审签的技术报告，其重点是：本产品（或过程）的薄弱环节是什么？与竞争对手比较，本产品（或过程）有哪些不足？针对顾客当前的和潜在的需求，有何改进措施？必须暂时保留的 $S\geqslant 8$ 的失效模式，应列出清单。

随着产品研制的进展，DFMEA 和 PFMEA 分析应不断修订和迭代，FMEA 报告应与产品相符，并成为积累排故经验、不断改进产品质量的有效工具。

24.4 可靠性工程

可靠性是衡量产品质量的一个重要指标，它与系统的生产能力或额定功率一样，是系统的一个固有属性。一切讲信誉的生产厂家为了提高产品质量、争取顾客，都必须提高产品的可靠性。

24.4.1 产品质量与可靠性

质量的观念在不断变革，从过去狭义的注重产品性能的质量观念转向现代的全面质量观念。对于硬件产品来说，其质量特性通常包括：性能、可信度（包括可靠性、维修性和保障性）、安全性等。

随着全面质量管理的深入发展，产品的可靠性和维修性不但得到工业部门的重视，而且越来越受到用户的关注。用户购置产品，不但要求产品具有良好的性能，而且要求产品具有可靠性高、寿命长、便于维修等属性。从某种意义上讲，性能指标体现了产品的“素质”，可靠性指标体现了产品的“体质”。

在任何工程设计中都必须把可靠性作为一个重要因素加以考虑，主要原因如下：

（1）设备系统的复杂化。随着科学技术的发展，设备和系统越来越复杂，使得因系统任一部分失效而导致整个系统失效的机会增多。设备复杂化导致更多的代替人的操作，同时降低了设备的可靠性，使其容易发生故障。

（2）使用环境日益恶劣。随着军事、科研的发展，产品所处的工作环境越来越恶劣，高温、低温、冲击、振动和辐射等条件，使产品的可靠性受到影响。

（3）产品生产周期的缩短。传统的产品生产要经过设计、试制、生产、检验等过程，然后交付用户使用。随着现代科技的进步、市场竞争的加剧，一些设计和工艺技术更加成熟，生产周期缩短，这要求产品本身有高可靠性。

可靠性可定义为产品无故障完成任务的能力。1957 年，美国电子设备可靠性顾问团发表的报告从统计的角度出发把可靠性定义为：“在规定的时间和给定的条件下，无故障完成规定功能的概率。”我国军标 GJB 451—1990 把可靠性定义为“产品在规定条件下和规定时间内，完成规定功能的能力”，简写为 R。

24.4.2 可靠性特征量

对可靠性的相应能力作出定量描述的量称为可靠性特征量。“寿命”是可靠性的一项最重要的指标。从数学上看，研究可靠性主要是研究产品寿命的概率分布。可靠性特征量主要是关于寿命的一些描述量，包括可靠度、累积失效分布函数、失效分布概率密度函数、失效率、平均故障间隔时间、失效前平均时间等。

1. 可靠度

可靠度是指产品在规定条件下和规定时间内完成规定功能的概率。它是时间的函数，记为 $R(t)$。设 T 为产品寿命的随机变量，则

$$R(t)=P(T>t)$$

上式表示可靠度是产品寿命 T 超过规定时间 t 的概率，或产品在规定时间 t 内完成规定功能的概率。它有以下两个特点：(1) $0\leqslant R(t)\leqslant 1$；(2) $R(0)=1$，$R(\infty)=0$。

例如，$R(5\ 000)=0.95$，意味着在 5 000 小时内，平均 100 件产品中大约有 95 件能完成规定的功能，大约有 5 件会失效。

可靠性特征量理论上的值称为真值，由产品失效的数学模型确定。它虽然是客观存在的，但实际上是未知的。在实际应用中，我们只能通过对 n 个样本的观测，经过统计计算得到真值的估计值，称为可靠性特征量的估计值，记为 $\hat{R}(t)$。

$$\hat{R}(t)=\frac{n_s(t)}{n}=\frac{n-n_f(t)}{n}$$

式中，$n_s(t)$——在规定时间 t 内完成规定功能的产品数量；

$n_f(t)$——在规定时间 t 内失效的产品数量。

2. 失效分布

可靠度是从完成规定功能的角度去看产品的可靠性，下面从丧失功能（即失效）的角度去看产品的可靠度。产品在规定条件下和规定时间内失效的概率称为不可靠度。它显然也是时间的函数，记为 $F(t)$。根据定义有：

$$F(t)=P(T\leqslant t)=1-P(T>t)=1-R(t)$$

因此，可靠度与不可靠度之间的关系为：$F(t)+R(t)=1$。同样，它具有以下两个特点：(1) $0\leqslant F(t)\leqslant 1$；(2) $F(0)=0$，$F(\infty)=1$。

不可靠度的估计值 $\hat{F}(t)$ 为：

$$\hat{F}(t)=\frac{n_f(t)}{n}$$

一般来说，不可靠度也称为累积失效概率、失效分布函数和寿命分布函数。它的导数就是失效分布概率密度函数，记为 $f(t)$：

$$f(t)=\lim_{\Delta t\to 0}\frac{n_f(t+\Delta t)-n_f(t)}{n\Delta t}=\frac{\mathrm{d}F(t)}{\mathrm{d}t}=F'(t)=-R'(t)$$

因此，$f(t)$，$F(t)$ 和 $R(t)$ 之间的关系为：

$$F(t)=\int_0^t f(t)\mathrm{d}t,\ R(t)=\int_t^{\infty} f(t)\mathrm{d}t=1-\int_0^t f(t)\mathrm{d}t$$

根据定义，失效分布概率密度函数的估计值 $\hat{f}(t)$ 为：

$$\hat{f}(t)=\frac{n_f(t+\Delta t)-n_f(t)}{n\Delta t}=\frac{\dfrac{\Delta n_f(t)}{\Delta t}}{n}$$

3. 失效率

对于产品丧失规定的功能或不能完成规定功能的事件或状态，若是不可修复的产品，则称这种状态为失效；若是可修复的产品，则称这种状态为故障。

产品的失效率是可靠性理论中的一个重要概念，在实践中，它又是某些产品可靠性的重要指标，许多产品用失效率的大小来确定其等级。

（1）失效率的定义。失效率的一般定义是：连续工作时间 t 之后尚未失效的产品在 $t\sim t+\Delta t$ 的单位时间内失效的条件概率，也称为瞬时失效率，记为 $\lambda(t)$，即

$$\lambda(t)=\frac{f(t)}{R(t)}=-\frac{\mathrm{d}R(t)}{\mathrm{d}t}\frac{1}{R(t)}=-\frac{\mathrm{d}[\ln R(t)]}{\mathrm{d}t}$$

$$R(t)=\mathrm{e}^{-\int_0^t \lambda(t)\mathrm{d}t}$$

失效率的估计值 $\hat{\lambda}(t)$ 为：

$$\hat{\lambda}(t)=\frac{n_f(t+\Delta t)-n_f(t)}{[n-n_f(t)]\Delta t}=\frac{\Delta n_f(t)}{n_s(t)\Delta t}$$

或

$$\hat{\lambda}(t)=\frac{\dfrac{n_f(t+\Delta t)-n_f(t)}{n\Delta t}}{\dfrac{n-n_f(t)}{n}}=\frac{\hat{f}(t)}{\hat{R}(t)}$$

（2）平均失效率。失效率是标识产品可靠性常用的指标之一。在工程实践中，往往用平均失效率表示产品的这一特性。

$$\bar{\lambda}=\int_0^T \lambda(t)\mathrm{d}t/T$$

平均失效率的估计值 $\hat{\bar{\lambda}}$ 为：

$$\hat{\bar{\lambda}}=\frac{n_f}{UT}=\frac{n_f}{\sum_{i=1}^{n_f} t_{fi}+n_s t}$$

式中，UT——累积工作总时间；

t_{fi}——第 i 个产品失效前的工作时间；

n_s——整个实验期间未出现失效的产品数；

n_f——整个实验期间出现失效的产品数。

（3）失效率的单位及等级。从失效率估计值的公式可以推导出失效率的单位，即

$$\hat{\lambda}(t)=\frac{\Delta n_f(t)}{n_s(t)\Delta t}=**\%/\mathrm{h}$$

失效率的基本单位是菲特（Fit），定义为：1 Fit=10^{-9}/h，即

$$1\ \text{Fit}=\frac{1\ (\text{个})}{1\,000\ (\text{个})\ \times 10^{6}\text{h}}=\frac{1\ (\text{个})}{10\,000\ (\text{个})\ \times 10^{5}\text{h}}$$

表示每 1 000 个产品工作 100 万小时后只有 1 个失效；或者每 10 000 个产品工作 10 万小时后只有 1 个失效。这是一个很小的数，只有可靠性很高的产品才能达到，所以失效率常常是高可靠产品的可靠性指标，它越小则可靠性越高。

国家标准 GB/T 1772—1979 规定我国电子元器件的可靠性按失效率共分为七级，如表 24—1 所示。

表 24—1　我国电子元器件的可靠性等级标准

名称	符号	最大失效率
亚五级	Y	3×10^{-5}/h
五级	W	1×10^{-5}/h
六级	L	1×10^{-6}/h
七级	Q	1×10^{-7}/h
八级	B	1×10^{-8}/h
九级	J	1×10^{-9}/h
十级	S	1×10^{-10}/h

例如，我国的瓷片电容器经过权威机构验证核实，其失效率达到 3×10^{-8}/h，故规定为七级电容器，其包装上可用“Q”标识。

24.4.3　可靠性分析方法

保障产品可靠性要从设计开始，为保障设计的可靠性，要对系统的设计方案进行可靠性分析。系统可靠性分析是利用归纳、演绎的方法对系统可能发生的故障（失效）进行研究，了解故障的原因、后果、影响及危害程度，确定薄弱环节并预测系统的可靠性，从而为系统设计提供改进建议。常用的分析方法有失效模式与后果分析（FMEA），以及失效模式、后果及危害性分析（FMECA）和故障树分析（FTA）。FMEA 及 FMECA 的应用范围比较广，不仅限于可靠性分析。前一节我们已经对 FMEA 做了详细介绍，这里主要介绍故障树分析（FTA）。

1. FTA 的基本概念及主要用途

FTA 是通过对可能造成产品故障的硬件、软件、环境、人为因素进行分析，画出故障树，从而确定产品故障原因和（或）其发生概率的一种分析技术。其目的是帮助判断潜在的故障或计算产品发生故障的概率，以便采取相应的改进措施，也可用于指导故障诊断、改进运行和维修方案。

FTA 是美国贝尔电话实验室的维森于 1962 年首先提出的，当时主要用于航天产品。20 世纪 60 年代中期，FTA 扩展至核工业及其他工业部门。1974 年美国原子能管理委员会组织撰写的主要用 FTA 分析商用原子能反应堆安全性的 WASH-1400 报告发表，获得了巨大成功。迄今，FTA 已被国内外公认为对复杂系统进行安全性、可靠性分析的一种好方法。1978 年，我国颁布了 GB/T 7829

《故障树分析程序》，使FTA分析在我国的应用得以规范化。

FTA可用于故障的定性分析和定量分析。定性分析的思想类似于因果图，因果图一般用于故障原因和故障结果相对简单直观的情况。当故障原因相对复杂，或原因之间、因果之间存在某种关联时，就要用故障树进行分析。故障树的定量分析，是依据底事件（基本事件）的发生概率按故障树的逻辑关系计算出顶事件（结果事件）的发生概率。

FTA的主要用途包括以下几个方面：

（1）从安全性出发，比较各种设计方案；或者已确定了某种设计方案，评估其是否满足安全性要求。

（2）对于大型复杂系统，通过FTA发现由几个非致命的故障事件组合导致的意外致命事件，据此采取相应的改进措施。

（3）为制定使用、实验及维修程序提供依据。

（4）为系统设计的相关人员提供“指南”或查明故障的“线索图”。

2. FTA的流程

FTA属于演绎法。它由上而下，从顶事件出发，分析顶事件的一切可能原因及其组合。这种分析面向系统，其流程为：

（1）选择顶事件；

（2）构造故障树；

（3）定性识别、分析系统故障模式；

（4）定量分析、计算顶事件发生概率及单元重要程度；

（5）识别设计的薄弱环节；

（6）采取改进措施，提高系统的可靠性。

24.5 试验设计

试验设计是质量改进的重要工具之一。本节介绍试验设计的有关概念、原则和实施程序，并对田口方法的思想作简单介绍。

24.5.1 试验设计的概念和术语

设计试验是指根据预先确定的计划，对被认为会影响试验结果的一个或者多个变量进行确认和控制的试验，这些变量称作自变量。可以从设计试验中收集数据，进行统计分析以确定这些自变量的效果，或者多个自变量的组合效果。试验设计还包括对其他变量的处理，即那些没有被明确定义为自变量的变量。

（1）反应变量。那些被研究的变量，也称因变量。

（2）主要变量。被认为最有可能产生影响的可控变量。它们可能是定量的，如温度、压强、速度，也可能是定性的，如供应商、生产方式或操作员。

（3）背景变量。由试验设计者确定的可能会产生影响的变量，它们要么不能要么不应当刻意加以控制或是保持为常数。除非得到正确设置，否则背景变量的影响会混淆主要变量所产生的影响。处理背景变量最常用的方法是组块法。

(4) 试验误差。在任何给定的试验条件下，大量的变量可能是潜在的变异来源。实际上，变量如此之多，以至于根本不可能设计出能明确处理每一种可能的变异来源的试验。那些没有被明确考虑的变量可看作变异的一般原因。它们代表过程的“噪声水平”，所带来的影响可看作随机的，以避免和主要变量所产生的影响相混淆。“随机”是一个术语，它是对以下列方式根据试验条件分配试验单元的过程的描述：在给定的一系列试验条件下，任何给定的单元都具有相等的得到处理的概率。

(5) 交互作用。指这样的情况：一种因素的影响依赖于另一种因素的水平。交互作用如图 24—8 所示。

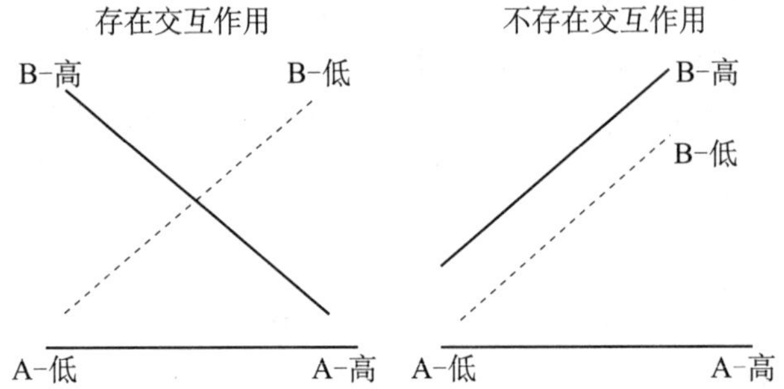

图 24—8 交互作用图

24.5.2 试验设计的原则

试验设计是质量管理的一个重要方法，又是数理统计的一门应用学科。为了得到有说服力的结论，试验设计要求试验数据必须服从既定的统计规律，以便对数据进行有效的分析，并且尽可能减少客观存在的试验误差的干扰，最终得到比较精确可靠的结论。为兼顾这两方面的要求，试验设计普遍遵循以下原则。

1. 重复原则

重复是为了估计误差、提高试验的精度和增强统计推断能力。一般用标准差来度量误差的大小和描述试验的精度。如果没有重复，则只能通过直接比较每次处理的观测值的大小来判断其优劣，这样的结论既不精确又不可靠。若重复试验，则可了解观测值之间出现的差异，从而得出比较可靠的推断。重复次数越多，试验精度越高，但成本也会增加，所以试验者需进行权衡。

2. 随机化原则

随机化原则是数据统计分析的基础，只有随机化的数据才服从一定的统计分布规律，而统计分析基于一定的统计分布理论。按照概率论的观点，结果随机化，系统误差趋于相互抵消。在试验时，可使未受控制的因素的影响相互抵消而使系统误差转化为随机误差，从而避免在比较平均值时发生偏倚。随机化的方法有抽签、查随机数表等。

3. 局部控制原则

局部控制原则是指在一项试验中，除了对选定的因素进行考察，必要时还可以针对对试验结果产生影响和对试验产生干扰的其他因素，按某些标准将试验对象和试验环境等试验条件分成若干部分或区组进行试验，以实现局部控制。实施局部控制的目的在于使各部分或各区组内的试验环境比较一致或相对稳定，使其差异尽量局限在各部分之间或各区组之间，而不致影响对考察因素的比较和分析。

24.5.3 试验设计的实施程序和方法

1. 试验设计的实施程序

试验设计一般可分为以下六个步骤：

（1）明确试验目的，确定试验指标；

（2）选取试验因素及其水平；

（3）选定试验设计方法；

（4）进行试验；

（5）分析数据；

（6）给出结论与建议。

2. 试验设计方法的选择

根据研究内容的不同，可以对试验设计进行不同的分类。

根据试验的因子个数，可以分为单因子设计和多因子设计。根据试验的目的，可以分为因子设计和回归设计。在不考虑区组的设计中，常用的有完全随机化设计（completely randomized design）；在考虑区组的设计中，常用的有配对比较设计（paired comparison design）、随机区组设计（randomized block design）、平衡不完全区组设计（balanced incomplete block design）、部分平衡不完全区组设计（partial balanced incomplete block design）等。因子效应可以分为固定效应和随机效应两大类。在固定效应中，又可以分为单向分类（one-way layout）、双向分类（two-way layout）、多向分类（multi-way layout）。在随机效应中，主要应用嵌套设计（nested design），也称方差分量模型（variance component modeling）。这些试验设计用到的理论和方法都比较复杂，工程师用得很少。

根据试验目的的不同将试验设计分为因子设计和回归设计。我们进行试验有两个基本目的：一是明确哪些自变量 X 显著地影响 Y；二是找出 Y 与 X 间的关系式，从而进一步找出自变量 X 取什么值时会使 Y 达到最佳值。第一种试验的目的是确定在相当多的自变量中，哪些自变量 X 并不显著影响 Y，应予以删除；哪些自变量 X 显著影响 Y，应予以保留——我们称其为因子筛选设计（screening design）。由于这种试验针对的是因子，因此这种试验设计属于因子设计（factorial design），或称为析因设计、因析设计。第二种试验的目的是确定 Y 和 X 间的关系式，找出 Y 对于 X 的回归方程。由于这种试验针对的是回归关系，因此这种试验设计称为回归设计（regression design）。

另一类很重要的试验目的是寻求系统的稳健性（robustness）。所谓稳健性，是指系统的抗干扰能力要强，即当系统受到难以控制的因子（或称为噪声）的严重影响时，系统输出的变异性（variation）要足够小。为做到这一点，我们尽量选择那些使得系统对噪声变化不敏感的控制因子的某种水平的组合来达到目的，这就是稳健设计（robust design）。在国内，这类设计通常称为田口方法，下面对此方法作简单介绍。

24.5.4 田口方法介绍

1. 田口方法的含义

随着市场竞争日趋激烈，企业只有牢牢把握市场需求，用较短的时间开发出低成本、高质量的产品，才能在竞争中立于不败之地。在众多的产品开发方法中，田口方法不失为提高产品质量、促进技术创新、增强企业竞争力的理想方法。

田口方法是由田口玄一博士创立的，其核心内容被日本视为“国宝”。日本和欧美等发达国家和地区尽管拥有先进的设备和优质原材料，但仍然严把质量关，应用田口方法创造出许多世界知名品牌。

田口方法是一种低成本、高效益的质量工程方法，它强调产品质量的提高不是通过检验而是通过设计实现的。其基本思想是把稳健性纳入到产品的制造过程中，通过控制源头质量来抵御下游生产或顾客使用中的大量噪声或不可控因素的干扰，这些因素包括环境湿度、材料老化、制造误差、零件的波动等。田口方法不仅提倡充分利用廉价的元件来设计和制造出高品质的产品，而且提倡使用先进的试验技术来降低费用，这也正是田口方法对传统思想的变革，它为企业增加效益指出一个新方向。

田口方法的目的在于，使所设计的产品质量稳定、波动性小，使生产过程对各种噪声不敏感，即在产品设计过程中，利用质量、成本、效益的函数关系，在低成本的条件下开发出高质量的产品。田口方法认为，产品开发的效益可用企业内部效益和社会损失来衡量。企业内部效益体现为功能相同条件下的低成本，社会效益则以产品进入消费领域后给人们带来的影响作为衡量指标。如果一个产品的功能波动偏离了理想目标，给社会带来了损失，我们就认为它的稳健性设计不好，而田口式的稳健性设计恰能在降低成本、减少产品波动上发挥作用。

2. 田口方法的基本思想

与传统的质量定义不同，田口玄一博士将产品的质量定义为：产品出厂后避免给社会造成损失的特性，可用质量损失来对产品质量进行定量描述。质量损失是指产品出厂后给社会带来的损失，包括直接损失（如空气污染、噪声污染等）和间接损失（如顾客对产品的不满意以及由此导致的市场损失、销售损失等）。质量特性值偏离目标值越大，损失越大，即质量越差；反之，质量越好。对待偏差问题，传统的方法是通过产品检测剔除超差部分或严格控制材料、工艺以缩小偏差。这些方法一方面很不经济，另一方面在技术上难以实现。田口方法通过调整设计参数，使产品的功能、性能对偏差的起因不敏感，提高了产品自身的抗干扰能力。为了定量描述产品质量损失，田口提出了“质量损失函数”的概念，并以信噪比来衡量设计参数的稳健程度。

由此可见，田口方法是一种聚焦于最小化过程变异或使产品、过程对环境变异最不敏感的试验设计方法，是一种可以使企业在环境多变条件下仍能稳健和优化操作的高效方法。

3. 田口方法的特点

田口方法的特点主要体现在以下几个方面：

(1)“源流”管理理论。田口方法认为，开发设计阶段是保证产品质量的上游，制造和检验阶段是下游。在质量管理中，抓好上游管理，下游管理就很容易。设计质量水平上不去，就很难造出高质量的产品。

(2) 产品开发的三次设计法。产品开发设计（包括生产工艺设计）可以分三个阶段进行，即系统设计、参数设计、容差设计。其中，参数设计是核心，传统的参数设计是先追求目标值，通过筛选元器件来减少波动，这样做的结果是，尽管都是一级品的元器件，但由于参数搭配不佳而导致整机性能不稳定。而田口方法先追求产品的稳定性，强调为了使产品对各种非控制因素不敏感可以使用低级品元器件，即通过分析质量特性与元器件之间的非线性关系（交互作用），找出使稳定性达到最佳水平的组合。产品的三次设计法能从根本上解决内外干扰引起的质量波动问题，利用三次设计这一有效工具，设计出的产品质量好、价格便宜、性能稳定。

(3) 质量与成本的平衡。引入质量损失函数这个工具使工程技术人员可以从技术和经济两个方面分析产品的设计、制造、使用、报废等过程，使产品在整个生命周期内社会总损失最小。在产品设计中，采用容差设计技术，使得质量和成本达到平衡，设计并生产出价廉物美的产品，提高产品的竞争力。

(4) 新颖、实用的正交试验设计技术。使用综合误差因素法、动态特性设计等先进技术，用误差因素模拟各种干扰（如噪声），使得试验设计更有工程特色，大大提高试验效率，增加试验设计的科学性，使试验设计的结果在加工过程中和顾客环境下都达到最优。采用这种技术可大大节约试验费用。

4. 田口方法的功效

田口方法是一种实用性很强的方法，在生产实践特别是产品开发设计中显示出强大的生命力，其魅力主要表现为：

(1) 提高产品科技含量，促进技术创新。采用田口方法可改变企业一味引进先进设备的状况，增强二次创新能力，进而提高产品开发能力。

(2) 缩短产品开发周期，加速产品更新换代。应用田口方法可在质量管理中提高生产率，收到事半功倍的效果。

(3) 应用田口方法创名牌。使用田口方法的三次设计技术设计出来的产品稳健性好，抵御外界干扰的能力强，波动小，质量可靠，易于创出知名产品，占领市场，打出自己的品牌。

(4) 应用田口方法创效益。田口方法用廉价的三等品零件组装一等品整机，真正做到价廉物美，使企业的经济效益更上一个台阶。

现今在发达国家，田口方法已运用得相当广泛，并且给它们创造了不菲的收益。中国的一些企业也引进了这种先进方法并取得了良好的效果。深圳建裕电子公司就是应用田口方法走产品开发和技术创新之路的成功范例。建裕从日本、中国台湾等地区引进先进的电路，进行吸收、提高和创新，在市场调查的基础上开发出性能更可靠、功能更齐全、价格更合理的电话机。使用田口方法后，建裕每两个月就推出一款新电话机，物美价廉，深受用户青睐，市场份额不断扩大，知名度不断提高，多次被用户评为“消费者信得过产品”，在竞争激烈的电话机市场站稳了脚跟。

24.6 测量系统分析

在产品实现的过程中，为了解在制品或成品是否符合要求，我们需要对产品进行测量、检验或试验，这就要使用测量系统。测量系统提供的数据是决策的依据，因此，数据的质量直接影响到决策的质量。测量系统分析的目的就是确保数据的质量，以提供高可靠的数据。

1. 测量的基本概念

下列术语的定义仅限在测量系统分析（measurement system analysis，MSA）中使用。

(1) 测量系统。测量系统是指用来对被测特性进行定量测量或定性评价的仪器或量具、标准、操作、方法、夹具、软件、人员、环境和假设的集合，是用来获得测量结果的整个过程。

根据此定义，可以把测量过程看成制造过程，这个过程输出的不是产品而是数据。这样就可以利用统计过程控制中分析制造过程的方法来研究测量过程。

(2) 测量。测量被定义为赋值给具体事物。赋值过程即测量过程，而赋予的值定义为测量值。

(3) 量具。量具指任何用来获得测量结果的装置，包括用来测量合格/不合格的装置。

(4) 真实值。真实值指物品的实际值，往往是未知的或不可知的。

(5) 精密度。在相同条件下独立测试所得结果的相似程度。精密度只取决于随机误差，与真实值无关。精密度常用标准差来表示，标准差越大则精密度越低。测量精密度取决于测量的条件，重复性条件和再现性条件只是其中的一些条件。

(6) 准确度。准确度指仪器的实际测量值（通常为平均值）与待测量值的真实值的接近程度，即实际测量值偏离真实值的程度。偏差越小则准确度越高，反之则准确度越低。

(7) 分辨力。分辨力指测量仪器上的最小刻度值，也称为分辨率。

2. 测量过程

测量过程可看做一个制造过程，它以数据（数字）作为输出（见图 24—9）。

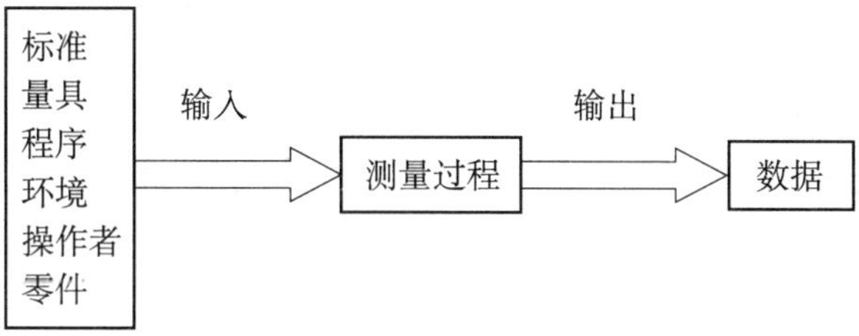

图 24—9 测量过程

3. 测量系统应具备的统计特性

(1) 量具拥有足够的分辨力和灵敏度。分辨力和灵敏度应高于过程变异和公差带两者中精密度较高者。一般来说，量具精密度是过程变异和公差带两者中精密度较高者的 1/10。

(2) 测量系统必须处于统计受控状态，其产生的变异只能是偶然原因而非特殊原因造成的。

(3) 对于过程控制，测量系统之变异必须小于制造过程之变异。

(4) 对于产品控制，测量系统之变异必须小于公差带。

(5) 测量系统的统计特性可能随被测量物体的改变而变化。在此情况下，需保证测量系统最大的变异小于过程变异和公差带两者中的较小者。

4. 测量系统变异的类型

测量系统变异的类型如图 24—10 所示。

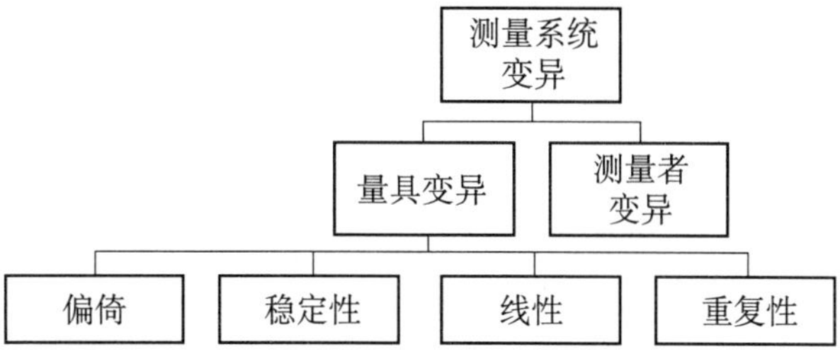

图 24—10 测量系统变异的类型

(1) 偏倚（bias）。偏倚指测量结果的期望值与真实值的差值。偏倚是系统误差而不是随机误差，可能是多个系统误差造成的。偏倚越大表示测量的准确度越低，反之则越高。

(2) 稳定性（stability）。稳定性又称为漂移（draft），指随着时间的变化，用相同的测量系统对同一产品进行测量所得到的偏倚的变化。

(3) 线性 (linearity)。线性指使用不同的量具，分别在它们的量程范围内测量同一产品所得到的偏倚的变化情况（在测量能力范围内，准确度和精密度是否因所在范围的变化而变化的一种测量性能）。

(4) 重复性 (repeatability)。重复性又称为设备变异性 (equipment variation, EV)，指在可重复条件下测量的精度。重复性也可表示为所有测量结果的分布。

可重复条件如下：

- 由同一测量人完成测量；
- 使用相同的测量工具并且所有的测量仪设置相同；
- 使用相同的测量过程；
- 在相同的外部环境下进行测量；
- 在短时间内重复测量。

(5) 再现性 (reproducibility)。再现性又称为评价人变异 (appraiser variation, AV)，指在可再现条件下测量的精度。可再现情况下测量的值通常被认为是可靠的值。

可再现条件如下：

- 不同测量人使用相同的量具；
- 每个测量人进行多次独立的测量。

(6) 量具 R&R (gauge R&R)。量具 R&R 指检测量具的再现性与重复性分析，即不同的测量人员或同一测量人员用同一件量具对同一个零件或产品测量的不同结果的比较分析，为产品的稳定性控制提供了保障。

5. 测量系统分析的阶段

测量系统的分析通常分为两个阶段：

第一阶段：仔细分析测量过程并确定该系统是否适合此次测量。其目的在于：首先，确定该测量系统是否具有所需要的统计特性；其次，分析测量过程所处的外部环境是否对测量系统有显著影响，例如温度、湿度等。

第二阶段：验证此测量系统随着时间的推移是否持续符合测量要求。

6. 测量系统分析的应用

测量系统分析可用于：

- 使用新测量系统之前；
- 比较两种或多种测量设备；
- 评价可能有缺陷的量具；
- 测量设备进行维修或更新之后；
- 计算过程变异以及生产过程的可接受水平；
- 获得绘制量具特性曲线的必要信息。

7. 测量系统分析的准备

实施测量系统分析之前应先进行充分的策划和准备。

（1）确定将要使用的方法。例如，有些测量系统的再现性影响可以忽略。

（2）确定测量人的数量、样品数量及测量的次数。应考虑的因素如下：

1）尺寸的关键性。关键尺寸需要更多的零件和/或实验，以使结论的置信度更高。

2）零件结构。大或重的零件可规定较少样品和较多实验（测量）。

（3）选择测量人。测量人应从日常操作该仪器的人员中挑选。

（4）选择样品。样品的选择取决于 MSA 的设计、测量系统的目的，要有足够的代表性。

对于产品控制情况，测量结果用于确定相对特性规范合格与否，选择的样本（或标准）不需要覆盖整个过程范围。

对于过程控制情况，测量结果用于确定过程稳定性、方向和实际过程变异的符合性（如统计过程控制、过程监视、能力及过程改进），样本应覆盖生产过程范围（可以通过每天取一个样品并持续若干天的方式进行选取）。

（5）给样品标号。测量人不应看到此编号，而记录人应知道。每测一次换一个零件。

（6）给样品标上测量位置。多次测量同一位置其结果不一样才可认为是测量系统的变异。否则，零件的变异将影响测量结果，计算时应剔除。

（7）量具的分辨率是产品公差/过程变异的 1/10，例如，产品特性的变异为 0.001，则量具应能读取 0.000 1 的变化。

8. 测量系统判定

（1）位置误差。位置误差可通过分析偏倚和线性来确定。一般来说，一个测量系统的偏倚或线性较明显，或是超出量具校准程序确立的最大允许误差，那么它是不可接受的。在这种情况下，应对测量系统重新进行校准或实施偏差校正，以尽可能减少误差。

（2）宽度误差。测量系统变异性是否令人满意，取决于被测量系统变异所掩盖掉的生产制造过程变异的百分比或零件公差的百分比。对特定的测量系统，最终的接受准则取决于测量系统的环境和目的，而且应该获得顾客的同意。对于以分析过程为目的的测量系统，通常可接受性的经验准则如下：

$$\%R\&R=\frac{\sigma_{MS}}{\sqrt{\sigma_{MS}^2+\sigma_P^2}}\times 100\%$$

式中，σ_{MS} 为测量系统的误差，$\sigma_{MS}=\sqrt{\sigma_e^2+\sigma_o^2}$，其中，$\sigma_e$ 为重复性标准差，σ_o 为再现性标准差，σ_p 为零件间标准差。

- $\%R\&R$ 低于 10%。通常认为测量系统是可接受的。
- $\%R\&R$ 在 10%～30%之间。测量系统是否适用应基于对量具成本、维修成本等因素的考虑。
- $\%R\&R$ 超过 30%。此测量系统不推荐使用，需要及时调整。

此外，过程能被测量系统区分开的分级数应该大于或等于 5。

24.7 统计过程控制

本节在对统计过程控制进行简单介绍的基础上，重点介绍控制图的原理和过程能力分析。

24.7.1 统计过程控制概述

20 世纪 20 年代，贝尔电话实验室成立了以休哈特为首的过程控制研究组，提出了过程控制理论和监控过程的工具——控制图。第一张控制图诞生于 1924 年 5 月 16 日。休哈特创建的过程控制理论，以 1931 年出版的《工业产品质量的经济控制》为标志。从质量控制理论的发展史来看，休哈特可称为统计质量控制（statistical process control，SPC）理论的奠基人。

统计过程控制就是应用统计技术对过程的各个阶段进行监控，达到改进与保证产品质量的目的。这里的统计技术泛指任何可以应用的数理统计方法，而控制图作为进行过程控制不可或缺的内容，成为统计过程控制的必要工具。统计过程控制理论的研究虽然从加工过程开始，但其研究成果适用于各种过程，如设计过程、管理过程、生产过程、服务过程。

有多种控制图分别适用于不同的情形。当年休哈特所提出的控制图称为休哈特控制图，也称为常规控制图，简称休图，是最简单、最常用的控制图。本节就以常规控制图为例来介绍控制图理论。

24.7.2 控制图原理

1. 控制图的定义

控制图（control chart）是对过程质量加以测定、记录并进行控制管理的一种用统计方法设计的图。图上有中心线 CL、控制上限 UCL 和控制下限 LCL，并有按时间顺序抽取的样本统计量数值的描点序列（见图 24—11）。UCL，CL 与

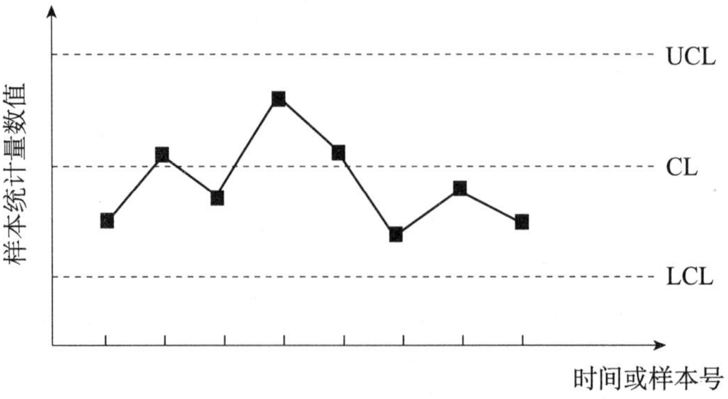

图 24—11 控制图示例

LCL统称为控制线。若控制图中的描点落在UCL与LCL之外，或描点在UCL与LCL之间的排列不随机，则表示出现异常。

2. 波动理论

人们对波动有以下认识：

（1）过程中有许多导致波动的因素存在；

（2）每种因素的发生是随机的且无法预测，然而这些因素都影响着过程的输出，即质量特性；

（3）质量特性有波动是正常现象，无波动倒是虚假现象；

（4）彻底消除波动是不可能的，但减少波动是可能的；

（5）控制过程就是要把波动限制在允许的范围内，超出范围就要设法减少波动并及时报告，迟到的报告有可能引起损失，是一种失职行为。

导致质量特性波动的因素根据来源的不同可分为人（man）、机（machine）、料（material）、法（method）、环（environment）、测（measurement）六个方面，简称5M1E。依据对质量影响的大小，质量因素又可分为偶然原因（common cause）和可查明原因（assignable cause）两大类。偶然原因简称偶因，又称为一般原因。可查明原因又称为特殊原因（special cause），俗称异常原因，简称异因。

偶然原因引起质量的偶然波动（简称偶波），异常原因引起质量的异常波动（简称异波）。偶波是不可避免的，但对质量的影响微小，故可把它看作背景噪声而听之任之。异波则不然，它对质量的影响大，且采取措施不难消除，故在过程中异波及造成异波的原因是关注的对象，一旦发生，就应该尽快找出，采取措施加以消除，并保证它不再出现。将质量因素分为偶然原因与异常原因、质量波动分为偶然波动与异常波动，并分别采取不同的处理策略，这是休哈特的贡献。

控制图就是用来区分正常波动与异常波动的一种工具，控制图上的控制界限是区分正常波动与异常波动的科学界限。只有偶然原因没有异常原因的状态，称为统计控制状态（state in statistical control），简称稳态，是控制阶段实施过程控制所追求的目标。

3. 常规控制图的分类

常规控制图的种类很多，一般按数据的性质分成计量控制图和计数控制图两大类。这两大类常用的控制图如表24—2所示，表中给出了各种控制图的控制界限公式，其中用到的系数可参见表24—3。

表 24—2 常规控制图

类别	控制图符号	控制图名称	控制界限
计量控制图	$\overline{X}$-R	均值—极差控制图	$UCL_{\overline{X}}=\overline{\overline{X}}+A_2\overline{R}$ $CL_{\overline{X}}=\overline{\overline{X}}$ $LCL_{\overline{X}}=\overline{\overline{X}}-A_2\overline{R}$ $UCL_R=D_4\overline{R}$ $CL_R=\overline{R}$ $LCL_R=D_3\overline{R}$
	$\overline{X}$-s	均值—标准差控制图	$UCL_{\overline{X}}=\overline{\overline{X}}+A_3\overline{s}$ $CL_{\overline{X}}=\overline{\overline{X}}$ $LCL_{\overline{X}}=\overline{\overline{X}}-A_3\overline{s}$ $UCL_s=B_4\overline{s}$ $CL_s=\overline{s}$ $LCL_s=B_3\overline{s}$
	$\widetilde{X}$-R	中位数—极差控制图	$UCL_{\widetilde{X}}=\overline{\widetilde{X}}+m_3A_2\overline{R}$ $CL_{\widetilde{X}}=\overline{\widetilde{X}}$ $LCL_{\widetilde{X}}=\overline{\widetilde{X}}-m_3A_2\overline{R}$ $UCL_R=D_4\overline{R}$ $CL_R=\overline{R}$ $LCL_R=D_3\overline{R}$
	X-R_s	单值—移动极差控制图	$UCL_X=\overline{X}+2.66\overline{R}_s$ $CL_X=\overline{X}$ $LCL_X=\overline{X}-2.66\overline{R}_s$ $UCL_{R_s}=3.267\overline{R}_s$ $CL_{R_s}=\overline{R}_s$ $LCL_{R_s}=$—
计数控制图	p	不合格品率控制图	$UCL_p=\overline{p}+3\sqrt{\overline{p}(1-\overline{p})/n}$ $CL_p=\overline{p}$ $LCL_p=\overline{p}-3\sqrt{\overline{p}(1-\overline{p})/n}$
	np	不合格品数控制图	$UCL_{np}=\overline{p}n+3\sqrt{\overline{p}n(1-\overline{p})}$ $CL_{np}=\overline{p}n$ $LCL_{np}=\overline{p}n-3\sqrt{\overline{p}n(1-\overline{p})}$
	u	单位不合格数控制图（旧称：单位缺陷数控制图）	$UCL_u=\overline{u}+3\sqrt{\overline{u}/n}$ $CL_u=\overline{u}$ $LCL_u=\overline{u}-3\sqrt{\overline{u}/n}$
	c	不合格数控制图（旧称：缺陷数控制图）	$UCL_c=\overline{c}+3\sqrt{\overline{c}}$ $CL_c=\overline{c}$ $LCL_c=\overline{c}-3\sqrt{\overline{c}}$

注：控制下限公式中的“—”表示以 0 为自然下界。

表 24—3 **计量控制图参数**

样本量 n	均值控制图			标准差控制图						标准差控制图							中位数控制图	
	控制界限系数			中心线系数		控制界限系数				中心线系数			控制界限系数				控制界限系数	
	A	A_2	A_3	C_4	$1/C_4$	B_3	B_4	B_5	B_6	d_2	$1/d_2$	d_3	D_1	D_2	D_3	D_4	m_3	m_3A_2
2	2.121	1.880	2.659	0.7979	1.2523	0	3.267	0	2.606	1.128	0.8865	0.853	0	3.686	0	3.267	1.000	1.880
3	1.732	1.023	1.954	0.8862	1.1284	0	2.568	0	2.276	1.693	0.5907	0.888	0	4.358	0	2.574	1.160	1.187
4	1.500	0.729	1.628	0.9213	1.0854	0	2.266	0	2.088	2.059	0.4857	0.880	0	4.698	0	2.282	1.092	0.796
5	1.342	0.577	1.427	0.9400	1.0638	0	2.089	0	1.964	2.326	0.4299	0.864	0	4.918	0	2.114	1.198	0.691
6	1.225	0.483	1.287	0.9515	1.0510	0.030	1.970	0.029	1.874	2.534	0.3946	0.848	0	5.078	0	2.004	1.135	0.549
7	1.134	0.419	1.182	0.9594	1.0423	0.118	1.882	0.113	1.806	2.704	0.3698	0.833	0.204	5.204	0.076	1.924	1.214	0.509
8	1.061	0.373	1.099	0.9650	1.0363	0.185	1.815	0.179	1.751	2.847	0.3512	0.820	0.388	5.306	0.136	1.864	1.160	0.432
9	1.000	0.337	1.032	0.9693	1.0317	0.239	1.761	0.232	1.707	2.970	0.3367	0.808	0.547	5.393	0.184	1.816	1.223	0.412
10	0.949	0.308	0.975	0.9727	1.0281	0.284	1.716	0.276	1.669	3.078	0.3249	0.797	0.687	5.469	0.223	1.777	1.176	0.363
11	0.905	0.285	0.927	0.9754	1.0252	0.321	1.679	0.313	1.637	3.173	0.3152	0.787	0.811	5.535	0.256	1.744		
12	0.866	0.266	0.886	0.9776	1.0229	0.354	1.646	0.346	1.610	3.258	0.3069	0.778	0.922	5.594	0.283	1.717		
13	0.832	0.249	0.850	0.9794	1.0210	0.382	1.618	0.374	1.585	3.336	0.2998	0.770	1.025	5.647	0.307	1.693		
14	0.802	0.235	0.817	0.9810	1.0194	0.406	1.594	0.399	1.563	3.407	0.2935	0.763	1.118	5.696	0.328	1.672		
15	0.775	0.223	0.789	0.9823	1.0180	0.428	1.572	0.421	1.544	3.472	0.2880	0.756	1.203	5.741	0.347	1.653		
16	0.750	0.212	0.763	0.9835	1.0168	0.448	1.552	0.440	1.526	3.532	0.2831	0.750	1.282	5.782	0.363	1.637		
17	0.728	0.203	0.739	0.9845	1.0157	0.466	1.534	0.458	1.511	3.588	0.2787	0.744	1.356	5.820	0.378	1.622		
18	0.707	0.194	0.718	0.9854	1.0148	0.482	1.518	0.475	1.496	3.640	0.2747	0.739	1.424	5.856	0.391	1.608		
19	0.688	0.187	0.698	0.9862	1.0140	0.497	1.503	0.490	1.483	3.689	0.2711	0.734	1.487	5.891	0.403	1.597		
20	0.671	0.180	0.680	0.9869	0.0133	0.510	1.490	0.504	1.470	3.735	0.2677	0.729	1.549	5.921	0.415	1.585		
21	0.655	0.173	0.663	0.9876	1.0126	0.523	1.477	0.516	1.459	3.778	0.2647	0.724	1.605	5.951	0.425	1.575		
22	0.640	0.167	0.647	0.9882	1.0119	0.534	1.466	0.528	1.448	3.819	0.2618	0.720	1.659	5.979	0.434	1.566		
23	0.626	0.162	0.633	0.9887	1.0114	0.545	1.455	0.539	1.438	3.858	0.2592	0.716	1.710	6.006	0.443	1.557		
24	0.612	0.157	0.619	0.9892	0.0109	0.555	1.445	0.549	1.429	3.895	0.2567	0.712	1.759	6.031	0.451	1.548		
25	0.600	0.153	0.606	0.9896	1.0105	0.565	1.435	0.559	1.420	3.931	0.2544	0.708	1.806	6.056	0.459	1.541		

当 $n>25$，$A=\frac{3}{\sqrt{n}}$，$A_3=\frac{3}{C_4\sqrt{n}}$，$C_4=\frac{4(n-1)}{4n-3}$，$B_3=1-\frac{3}{C_4\sqrt{2(n-1)}}$，$B_4=1+\frac{3}{C_4\sqrt{2(n-1)}}$，$B_5=C_4-3\sqrt{1-C_4^2}$，$B_6=C_4+3\sqrt{1-C_4^2}$

4. 常规控制图的判断准则

以均值 $\overline{X}$ 控制图为例，判断异常的八条检验准则如图 24—12 所示。

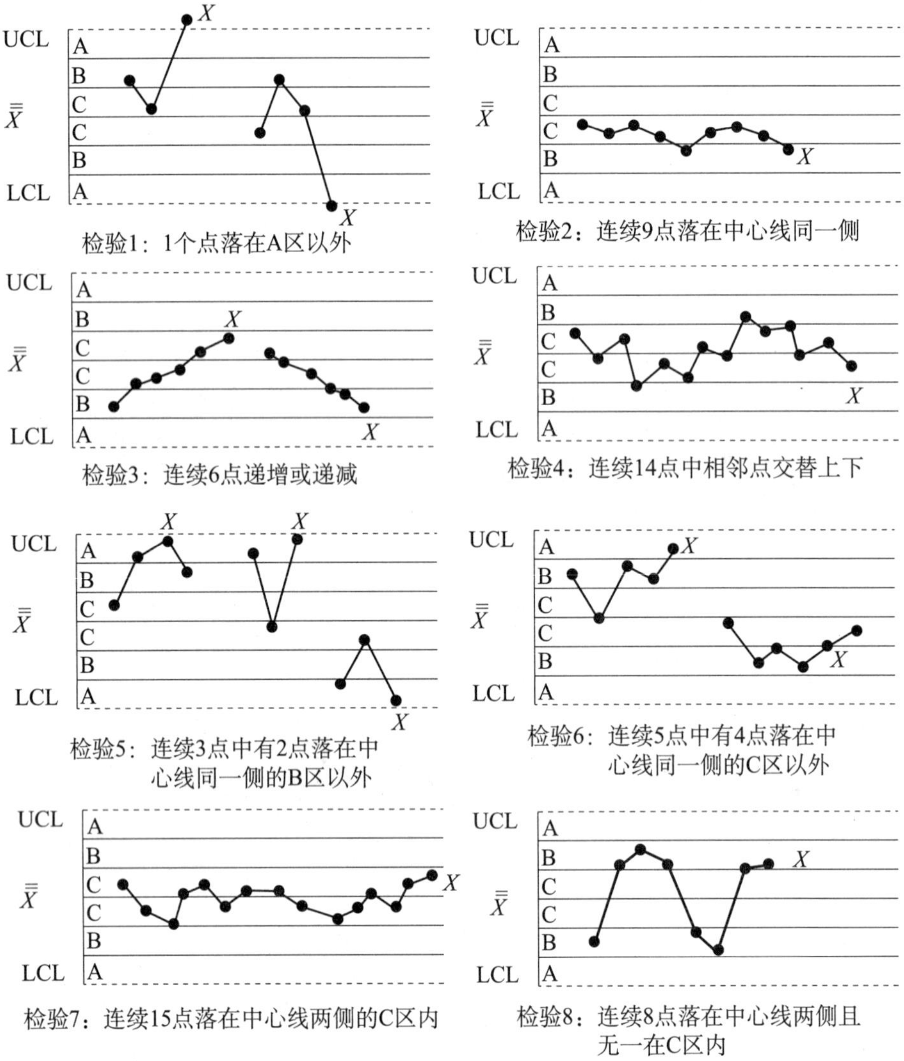

图 24—12 判断异常的检验准则

24.7.3 过程能力分析

过程能力（process capability）以往称为工序能力，是指过程的加工水平满足技术标准的能力，它是衡量过程加工内在一致性的标准。过程能力与生产能力不同，生产能力是加工数量方面的能力。过程能力取决于人、机、料、法、环而与公差无关。故通常用统计控制状态下的 6 倍标准差（6σ）表示过程能力。

过程能力指数（process capability index）表示过程能力满足技术标准（产品规格、公差）的程度，一般记为 PCI 或 C_p。对于双侧规格情况，过程能力指数 C_p的计算公式如下：

$$C_p = \frac{T}{6\sigma} = \frac{T_U - T_L}{6\sigma}$$

式中，$T=T_U-T_L$为技术规格的公差幅度。T_U，T_L分别为规格上限、下限，规格上限记为T_U，亦可记为UTL（upper tolerance limit）或USL（upper specification limit），规格下限记为T_L，亦可记为LTL（lower tolerance limit）或LSL（lower specification limit）。σ为统计控制状态下过程特性值的标准差，可通过平均统计控制状态下的组内变异来进行估计。

若只有规格上限的要求，而对规格下限无要求，则单侧规格的过程能力指数如下：

$$C_{pU} = \frac{T_U - \mu}{3\sigma}$$

式中，C_{pU}为上单侧过程能力指数；μ为统计控制状态下过程特性值的均值，可通过平均统计控制状态下的组内均值进行估计；若$\mu \geqslant T_U$，令$C_{pU}=0$，表示过程能力严重不足，不合格品率高达50%以上。

若只有规格下限的要求，而对规格上限无要求，则单侧规格的过程能力指数如下：

$$C_{pL} = \frac{\mu - T_L}{3\sigma}$$

式中，C_{pL}为下单侧过程能力指数；若$\mu \leqslant T_L$，令$C_{pL}=0$，表示过程能力严重不足，不合格品率高达50%以上。

当过程特性值的均值μ与公差中心$M=(T_U-T_L)/2$不重合（即有偏移）时，如图24—13所示，显然不合格品率（图上的P_U）增大，C_p已不足以反映有偏移的实际情况，需要加以修正。定义μ与M的偏移为$\varepsilon=|M-\mu|$，μ与M的偏移度K为：

$$K = \frac{\varepsilon}{T/2} = \frac{2\varepsilon}{T}$$

则有偏移的过程能力指数为：

$$C_{pk} = (1-K)C_p = (1-K)\frac{T}{6\sigma}$$

可以证明：

$$C_{pk} = (1-K)\frac{T}{6\sigma} = \min\left(\frac{T_U-\mu}{3\sigma}, \frac{\mu-T_L}{3\sigma}\right)$$

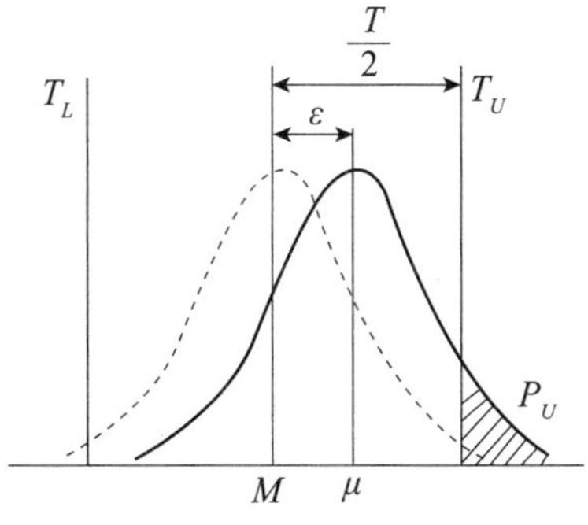

图24—13　过程特性值的均值μ与公差中心M不重合的情形

国家标准 GB/T 4091—2001《常规控制图》给出了过程改进的策略，如图 24—14 所示，图中 PCI 为过程能力指数。

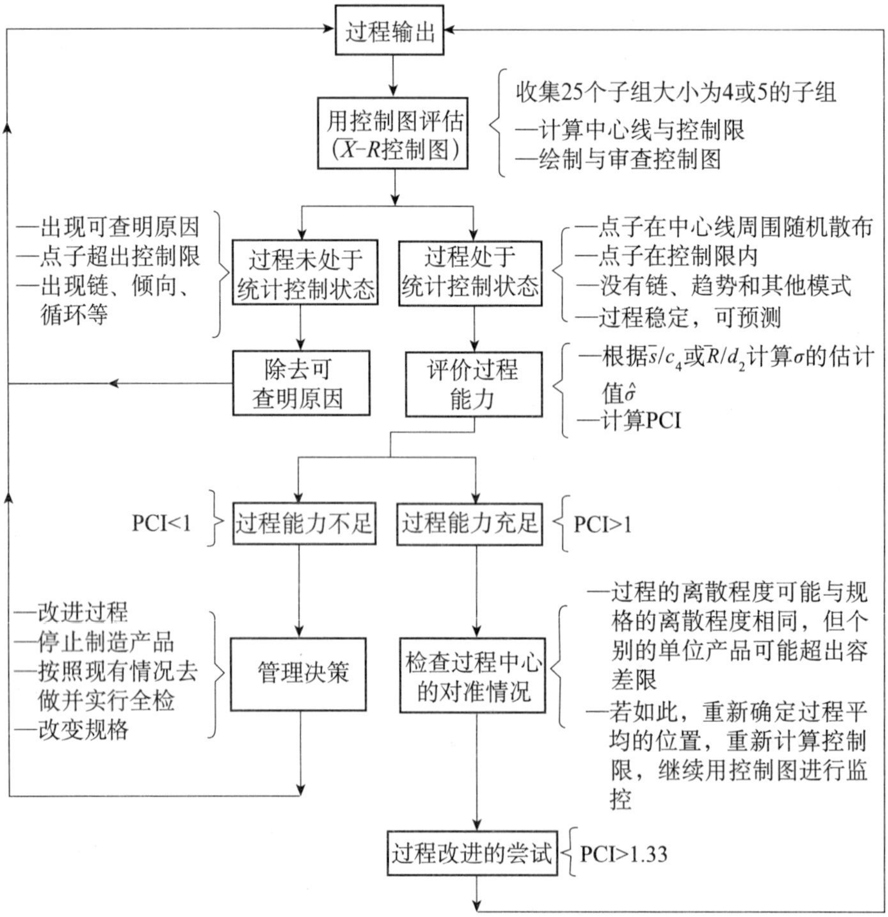

图 24—14　过程改进的策略

当难以确保过程处于统计控制状态时，可采用过程绩效指数 P_p 和 P_{pk}，从过程总波动的角度考察过程特性值满足要求的能力。如果过程一时难以达到稳定或不知是否稳定，则可以结合直方图进行分析和改进，或者判断过程是否可以接受。其计算公式类似，差别仅在于用实际的总波动 s 替代稳态下的固有波动 σ。其中，P_{pk} 的计算公式如下：

$$P_{pk}=\min\left[\frac{USL-\overline{x}}{3s},\frac{\overline{x}-LSL}{3s}\right],\ s^2=\frac{\sum_{i=1}^{n}(x_i-\overline{x})^2}{n-1}$$

24.7.4　使用常规控制图的注意事项

应用控制图时，需要考虑以下一些问题：

(1) 控制图用于何处？原则上讲，对于任何过程，凡需要进行控制的场合都可以应用控制图。但这里还有一些要求：对于所确定的控制对象，其指标应能够定量，这样才可以应用计量控制图。如果只有定性的描述而不能得到定量数据，就只能应用计数控制图。所控制的过程必须具有可重复性，即具有统计规律。对于只能进行一次或少数几次的过程，显然难以应用控制图进行控制。

(2) 如何选择控制对象？在使用控制图时应选择能代表过程的主要质量指标作为控制对象。一个过程往往具有各种各样的特性，需要选择能够真正代表过程情况的指标。例如，假定某产品在强度方面有问题，就应该选择强度作为控制对象。再如，在电动机装配车间，如果对电动机轴的尺寸要求很高，就需要把机轴直径作为控制对象。

(3) 怎样选择控制图？控制图主要是根据所控制质量指标的数据性质来进行选择的，如果数据为计量的，应选择 $\overline{X}$-R 图、X-R_s 图等；如果数据为计件的，应选择 p 或 np 图；如数据为计点的，应选择 c 或 u 图。此外，还需要考虑其他要求。譬如，需要考虑抽取样品、取得数据的难易以及是否经济等问题，可以采用成组数据的控制图，如 $\overline{X}$ 控制图，来提高控制图的灵敏度。

(4) 如何分析控制图？如果在控制图中点子未出界，同时点子的排列是随机的，则认为过程处于稳定状态或受控状态。如果控制图上的点子出现如图 24—12 所示的情况，则认为过程出现异常。

(5) 对于应用控制图的方法还不够熟悉的工作人员来说，即使在点子出界的情况下，也应该首先从下列几方面进行检查：样品的取法是否随机？数字的读取是否正确？计算有无错误？描点有无差错？然后再调查过程方面的原因。经验证明这一系列思考是十分重要的。

(6) 对于异常情况的处理。如果点子出现如图 24—12 所示的情况，应执行“查出异因，采取措施，保证消除，纳入标准，不再出现”的工作规范。

(7) 对于过程而言，控制图起着报警的作用，控制图上的点子出界就好比警铃响起，告诉工作人员到了查找原因、采取措施、防止再犯的关键时刻。但一般来说，控制图只起报警作用，而不能告知这种警报究竟是由什么异常因素造成的。要找出造成异常的原因，就要根据生产和管理方面的技术与经验来进行判断，或应用统计过程控制的有关方法。

(8) 控制图的重新制定。控制图是根据稳态下的条件（人员、设备、原材料、工艺方法、环境，即 4M1E）来制定的。如果上述条件变化——操作人员更换或通过学习使操作水平显著提高，设备更新，采用新型原材料或更换其他原材料，改变工艺参数或采用新工艺，环境改变等——控制图就必须重新绘制。由于控制图是科学管理生产过程的重要依据，所以，经过一段时间的使用，应重新抽取数据，进行计算，加以检验。

(9) 控制图的保管问题。控制图的计算以及日常记录都应作为技术资料妥善保管。各种异常情况以及对异常的处理都应予以记录，因为这些都是以后出现异常时查找原因的重要参考资料。有了长期保存的记录，便能对过程的质量水平有清楚的了解，这对于产品设计和制定产品规格都是十分有用的。

24.8 精益生产

精益生产源于日本丰田汽车公司所创造的丰田生产方式，是继单件小批量和福特大批量流水线生产方式之后诞生的新的生产方式。它的基本理念是：在产品设计、制造、销售以及零部件库存等各个环节消除一切不必要的浪费。它提出的准时化生产和自働化等思想改变了日本企业的经营方式，极大地促进了日本制造业飞速发展，被称为“改变世界的机器”。

24.8.1 精益生产的核心思想

1. 以消除浪费为立足点

精益生产和浪费直接对立。浪费包括很多类型，如闲置的库存、不必要的工序、不必要的运输、超过需求的生产、人员的不必要动作、各种等待等，所有这些日常生产中很少为人们所注意但却大量存在的活动（在很多制造流程中甚至超过 90%），不仅不能为企业创造价值，反而增加了成本，是精益生产反对和致力消除的。从企业获取订单到进入生产过程，再到最后的销售，消除浪费的思想贯穿始终。

沃迈克和琼斯把企业内部的浪费分为两种：（1）生产中不创造价值，但在现有技术与生产条件下不可避免的作业内容，称为Ⅰ型 muda（源于日语，意为浪费），如必要的在线检验、物料运输等。（2）不创造价值且可以立即去除的作业内容，称为Ⅱ型 muda，如不必要的等待、多余的动作、不必要的审批等。精益生产审查生产特定产品的所有活动，首先努力消除Ⅱ型 muda，降低成本，然后使产品在整个流程中流动起来。通过连续流动，进一步消灭Ⅰ型 muda，优化流程。流动越快，所暴露出的浪费越多，越有利于精简流程和降低成本。

2. 暴露问题并解决问题

精益生产也是一个企业实现业务流程持续改进的过程，与六西格玛实现持续改进类似，这个过程也需要发现企业流程中存在的问题。在发现问题方面，精益思想特别强调暴露问题，力求找到引起该问题的根本原因，然后彻底解决问题。如在很多企业里，库存过多非常普遍，究其原因，可能是由于供应商供货不及时或时间不确定、机器需要较长时间的换模或换线、某台设备经常出故障等原因造成的。即使整个生产表面上看起来顺畅，企业也不得不增加大量库存以备不测。采用统计分析或经济批量模型求得最佳批量从而控制库存，是治标而非治本。从精益思想的角度看，库存是万恶之源，库存不仅占用了资金，提高了库存管理成本，更重要的是，库存掩盖了这些问题，使这些问题成为企业的顽疾。因此，精益生产要求尽量减少库存，这样才能暴露出问题，然后调动团队，找到根本原因，解决问题，持续改进。

24.8.2 精益生产与传统生产模式的比较

精益生产与传统生产模式相比，从考虑问题的层次、范围、角度到具体的操作方法都有较大的区别（见表24—4）。

表24—4 精益生产与传统生产模式的比较

比较内容	传统生产模式	精益生产模式
企业目标	足够好的原则：容忍一定的废品率，最低限度的库存，产品单一	尽善尽美的原则：不断降低成本，追求零缺陷、零库存、产品多样化
工作强度	体力和精神的紧张	有节奏感、创造性的紧张
人事管理组织结构	以个人为单位进行工作实绩考核	以集体为单位进行工作实绩考核
	组织结构以集中式或多级递阶控制为主	组织结构以分布式或适度递阶控制为主
	面向职能，按职能划分部门	面向过程，按过程划分项目组
	被动管理	主动管理，以人为本
产品开发	顺序开发	并行开发
销售	以市场预测和订货为基础的大规模生产	把销售纳入生产体系，客户和供应商也参加到综合小组中，按订单组织生产
生产计划管理	面向设备负荷编制生产计划，使设备尽可能满负荷运转	面向实际需要编制生产计划
	大批量优先	最小批量
	按事先制定的生产计划控制生产过程——“推”的管理方式	按合同组织生产过程——“拉”的管理方式
	自上向下的分层生产控制	分布式自适应控制
采购管理	零件成本最低的采购原则	产品总成本最低的采购原则
	按零件或材料类型采购	以子系统为单位进行采购
财务管理	被动管理，注重事后成本核算	主动管理，注重面向事前整个生产过程的成本控制
	以降低成本为目标	以提高生产率、改善产品增值过程为目标
质量管理	专职的质量管理人员	质量自检
	提高产品质量必然会增加产品成本	提高产品质量不一定会增加产品成本
信息管理	集中处理	分布处理，将信息作为生产要素加以更好的应用

由表24—4可见，精益生产是对原有的生产模式、质量控制、产品开发、管理技术、组织结构等不断改进，以求达到尽善尽美的理想境界。

24.8.3 精益思想的五项基本原则

沃迈克和琼斯在《精益思想》一书中，将由丰田开创的精益生产方式总结为五项基本原则，它们成为所有踏上精益道路的组织不厌其烦地理解和实行的基本原则。

1. 正确地确定价值

（1）精益生产中经常使用“价值”的概念，这里的价值是从顾客的角度定义的，所谓有价值的活动是能为顾客增加效用、顾客承认它的必要性并愿意为其付款的活动。正确地确定价值，就是以顾客的观点来确定企业从设计到交付的全部过程，最大限度地满足顾客需求。

（2）以顾客的观点确定价值，还必须将生产全过程的多余消耗减至最少，不将额外的花销转嫁给顾客。

（3）精益价值观将生产方、顾客和供应商的利益统一起来，而不是持过去那种三者对立的观点。

（4）用以客户为中心的价值观审视企业的产品设计、制造过程、服务项目，会发现有太多的浪费，从不满足客户需求到过多的功能和多余的非增值消耗。消灭这些浪费的直接受益者既包括顾客也包括生产方。

2. 识别价值流

价值流是指从原材料转变为成品并给它赋予价值的全部活动。这些活动包括：从概念设计到产品设计、工艺设计，再到投产的技术过程，从订单处理、计划到送货的信息过程和从原材料到产品的物质转换过程，以及产品全生命周期的支持和服务过程。精益思想中识别价值流的含义是：在价值流中找到哪些是真正增值的活动，哪些是可以立即去除的非增值活动。精益思想将所有业务过程中消耗资源而不增值的活动叫做浪费。识别价值流就是发现浪费和消灭浪费。识别价值的方法是价值流分析：首先以产品族为单位画出当前的价值流图，再从顾客的角度分析每一个活动的必要性。价值流分析成为实施精益思想最重要的工具。

价值流并不是从企业内部开始的，多数价值流向前延伸到供应商，向后延展到向客户交付的活动。它按照最终用户的观点全面考察价值流，寻求全过程的整体最佳。

3. 流动

如果正确地确定价值是精益思想的基本观点，识别价值流是精益思想的准备和入门活动，“流动”和“拉动”则是精益思想实现价值的中坚。精益思想要求创造价值的各个活动（步骤）流动起来，强调的是不间断的流动。“价值流”本身的含义就是“动”，但是由于根深蒂固的传统观念和做法，部门的分工（部门间交接和转移时的等待）、大批量生产（机床旁边等待的在制品）等阻断了本应动起来的价值流。精益思想将所有的停滞作为企业的浪费，号召“所有人都必须和部门化的、批量生产的思想作斗争”，采用持续改进、准时化生产、单件流等方法在任何批量生产条件下实现价值的连续流动。

当然，使价值流动起来，必须具备必要的环境条件。这些条件是：

（1）过失、废品和返工都造成过程的中断、回流。实现连续的流动要求每个过程和每个产品都是正确的。

（2）环境、设备的完好性是流动的保证。3P（人、流程、业绩）、5S 管理（整理、整顿、清扫、清洁、素养）、全面生产维护是价值流动的前提条件。

（3）系统地进行流程设计和能力规划，避免瓶颈造成的阻塞。

4. 拉动

拉动就是按客户的需求进行投入和产出，使用户在他们需要的时间得到需要的东西。实行拉动以后，用户或制造的下游就像在超市的货架上取到他们所需要的东西，而不是把用户不太想要的产品强行推给用户。拉动原则由于使生产和需求直接对应，消除了过早、过量的投入，从而减少了大幅的库存和现场在制品，大幅压缩了提前期。拉动原则更深远的意义在于：使企业具备一旦用户需要，就能立即设计和制造出用户真正需要的产品的能力，最后实现按用户的实际需要进行生产。

实现拉动的方法是实行准时化生产和顺畅生产。当然，准时和顺畅生产的实现最好采用单元布置，对原有的制造流程进行改造。实践表明，流动和拉动一般可以使产品开发时间减少 50%、订货周期缩短 75%、生产周期降低 90%。

5. 尽善尽美

奇迹的出现是上述四个原则相互作用的结果。改进的结果必然是价值流动速度显著加快。这样就必须不断用价值流分析方法找出更隐蔽的浪费，做进一步的改进。这样的良性循环成为尽善尽美的过程。近年来，沃迈克反复阐述了精益生产的目标："通过尽善尽美的价值创造过程（包括设计、制造和对产品或服务整个生命周期的支持）为用户提供尽善尽美的价值。"

尽善尽美是难以达到的，但对尽善尽美的持续追求将造就一个永远充满活力、不断进步的企业。

24.8.4 精益生产的技术体系

企业追求精益的过程实质上是一个持续改进的、长期的过程，是一场没有终点的比赛。改进过程需要综合应用现场管理、设施布置与优化、人因工程、作业研究、质量控制与保证、流程管理与控制、现代制造技术等一系列方法与工具，因此，精益生产是一个包含多种制造技术和管理技术的综合技术体系。实际上，精益生产就是工业工程技术在企业中的具体应用。图 24—15 展示了精益生产的体系构造，同时也表明了该体系的目标以及实现目标的各种技术、手段和方法及其相互间的关系。

要实现"消除浪费、增加利润"这一基本目标，就必须彻底杜绝过量生产以及由此产生的在制品过量和人员过剩等各种直接浪费和间接浪费。如果生产系统具有足够的柔性，能够适应市场需求的不断变化，即实行准时化生产，在必要的时刻生产必要数量的必要产品或零部件，创造出能够灵活适应市场需求变化的生产系统，这种生产系统能够从经济性和适应性两个方面来保证公司整体利润不断提高。此外，这种生产系统具有一种内在的动态自我完善机制，即在准时化生产的激发下，通过不断缩小加工批量和减少在制品储备，使生产系统中的问题不断暴露出来，使生产系统本身得到不断完善，从而保证精益生产顺利进行。

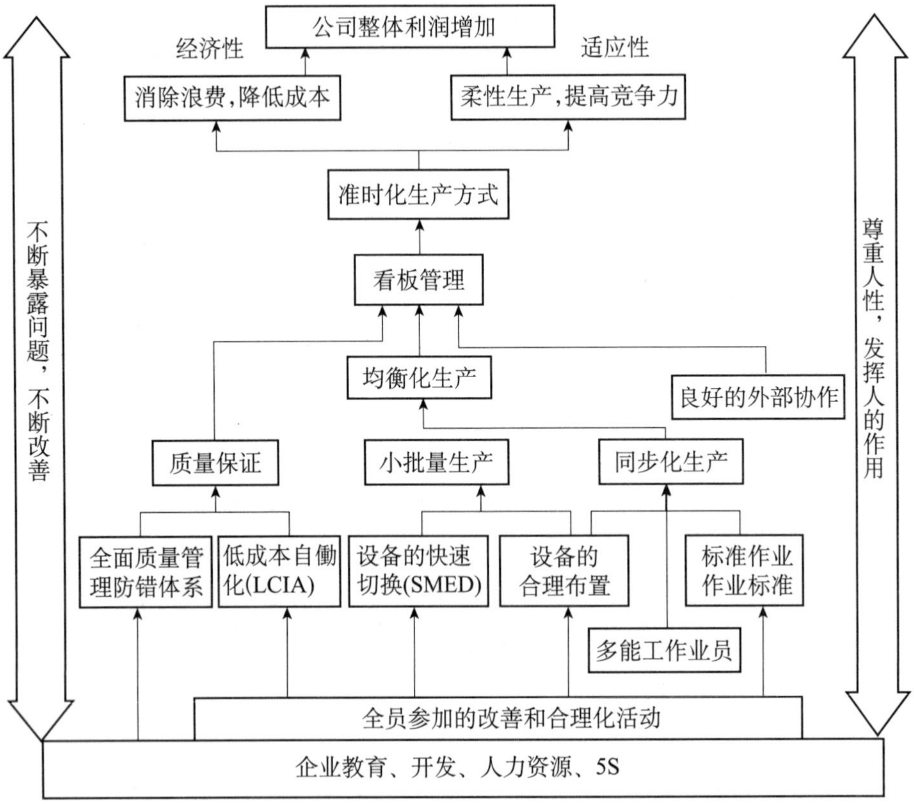

图 24—15 精益生产的技术体系

24.8.5 看板拉动式生产

看板管理是丰田生产模式和精益生产的重要概念和核心工具之一，是一种为了实施准时化生产方式而控制现场生产流程的工具。看板旨在传达信息，即何物，何时，生产多少数量，以何种方式生产、搬运。看板的信息包括：零件号码、品名、制造编号、容器形式、容器容量、看板编号、移送地点、零件外观等。准时制是一种拉动的管理方式，它要求从最后一道工序通过信息流向上一道工序传递信息，这种传递信息的载体就是看板，其主要功能包括：传递生产及运送工作指令，防止过量生产和过量运送，进行“目视管理”，通过不断减少看板数量来减少在制品库存，达到改善和增强生产线的“体质”的目的。看板是实现准时制的工具，只有在工序一体化、生产均衡化、生产同步化的前提下才可能发挥作用。

随着信息技术的飞速发展，传统的看板管理已经融入 ERP（企业资源计划）系统，准时化生产之间的看板用电脑来代替，每一道工序之间都进行联网，指令的下达、工序之间的信息沟通都通过信息系统来完成。

中国质量协会注册质量经理知识大纲

附录1

一、综述

注册质量经理依据质量经理知识大纲进行培训和命题考试。

知识大纲与教材《质量经理手册》的目录一致，提供了质量经理应掌握的完整的知识体系和内容概要，并且按照识记、理解和应用三个等级规定了各部分内容需要掌握的程度。

在知识大纲的基础上，制定了考试标准化试题分值分布表以指导命题的数量、类型和分值的分布组合。相关要求说明如下：

1. 知识大纲由注册质量经理专家委员会修订更新，认证委员会批准发布。

2. 知识大纲各部分的试题数量和分值在当年发布内容的基础上可能有所微调，以实现总试题数量和题型的匹配。

3. 试题题型和分值为：

标准化试题	单选（四选项）	每题1分	50道题
	多选（四选项）	每题2分	20道题
开放式试题	考核实践能力的论述题	每题20分	3道题（5选3）

4. 考试方式和时间要求：考试总时间180分钟，其中，标准化试题：闭卷笔试，80分钟；开放式试题：开卷笔试，100分钟。

5. 考试总成绩150分，90分通过。

二、知识大纲内容

知识大纲共分六大部分，24章内容。掌握要求共分识记、理解和应用三个等级，应用包括理解和识记，理解包括识记。

第一部分　质量与质量管理

第1章　质量

1.1　质量的含义

质量的定义（识记）；质量概念的演变过程（理解）；大质量和小质量（理解）；朱兰关于质量概念的辨析（理解）；质量等级（理解）。

1.2　质量特性

质量特性（识记）；质量特性的类型（理解）；狩野的当然的、一元的和有魅力的质量特性（理解）。

1.3　质量相关术语

过程（识记）；产品和服务（理解）；顾客（理解）；供方（理解）；顾客满意（识记）；合格（识记）；质量经济性（理解）。

第 2 章　质量管理

2.1　管理理论发展历史

管理理论发展的主要阶段及其特点（理解）；质量管理在管理发展历史中的地位（理解）；管理理论发展对当代的启示（理解）。

2.2　质量管理的发展

质量管理的定义（识记）；质量管理发展的三个阶段及其比较（理解）；质量管理在中国的发展（理解）。

2.3　质量管理的代表人物及其主要思想

戴明及其主要思想（理解）；朱兰及其主要思想（理解）；石川馨及其主要思想（理解）；休哈特、菲根堡姆、克劳斯比以及他们的思想（理解）。

第 3 章　全面质量管理

3.1　全面质量管理的含义

全面质量管理的概念（识记）；全面质量管理的原则和理念（理解）。

3.2　质量环与质量职能

质量环（识记）；硬件、软件、服务和流程型材料的质量环（理解）；组织的质量职能（应用）。

3.3　质量改进的定义和程序

质量改进的定义（识记）；质量改进的特点（理解）；戴明环（识记）；朱兰、克劳斯比的质量改进程序（理解）；质量改进的一般程序（应用）。

第二部分　质量驱动力

第 4 章　领导作用

4.1　领导的含义

领导的定义和实质（理解）；领导影响力的两个来源（识记）。

4.2　公司治理

公司治理及其重要性（理解）。

4.3　企业文化和质量文化

企业文化的定义（识记）；企业文化的关键要素（使命、愿景和核心价值观）（理解）；质量文化的构成和功能（应用）；质量文化和企业文化的关系（理解）。

4.4　变革管理

变革的动因和领域（理解）；变革的阻力和减少阻力的方法（理解）；领导者在变革中的作用（应用）。

4.5　组织的社会责任

社会责任的定义（识记）；社会责任发展的阶段（理解）；恪守道德规范的做法（应用）。

第 5 章　战略制定与部署

5.1　环境分析和战略选择

PEST 分析、五力模型、竞争对手分析（应用）；内部环境分析的框架（应用）；核心能力的表现（理解）；SWOT 分析（应用）；企业战略的三个层次（理解）；公司战略类型（理解）；波特的三种竞争战略（理解）。

5.2　战略计划活动

战略计划活动的含义（理解）；战略计划活动的过程（应用）。

5.3　质量战略的制定和部署

质量战略的重要性（识记）；质量战略的制定过程和内容（应用）；质量战略的部署和实施（应用）。

第 6 章　以顾客为中心

6.1　营销观念的变化和关注顾客

五种营销观念（理解）；品牌营销（理解）；了解顾客需要的关键活动和方法（应用）；外部顾客和市场细分（理解）；内部顾客与顾客链及其对组织结构的影响（理解）。

6.2　顾客关系管理

顾客关系管理及其过程（理解）；顾客关系管理的基本功能（理解）；顾客关系管理需要做好的关键工作（应用）；顾客关系价值（理解）。

6.3　顾客满意和顾客忠诚

顾客满意及其带来的情绪特征（理解）；顾客忠诚及其表现（理解）；顾客满意、顾客忠诚与品牌价值的关系（理解）。

6.4　顾客满意、顾客忠诚和品牌价值的测量与分析

顾客满意度的含义（识记）；顾客满意度测评的实施过程及计算方法（应用）；顾客忠诚的测评（应用）；品牌价值评估（理解）。

第三部分　卓越绩效模式

第 7 章　卓越绩效模式概述

7.1　卓越绩效模式的产生背景、实质、作用和特征（理解）。

7.2　几种主要的卓越绩效模式（识记）。

第 8 章　卓越绩效评价准则的理念、框架和内容

8.1　卓越绩效评价准则的理念（理解）。

8.2　卓越绩效评价准则的框架、结构和分值分配（理解）。

8.3　卓越绩效评价准则的内容（应用）。

第 9 章　卓越绩效评价方法

9.1　卓越绩效评价（应用）。

9.2　组织自我评价（应用）。

9.3　全国质量奖申报与评审（识记）。

第四部分　质量管理体系

第 10 章　过程管理

10.1　过程概念、过程方法和过程管理

过程、过程链、过程网络及体系的概念（识记）；质量管理体系中的过程方法（理解）；质量管理体系标准和卓越绩效模式中的过程管理方法（理解）。

10.2　过程的策划和实施

过程的识别（应用）；过程要求的确定（应用）；过程的设计（应用）；过程的实施（应用）。

10.3　过程的改进

过程改进的概念、类型和程序（识记）；改进方法及其集成应用（应用）；合理化建议和技术革新（理解）；QC小组活动的由来、发展、特点、课题类型和推进方法（应用）；六西格玛管理的起源、发展、含义、组织、流程和推进步骤（应用）；六西格玛管理与精益生产的融合（理解）。

第11章　ISO 9000族标准

11.1　ISO 9000族标准的构成、特点和意义（识记）。

11.2　ISO 9000《质量管理体系　基础和术语》（理解）。

11.3　ISO 9001《质量管理体系　要求》（应用）。

11.4　ISO 9004:2009《追求组织的持续成功　质量管理方法》（理解）。

第12章　环境、职业健康安全等其他管理体系标准

12.1　环境管理体系标准（理解）。

12.2　职业健康安全管理体系标准（理解）。

12.3　行业性质量管理体系标准（识记）。

第13章　质量管理体系的建立、实施和改进

13.1　质量管理体系的策划和文件化（应用）。

13.2　质量管理体系的实施和保持（应用）。

13.3　质量管理体系的绩效和有效性评价与改进（应用）。

13.4　管理体系的整合（应用）。

第14章　质量审核、认证和认可

14.1　认证和认可（识记）。

14.2　审核（应用）。

14.3　体系审核（应用）。

14.4　产品质量审核（理解）。

14.5　过程质量审核（理解）。

第五部分　管理技能和方法

第15章　管理的技能

15.1　管理的含义

管理的概念（识记）；管理者的分类和技能（理解）。

15.2　组织结构

组织结构设计的内容（理解）；组织结构的类型（理解）；组织结构的职能观和过程观（应用）。

15.3　人力资源管理的含义及过程

人力资源管理的含义和过程（理解）；人员的选拔、考评、培训和开发（理解）；职业生涯管理（理解）。

第 16 章　沟通

16.1　沟通的含义

沟通及其过程（理解）；丰富度不同的沟通渠道（理解）；沟通的障碍（应用）。

16.2　沟通的类型

五种常见的沟通网络（理解）；正式和非正式沟通（理解）。

16.3　有效沟通的原则

有效沟通的原则（应用）。

16.4　跨文化沟通

全球化领导与跨文化沟通（理解）；文化的维度（理解）。

第 17 章　激励

17.1　激励与人性假设

激励的定义（识记）；人的行为模式（理解）；各种人性假设（理解）。

17.2　主要激励理论

各种激励理论（理解）。

第 18 章　团队

18.1　团队的含义和类型

团队的定义（识记）；团队给组织和个人带来的好处（理解）；团队的类型（识记）。

18.2　团队的条件和发展技巧

团队形成的支持条件（理解）；团队建设、推进和领导的技巧（应用）。

18.3　团队的绩效评估和奖励

团队的绩效评估、奖励和表彰（应用）。

18.4　高效团队的特征

高效团队的特征（理解）。

第 19 章　项目管理

19.1　项目及项目管理概述（理解）。

19.2　项目管理过程（应用）。

19.3　项目管理的常用方法与工具（应用）。

第 20 章　培训

20.1　培训及其价值

培训和教育的含义（识记）；培训对企业的价值（理解）；培训的局限性（应用）；培训管理的流程（应用）。

20.2　培训需求识别

培训需求的来源（应用）；质量培训的一般需求（理解）；识别培训需求的方法（应用）。

20.3　培训的策划与实施

培训设计策划的含义（理解）；培训的制约条件（识记）；提供培训的方式（应用）；培训的适宜时机（理解）；培训目标体系（应用）；培训内容的准备（应用）；培训方法的选择

(应用)；成人学习的特点（理解)；培训师对成人培训时应遵循的原则（应用)。

20.4 培训效果评价

培训效果评价的内容（理解)；培训效果评价的方法（应用)。

第 21 章 供应链管理

21.1 供应链管理概述

供应链管理的含义和框架（理解)；物流管理简介（理解)。

21.2 供应商管理的策划和实施

战略性采购与供应商管理战略（理解)；供应商选择（应用)；供应商沟通（应用)；供应商关系（应用)；供应商质量的控制（应用)；供应商绩效的测评和奖惩（应用)；供应商审核、评审与认证（应用)；供应商绩效的改进（应用)。

21.3 供应商管理的评价和改进

供应商管理的总体绩效测量、分析和评价（理解)；供应商管理过程和结果的成熟度评价（应用)；供应商管理的改进（理解)。

第六部分 质量管理工具

第 22 章 统计技术基础

22.1 基本统计的应用（识记)。

22.2 数据抽样方法（理解)。

22.3 数据的基本整理方法（应用)。

22.4 数据的统计推断（识记)。

第 23 章 非量化质量工具

23.1 流程图（应用)。

23.2 因果图（应用)。

23.3 检查表（应用)。

23.4 头脑风暴法（应用)。

23.5 亲和图（应用)。

23.6 树图（应用)。

23.7 PDPC 图（应用)。

23.8 关联图（应用)。

23.9 矩阵图（应用)。

第 24 章 集成化质量工具

24.1 质量成本（应用)。

24.2 质量功能展开（理解)。

24.3 失效模式与后果分析（理解)。

24.4 可靠性工程（识记)。

24.5 试验设计（识记)。

24.6 测量系统分析（理解)。

24.7 统计过程控制（应用)。

24.8 精益生产（理解)。

三、考试标准化试题分值分布

2016年考试标准化试题的分值分布如下表，考试命题以此表为基础作适当调整。

标准试题分值分布			
知识大纲章节	参考题量	参考分值	比例
第一部分　质量与质量管理	3道	小计4分	4.4%
1　质量		1	
2　质量管理		1	
3　全面质量管理		2	
第二部分　质量驱动力	16道	小计20分	22.2%
4　领导作用		6	
5　战略制定与部署		8	
6　以顾客为中心		6	
第三部分　卓越绩效模式	5道	小计6分	6.7%
7　卓越绩效模式概述		2	
8　卓越绩效评价准则的理念、框架和内容		2	
9　卓越绩效评价方法		2	
第四部分　质量管理体系	10道	小计12分	13.3%
10　过程管理		3	
11　ISO 9000族标准		3	
12　环境、职业健康安全等其他管理体系标准		1	
13　质量管理体系的建立、实施和改进		3	
14　质量审核、认证和认可		2	
第五部分　管理技能和方法	18道	小计24分	26.7%
15　管理的技能		3	
16　沟通		3	
17　激励		3	
18　团队		4	
19　项目管理		4	
20　培训		3	
21　供应链管理		4	
第六部分　质量管理工具	18道	小计24分	26.7%
22　统计技术基础		7	
23　非量化质量工具		8	
24　集成化质量工具		9	
总计	70道	总计90分	100%

中国质量协会注册质量经理考试样题

附录2

一、单项选择题（本部分试题编号为1至50。请在四个备选项中选择最适合的一项作为试题答案；每题1分。）

1. 电脑的应用现在已经很普遍，它的平均无故障间隔时间属于质量特性中的(　　)。
   A. 寿命　　B. 安全性　　C. 可靠性　　D. 经济性
2. 根据卡诺模型对质量特性的分类，当某一质量特性不充足时，顾客感觉无关紧要；充足时，顾客就十分满意，这种质量特性是(　　)。
   A. 必须特性　　B. 一元特性　　C. 逆特性　　D. 魅力特性
3. 在战略计划活动中，目标展开的目的是(　　)。
   A. 分解目标　　B. 制定行动计划
   C. 测量绩效　　D. 识别所需资源和措施
4. “领导者应站在前面去引导、鼓舞他人努力实现组织的目标”，这句话体现了领导的实质，即(　　)。
   A. 施加影响力　　B. 增强控制力
   C. 激励和鞭策　　D. 进行沟通
5. 某电脑公司各部门办公室的墙上都贴着“为客户利益而努力创新”的警句，这可能是它们的(　　)。
   A. 企业使命　　B. 核心价值观　　C. 企业精神　　D. 愿景
6. 某公司去年在实施“三体系”整合后，部门分工、职权关系、职位设计发生重大变革，这种变革属于(　　)。
   A. 人员变革　　B. 组织结构变革　　C. 技术变革　　D. 管理变革
7. 企业在追求经济利益的同时能够依法纳税，表明该企业(　　)。
   A. 支持公益活动　　B. 履行社会责任
   C. 满足顾客要求　　D. 遵守社会公德
8. 组织制定业务层战略和职能战略的依据是(　　)。
   A. 公司层战略　　B. 国家战略
   C. 事业部战略　　D. 分公司战略
9. 核心竞争力是企业获得竞争优势的关键，以下属于核心竞争力的是(　　)。
   A. 对市场变化做出迅速反应　　B. 通过GB/T 19001认证
   C. 人员稳定且任劳任怨　　D. 规章制度比较完善
10. 通常认为在战略计划过程中最重要的环节是(　　)。

A. 沟通使命、愿景、价值观　　B. 建立关键绩效测量系统
C. 制定战略目标　　D. 评审和经营审核

11. 顾客忠诚不同于顾客满意，以下不属于顾客忠诚的行为是(　　)。
A. 再次或大量购买　　B. 偶然购买某商品
C. 主动推荐某商品　　D. 抵制其他商品的诱惑

12. 顾客满意与否会随着时代的发展以及满意评价的参照基准而变化，这说明顾客满意具有(　　)。
A. 动态性　　B. 随机性　　C. 主观性　　D. 可预测性

13. 一个完整的顾客关系管理过程始于识别顾客、终于造就忠诚的顾客，其中最关键的是(　　)。
A. 了解顾客的需要　　B. 掌握顾客满意度
C. 制定顾客关系战略　　D. 实施产品和服务的改进

14. 某电器商厦在《业务员守则》中规定，商品出售后 5 日内需向顾客电话询问有什么问题或建议，作为改进的依据，这种建立关系的方法属于(　　)。
A. 主动型　　B. 可靠型　　C. 反应型　　D. 合伙型

15. GB/T 19580—2012《卓越绩效评价准则》给出了企业管理的要求，这些要求(　　)。
A. 因为是准则，所以应是规定性的
B. 因为企业环境千差万别而是非规定性的
C. 以规定性为主，可以适当灵活
D. 以非规定性为主，有些是规定性的

16. 波多里奇奖对美国经济起到了促进作用，美国历届总统都倡导企业参与其中，因为其评奖过程就是(　　)的过程。
A. 优中选优　　B. 学习提高　　C. 尊享荣誉　　D. 振兴经济

17. 在 GB/T 19580—2012《卓越绩效评价准则》的“术语和定义”中，“为组织、顾客和其他相关方创造重要价值或做出重要贡献的过程”是(　　)。
A. 价值创造过程　　B. 支持过程　　C. 关键过程　　D. 特殊过程

18. 某企业不仅在内部建立了顾客管理的组织结构，设计了顾客管理流程，而且设立了 24 小时顾客服务中心，用电话、E-mail、微信等答复顾客的问题。企业这些方法对应于《卓越绩效评价准则》中(　　)的条款。
A. 顾客满意测量　　B. 顾客关系的建立
C. 承担社会责任　　D. 开发信息源

19. GB/T 19001《质量管理体系　要求》强调管理过程，其目的在于提高组织在实现规定目标方面的(　　)。
A. 计划性　　B. 各相关方互利性
C. 有效性　　D. 保证性

20. 六西格玛改进流程又称为 DMAIC 改进流程，其中，字母 A 表示(　　)。
A. 处置　　B. 分析　　C. 策划　　D. 改进

21. 根据 GB/T 19000—2015《质量管理体系　基础和术语》，以下不属于质量管理七项基本原则的是(　　)。

A. 以顾客为关注焦点；领导作用；全员积极参与
B. 过程方法；改进
C. 循证决策；关系管理
D. 风险控制；品牌管理；公司治理

22. 某企业的一个 QC 小组为了使 A 产品达到新的质量目标要求，开展质量攻关活动，并制定了详细的质量攻关工作计划。该 QC 小组是在开展质量(　　)活动。
A. 策划　　B. 保证　　C. 改进　　D. 控制

23. ISO 14004《环境管理体系　原则、体系和支持技术通用指南》提供了环境管理体系的(　　)。
A. 独特技术指南　　B. 环境因素识别指南
C. 管理评审指南　　D. 业绩改进指南

24. 企业在建立和改进质量管理体系，对质量目标进行策划时，应确保在组织的相关职能和层次上建立质量目标。质量目标应是可测量的，并与质量方针保持一致。质量目标应包括满足(　　)所需的内容。
A. 产品要求　　B. 数据分析要求
C. 行业要求　　D. WTO/TBT 要求

25. 企业根据环境条件、目标变化和审核的结果对其体系的适宜性、充分性和有效性进行综合评价，这属于(　　)活动。
A. 体系审核　　B. 管理评审　　C. 自我评定　　D. 过程评审

26. 某新成立的有限责任公司准备同时建立和实施质量、环境、职业健康安全、能源管理体系，这种方法属于(　　)。
A. 扩展法　　B. 合并法　　C. 及时法　　D. 系统工程法

27. 人力资源日益被视为人力资本，原因在于(　　)。
A. 人才是最重要的资源，可以创造更大的价值
B. 人才的劳动应该获得工资收入
C. 人才对企业的贡献与价值使得他们具有剩余价值所有权
D. 人力资源与其他资源一样可以创造价值

28. 不同地区有着不同的沟通文化，高语境文化与低语境文化有不同的特点，下列属于低语境文化特点的是(　　)。
A. 外显明了，直接交流
B. 大量使用非语言符号
C. 整体和演绎的思维方式
D. 主要通过非正式网络获得信息

29. 很多企业订立严格的管理规范，用金钱来刺激提高士气，这种管理方式是基于(　　)假设。
A. 经济人　　B. 社会人
C. 复杂人　　D. 自我实现人

30. 在主要的激励理论中，双因素理论认为(　　)。
A. 人类的需要是分层次的

B. 人类的需要包括成就、权力和归属感

C. 只有靠激励因素来调动员工积极性，才能提高生产效率

D. 可以通过正强化和负强化修正人们的行为

31. 团队成员在参加活动过程中需大量学习和掌握质量技术，这体现了高效团队需具备(　　)的特征。

A. 良好沟通　　B. 内部支持　　C. 一致承诺　　D. 相关技能

32. 小王受命组建一个六西格玛项目小组，以减少某一产品的客户投诉及退货率。下列不属于该项目主要利益相关方的是(　　)。

A. 销售人员　　B. 客服工程师　　C. 质量总监　　D. 竞争对手

33. 在挣值法的相关计算中，进度偏差（SV）等于(　　)。

A. 已完成工作的预算费用（EV）－已完成工作的实际费用

B. EV－计划完成工作的实际费用

C. EV－计划完成工作的预算费用

D. EV－已完成工作的计划费用

34. 对企业高层管理者进行质量培训的重点应该是(　　)。

A. 质量技术方法

B. 质量过程控制方法

C. 质量经营理念和质量管理基本原则、原理

D. 质量专业知识

35. 在内审员培训活动中，需要组织学员分小组做编写检查表的练习，以便掌握检查表编写技能。这属于培训目标体系中的培训(　　)目标范畴。

A. 从属　　B. 终极　　C. 表现　　D. 课程

36. 某公司实施“QC 小组工具方法”培训，你推荐采用的培训效果评价方法是(　　)。

A. 学员自我评价　　B. 学员满意度调查

C. 工作绩效评价　　D. 训后跟踪评价

37. 在批量生产阶段，对供应商进行质量控制的措施不包括(　　)。

A. 与生产同一类产品的其他供应商的产品进行定性与定量比较

B. 定量评价供应商的质量保证能力

C. 监控供应商的质量保证能力

D. 审核供应商的质量管理体系

38. A 彩钢公司打算从 B 钢板有限公司采购薄板，进而建立长期战略联盟。你认为在供方样品试制和批生产过程中应提出的要求是(　　)。

A. 确保诚信经营

B. 制定工艺规程和控制计划

C. 进行供应商成熟度认证

D. 保证过程能力

39. $\mu=0$，$\sigma=1$ 的正态分布称为(　　)。

A. 泊松分布　　B. 伯努利分布　　C. 标准正态分布　　D. 对数正态分布

40. 某企业的一条生产线生产的产品有 N 个，按照生产出来的时间先后顺序排列并编号，

从中按照 k 间隔进行抽样，得到 n 个样本。这种抽样方法为(　　)。

A. 简单随机抽样　　B. 分层随机抽样

C. 整群随机抽样　　D. 等距随机抽样

41. 使用直方图来观察和分析数据，如果直方图呈双峰分布，可能的原因是(　　)。

A. 工序出现异常

B. 两个分布的数据，例如两台设备加工的零件

C. 工序能力不足，剔除不合格品后的数据

D. 工序参数缓慢变化得出的数据

42. QC 小组绘制因果图时，展开的适当层数是(　　)。

A. 至少两层　　B. 起码三层

C. 到可采取措施为止　　D. 越多越好

43. 把收集到的大量有关某一特定主题的意见、观点、想法和问题，按它们的相互接近关系加以归类汇总的一种图示技术是(　　)。

A. 树图　　B. 因果图　　C. 亲和图　　D. 矩阵图

44. 某公司实施职业健康安全管理体系，在确定危险源会造成的风险并形成对策加以预防方面，适宜采用的方法是(　　)。

A. PDPC 图　　B. 矩阵图　　C. 矢线图　　D. 头脑风暴法

45. 当需要将 A 组信息分别和 B 组、C 组信息进行比较，而 B 组和 C 组信息之间不需要互相比较时，适合采用的矩阵图是(　　)。

A. C 型矩阵图　　B. Y 型矩阵图　　C. T 型矩阵图　　D. L 型矩阵图

46. 在产品设计开发以前或大规模投产以前所进行的顾客需求调查的费用应计入(　　)。

A. 预防成本　　B. 鉴定成本

C. 内部故障成本　　D. 外部故障成本

47. 应用 QFD 方法建立的“质量屋”中，反映各质量特性之间相互影响关系的部分称为(　　)。

A. 关系矩阵　　B. 竞争分析

C. 相关矩阵　　D. 技术评估

48. 某小组进行 FMEA 分析时，发现某失效模式严重度大于 8，而且目前无法消除或降低其发生概率。这时可采取的措施为(　　)。

A. 重新测算一下　　B. 想办法降低

C. 如实报告　　D. 列出清单附在报告里

49. 田口方法认为，产品开发的效益可用企业内部效益和(　　)来衡量。

A. 质量成本　　B. 结构比

C. 信噪比　　D. 社会损失

50. 一均值控制图中第 6 个点超出了 UCL，下列说法中正确的是(　　)。

A. 有点子超出控制限，判异，但产品质量仍是合格的

B. 控制图判异，说明产品超差

C. 控制图判异，产品质量合格与否说不准

D. 仅 1 个点超界，看看再说

二、多项选择题（本部分试题编号为 51 至 70。每题有 2 或 3 个选项正确，全选对每题得 2 分；无错选，但仅部分选出正确选项，每选对一个正确选项得 0.5 分；有错选项每题得 0 分。）

51. 质量部的几个工程师在讨论质量改进的特点，你认为正确的有（　　）。
    A. 质量改进指提高产品和服务质量水平
    B. 质量改进可以在公司各部门开展
    C. 质量改进无止境
    D. 质量改进主要以项目的方式实施
52. 实施变革可以打破组织原有的平衡，促进组织取得更大的成功。减少变革阻力的方法通常有（　　）。
    A. 充分沟通，使所有变革范围内的人了解变革的目的
    B. 对可能出现的阻力视而不见，避免刺激反对变革的人
    C. 树立理想的行为模式
    D. 提供合理的报酬
53. 在下列战略类型中，属于集团层战略的是（　　）。
    A. 集中化战略　　B. 一体化战略
    C. 多元化战略　　D. 差异化战略
54. 公司在战略计划活动过程中，为使管理者把握计划的进展，常常把重要测量指标体现在一个计分卡上，其要素包括（　　）。
    A. 关键绩效指标　　B. 绩效报告数据
    C. 拟采取的措施　　D. 判断性的定性报告
55. 顾客满意体现在态度上，而忠诚体现在行动上，构成顾客忠诚的要素包括（　　）。
    A. 参与度　　B. 满意度　　C. 优惠度　　D. 吸引力
56. 卓越绩效过程评价要素中“学习”这一评价要点的内涵包括（　　）。
    A. 不断完善方法，并鼓励突破性的变革
    B. 通过培训使员工掌握方法的运用
    C. 各过程、部门的方法协调一致、融合互补
    D. 方法的改进和创新
57. 质量管理体系评价所涉及的范围可以有所不同，并包括许多活动。根据 GB/T 19000—2008 标准的说明，质量管理体系评价常用的方法有（　　）。
    A. 质量管理体系审核　　B. 管理评审
    C. 自我评定　　D. 型式试验
58. 以下关于质量管理体系要求与产品要求的表述，正确的有（　　）。
    A. 体系要求是通用的，产品要求是专用的
    B. ISO 9001 标准不规定产品要求
    C. 体系要求是对产品要求的补充
    D. 体系要求是强制性的
59. 如今我国一些企业的组织结构采用事业部制，其特征包括（　　）。
    A. 各事业部独立经营、单独核算

B. 企业高层保持人事决策监督权

C. 利用利润等指标进行财务控制

D. 在中小型企业中广泛应用

60. 沟通的基本原则包括(　　)。

A. 简化语言　　B. 抑制情绪

C. 一视同仁　　D. 积极倾听

61. 关于马斯洛的需要层次理论，正确的说法是(　　)。

A. 人的需要分成五个层次，这五个层次的需要是由低到高逐渐满足的

B. 当一组需要得到满足后，这组需要就成为激励因素

C. 当低层次需要获得百分之百满足后，就会产生高一层次的需要

D. 主导需要决定着人的行为

62. 评价团队建设和团队工作的指标包括(　　)。

A. 过程绩效变化　　B. 资源利用率

C. 团队满意度　　D. 制度健全率

63. 项目启动的主要活动包括(　　)。

A. 明确项目要求

B. 选择并描述项目

C. 颁布项目章程，选派项目主管

D. 制定项目计划

64. 某企业对供应商进行排列图分析，把排在前两位的列为关键供应商。这种排序应综合考虑的因素包括(　　)。

A. 风险或关键程度

B. 供应商库存

C. 采购额

D. 技术复杂性

65. 在实际工作中，质量特征数据不一定都是正态分布，满足特定条件时离散型随机变量的二项分布也可近似为正态分布，这些条件包括(　　)。

A. n 值很大

B. p 值不是很小

C. $np \geqslant 9$

D. $np(1-p) \geqslant 9$

66. 某产品的质量特征值符合正态分布，为验证改进前后均值的变化，决定作 t 检验，其依据包括(　　)。

A. 属于均值假设检验　　B. 总体的 σ 未知

C. t 检验比 Z 检验简单　　D. 样本量 $n=20$

67. 下列选项中可以应用流程图的有(　　)。

A. 处理质量异议

B. 开展重要工作

C. 描述原因与结果的关系

D. QC 小组巩固阶段

68. 在应用头脑风暴法时，要注意与会的领导与参会者之间是平等的，与此同时，为使参会人员广开思路、畅所欲言，独立发表自己的见解，需要坚持的原则有（　　）。

A. 鼓励结合、修改或扩展他人观点，但不可评论或批驳他人观点

B. 简明扼要地说明问题

C. 确定需要使用的工具

D. 记录所有观点

69. 田口方法的目的在于（　　）。

A. 降低影响质量的各种噪声

B. 使所设计的产品质量稳定、波动小

C. 消除对质量提高有影响的各种噪声

D. 使生产过程对各种噪声不敏感

70. 下列控制图中，以二项分布为基础的有（　　）。

A. 单值—移动极差控制图

B. 不合格品数控制图

C. 中位数—极差控制图

D. 不合格品率控制图

三、论述题（从 5 题中选做 3 题，每题 20 分，共 60 分；这里给出 3 个样题。）

1. 三个来自不同行业的人坐在一起讨论质量话题。

甲说：我们航天的质量就是高，连续十年火箭发射成功率 100%。

乙说：我们彩电行业比你们强，产品走遍世界，物美价廉，每年为国家赚回大量外汇。你们航天和美国、俄罗斯相比差距大，且投入高。

丙说，别争了，看看我们高铁这几年的发展，是国家“名片”。那才叫高大上呢！

针对以上三人的讨论，谈谈你对质量的认识，并结合自己企业的实际，说说过去几年在识别和满足顾客需求、开展质量改进活动方面的实践，提出未来实现质量赶超、追求卓越的思路。

2. 某公司推行“零缺陷”活动，要求现场质量问题必须得到有效解决。在 ISO 9001 质量管理体系的文件中也有相应的要求。但在不合格品处理报告、质量事故处理报告、内外部体系审核不合格项报告、顾客投诉处理报告中，纠正措施和预防措施很多都是“加强检验”“加强培训”等大而化之的陈述。

你作为质量经理，请结合本题背景，谈谈质量问题解决的基本逻辑、流程和方法，分析可能的症结及可采取的对策。

3. 某公司新来了一位质量总监。他了解到过去的质量工作开展不得力，质量水平上不去，客户投诉多，得不到及时解决，领导对此非常不满，因此换了新人。质量总监刚上任就发生了几起大的质量问题事件和客户投诉。他找生产部门商量解决，但生产总监认为这是质量部在推卸责任；找销售部门谈客户投诉，销售总监不高兴，反对外人干涉其部门事务；他认为应该将质量落实到绩效考核中，人事总监讥笑其不务正业。无奈之下，他找总经理希望得到帮助，总经理说：你希望我怎么支持你呀？公司有流程、有分工，我把公司的质量交给你，你得拿出具体解决方案啊！

你觉得作为新来的质量总监，应当如何开展工作？请阐述至少三条意见。

选择题答案

	序号	答案	序号	答案	序号	答案	序号	答案
单选题	1	C	16	B	31	D	46	A
	2	D	17	C	32	D	47	C
	3	B	18	B	33	C	48	D
	4	A	19	C	34	C	49	D
	5	A	20	B	35	A	50	C
	6	B	21	D	36	D		
	7	C	22	C	37	A		
	8	A	23	D	38	B		
	9	A	24	A	39	C		
	10	C	25	B	40	D		
	11	B	26	D	41	B		
	12	A	27	C	42	C		
	13	C	28	A	43	C		
	14	B	29	A	44	A		
	15	B	30	C	45	C		

	序号	答案	序号	答案
多选题	51	BCD	62	ABC
	52	ACD	63	ABC
	53	BC	64	ACD
	54	ABD	65	ABD
	55	ACD	66	BD
	56	AD	67	ABD
	57	ABC	68	AD
	58	ABC	69	BD
	59	ABC	70	BD
	60	ABD		
	61	AD		

论述题答题要点

第 1 题

(1) 从质量定义“一组固有特性满足要求的程度”出发，说明对不同行业不同产品而言，顾客不同、要求不同、特性不同，满足要求程度的具体情形自然有差异。产品质量的卓越程度如何、是否高大上，评判者是顾客和市场。如航天产品可靠性满足了顾客（国家）“万无一失”的要求，缩短了和美国的差距，令全国人民满意；电视机产品的高性价比满足了世界上大量普通消费者的要求，所以畅销全球；高铁项目瞄准世界前沿技术，以速度、可靠、安全、舒适受到世界人民的青睐，自然是各国客户向往的产品。

(2) 阐述自己公司在识别和满足顾客要求方面的做法，以及未来致力于质量提升、促进“中国制造 2025”目标实现的打算，包括明确质量赶超的标杆、制定质量方面的战略目标。

第 2 题

（1）遵循 PDCA 循环以及从纠正措施到预防措施的基本逻辑，从问题描述、问题解决、根本原因分析、纠正措施到预防措施，采用诸如福特 8D、质量问题双归零等典型方法，解决产品、过程和体系质量问题。

（2）质量问题解决的有效性，取决于措施的具体性、针对性和力度，其源头是对质量问题陈述和分析的细致、具体和量化程度，以及对根本原因的精准把握。这就要求企业质量人员能够深入现场，详细了解、观察并在必要时进行试验，还要正确、灵活应用统计技术和其他工具，进行深度分析，为采取有效措施提供支持。对于重复发生、质量风险高的系统性问题，还需要建立 8D、QCC、六西格玛管理等改进和创新项目及团队。

第 3 题

（1）从试题背景看，该公司存在明显的协同文化问题：画地为牢、各自为政、互不买账、对质量问题麻木不仁等。需要在企业文化和质量文化上取得根本性的突破，这要求借力总经理。所以质量总监应当说服总经理，并以推行全面质量管理，建设全企业、全员、全过程的质量文化为突破口，向总经理提出专题方案。

（2）质量总监还应当对公司质量现状进行系统的摸底，从质量专业角度提出专业性的解决方案，如以顾客投诉为突破口进行质量整顿，强化质量绩效测评和考核、质量部门团队建设和工作规划等。

（3）该题同时考察质量经理的沟通协调能力，包括对上与总经理的沟通协调、横向与各部门的沟通协调、对下与下属及基层员工的沟通协调。同时，还要从支持性职能的视角改变质量部门与其他部门在质量职能方面的认知、交流和合作方式，质量部不是“管”别人，而是“帮”别人，通过帮助别人获得其对质量工作的信任和支持。

参考文献

1. 国家质量监督检验检疫总局质量管理司，中国标准化研究院．《卓越绩效评价准则》国家标准理解与实施．北京：中国质检出版社，中国标准出版社，2012.

2. 中国质量协会，卓越国际质量科学研究院．卓越绩效评价准则实务．2 版．北京：中国质检出版社，中国标准出版社，2012.

3. 岳刚，赵建坤等．卓越绩效模式理解与实施指南．2 版．北京：中国标准出版社，2007.

4. 龚晓明．质量行动力：卓越绩效模式．2 版．北京：中国计量出版社，2013.

5. 中质协质量保证中心．ISO 9001:2000 质量管理体系的建立与实施．北京：中国标准出版社，2003.

6. 中国质协卓越培训中心，上海品保技术咨询有限公司．2000 版 ISO 9000 族标准质量管理体系教程．北京：中国经济出版社，2003.

7. 道格拉斯・M. 兰伯特．供应链管理：流程、伙伴、业绩．北京：北京大学出版社，2007.

8. 赵林度．供应链与物流管理．北京：机械工业出版社，2007.

9. 约翰・T. 门茨尔．供应链管理概论．北京：电子工业出版社，2006.

10. 弗兰克・M. 格里纳．质量策划与分析．北京：中国人民大学出版社，2005.

11. S. 托马斯・福斯特．质量管理：集成的方法．北京：中国人民大学出版社，2006.

12. 中国质量协会．CEO 的质量经营．北京：中国科学技术出版社，2008.

13. 约瑟夫・M. 朱兰，A. 布兰顿・戈弗雷．朱兰质量手册．北京：中国人民大学出版社，2003.

14. 美国质量学会．注册质量经理手册．北京：机械工业出版社，2003.

15. 雷纳特・桑德霍姆．全面质量管理．北京：中国经济出版社，1998.

16. 段一泓．企业质量教育培训导航．中国质量，2004（6）.

17. 中国（双法）项目管理研究委员会．中国项目管理知识体系．北京：电子工业出版社，2006.

18. 项目管理协会．项目管理知识体系指南．4 版．北京：电子工业出版社，2009.

19. 杰克・吉多，詹姆斯・P. 克莱门斯．成功的项目管理．北京：机械工业出版社，2002.

20. 苏秦．质量管理与可靠性．北京：机械工业出版社，2006.

21. 张公绪，孙静．新编质量管理学．北京：高等教育出版社，2003.

22. 魏万鹏．汽车行业 ISO/TS 16949:2002 标准实用教程．北京：中国标准出版社，2006.

23. 熊伟．质量机能展开．北京：化学工业出版社，2005.

24. 邵家骏．质量功能展开．北京：机械工业出版社，2004.

25. 郑嵩祥，柴邦衡．ISO/TS 16949 国际汽车供应商质量管理体系解读和实施．北京：机械工业出版社，2005.

26. 谢建华．汽车行业质量管理体系 ISO/TS 16949:2002 最新实施实务．北京：中国经济出版社，2008.

27. 韩福荣．现代质量管理学．2 版．北京：机械工业出版社，2007.

28. 何桢．六西格玛管理．3 版．北京：中国人民大学出版社，2014.

29. 马林．全面质量管理．北京：中国科学技术出版社，2006.

30. 张维德．机械工业质量管理教程．北京：机械工业出版社，2008.

31. 李晓光．质量管理学．北京：中国人民大学出版社，2006.

32. 杨文士．管理学．3 版．北京：中国人民大学出版社，2009.

33. J. M. 朱兰．朱兰论质量策划．北京：清华大学出版社，1999.

34. W. E. 戴明．戴明论质量管理．海口：海南出版社，2003.

35. 彼得·德鲁克．卓有成效的管理者．北京：机械工业出版社，2005.

36. GB/T 19000—2015 质量管理体系　基础和术语．

37. GB/T 19001—2015 质量管理体系　要求．

38. 中国质量协会．质量文化建设方略．北京：中国标准出版社，2011.

39. 中国质量协会．全面品牌管理．北京：中国青年出版社，2014.

图书在版编目（CIP）数据

质量经理手册 / 中国质量协会编著. —2 版. —北京：中国人民大学出版社，2017.6
注册质量经理考试指定辅导教材
ISBN 978-7-300-24259-0

Ⅰ. ①质… Ⅱ. ①中… Ⅲ. ①企业管理－质量管理－教材 Ⅳ. ①F273.2

中国版本图书馆 CIP 数据核字（2017）第 048702 号

注册质量经理考试指定辅导教材
质量经理手册（第二版）
中国质量协会　编著
Zhiliang Jingli Shouce

出版发行	中国人民大学出版社		
社　址	北京中关村大街 31 号	邮政编码	100080
电　话	010－62511242（总编室）		010－62511770（质管部）
	010－82501766（邮购部）		010－62514148（门市部）
	010－62515195（发行公司）		010－62515275（盗版举报）
网　址	http://www.crup.com.cn		
经　销	新华书店		
印　刷	北京溢漾印刷有限公司	版　次	2010 年 6 月第 1 版
规　格	185 mm×260 mm　16 开本		2017 年 6 月第 2 版
印　张	28 插页 1	印　次	2025 年 4 月第 13 次印刷
字　数	604 000	定　价	59.00 元

中国人民大学出版社　理工出版分社

教师教学服务说明

中国人民大学出版社理工出版分社以出版经典、高品质的统计学、数学、心理学、物理学、化学、计算机、电子信息、人工智能、环境科学与工程、生物工程、智能制造等领域的各层次教材为宗旨。

为了更好地为一线教师服务，理工出版分社着力建设了一批数字化、立体化的网络教学资源。教师可以通过以下方式获得免费下载教学资源的权限：

- 在中国人民大学出版社网站 www.crup.com.cn 进行注册，注册后进入“会员中心”，在左侧点击“我的教师认证”，填写相关信息，提交后等待审核。我们将在一个工作日内为您开通相关资源的下载权限。

- 如您急需教学资源或需要其他帮助，请加入教师 QQ 群或在工作时间与我们联络。

中国人民大学出版社　理工出版分社

教师 QQ 群：229223561(统计2组) 982483700(数据科学) 361267775(统计1组)
教师群仅限教师加入，入群请备注（学校+姓名）

联系电话：010-62511967，62511076

电子邮箱：lgcbfs@crup.com.cn

通讯地址：北京市海淀区中关村大街 31 号中国人民大学出版社 507 室（100080）